V

医学
文化史

A CULTURAL
HISTORY
OF MEDICINE

「帝国时代卷」

IN THE AGE OF EMPIRE

总 主 编　〔英〕罗杰·库特 (Roger Cooter)
分卷主编　〔荷兰〕乔纳森·赖纳茨 (Jonathan Reinarz)
译丛主编　张大庆 苏静静
译　　者　靳亚男

人民文学出版社

著作权合同登记号 图字 01-2023-1074

© Bloomsbury Publishing Plc, 2021
This translation of *A Cultural History of Medicine in the Age of Empire*, first edition is
published by arrangement with Bloomsbury Publishing Plc.

图书在版编目（CIP）数据

医学文化史．帝国时代卷 ／（英）罗杰·库特总主编；
（荷）乔纳森·赖纳茨分卷主编；靳亚男译．-- 北京：
人民文学出版社，2025. -- ISBN 978-7-02-019382-0

Ⅰ．R-091

中国国家版本馆 CIP 数据核字第 2025HK2055 号

责任编辑　陈彦瑾
装帧设计　陶　雷
责任校对　孟天阳
责任印制　张　娜

出版发行　人民文学出版社
社　　址　北京市朝内大街166号
邮政编码　100705

印　　刷　三河市鑫金马印装有限公司
经　　销　全国新华书店等

字　　数　382千字
开　　本　880毫米×1230毫米　1/32
印　　张　14.25　插页2
印　　数　1—5000
版　　次　2025年10月北京第1版
印　　次　2025年10月第1次印刷

书　　号　978-7-02-019382-0
定　　价　69.00元

如有印装质量问题，请与本社图书销售中心调换。电话：010-59905336

目　录

总主编前言

罗杰·库特

(Roger Cooter)

医学文化史包罗万象。几乎没有什么可以被排除在外，包括不同时期文学及其他形式对身体的呈现、关于文明与人类的观念，以及健康与福祉方面的社会学、人类学和认识论，更不用说疼痛、疾病、痛苦和死亡这些存在体验，以及专业人士努力应对它们的方式。为囊括这些浩瀚的内容，本系列丛书聚焦八个与当代息息相关的类别：环境、食物、疾病、动物、物品、经验、心灵／大脑和权威。从古代到后现代世界，专家们以批判性的广度、深度和新颖性探究了这些主题，跨国视角被广泛接受。最重要的是，本系列关注并阐明了究竟什么是医学文化史 —— 一个研究范畴和一个20世纪80年代兴起的认识论概念。

导　言

乔纳森·赖纳茨

（Jonathan Reinarz）

乔 纳 森·赖 纳 茨（Jonathan Reinarz），英国伯明翰大学医学史教授，欧洲医学和健康史协会前任主席（2017—2019）。出版大量医学史著作，内容包括帝国时代的医院、医学教育和感觉史。目前研究关注英国1800—2000年的烧伤史，此项目获得英国艺术与人文研究委员会资助。

1883年，纽约正处于一场新的白喉（diphtheria）疫情之中。白喉是一种上呼吸道感染疾病，易导致5岁以下儿童死亡。此时，白喉正在40平方英里的曼哈顿岛肆意蔓延，平均每年导致1000人死亡，几乎每千个死亡病例中有48.6个死于白喉，这种情况在此后几年里仍将持续。6月10日，白喉又夺去了一名年幼受害者的生命：在这个特别的周日，7岁的恩斯特·雅各比（Ernst Jacobi）和他多次染上白喉的妹妹玛丽（Mary）再次染上了白喉。恩斯特是家里7个孩子中第一个活过7岁生日的，大家都对恩斯特病情康复抱有期望，因为他已经度过了幼年中最脆弱的那几年。但像白喉这样的传染病是不可预测的，它不断夺去孩子们的生命，无论他们出身富贵还是贫穷，无论生在城市还是农村。不过，关于白喉的这种观念即将发生巨大改变，就像雅各比一家的情况一样。1883年，依照罗伯特·科赫（Robert Koch）医生在生物医学研究这一新兴领域中提出的法则（即用于确定微生物和疾病之间致病关系的四条标准），德裔瑞士病理学家埃德温·克勒布斯（Edwin Klebs）验证了其中两条关键法则，分离并培养出了引起白喉的杆状细菌。科赫曾在1877年进行过类似试验，分离出了引起炭疽（anthrax）的杆菌，不久之后又发现了引起结核病（tuberculosis）的分枝杆菌。1883年，当克勒布斯在实验室里埋头苦干，而恩斯特死于曼哈顿家中时，科赫正在前往埃及调查霍乱（cholera）疫情的途中。在白喉的案例中，克勒布斯很难验证的第三条法则最终被科赫的学生弗里德里希·勒夫勒（Friedrich Loeffler）证实，他在第二年公布说自己能够将白喉传染给动物（豚鼠、兔子和小鸟）。然而，由于无法在直接注射部位之外找到杆菌，勒夫勒提出了他自己的"法则"，即白喉病例中的死亡很可能是由某种其他物质——可能是一种毒素——引起的。他的假设最终于1888年在巴黎的另一个实验室得到了证实，路易·巴斯德（Louis Pasteur）的同事埃米尔·鲁（Emile Roux，也曾到埃及研究过霍乱）和巴斯德的一名学生亚历山大·耶尔森（Alexandre Yersin，曾到柏林参观过科赫研究所）证明了这种杆菌携带有特别强的毒素。随后在1894年，抗毒素试验得到了定量测量的验证。白喉的细菌学解释，与炭疽、结核病、霍乱和鼠疫等其他10余种传染病的细菌学解释一道，在19世纪的最后几年开始迅速改变传染病，乃至整个医学的既定叙事手法。

现在人们已经普遍认识到，在柏林、巴黎和其他研究中心开展的依赖实验室研究和临床检查，尤其是依赖一套新的疾病研究的编码语言的工作，为现代细菌学发展铺平了道路。不幸的是，这些发现对于恩斯特以及1866—1890年间纽约死于白喉的43000人中的任何一个来说，都来得太晚了[①]。恩斯特的遗体被安葬在布鲁克林绿荫公墓（Green-Wood Cemetery）一块478英亩平缓起伏的土地上，旁边葬着的是他父亲的两位前妻和另外5个孩子。恩斯特的父母在纽约州泰奥加县海华沙岛上的乔治湖岸边为他建立了一座纪念碑，恩斯特的父亲在儿子的每个忌日都会去那里[②]。恩斯特的离世对父亲影响巨大；他的哀悼是"深刻而漫长的"[③]，尽管他显然对死亡十分熟悉。像恩斯特死

---

① Cone 1979：109.

②③ Bittel 2009：171.

亡这样的悲剧在 19 世纪无处不在，类似的发病和死亡故事也经常在无数医学史的开篇中被讲述，那些决心从病人角度重建疾病而非从医生角度讲述疾病的学者，通常会采取这种带有情感的疾病叙事方式。然而，正如所有父母可能会对他们的后代提起的那样，恩斯特并不是一个普通的孩子。首先，他悲伤不已的父亲亚伯拉罕·雅各比 (Abraham Jacobi, 1830–1919) 被许多人视为美国儿科学之父。他的母亲玛丽·帕特南·雅各比 (Mary Putnam Jacobi, 1834–1906) 也是一名医生，同时还是一名科学家和改革家。她是第一位从巴黎医学院 (École de Médecine) 毕业的女性，也是最早获得医学执业资格的美国女性之一。因此，恩斯特的案例不仅揭示了 19 世纪 80 年代纽约的疾病往事，他的故事还具有一种独特的潜力，可以为医学的过往开启另一种视角，一种涵盖了定义跨越一个多世纪时代特征的文化，本卷将之称为"帝国时代"。

就像其他医学时刻一样，至少三代医学史家已经对这一时代的各个方面进行了探索，重新解读的时机似乎已经成熟。[1] 这一悲剧事件引发的各种叙述，从医护人员、记者和恩斯特父母留下来的文件中显现出来，并在报纸、期刊和学术研究中重新发表，这些叙述构成了丰富的书面和视觉文化象征或符号的集合，它们显示了那个不复存在的世界的意识形态，但我们经常会从当代的视角重新审视和反复重建。学者们每次这样做的时候，他们要么强调故事中的新元素，要么忽略其他元素，因为医学故事就像历史学家通常撰写的故事一样，如今被认为是文化的偶然建构，因此，具有丰富的研究意义。例如，恩斯特·雅各比出生的那个时代从"发烧窝 (fever nest）"① 和"瘴气"的角度来理解白喉，但在他父母去世的20世纪初，却把白喉想象成一种"病菌（germ）"和"毒素载体（carrier）"。[2] 甚至有人会说，充满感情色彩的疾病和痛苦叙事特别适合如此详细的"深描（thick description）"，这是文化史学家经常使用的一种技巧，它最常与人类学家克利福德·格尔茨（Clifford Geertz）联系在一起。几十年来，格尔茨和其他人类学家一直在指导学者们如何利用这些奇异或看似不寻常的事件来获取更普遍的历史环境模式。在格尔茨的研究中，巴厘岛斗鸡的特定仪式被用来说明整个文化的运作方式。[3] 通过对构成雅各比生活象征维度的分析，人们可以同样深入探讨这个时代的意识形态、心态和科学，它们以最充分的情感化形式体现了一个特定时代的特征②。医学史家将认识到恩斯特的故事更广泛的意义，尽管它并不"典型"。它的价值在于：在一个可以相互理解的符号网络中，其中的各种成分可以被系统分解，以探索19世纪心态不断变化的文化框架，19世纪的医疗实践自然涵盖其中。

另一方面，笔者将白喉这种疾病置于舞台中心的决定似乎有些不同寻常，因为白喉通常不会像14世纪的鼠疫那样被描述为19世纪的典型疾病，19世纪的这一桂冠已经被授予了霍乱③，但白喉却可能是19世纪的典型疾病。到19世纪末，一大批微生物学家和公共卫生专家成功地将细菌理论的原理应用于白喉的诊断、治疗和预防，从而

---

① "发烧窝"的英文释义是：A place where malaria or other feverish infection is thought likely to be acquired，即被认为有可能感染疟疾或其他发热性疾病的地方。——译注

② Geertz 1973：30.

③ Rosenberg 1962：1.

预示着一种新的细菌学的疾病治疗方法。这一努力的经验与教训随后被成功地应用于"对抗（fight）"（历史学家有意使用这样的军事用语）其他疾病。毫无疑问，白喉自古以来就夺去了许多人的生命，并导致许多流行病，如美国部长科顿·马瑟（Cotton Mather）在18世纪早期描述的"气管内的囊状病（malady of bladders in the windpipe）"，"diphtheria（白喉）"一词来自法国医生、图尔医学院创始人皮埃尔·布勒托诺（Pierre Bretonneau, 1778–1862）。1826年，他采用巴黎学派的方法来区分这种疾病和猩红热，并为它起了"diphtheria"这个新名字。布勒托诺曾在图尔医院诊所之外检查过这种疾病（1818—1821年），描述了这种疾病最初出现在军营，随后在城市邻近街区横行的情况。尽管近年来，霍乱在历史研究中更为人们所熟悉——这要归功于该领域一些最受尊敬的从业者的工作，[4] 他们描述了霍乱从欧洲到日本，对人口密集城市产生的更具阶级特异性的影响，以及由于贸易和交通网络的改善，疾病的国界不再清晰——白喉也同样可以作为一种定义了漫长的19世纪的疾病。从19世纪50年代开始，白喉在法国和英国人口中占据了更大比例，并紧紧扼住儿童的喉咙，孩子们经常因该疾病在喉咙中形成的特征性假膜而窒息。尽管白喉的地方病理学仍然让研究者感到困惑，但许多人认为这种疾病同样与当地糟糕的卫生条件（无论是满是粪便的街道，还是积聚了瘟疫径流的沟渠）密切相关，并在公众中引起了与"波士顿扼杀者（Boston strangle）"①

---

① "波士顿扼杀者"指20世纪60年代初期，美国波士顿地区发生的一系列女性被杀案件。尽管阿尔伯特·德萨尔沃（Albert DeSalvo）自愿供认是凶手，但是否真正的"波士顿扼杀者"仍存在争议。该案件引发了广泛的恐慌，并成为美国历史上最臭名昭著的连环杀人案件之一。——译注

相类似的恐惧，而像霍乱这样的水传播感染引起的恐惧更甚[1]。但最重要的是，白喉成了现代医学的早期缩影，或者至少代表了19世纪末所有现代医学的一种缩影。从它被布勒托诺重新命名到它的病原体在实验室中被分离出来，它的概念与从前完全不同。或者，借用查尔斯·罗森伯格（Charles Rosenberg）关于霍乱的评论，从白喉在19世纪50年代的强势出现到19世纪90年代被科学家重新定义，医学思想似乎经历了几百年而不是几十年[2]（见图0.1）。

到本卷所涵盖的时期结束时，新的思想、假设和思维习惯似乎已取代了19世纪中期的那些思想、假设和思维习惯。对于雅各比家族的生活和事业而言，这些变化显然是喜人的。夺走恩斯特·雅各比生命的白喉不仅是他父母研究的对象，也是他们日常工作的一部分，甚至决定了他们的医学生涯。甚至有些残酷的巧合是，1860年，亚伯拉罕·雅各比成为美国大西洋沿岸第一个撰写白喉相关文章的医生，他还在1880年出版了第一本有关白喉的专著。玛丽·帕特南·雅各比在1877年也写过一篇关于"哮吼和白喉"的文章，可以说他们的故事与这些年来医学的转变密切相关。在这一时期，儿科等界限不那么清晰的医学专科开始兴起，医学统计数据被常规使用，女性被允许进入医学院，实验室研究也变得愈加普遍，这些典型的创新都突出了医学的转变。虽然本导言确实触及了后续章节的主要主题，但并不完全相同，本导言的各部分努力强调最近几十年来定义医学文化史的一些关键的概念和方法。例如，第一部分与米歇尔·福柯（Michel Foucault）的工

---

[1] Hardy 1993: 81.

[2] Rosenberg 1962: 226.

图 0.1 理查德·库珀（Richard Cooper）1912 年绘制的白喉图像。来源：Wellcome Collection。

作以及临床医学或巴黎医学的诞生构成对话，探究了一种新的医学凝视（medical gaze）[①] 或观察方式，以及它是如何改变西方医学文化中的治理惯例的；第二部分主要通过医学专科化，尤其是儿科的出现，探讨了新知识文化的兴起；接下来的部分考察了医生进入实验室和女性进入医学院的情况，以此与医学的性别文化，以及历史学家最近采取的物质和空间转向构成对话。因此，雅各比家族生活的小插曲与试图融合这篇导言主旨思想的最后一部分，应能为整卷定位那些帝国时代医学最重要的文化潮流和转变做好充分准备。

｜ 卫生统计

尽管雅各比夫妇可能难以理解他们的儿子或许只是白喉故事中的又一死亡统计数字，但在帝国时代，医学量化本身就成了一门科学。18 世纪英国和法国对婴儿死亡率进行的理性量化被描述为第一项对公共健康的严谨度量[②]。随着 18 世纪许多欧洲国家实行强制性的全

---

① "医学凝视"是法国哲学家米歇尔·福柯在《临床医学的诞生》（*The Birth of the Clinie*）中提出的一个概念，指的是医学专业人士（尤其是医生）通过一种技术化、客观化的视角对患者身体进行观察和分析的方式。这种凝视不仅仅是观察，而且是一种基于权力和知识的结构化方式，强调将患者的身体视为医学知识的对象，而忽视患者的个体经验和情感。福柯认为这种凝视体现了医学的权力结构，医生通过标准化和专业化的视角控制和塑造了疾病和健康的定义。——译注

② Jorland et al. 2005：6.

国人口普查，数字在19世纪初逐渐成为关于生死的普通话语的一部分，更不用说在医学领域了[1]。计数已经成为一种痴迷，以至于到19世纪中叶，源源不断的数字迅速发展成为一股洪流[2]。考虑到数字的科学和政治用途，计算方法的早期倡导者可能更喜欢用丰收作比喻，例如，伦敦统计学会（Statistical Society of London）的官方符号就是一捆小麦[3]。不管怎样，我们都可以把这个时代描述为统计世纪。1748年，瑞典率先在现代治理中引入记账法，这个故事已经逐渐为人所知。一年后，戈特弗里德·阿亨瓦尔（Gottfried Achenwall）首次使用了"统计（statistics）"一词，通过这一命名将其与早期的政治算术方法相区别[4]。1791年，法国国民议会成立了由科学家安托万·拉瓦锡（Antoine Lavoisier）领导的统计局。英国的统计工作可能是从1801年3月10日开启的，比起1090万公民的姓名和地址，英国政治家显然对农业就业、贸易和制造业更感兴趣。如果这项工作与健康和疾病问题有关，那么每10年重复一次，就会发现它挑战了普遍存在的悲观观点，揭示出人口在不断增长而不是减少[5]。例如，尽管纽约在1800年拥有3万居民，但城市规模每过10年就翻一番，带来了与如此快速的人口增长相关的所有挑战。到19世纪70年代，纽约的人口已超过100万，其中80%是像亚伯拉罕·雅各比一样的移民。与英国一样，法国在1801年也对其公民进行了统计，其组织者宣称对"科学"做出了更大的承

---

① Higgs 1991.

② Crook & O'Hara 2011:1.

③ Schweber 2006:101.

④ Rosen 1942:95.

⑤ Huzel 2006:116 - 17.

诺，并迅速将他们的数字兴趣引入各种健康调查，以提高国家的自我认识[1]。随着数据集的不断扩充，他们各自的"陌生人社会"将以新的方式清晰可见[2]，专家声称他们看到了人口如何变化，并更权威地确定了如何最好地管理每个人。

此时，巴黎正在实践一种以医院为基础的新型医学，这种医学基于对身体的仔细研究，依赖于临床观察、病理解剖和新的诊断方法，同时也是一种明确的数值方法[3]。卫生学家路易－勒内·维莱姆（Louis-René Villermé）的工作便集中体现了以上最后一个特征，受18世纪80年代拉瓦锡及其学者同行们启发，维莱姆早期研究关注士兵、劳工和囚犯，之后将统计凝视更广泛地应用于欧洲城市贫民[4]。然而，被计算在内并不意味着所有这些人的生命在统治者眼里是平等的，与他的同胞 A. J. P. 帕朗－迪沙特莱（A. J. P. Parent-Duchâtelet，主要关注污水、妓女和死马的分布规律）一样，维莱姆很快学会了操纵数字来支持一个可疑的道德愿景，他也因此成了首位"舆论导向专家（spin doctor）"这一头衔当之无愧的候选人。克里斯多夫·哈姆林（Christopher Hamlin）指出，维莱姆和帕朗－迪沙特莱的工作对埃德温·查德威克（Edwin Chadwick）不仅有启发意义，还影响了查德威克的"贬低叙事"策略。他将城市贫民窟居民转变为不祥的低等动物，同时提升了其社会同侪的地位和权威[5]。新任命的卫生官员和总登

---

① Schweber 2006:171.

② Vernon 2007:18.

③ Ackerknecht 1967:11.

④ Bynum 1994:25－54.

⑤ Hamlin 1998:167.

记官办公室所收集的人口动态统计数据从来都不是毫无价值的。早期的调查工作通常会让卫生工作者进入区域中心、附近的农村地区和更遥远的殖民地的著名疫源地，并最终指向那些"惯犯"。迈克尔·布朗（Michael Brown）令人信服地论证了内科医生托马斯·索思伍德－史密斯（Thomas Southwood-Smith）对卫生改革的承诺是建立在精神信仰的基础上的，这位牧师改革家认为，在他所研究的英格兰人社区中，罪恶和污秽与瘟疫惩罚之间存在直接的宇宙学联系[1]。他同时代的人也采用了类似的修辞策略，他们列举了欧洲帝国主义者在这个时期获得的海外帝国。有趣的是，这些海外领土通常过于广阔复杂，无法准确分类，因此，在整个帝国时代，仍然不如欧洲人口清晰可辨。

在拉·伯奇（La Berge）和汉纳维（Hannaway）主编的合集《构建巴黎医学》（*Constructing Paris Medicine*）中，他们重申了巴黎医学学派对数字的依赖程度[2]。医院实践中的这一独特转变导致医生不再关注患病的个体和症状，而是关注大量的疾病统计数据，即使人们还没有着手制定标准，也可以从这些数据中更容易推断出平均值和异常值。随着越来越多的欧洲和北美学生涌入法国首都，巴黎的医院病房变成了剧院，通常是最能言善辩和最耀眼的医生成为那里的"主角"。由于对观察、治疗和解剖病例的高度重视，许多其他人，尤其是学生自己，获得了参与表演和行医的极好机会。皮埃尔·路易（Pierre Louis）是这项节目的众多明星之一，他被视为医学数值方法的"发明者"，他对疾病和治疗的统计学分析始于对19世纪无处不在的放血术的关注，他

---

① Brown 2008.

② Hannaway & La Berge 1998: 4.

揭示出这种方法没有原来设想的那么成功[1]。和计数一样,放血术在医学上有着悠久的历史,但被伟大的自由主义革命家弗朗索瓦-约瑟夫-维克托·布鲁赛(Francois-Joseph-Victor Broussais)以一种看似非常现代的方式重新引入医学领域。放血术作为一种有效治疗过度刺激引起的疾病的手段被重新推出,但通过统计分析,放血术很快就显得毫无用处。路易并不是第一个使用统计数据的人,但他被认为是第一个将统计数据作为医学基础的人,他认为医学事实如果没有被量化就没有价值[2]。与巴黎医学的制度结构相结合,统计数据具有广泛的适用性,它有可能完善医生的观察,特别是在利用该市最大的医院病房时,这些病房同时被重组为专科机构,在这些机构中,医学从业者更容易找到他们的病人和首选科室。在人满为患的病房里,医学生和医学从业者学到了很多经验教训,但医学权威也需要准确性,那些计算不准确的医生的判断在公众眼中是不能信赖的。虽然看起来没有争议,但这最终导致了精通数字的学派与那些捍卫早期医学艺术的学派之间的较量,后者是基于行医者多年的经验做出判断,其依据是他们将患者之间的个体差异同质化。统计引起了不懂计算的人的担忧,他们担心自己经过几十年私人执业积累的技能正被机械的程序和一小群医院专家取代,这些专家批评他们是在实际上根本找不到的地方寻找"确定"[3]。在另一项早期且有影响力的截石术(lithotomy)实践的研究中,法国医生 J. 奇瓦莱(J. Civale)从外科医生那里收集了数据,证明碎石术

---

[1]　La Berge 2005:90.

[2]　Ackerknecht 1967:9 - 10.

[3]　Jorland 2005:7,13.

（lithotrity）所导致的死亡是截石术的8倍[1]；在他的研究中，奇瓦莱通过应用"概率演算"，将一种经过反复考验的结石手术方法重新定义为一种危险的手术[2]。从这个时期开始，统计数据吓坏了外科医生，就像手术刀和柳叶刀曾经吓坏病人一样。

数字也有可能重新定义包括白喉在内的疾病。在克勒布斯－勒夫勒杆菌（Klebs-Loeffler bacillus）被鉴定和接受之前，流传着一系列解释白喉病因和传播的理论。1858年，英国总登记官认同的将污秽和白喉联系起来的瘴气理论，在公共卫生学家和公众中特别流行。然而，到19世纪50年代已成为全球大流行病的白喉，仍被许多人视为一种农村疾病，农村居民长期遭受伤寒、肺结核和霍乱的折磨，而白喉只是作为农村居民对城市疾病的回敬，被他们输送到城市的。这种观点一直流传到19世纪90年代，当时白喉起源于不卫生的城市环境的观点重新流行起来，一些专家推测白喉甚至可能通过马粪传播[3]。这一说法得到了数据的支持：数据表明，这些年来，曼哈顿的街道上随时都有10万到20万匹马在奔走。虽然在整个19世纪，被这些难以琢磨的马匹踢过或碾过仍然是一个非常现实的危险，但到19世纪末，人们关注的焦点已经转移，因为据估计（这个时候他们真的所有东西都在计

---

[1] 截石术是一种外科手术，通常用于治疗膀胱结石或尿道结石。在这种手术中，外科医生通过切开患者的腹部或会阴部，直接取出结石。而碎石术通常借助机械设备或手术器械将结石粉碎成小块，使其可以从尿道排出。一般而言，碎石术相对创伤小，风险低。——译注

[2] La Berge 2005：91.

[3] Hardy 1993：80 - 109.

算），一匹马每天在城市街道上排泄大约24磅的粪便[1]。19世纪，许多马匹几乎不超过三年的职业生涯就被累死了，纽约的街道上到处都是下等的拉货马匹的死尸。虽然在其他金融中心也发现了类似的马匹伤亡事件，但不同地区人们的关切点往往各不相同。例如在英格兰，公共卫生专家认为白喉与气象条件和地质有关[2]。细菌学否定论者和疾病史学家查尔斯·克赖顿（Charles Creighton）甚至制作了一个表格，证明白喉与人口密度成反比[3]。在19世纪90年代末，白喉在城市中以惊人的速度增长，导致其像霍乱一样，被重新定义为一种城市灾难，最终成为一种穷人的疾病。或许更重要的是，白喉在19世纪80年代末成为伦敦和纽约的一种须申报的疾病，这使得白喉病例更有可能被纳入政府统计数据。白喉曾经被排除在大都市医院之外，但到19世纪90年代末，白喉开始占入院人数的近三分之一[4]。更不用说，这一时期很少使用放血术和镇定疗法等旧方法，而更多地使用抗菌素漱口液、汞注射等新方法，到最后开始使用抗毒素，而这些新方法的成功或失败同样取决于统计分析。白喉患者也更有可能接受手术干预，主要是气管切开术和插管，以防患者在喉咙中形成假膜时发生窒息[5]。相应地，外科医生开始占领医院，由于麻醉和消毒的双重实践，外科病人在19世纪下半叶的医院住院病人中所占比例要大得多。外科手术继续随着风尚而波动，起起落落，就像帝国一样，一直持续到20世纪。

---

[1]　McShane & Tarr 2007: 26 - 7.

[2]　Hardy 1993: 89 - 90.

[3]　Hardy 1993: 93.

[4]　Hardy 1993: 95 - 6.

[5]　Hardy 1992.

| 儿科专科化

尽管19世纪的医院记录通常将会诊医生区分为内科医生和外科医生，但在19世纪下半叶，医学的分工明显增加[1]。以前，专科化被认为是江湖骗子的标志，无论他们是高薪的拔牙师、接骨师、眼科医生还是性病医生[2]。然而，医学从业者通过建立骨科、眼科和皮肤科等专科医院（只要他们公开宣布他们对全科医学的承诺）的方式获得了相当多的知识和机构合法性，而这些领域以前是由无证的"江湖郎中"所从事的。这一过程通常始于大型城市中心，那里的病例数量足以填满专科病房。一般认为，专科化最早出现于19世纪30年代的巴黎，40年代改变了维也纳的医学文化，并在50年代和60年代传播到其他欧洲中心。不过，19世纪中叶之后，巴黎医学仍然把重点和关注点放在专科化上，这使得许多人认为医学分科的形成是法国特色[3]。尽管许多医学从业者对这种训练的狭隘性持怀疑态度，但如果不是公开批评这些年来眼科医生、性病医生和腹部医生的明显增多，在专科机构中花费的时间被认为可以极大地增加一个人对特定疾病的认识，同时也提高了对正统医学从业者的尊重。专家的激增与私人执业的利润率开

---

① Weisz 2005: xix.

② Cooter 1993.

③ Warner 2003: 293.

始下降的时期相吻合，这一事实也没有被忽视①。

到19世纪最后几十年，在法国、英国和美国，将医学专科化与全面的通识教育相结合，在越来越多的医学领域进行短期专科培训，被认为是一种正确的模式。有趣的是，医学从业者的专业是可以改变的，允许他们之后在关键的历史时刻改变他们的兴趣。例如，眼科领域一开始主要研究的是眼科疾病，这些疾病有可能使大批欧洲士兵在殖民地环境下丧失正常行动能力，之后最初涉足这一领域的医学从业者会战略性地将注意力重新集中在一系列更紧迫的疾病上。自从第一次证明了眼科领域的存在以来，眼科医生在历史上也一直依赖于"视觉高于其他感觉"的说法②，但许多其他早期专家同样擅长根据占主导地位的经济和社会优先事项，来构建他们特定专业的"天然"重要性。这些新出现的、更容易被接受的专家小心地不去模仿前一代江湖郎中开创的宣传方法，他们经常利用自己作为主编和作者的特权地位，从事间接形式的广告，以促进他们自己的职业和商业利益③。尽管以亚伯拉罕·雅各比为代表的纽约州医学会（New York State Medical Society）委员会在1875年宣布，专科化往往会"降低公众对全科医生的评价"④，在19世纪的最后25年里，许多专科学科已经被公认为医学必不可少的分科。这种趋势导致美国医学会（American Medical Association）的成员早在1869年就宣布"本学会承认专科是正确且合

① Malpas 2004：151.

② Davidson 1996：332.

③ Malpas 2004：157.

④ Rosen 1942：349.

法的医学执业领域"①。

尽管如此，1880年美国仍然只有不到50名正式的儿童专科医生（child specialist），而且没有一个人全职执业。定义这一新兴领域的专用术语也仍未成形，亚伯拉罕·雅各比等大多数人称自己为"儿科医生（pediatrist）"②。对于儿童专科的形成，与命名同样重要的是解决婴儿期独特的挑战，包括明确的治疗方案，这在儿童医学文献中已经很明显，且在1850年之后增加了10倍，现在被用来证明这一年轻学科的公共机构化（儿科的公共机构化始于1855年在费城成立的一家儿童医院）的合理性③。到20世纪20年代，超过10％的医生是全职专科医生，而且在北美和欧洲的许多医学院都设有儿科专业。虽然科学进步通常被认为是专科化的主要动力，但幼儿保育职业的兴起似乎是由其独特的意识形态文化推动的。作为职业化的一种变体，专科化是集体进步的一种形式，就像儿科医生反过来寻求更广泛、更年轻的集体进步一样。因此，儿科被认为是一个其发展受到医学界以外的知识潮流和社会改革运动强烈影响的领域。乔治·罗森（George Rosen）最早提出，儿科比其他专科更少依赖技术，因而也被描述为"仁慈而不严谨的"④。而这一领域最早的倡导者开玩笑说，他们本质上是在扮演邻居和祖母的传统角色，许多其他人显然认为儿科特别适合女性。儿童和儿童福利观念的改变影响了其在未来几十年的演变，并反映在该领域的概念化中。随着国家权力的扩张，学校、法律体系和私人生活中引

① Rosen 1942：352.

② Halpern 1988：1.

③ Jacobi 1905：5.

④ Halpern 1988：9 – 11.

入了管理儿童的新方法，对家庭领域的侵入也随之增加。因此，比医学界更大的社会运动仍然是其发展的核心，就像它们对亚伯拉罕·雅各比的生活和职业轨迹的影响一样。

在菲尔丁·加里森（Fielding Garrison）于1919年8月撰写的讣告中，亚伯拉罕·雅各比已经被认为是美国儿科学之父和创始人[①]。与同期大约25万其他德国移民一起，雅各比于1854年定居于纽约，之后开始在纽约内外科医学院（College of Physicians and Surgeons）教授儿科学，一直到1857年，当时刘易斯·史密斯（Lewis Smith）被公认为美国儿科领域除雅各比外唯一的代表。到1860年，雅各比担任纽约医学院儿科主任，两年后他在该院的大楼里建立了一家专科诊所。彼时，维也纳（1843年）、布拉格（1842年）、莫斯科（1842年）、柏林（1843年）等许多欧洲国家的首都已经有了儿童医院。在柏林儿童医院成立不到10年的时间里，雅各比因政治煽动罪被捕，1853年，为躲避政治迫害，他登上了从汉堡开往伦敦的轮船。顺便说一句，在此前一年伦敦建立了一家儿童医院；在19世纪60年代末之前，伦敦开办了5家儿童医院[②]。在纽约定居后，雅各比于1856年开办了自己的诊所，并开设儿童疾病门诊[③]。尽管如此，他认为，孩子们在赤贫家庭中的生存机会也要比在这些早期机构中更大。雅各比尽管被公认为专家，但和许多同行一样，他是公开反对19世纪医学界这种倾向的。同样，雅各比早年的特点是收入不高，而且据说他缺乏“一心想发迹的人的商业作风”，这些特征都使他成为一名“受人尊敬的”医学从业者，

---

① Garrison 1919:102.

② Lomax 1996:15.

③ Wells 2001:168.

但绝谈不上是一个叛逆者①。

值得注意的是，与其他进入医学领域的女性一样，玛丽·帕特南·雅各比很少被认为是儿科医生或儿科学的先驱，更不用说"儿科学之母"了。《英国医学杂志》(*British Medical Journal*) 上刊登的讣告确实提到她在纽约研究生医学院 (New York Postgraduate Medical School) 担任教授职位 (1868)，但没有提及她关于儿童疾病的演讲②。尽管玛丽是一位多产作家，也为她丈夫的工作做出了贡献，但与亚伯拉罕·雅各比的著作等身相比，她的作品显得黯然失色。雅各比的著作合集共8卷，总计4000页，其中许多是关于儿童健康保健的。就其对儿科的持久贡献而言，他1877年关于白喉的著作被加里森等历史学家公认为权威著作。虽然仅凭这一点似乎就足以证明他"儿科学之父"头衔的正当性，但在他整个职业生涯中，他也是一个典型的社会改革者，许多人都知道他是1848年普鲁士革命失败的受害者，病理学家鲁道夫·魏尔啸 (Rudolph Virchow) 的政治良知也正是在这一时期觉醒。③ 尽管相比导师的成功和声望，雅各比还稍逊一筹，但在职

① Haggerty 1997.

② Anon 1906.

③ 1848年，魏尔啸受普鲁士政府委任，去调查西里西亚（Silesia）的斑疹伤寒疫情。他随后的报告将疫情归咎于恶劣的社会条件，认为政府应对此负责。报告的结论称，斑疹伤寒疫情与其说是一个医学问题，不如说是一个社会问题，只有通过发展经济、教育、文化和消除社会不平等，才能改善这种状况并预防未来类似的危机。在1848年的德国革命中，魏尔啸成为致力于革命性社会变革的积极分子。他在政治上非常活跃，从西里西亚返回8天后，就在柏林街垒上作战，并创办了面向大众读者的周报《医疗改革》(*Die Medizinische Reform*)。1849年3月31日，他的自由主义观点导致政府暂停了他在夏里特医院的职务。——译注

业生涯的最后，他已不再是一个受害者，而被同行们视为英雄。有趣的是，他在某种程度上参与了树立自己声誉、建立其专科史的工作，分别于1902年和1913年出版了两部权威性的儿科历史著作，并在1917年出版了一部纽约儿科史著作，他在纽约从事儿科学的教学也有50年之久。在以雅各比命名的病房里，如果说除了生病的孩子之外还有什么"受害者"的话，那就是女性医务人员了，她们被排除在这些历史叙事之外，这在早期历史中很常见。

| 可怕的"厨房"与科学洞见

　　早在雅各比去世之前，著名的巴黎医学时代就在19世纪中叶终结了。实验室取代了医院诊所，成为现代医学的一个新标志。实验室里充满了与之相关的易碎的物质文化，包括玻璃管、烧瓶、橡胶软管和塞子，以及实验室的关键标志 —— 更常在几代人中留存下来的显微镜。生物医学的新基石是在未被指定用途的地下室房间里铺设的，这些房间邻近演讲厅和博物馆，但通常是在其地下。人类生理学在这里被详细地研究，研究者从低级动物的神经和感觉系统开始，并利用当时相关的工业和技术比喻对其进行描述。亚伯拉罕·雅各比不太了解法国的诊所和他们的统计工作，他是早期接受德国实验室训练的学生。虽然这些研究空间可能看起来不那么现代，堆积着许多类似改良厨房用具的设备，但他们的方法肯定是新颖的，以至于在本卷所涵盖的时代末期，没有配备指定的实验室成了"前现代"或不合标准的医院或医学院的代名词。也就是说，第一批实验室肯定有时看起来很"过时"，实验室最早的倡导者依赖于前现代的手艺，例如，利用吹玻璃的工艺来制作鹅颈烧瓶，以及其他还没有大规模生产的必要的人工设备。约翰内斯·缪勒（Johannes Müller, 1801–1858）等最早的实验室研究人员别无选择，只能在空间允许的地方即兴发挥，并在越来越杂乱的环境中实践方法[1]。正如达尔文（Darwin）在缪勒去世一年后所描述的那样，缪勒的学生们制作了一棵进化树，将他们忧郁的导师与科赫联系在一起；鲁道夫·魏尔啸说服了医生从细胞水平上思考疾病，正是通过他的工作，人们才能够将缪勒和亚伯拉罕·雅各比联系起来。正如拉图尔（Latour）对巴斯德的炭疽热研究所作的著名评论，这些痴迷于实验室辛劳工作的人与现代早期的炼金术士类似，他们也和厨师甚至农民采用一样的工作方法[2]。许多人成为化学家，他们的地位明显低于内科医生和外科医生，有些甚至成为医学院的解剖学家。许多实验室研究人员后来被比作逗熊[3]人或其他现代早期残忍的人[4]，他们似乎是通过虐待动物来寻求新的科学真理，通过在兔子、豚鼠和老鼠身上实验来减弱或提高细菌的毒性，最终开启了细菌学发展的新纪元。虽然

---

① Otis 2007 : xi.

② Latour 1983 : 146.

③ "逗熊（bear-baiting）"指一种将犬类（通常是獒犬）与被囚禁的熊搏斗的游戏，英国曾有大批熊是专门为了这个目的而饲养的，此外还有逗牛游戏（bull-baiting）等用狗折磨被锁链限制的动物的游戏变体。这类游戏流行于12—19世纪，从17世纪末开始，其受欢迎程度开始下降，到1835年因不人道而被议会法案永久取缔。——译注

④ Turner 1980 : 79 – 92.

　　　　　　　　　　　　　　　　医学文化史：帝国时代卷 ｜

麻醉的使用可能减轻了一些批评人士的担忧，但这些做法最终导致当局将此类实验限制在获得许可的个人身上，这些人被要求在医学院等公认的学习中心进行研究。尽管通常在涉及包括狗在内的"高贵"动物的实验之后，会出现一些强烈的抗议的声音，但许多地方通过任命生理学、病理学的全职教授，并最终通过任命组织学和细菌学的全职教授，复制了德国的做法[1]。一般来说，这涉及引入物理和化学的精确方法来改进医学，这一过程被其倡导者解释为预示着一个更加精确和理性的社会的黎明，而不是它的衰败（见图0.2）。

亚伯拉罕·雅各比属于那一批相信科学是乌托邦式公共生活的一部分，并承诺要解放社会的人。但奇怪的是，亚伯拉罕竟对实验室医学持谨慎态度。虽然他是在德国的大学接受的教育，但他的专业训练在细菌学时代开始前几十年就已经结束了。他不是这些方法的拥护者，而是代表了存在于实验室和临床实践之间的紧张关系[2]。虽然他并没有对这门新科学怀有敌意，但他公开表示希望"安分守己"，保持原状[3]。与丈夫不同，玛丽·帕特南·雅各比一进入纽约药学院，就完全沉浸在新的实验方法中，她于1863年在纽约药学院获得第一个学位，并对科学产生了兴趣[4]。与一些著名的理论家不同，她进入了实验室的黑匣子，并在这些科学殿堂里发现了许多非凡的东西[5]。不同于克洛德·贝

---

[1] Sturdy 2007 : 762.

[2] Sturdy 2011 : 739.

[3] Lawrence 1985 : 503 – 20.

[4] Putnam 1925 : 59.

[5] Latour 1983 : 141.

图 0.2　一个代表真理的女人坐在化学实验室里，指着一束代表哲学的光源。1817 年，由克拉布（Crabb）雕刻，以纪念 G. M. 布莱蒂（G. M. Brighty）。来源：Wellcome Collection。

尔纳（Claude Bernard）的妻子玛丽·弗朗索瓦丝（Marie Françoise，她在目睹被誉为"活体解剖王子"的丈夫对动物的无情后，与之离婚），玛丽·帕特南·雅各比鼓励丈夫关注实验室研究。她也并没有像 19 世纪末和 20 世纪许多对科学感兴趣的女性一样被降级为配角[1]，在她的职业生涯中，她会定期出席各种医学学会的活动，积极传播她的科学

---

① Twohig 2005:6.

知识。因此在雅各比家中，实验室生活并不是一件"家务事"①。由于玛丽正式拒绝宗教，她对世界的科学探讨可能更加完整②，尽管很多人会将她对细菌理论的坚持比作"宗教皈依 (religious conversion)"③。

如同巴斯德设法使从农民到酿酒商等各式人等相信他的实验室实验④，玛丽·帕特南·雅各比主要通过演讲和文章，将她对实验室学说的热情传达给了不了解的同事。在实验室语言及其新兴方法还处于"微末"之时，她已推广了科学的医学方法。例如，她说服母亲们去找可以就如何"科学"喂养和照顾孩子提供建议的医生；当一些实业家迅速将实验室纳入生产时⑤，她解释了实验室与婴儿喂养的关系；为了安抚那些担心现有习惯被取代的人，她和许多其他实验室拥护者一样，表示将新想法纳入喂养是合乎逻辑的发展阶段⑥。在她职业生涯的后期，她见证了实验室医学和临床医学的结合，这段"婚姻"比她自己的婚姻更和谐。更激进的是，通过其著作，她帮助女性挑战了优雅的绅士是医学学习无可置疑的典范的观念。传统上，科学家们试图把自己定位为现代的、理性的和专业的，同时将女性和其他所谓的非科学社会群体视为"狂热的"，从而将他们贬低为前现代的世界观，而玛丽挑战了这种想法，并使女性在这个领域牢牢占据了一席之地。与传统

---

① Twohig 2005：8.

② Putnam 1925：58.

③ Tomes 1998：27.

④ Latour 1988：143.

⑤ Latour 1988：33.

⑥ Sturdy 2011：746.

相反，她积极地将科学作为抵制歧视制度和政策的手段，以支持争取平等权利。根据斯金纳（Skinner）的说法，她主张一种科学驱动的政治变革模型，在这个模型中，实验室研究结果直接导致了女性政治和社会角色的扩大[1]。她经常将科学作为对抗官僚统治结构的武器[2]，在著作和演讲中使用了最新的技术语言，从而确立了掌握这些新思想所带来的威望和精英地位，并增强了自己和女性在专业领域的权威[3]。此外，通过以这种方式运用科学，她最终使其主张社会改革的理由显得既自然又不那么有争议。

其他医学从业者同样在利用实验室科学的潜力提升自身地位。例如，纽约在1893年建立第一个白喉诊断方案时，公共卫生工作者成为传染病诊断领域公认的权威。正如这篇导言开头所述，克勒布斯和勒夫勒等人在1873年进行了一系列实验之后，阐明了细菌与白喉的关系。如同霍乱弧菌被染成红色一样，白喉的致病菌被亚甲基蓝染成紫色，显示其形状是特有的棒状（club）。"club"在希腊语中是 *korynee*，后来其变体"*coryne*"被用在白喉致病微生物"白喉棒状杆菌（*Corynebacterium diphtheria*）"的名称中，勒夫勒就是用这种细菌给动物接种的。有趣的是，玛丽·帕特南·雅各比在1884年纽约研究生医学院的一次会议上介绍了勒夫勒的发现，而亚拉伯罕·雅各比在1885年的负面评论表明他对此持怀疑态度[4]。尽管如此，关于白喉的系统性

---

[1] Skinner 2016: 254.

[2] Skinner 2016: 258.

[3] Skinner 2016: 256 – 7.

[4] Hammonds 1999: 51.

细菌学研究最终于1887年在美国开始，并集中于在纽约建立的一个诊断实验室中。直到"毒素载体"的作用最终解释了白喉表面上不相关的一些现象时，白喉之谜的最后一块拼图出现了。美国流行病学家威廉·哈洛克·帕克（William Hallock Park）提出了"白喉携带者"的概念，强调了康复期携带者和无症状携带者（仅在纽约就占儿童人口的1%—2%）所构成的危险[1]。雅各比将这些轻微的病例描述为"手枪子弹（pistol bullet）"，这个概念不同于保罗·埃尔利希（Paul Ehrlich）在不久之后创造的术语"魔弹（magic bullet）"，只要有未被报告或继续被隐藏的病例，像恩斯特那样的孩子就会逃无可逃[2]。1893年，纽约的医生获得了细菌培养套件（culture kits），它为医生提供了细菌学诊断的途径，改变了全科医学的文化，并提供了一幅新的、更准确的白喉分布图[3]。纽约市的卫生部门将每一个报告的病例绘制在地图上，鼓励人们用新的方式来观察疾病，而不再必然地将调查人员引向常见的嫌疑对象，比如下东区的"白喉窝（diphtheria nests）"。随着实验室的经验教训成为日常生活的一部分，对微生物的恐惧被各种企业家和制造商"利用"，以向普通消费者出售大量的商品和服务[4]。

1894年，当新的细菌学引入抗毒血清治疗白喉患者时，白喉成为自天花以来第一个获得特效药或治疗方法的传染病。该疗法由埃米尔·冯·贝林（Emil von Behring）研发，并于1890年12月公之于世。

---

[1] Hammonds 1999: 13.

[2] Hammonds 1999: 31.

[3] Hammonds 1999: 12.

[4] Tomes 1998: 11 – 13.

与科赫不同，贝林在帝国时代从未涉足热带医学，但他与日本科学家北里柴三郎（Shibasaburo Kitasato）合作，发表了首个关于免疫产生的关键性研究成果。尽管早期试验是令人失望的，但1891年12月25日在柏林诊所首次对昏迷儿童使用抗毒素的谣言立即赋予这种药物某种神秘性质，这一谣言通过暗示抗毒素发明者创造了"圣诞奇迹"[①]，将抗毒素与基督教的治疗传统联系起来[②]。1894年，在巴黎的儿童医院开始了更广泛、更成功的试验，使得抗毒素在第二年被引入欧洲和北美的医院。到此时，据报道，所有诊断实验室的工作量都增加了，新一代细菌学家的目标是确定包括伤寒、破伤风和鼠疫在内的数十种传染病的致病微生物。随着实验室和试验的成倍增加，它们的设备开始批量生产，并向更广泛的潜在用户销售，塞满了医院地下室、公共卫生办公室、工厂甚至教室的房间。同样，在帝国时代结束之前，实验室从房间变成了建筑，成为更训练有素、更标准化和更复杂的实体，以适应现代工业社会[③]。据称，正是在这个时候，医学实现了历史性的权力攫取，"将医生从卑微的商人转变为崇高的专业人士"，这些人随后赢得了患者和公众的更大尊重[④]。权威虽然有时是夺取的，但更多时候是通过谈判，以及依赖和尊重过去几十年来出现的新的学科边界获得的。科学赋予健康专业人员支配地位在白喉案例中尤为明显，其中一位专家因其工作得到认可，被邀请加入现代贵族阶层；1901年，贝林因其促进抗毒素发展的研究而获得首届诺贝尔医学奖，这一决定不仅

---

① "圣诞奇迹"指在圣诞期间发生的令人感到惊喜、温暖、超乎寻常的事情。——译注

② Linton 2005：9.

③ James 1989：2.

④ Sturdy 2011：740.

将医学前沿与荣誉制度联系在一起，而且这个体系从颁奖典礼的开始就显得像过去的遗物。令人惊讶的是，该奖项的第一位名人是一位女性——波兰化学家、物理学家玛丽·居里（Marie Curie）。就像对医学最高荣誉的竞争一样，实验室科学成为一项全球性追逐，其方法和发现在本质上具有普遍性，在一般空间中可复制，不容易背叛塑造其研究者科学努力的区域文化[①]。例如，1868—1914年间，多达1200名日本医学生前往德国，德国、日本甚至西方医学再也无法轻易区分[②]。虽然他们研究的疾病已被公认为国际现象，但医学研究人员和医学从

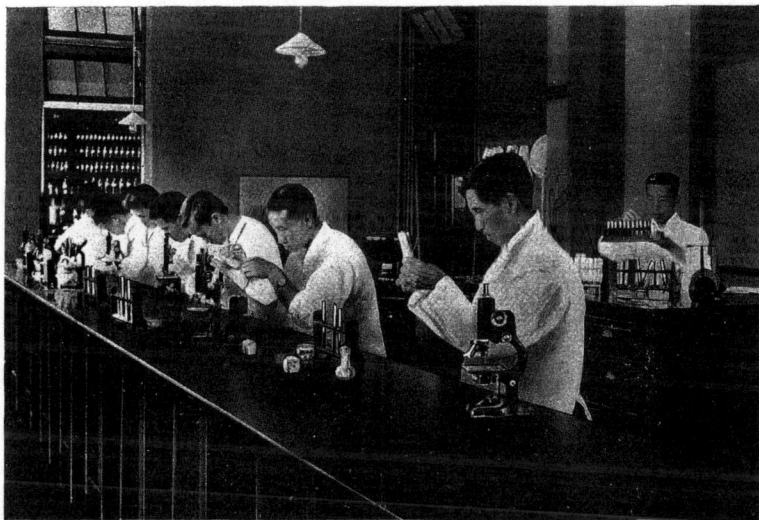

图0.3　医学院的学生正在解决实验室问题，中国济南。哈罗德·巴姆（Harold Balme），《中国与现代医学：医学传教士发展研究》（*China and Modern Medicine: A Study in Medical Missionary Development*），1921年。惠康基金会（Wellcome Trust）许可转载。

---

① Livingstone 2011.

② Kim 2014: 5.

业者更经常流动，他们的想法也是如此 [1]。

| 人和知识的流通

伊丽莎白·布莱克威尔（Elizabeth Blackwell）在进入纽约郊区的日内瓦医学院（Geneva Medical School）时，甚至比居里夫人更早地获得了国际声誉，但这所医学院的院长很快关闭了女性获得医师资格的第一扇门，宣称接收布莱克威尔入学只是一个实验，而非先例 [2]。然而，包括玛丽·帕特南在内的许多其他女性都受到了布莱克威尔的鼓舞，尽管其中一些女性要取得资格还面临更大的障碍。在最严重的歧视案例中，有些女性申请了几十所大学，踏破铁鞋，才被允许开始她们的学业，而另一些女性则因学生和教职员工支持男性文化，担心招收"弱势性别"学生可能带来"困难"而无法入学。作为出版商的女儿，帕特南符合大众的期望，在她的整个职业生涯中都是一位多产的作家，她的一些信件记录了她和其他人在取得医师资格过程中，不得不忍受和偶尔也会避免的各种障碍。

和许多最早接受医学训练的女性一样，帕特南来自一个中产阶级家庭，并得到了父亲的支持，尽管帕特南的父亲认为医学是"令人厌

---

① Löwy 2007：466.

② Bonner 1995：6.

恶的追求"①，但他对女性接受教育持开明态度。从孩提时代起，玛丽的晨课就包括法语，这为她后来去法国学习医学提供了便利。而掌握拉丁语也使她区别于大多数女学生，她们经常被指责不会古典语言②。尽管女性获准参加医学讲座，但尚未实现完全平等，玛丽·帕特南被要求从侧门进入讲堂，并单独坐在靠近教授讲台的地方③。在一些认识并尊敬伊丽莎白·布莱克威尔的法国内科医生的帮助下，玛丽最终获准在法国首都巴黎7家著名的教学医院进行学习。最后，在1868年，她成为第一个从巴黎医学院毕业的女性。她的努力得到进一步的奖励，被授予一枚铜牌，这是巴黎开放女性学习的头20年里仅有的3个类似奖项之一。有趣的是，帕特南特意选择了一个不会立即被认为是"女性"的主题，即肝脏的脂肪变性。通过这种方式，她一开始就使自己有别于许多同时代的女性，后者的研究主要集中在偏头痛、产科或儿童疾病等所谓的"女性"疾病上。

根据最近对19世纪女性医务人员的研究，尽管常被拿来与男同学做比较，但女学生之间的差异也很大。例如，在苏珊·威尔斯（Susan Wells）的研究中，她认为这一时期并没有一个统一的、明显的女性声音④。相反，她在女性医务人员的作品中发掘出了各种叙事风格，她们为在一个充满敌意的职业中工作制定了各种策略。在科学话语的语境下，威尔斯认为，伊丽莎白·布莱克威尔等一些女性确实声称性别让

---

① Putnam 1925: 67.
② Putnam 1925: 24, 34.
③ Bonner 1995: 1.
④ Wells 2001: 12.

她们"对医学中某些被忽视的方面有特殊的理解"[1]，她们认为自己比男性同事们更少医疗干预，更多共情。而包括玛丽·帕特南在内的另一些人则采用了类似于假面表演的策略，选定适合自己职业生涯特定阶段的角色。不同于著名的爱尔兰军队外科医生詹姆斯·米兰达·巴里(James Miranda Barry，她将自己伪装成男性，在英国军队中取得了职业成功)，第一代女性医生经常从事更微妙，但同样令人信服的伪装成顺从的颠覆性工作[2]。

　　玛丽·帕特南·雅各比的各种表现特别有趣，不仅因为她以哲学家朱迪思·巴特勒(Judith Butler)所描述的方式构建了性别认同的多重身份，还因为她的众多风格集中复制了这些年活跃的其他女性医生所采用的各种策略。例如，在她的职业生涯刚开始时，她选择匿名出版她的作品，以转移人们对她性别的关注。最著名的是，在她提交给博伊尔斯顿医学写作奖(Boylston Prize for Medical Writing)的获奖论文中，她采用了一个公开的"科学"论据来驳斥哈佛大学教授爱德华·克拉克(Edward Clarke)关于女性受教育的可怕警告，并挑战他声称女性智力低下的观点[3]。为了批驳克拉克关于月经使女性无法接受高等教育的观点，帕特南收集了大量数据，声称已有150万美国女性在工业领域从事有薪工作，月经对生产力没有明显影响。关于法国女性的额外统计证据表明，大多数女性在月经期间只报告了非常轻微的疼痛[4]。

---

① Wells 2001:5.

② Wells 2001:6.

③ Putnam 1925:46.

④ Harvey 1990:112.

她用一份定性调查证据扩充了她的统计数据，该项调查收集了来自268名女性的回复，其中三分之一的人表示自己经期没有任何不适或疼痛。为了确保所有参赛作品都能得到公正的评判，作品进行了匿名化处理，评审团别无选择，只能根据作品本身的价值而非作者的性别来评判作品。

虽然帕特南有时会透露自己的性别，但有时她也会掩饰自己的性别，比如她选择在自己诊所外张贴的招牌上宣传自己是"帕特南医生"[①]。她在职业生涯的早期致力于照顾生病的兄弟姐妹，这似乎与她挑战"自然"性别特征的行为格格不入。例如，她的自传描述了一种非常男性化的医学启蒙形式——孩提时代的她曾试图解剖一只老鼠，以观察它跳动的心脏。这种欲望被她的母亲扑灭了，母亲不断以一种更容易辨认的性别行为质疑她。历史学家卢德米拉·乔丹诺娃（Ludmilla Jordanova）认为，通过解剖揭开身体的秘密是一项特别男性化的活动，就像闲逛者喜欢在无人陪伴的情况下走在城市街道上一样，而帕特南在巴黎读书时就经常这样做。尽管玛丽·帕特南的父亲要求她要更努力"做一个淑女"，做一个"有魅力、讨人喜欢的（医生）"[②]，但她在获得入学资格后，似乎在利用每一个机会做"不淑女"的事情。同样，她反驳了女性不应该成为外科医生的普遍观点[③]，尽管据说这些年来理想化的手术需要"女士的手"[④]。与巴里不同的是，玛

---

① Putnam 1925：76.

② Putnam 1925：68.

③ Wells 2001：168.

④ Brock 2017：16.

丽·帕特南·雅各比在专业会议上公开承认自己是女性，并且如前所述，她以一种类似于自我保护的行为，采用了最新的"男性"科学研究方法。因此，19世纪60年代，她在宾夕法尼亚女子医学院（Women's Medical College of Pennsylvania）对她的同龄人（被她形容为"文盲"）所表现出的傲慢态度，似乎有些不同寻常。这往往适合那些对女性教育持强烈批评态度的男性，他们显然更关心生育，而不是阅读能力，他们经常称自己的女性同事牝鸡司晨。

在与丈夫的合作中，玛丽·帕特南·雅各比延续了她模糊性别差异的做法，让读者猜测在他们合著的《婴儿饮食》（Infant Diet, 1874）一书中，哪一部分是她写的，哪一部分是亚伯拉罕写的。帕特南在为大众媒体撰写文章方面有着丰富经验，她在巴黎的5年间，写了170页的医学新闻，因此，丈夫邀请她为他的营养学研究做宣传。这本书最初是由亚伯拉罕提交给纽约公共卫生学会（New York Public Health Association）的，玛丽在度蜜月期间将文本扩充了一倍。科学喂养不再是男性医学从业者的专属领域，她通过将其纳入大众医学话语来传播这些技术[1]。考虑到19世纪的公众被各种喂养信息淹没，她是否成功尚不确定。例如，在雅各比夫妇的文本中，他们嘲笑"顶乳福音（the top milk gospel）"这一异端邪说，所谓"顶乳福音"，是指有些家庭会将上面四分之一的牛奶（这部分的牛奶浓缩了奶油）留给婴儿，尤其是最富有的家庭。雅各比夫妇认为"顶乳"对儿童来说太油腻，他们还敦促护理人员将牛奶煮沸。尽管老一辈人的想法还在流传，包括一

---

[1] Skinner 2016: 256 - 7.

般家庭更喜欢深色皮肤的奶妈而非金发奶妈，但数学公式逐渐加入了有关喂养的辩论。自1893年起担任哈佛大学儿科教授的托马斯·摩根·罗奇医生（Thomas Morgan Rotch）是重塑牛奶饮食结构、摆脱"江湖骗子"和父母喂养方式的领军人物。罗奇推广了婴儿喂养的"百分比法"，这需要一种高度复杂的稀释法，仔细计算脂肪、碳水化合物、奶油和糖的比例，通常需要根据孩子和牛奶供应商的情况，每天进行更改。看一眼他的"简化"图表，你就会明白为什么在这个时候这些配方开始被称为"公式"。罗奇的计算激怒了亚伯拉罕·雅各比，据说他曾惊叫道："你不能用数学公式来喂养婴儿，你必须用脑子来喂养他们。"[1] 直到1898年之后，儿科医生和公共卫生工作者才开始从热量需求的角度讨论婴儿喂养问题，而且几乎以同样快的速度，更简化的新叙述取代了罗奇的理论（见图0.4）。

尽管玛丽·帕特南·雅各比并非支持每一种婴儿保健科学方法，但她比罗奇等不同寻常的思想家更常被单独提及。在那个时代的出版物中，她经常被描述为"坚持男性医学的女性作家"或"群体中的女孩"[2]，这在突出她非凡能力的同时，也强化了女性能力低下的观念。作为回应，她鼓励女性在争取平等的斗争中忍受攻击，声称当她们在与男性对手的战斗中被击倒时，她们将会"注入男性力量"[3]。然而，她完全认同科学家，因此经常会将自己与伊丽莎白·布莱克威尔等其他女性医生区分开来，后者呼吁在医疗实践中采用"女性化"的方法，

---

[1] Halpern 1988:64.

[2] Wells 2001:172.

[3] Harvey 1990:114.

Formulæ for Cream and Whey.—In order to calculate the amount of whey which is needed for various combinations, the general formulæ (5), (6), and (7) can be applied by considering whey as a milk containing very low proteids (lactalbumin) and fat. Taking König's formula for whey as a standard,

Fat.............................. 0.32 = a'
Sugar............................ 4.79 = c'
Proteids......................... 0.86 = d'

we can then represent a' of the general formula by 0.32, b' by 0.86, and c' by 4.8, and the special formula will then be

$$(24) \qquad C = \frac{Q\,(0.86 \times F - 0.32 \times P)}{9.1 \text{ or } 12.6},$$

according as twelve per cent. or sixteen per cent. cream is used.

$$(25) \qquad Whey = \frac{Q\,F - 12\,C}{0.32} \text{ or } \frac{Q\,F - 16\,C}{0.32}$$

and

$$(26) \qquad L = \frac{Q\,S - (4.8 \times whey \div 12 \text{ or } 16\,C)}{100}$$

In such a combination sufficient diluent must be added to make up the total quantity.

The following formulæ are derivable from equations expressing the fact that the proteid or fat percentage of the mixture is equal to the sum of the proteid or fat percentages contributed by the cream and the whey.

$$(27) \qquad P = \frac{C}{Q} \times b + \frac{whey}{Q} \times b'$$

$$(28) \qquad F = \frac{C}{Q} \times a + \frac{whey}{Q} \times a'$$

whence, by deduction,

$$(29) \qquad C = \frac{Q\,(F - a')}{a - a'}.$$

One or the other of these formulæ may be used according as a definite fat or proteid percentage is desired. The constants a and a' represent the fat percentages of the cream and of the whey respectively, and b and b' represent the corresponding proteid percentages.

Thus, for 20 per cent. cream (F = 20, P = 3.20, S = 3.80) and whey (F = 0.32, P = 0.86, S = 4.8) the formulæ would become

$$(30) \qquad C = \frac{Q\,(P - 0.86)}{3.20 - 0.86} = (31)\frac{Q\,(P - 0.86)}{2.34},$$

and

$$(32) \qquad C = \frac{Q\,(F - 0.32)}{20 - 0.32} = (33)\frac{Q\,(F - 0.32)}{19.68}.$$

The formula for L can be derived from the general formula (7) by substitution, which gives

$$(34) \qquad L = \frac{Q\,S - (4.8\,whey + 3.8\,C)}{100}.$$

In the same way, for 16 per cent. cream the formulæ become, after substitution,

$$(35) \qquad C = \frac{Q\,(P - 0.86)}{2.74},$$

$$(36) \qquad C = \frac{Q\,(F - 0.32)}{15.68}.$$

For 12 per cent. cream,

$$(37) \qquad C = \frac{Q\,(P - 0.86)}{2.54},$$

$$(38) \qquad C = \frac{Q\,(F - 0.32)}{11.68}.$$

For 8 per cent. cream,

$$(39) \qquad C = \frac{Q\,(F - 0.86)}{8.61},$$

图 0.4　牛奶改良配方。托马斯·摩根·罗奇，《儿科学》（*Pediatrics*），第 4 版，1903 年，第 238 页。

包括选举权运动的核心内容 —— 反活体解剖和禁酒等。帕特南不仅承认动物实验和酒精在医学上的地位，还在对一名健康女性进行阿托品的药物测试后，在19世纪的最后几十年被贴上了人类活体解剖者的标签[①]。帕特南·雅各比辩称，反活体解剖运动只会"通过将女性与情感主义的联系具体化"，损害妇女权利事业[②]。在她的大部分作品中，她明显更倾向于理性而非感性。沿着这一思路，她在儿子恩斯特去世后的泰然表现也就不难理解了。玛丽·帕特南·雅各比声称，感情的流露只会证实对女性智力和理性参与公共生活能力的怀疑[③]。

当帕特南利用科学话语重新定义性别概念时，科学语言正以更阴暗的形式被公开使用，尤其是作为种族间智力差异的证据。科学在当时被用来重塑种族和阶级的观念，特别是被用来边缘化社会群体。历史学家极为关注的一个例子是滥用达尔文进化论作为一种意识形态武器，将社会划分为"正常"和"异常"群体。一般认为，这与意大利医生切萨雷·龙勃罗梭（Cesare Lombroso）的工作有关，他像那些鼓吹女性智力低下的人一样，使用统计数据或所谓的"数字雪崩"来证明其种族主义理论的合法性。他独特的达尔文主义论点聚焦于某些据称在意大利建国前夕就存在的遗传退化特征，以此凸显返祖现象对社会构成的威胁[④]。龙勃罗梭看到了整个新统一的国家的堕落，这种堕落不仅出现在犯罪和危险阶层中，还出现在麻木、衰落的上层阶级，以及

---

① Lederer 1997: 75.

② Bittel 2009: 200.

③ Skinner 2016: 262.

④ Pick 1989: 114 - 15.

叛乱者和革命者中[1]。龙勃罗梭和他的追随者们当然希望在这个新生的意大利国家的建设中发挥关键作用，而帕特南则有自己的事要做。虽然帕特南希望改善女性命运，但她在作品中频繁表达了一种关于女性本性的本质主义观点，这种观点并没有完全摆脱影响她那一代人的堕落观念。她也关注以不断扩张的城市为基础的新兴大众社会的混乱，例如，怀疑劳动者是否适合参与选举政治[2]。

就像对女性医生的反应一样，不同地区人们对达尔文主义的反应也不相同，当博物学家的思想从英格兰传播到大不列颠文明更偏远的边区村落和特定地方文化时，这一点变得尤为明显。例如，"适者生存"在人口稀少地区可能有截然不同的含义。即使在纽约等快速发展的大城市里，龙勃罗梭认为的所谓"退化类型"[3]也占了相当大的比例，在19世纪下半叶，疲惫、贫穷和拥挤的人成群结队地来到这个城市。虽然在对雅各比的一些外貌描述中，这种差异甚至很明显，但他基本上没有受到反犹太主义的影响。19世纪晚期，随着大批犹太移民抵达美国海岸，反犹太主义更为明显。雅各比的讣告确实提到了他的外表，但没用使用桑德尔·吉尔曼（Sander Gilman）[4]确定的与犹太人身体相关联的言辞。事实上，当德国科学界用生理学文献来强调犹太人的差异，并种下他们是否可以完全成为德国人（更不用说美国人了）的

---

① Pick 1989: 141 - 2.

② Skinner 2016: 259.

③ "退化类型"源自19世纪末社会达尔文主义和一系列生物学理论，将某些人群或个体归类为"退化"的，比常人更加"劣等"或"堕落"的类型。——译注

④ Sander Gilman 1991.

怀疑的种子时，他们对雅各比的描述强调了他的独特性，也强调了他无与伦比的智力。美国著名医学史家兼陆军医学图书馆首席助理馆长菲尔丁·加里森的讣告使人们注意到了他"硕大而雄伟的头"，他的头被描述为"狮子般的"和"威风的"。对加里森等人来说，雅各比是"一位了解古老知识的大祭司的活化身"。这位儿科医生早期的肖像"象征着身体和精神的非凡活力"，他脸上的皱纹毫无疑问是偏爱"好奇想法"的结果[1]。根据医生、科学家和实验病理学教授西蒙·弗莱克斯纳（Simon Flexner）的说法，雅各比的脸"被明亮的、四处搜索的眼睛照亮，并被一系列对最多样化的情绪和思想做出反应的表情塑造"[2]。虽然加里森的讣告提到了雅各比的犹太血统，但他被描述为"按种族而非氏族和宗派划分的希伯来人"，更多属于"产生了林肯这样人物的战前一代"，仍保留着一些超然世俗的气质。虽然他是欧洲人，但他显然属于"（欧洲大陆）联合海岸上渴望自由呼吸的可怜的垃圾"。

如果说雅各比对美国的忠诚曾经受到过质疑，那么他一再强调自己扎根于美国，声称这个国家在他年轻时就已经是他的"理想"，并在19世纪90年代拒绝了柏林的儿科教授职位，就表明了他的信念。在第一次世界大战期间，雅各比再次感到有必要重申他的忠诚，他公开反对德国，并宣称普鲁士政权是反民主的。通过这种方式，他以一种可以使他免受进一步指责的方式塑造了自己，即使历史学家也一致认为他是"非常好的"爱国主义者[3]。尽管雅各比与社会主义有关，他与

---

① Garrison 1919: 103 – 4.

② Flexner 1925: 628.

③ Gardner 1959: 286.

弗里德里希·恩格斯（Friedrich Engels）和卡尔·马克思（Karl Marx）也有联系（1853年，他在英格兰拜访过他们），但其出版于麦卡锡时代的传记强调1848年革命（Revolution of 1848，雅各比既是其产物，也是参与者）遵循了美国独立战争的思想传统[1]。雅各比被认为是一个"革命者"，同时也被人们铭记为"可敬的"反叛者[2]，在他死后，美国各地的医院都建立了以他的名字命名的儿童病房。而玛丽·帕特南在法国公社时期与政治活动的联系是与雷克吕斯（Reclus）家族有关的，他们支持妇女权利和国家社会主义，并被描述为法国"温和"无政府主义者的领袖[3]。在帕特南自己的信件中，她称他们为"激进的共和党人和社会主义者"[4]。雅各比于1912年被任命为美国医学会主席，这项荣誉通常不会授予在其他国家出生的医生，更不用说有犹太背景的医生了。70岁生日时，他收到了有史以来第一份为一位教授筹划的国际纪念文集。一位传记作家声称其"精神"属于"子孙后代"[5]。88岁时，他的家被烧毁，许多私人文件包括自传的前4章都被烧毁了，这为后来的传记作家尝试重写、改写其生平故事留出了自由空间。

有趣的是，最近的传记以不同方式描述了雅各比的外貌，20世纪后期的儿科医生经常评论他矮小的身材和"病态"的童年，其中一个

---

[1] Gardner 1959：282.

[2] Haggerty 1997.

[3] Harvey 1990：107，112.

[4] Putnam 1925：171.

[5] Haggerty 1997：466.

回顾性诊断表明他"可能患有佝偻病"[1]。这些特征在雅各比的所有讣告中都没有出现过，后来被列出是为了表现雅各比对19世纪下半叶在纽约接受其治疗的移民家庭孩子所面临的挑战具有敏感性。在这种情况下，那些原本用来贬低移民智力的标志反而突出了雅各比作为第一代儿科医生的能力。正如大卫·利文斯通（David Livingstone）有关科学知识的研究所证明的那样，时间和地点显然决定了思想的产生和接受[2]。

| 福利与战争

虽然对退化的看法因地理位置的不同而不同，但白喉等疾病的细菌学诊断普遍为公共卫生部门创造了新的角色，并扩大了国家在公民生活中的作用。事实上，在帝国时代的最后几十年里，国家利用医学专业知识的方式不计其数，而最明确、最持久的利用体现在国家对儿童体型专业知识的运用上，19世纪末儿童体型成为日益增长的、需要干预的社会焦虑的焦点[3]。亚伯拉罕·雅各比从来就不是一个只关注细菌的人，他一直认为他在最贫穷的家庭中遇到的儿童疾病是由不当饮食造成的，因此是可以预防的。随之而来的是，例如，未来可以通过

---

[1] Haggerty 1997：462.

[2] Livingstone 2003.

[3] Cooter 1992.

简单地鼓励母亲用母乳喂养孩子以最大限度地减少疾病，而其他挑战需要更积极的干预措施。在雅各比职业生涯末期撰写的早期儿科史中，其观点听起来有点像龙勃罗梭，认为"人类社会和国家必须通过寻找健康、未被玷污的后代来保护自己"①。他以一种更像前革命者的风格声称，儿童的状况将决定这个世界是更像"哥萨克"，还是更像"共和党"②。遵循他最受尊敬的前辈们的路线，雅各比声称医生"在个人床边和医院工作"是不够的③，19世纪早期仅仅通过建造医院来保障国民健康的做法是错误的。而同时建立的儿童法庭，而不是牛奶仓库，只会让他相信美国离"应许之地（promised land）"还有一段距离。他认为，只有当国家报复暴行的欲望被控制，或者收容所取代了州立监狱，"我们才会成为人，成为人道的社会"④。因此，他敦促医生在学校董事会、卫生部门和立法机构中寻求并担任有影响力的角色。在他看来，医生，而不是政客，才是法官的合理顾问，医生会将社区服务视为公民义务。雅各比甚至主张建立一个由内阁成员领导的卫生部门，这在1919年的英国成为现实。龙勃罗梭可能曾暗示"政治中没有诚实人的空间"，但他很少像雅各比在其职业生涯后期大部分时候所做的那样，代表自己的职业发言⑤。当雅各比宣称"现在是医生参与政治的时候了"时，龙勃罗梭的观点与之发生了公开冲突。在雅各比看来，只有为人类服务的一生才是值得度过的一生。他建议医学界同仁"永远不

---

① Jacobi 1905：21.

②③④ Jacobi 1905：33.

⑤ Jacobi 1905：34.

要停止工作",总是寻找"新问题"[①],这种建议尽管用意良好,但可能在某种程度上也要为医疗化的流行负责,医疗化现象在19世纪已经很明显,到20世纪更是十分猖獗。

1914年战争的爆发,通常被视为与过去的脱节,但在医疗这件事上,它似乎更像是一种延续。至少可以说,它推动了国家在医疗保健等领域的更大参与度。最近关于第一次世界大战的许多研究也重申了本导言以及本卷后续章节中涉及的主要主题。例如,战争时期的官僚制度迅速把士兵变成了数字和统计数据,就像他们在和平时期的工业同行一样。在前一个世纪改变工业社会的相同力量的作用下,武装部队变得越来越理性化、职业化和专业化[②]。此外,战争鼓励女性进入劳动力市场,许多人像玛丽·帕特南·雅各比一样,从事了以前被认为是男性专属的工作。事实上,随着越来越多的医学院录取女性,女性进入医学领域的人数越来越多,这使得她们随后主导了平民医疗队伍,尤其是在男性入伍的时候。据估计,英国和法国有45%到80%的医生加入了军队[③]。结果,被送回家的受伤或生病的士兵以一种前人不熟悉的方式遇到了女性的专业知识和权威。由于医院里挤满了男性士兵受伤和脆弱的身体,这种对比只会更加强烈。正如安娜·卡登-科因(Ana Carden-Coyne)所表明的那样,军事医疗环境在更大程度上"打破了女性气质和男性气质的界限",超过了雅各比家族生活的年代所

---

① Jacobi 1905: 34.

② Harrison 1999: 2 - 3.

③ van Bergen 2009: 24 - 5.

看到的①。受伤的男性身体突然变得虚弱，许多来自工业界的强壮新兵已经退化到人们认为的女性状态。这一时期的作品同样揭示了医院治疗更为复杂的画面，被动的、受伤的男性身体要接受女性实施的"肌肉"康复制度的严酷考验。以前被认为是弱势群体的女性护士和治疗师经常对因战伤而导致"功能性无能"的受伤男性施加痛苦②。在19世纪，女性神经症患者得到了细致而富有同情心的治疗，而患有类似情况的男性患者则得到了护士严厉的治疗，这些护士更像是教官。结合其他研究，士兵们"对医院生活感到不满"的原因变得更加清晰③。面对前线大规模有组织的死亡所产生的焦虑，士兵们往往会倒退到儿童状态④，如果他们在军事官僚制度中的从属地位还没有使他们沦为"被动和无助的流浪汉"的话⑤。就像亚伯拉罕和玛丽·雅各比的职业生涯一样，战争的文化史揭示了帝国时代结束时性别变革动力的复杂性。第一次世界大战确实在颠覆西方社会的方方面面继续表现出其革命性⑥。

虽然当代社会的大多数成员只能想象雅各比家族失去儿子恩斯特后所承受的创伤，但在第一次世界大战结束时，几乎所有欧洲人都能理解这个家庭的感伤。尽管20世纪传染病的死亡率稳步下降，但家庭还在继续失去亲人，通常是儿子，其中许多是年轻人，只不过现在是因为战争。据估计，1914—1918年间，仅德国和英国军队就有2000

① Carden-Coyne 2014: 251.
② Carden-Coyne 2008: 143 – 4.
③ Carden-Coyne 2014: 318.
④ Roper 2009: 1, 8.
⑤ van Bergen 2009: 5.
⑥ Carden-Coyne 2014a: 14.

万人死亡①，不难相信，在一场实施了新型高效的"工业杀戮"形式的战争中，受伤的人数会相当多②。这是第一次使用工业技术的战争，允许利用机枪、坦克、毒气、飞机和火焰喷射器等致命武器。德国方面的死亡人数数以百万计，而英国的死亡人数为数十万，法国的死亡人数超过了英国。总之，战争夺去了数百万受害者的生命③。战争结束后，世界各地建立了无数纪念碑以纪念众多死难者的生命。毫不奇怪，这场战争会被说成是"世界青年的十字架"④。

就像那些在战争纪念碑上被纪念的人一样，恩斯特·雅各比被安葬在一个集体墓地里，墓碑上写着"宝贝 (The Babies)"。位于布鲁克林的公墓将他最后的安息之地与一个宁静的地方联系在一起，而不是曼哈顿市区的"战场"。恩斯特位于乔治湖畔的空墓更具象征意义，象征着远离了与他及那个时代无数孩子死亡有关的肮脏的城市环境。如同人们在停战纪念日纪念第一次世界大战中被屠杀的人一样，亚伯拉罕·雅各比每年都会去乔治湖畔拜一拜，这成了他所遭受创伤的一剂解药⑤。虽然婴儿死亡率在战争期间罕见地停止了上升，但现代战争纪念碑上列出了每一个士兵的名字，从而记录了这场战争造成的破坏。根据利奥·冯·柏尔根 (Leo van Bergen) 的说法，在第一次世界大战中，死神不仅丢掉了镰刀，成为一名"机器操作员"，他还提醒我们，

---

① Watson 2008: 8.

② van Bergen 2009: 11.

③ van Bergen 2009: 16.

④ Powell 2009: 20.

⑤ Winter 2014: 233.

与白刃战的日子相比，现在的士兵通常会受到远距离攻击。不明身份的战士发射子弹、炮弹或投掷炸弹，夺去了不明身份士兵的生命，因此，死亡变成了非个人的。许多人被炸成碎片，埋在没有标记的坟墓里，实际上只有十分之四的死者身份可以得到确认①。在某些方面，他们的窘境与这一时期医学记载中的病人相似。在战争中受伤和死亡的人，就像接受统一检查的病人一样，在战争期间常常沦为统计数字。他们被肢解的尸体的处理方式可能同样让学者们想起上一代医学院学生偶尔处理尸体的方式，在战争的情况下，这只是权宜之计的结果②。战争，更不用说其最严重的暴行期间，各方遭受的不可估量的损失给一代人留下的创伤，人们寻找合适的语言来描述他们所经历的空前的损失和创伤。毫不奇怪，在随后的几年里，军事术语逐渐渗透到医学中，而军队的英雄语言则被那些拼命寻找适合他们集体丧亲之痛话语的公众采用③。英雄叙事自然而然会出现在每年的纪念仪式上，它们也进入了军事历史学家的记录中。不足为奇的是，这些话语在那些最早试图描述帝国时代医学全面变革的医学史家的出版物中会再次出现。就在战后社会努力弄清第一次世界大战的意义时，医学史家也在频繁地追寻医学往事的意义。

注释

感谢罗杰·库特、丽莎·史密斯（Lisa Smith）和丽贝卡·温特（Rebecca

① van Bergen 2009：483.

② van Bergen 2009：48.

③ Winter 2014：5，53，224.

Wynter）阅读这篇导言的早期草稿，并提出修改建议。

[1] 对雅各比家族的历史研究包括 Truax 1952；Gardner 1959；Haggerty 1997；Bittel 2009；Wells 2012。

[2] 有关从19世纪中期到第二次世界大战前转变的最佳描述，请参阅 Hammond 1999。

[3] C. 格尔茨《文化的解释》（*The Interpretation of Cultures*）第15章（412—453页）详细描述了格尔茨和妻子是如何逐渐了解巴厘岛斗鸡仪式的，他们于1958年来到巴厘岛开始田野调查工作。

[4] 包括 Briggs 1961；Rosenberg 1962；Morris 1976；Arnold 1986；Evans 198；Hamlin 2009。

第一章

环　境

马修·纽瑟姆·克尔

（Matthew Newsom Kerr）

马修·纽瑟姆·克尔（**Matthew Newsom Kerr**），美国加州圣克拉拉大学历史学副教授。著有《维多利亚时代伦敦的传染病、隔离和生命政治》（*Contagion, Isolation, and Biopolitics in Victorian London*, 2018）。发表关于19世纪公共卫生政治与文化的系列文章。

医学和环境有着千丝万缕的联系。健康和疾病总是以某种方式表达着自然和人类景观，事实上，在所有医学传统中，几乎没有比这一假设更根深蒂固的观念了。然而，直到最近，这一观念才成为文化史的重要问题，被深入研究和批判。古代关于"空气、水和空间"的观念在19世纪发生了巨大变化。因此，学者们试图揭示帝国时代对这些要素进行重新配置的一些方式也就不足为奇了。

对于历史学家来说，医学与环境的联系既是一个确立已久的概念，同时在当下也变得愈发灵活和不稳定。解决这一悖论的一种方法是参考空间批判理论。人文学科的空间转向已有几十年，"新"文化地理学似乎不再那么新了。长期以来，我们一直被建议要认真对待空间，也要质疑这种地方感（sense of place）是如何被构建、如何偶然发生的。亨利·列斐伏尔（Henri Lefebvre）的观点值得被记住，他指出："空间暗示、包含和掩饰社会关系，空间制定了法则，因为它意味着某种秩序，因此也意味着某种无序……空间支配着身体"[1]。这些观点首先被城市社会史学家采纳，他们提出空间背景不能再仅仅被归为历史事件的背景。这与批判地理学家的观点一致，他们希望打破位置和定位本身作为固定坐标的稳定性，从而挑战关于空间中立性或自然性的假设。其经验是，空间既是社会生活的产物，又是塑造社会的制约媒介。这种批判态度与20世纪80年代出现的身体文化史浪潮有许多相同的关切。这一思潮的主要发起者无疑是米歇尔·福柯，他推动了一个激进的史学工程，旨在质疑现代性如何将身体作为治理的场所和载体，他

---

[1] Lefebvre 1992: 83 – 4, 142 – 3.

认为这一发展并非偶然，医学在其中发挥了关键作用。福柯的权力地理学反映了批判理论如何从将空间生产作为社会历史秩序中心（这有助于证明历史作为一门社会科学的贡献），更多地转向认为这种空间生产是组织意义的混乱且矛盾过程的一部分。

更广泛地说，就科学研究而言，空间转向有助于将之前讨论过的知识的社会建构，转变为知识的文化不稳定性。身体及其所处的建筑环境是空间解构的首要目标之一。紧随其后的是对自然环境、地形、景观、地理、社会环境和地区的批判性解读。这些都可以作为表征的效果来考察。它们不是幕后的舞台，而是身份、想象、叙事、记忆和美学舞台的一部分。它们是通过语言和文字被发现、引出和表达的。从这个角度来看，"自然环境"（在20世纪60—70年代已成为主要分析范畴和政治关切）开始看起来不那么自然了。事实证明，自然环境在历史上也是被话语"自然化的"。所有这些都在一定程度上解释了批判文化史和环境史之间仍然活跃的断层线。后者产生于左倾的社会史研究，认为自己是对西方技术科学发展的挑战。大多数环境史学家似乎对将环境还原为文本、话语和表征持谨慎态度。与此同时，一小部分环境人文学科（有时被称为生态批评）与女性主义科学研究及其对自然文化生产的兴趣同时兴起[1]。批判文化研究对不再将环境看作自然给定，而是将其视为文化话语的产物，显示出了一种开放的态度。这些倾向在20世纪90年代的学术文化论争中发挥了作用，也在医学、科学和现实本身是否可以简化为表意系统的辩论中起着作用。

本章的目标要宽泛得多。它追溯了在帝国时代，健康和疾病被空

---

① Heise, Christensen & Niemann 2017.

间化的一些方式：健康和疾病作为一个文化问题，是如何被定位、转移和重新定位的？虽然有关自然和人工景观的论述一直是医学理解的核心，但重要的是要承认，我们今天谈论的"环境"与被证明为19世纪医学思想提供了丰富素材的地理学和地形学的想象并不完全相同。尽管如此，文化史的方法和关注点可以极大地帮助阐明对"环境"的一般理解如何既是医学的产物，又是医学形成的制约媒介。医学思想和实践"发生"在特定的地点和理想化的环境中，并与之相关联。因此，考察建构西方医学思想和实践的多重、相异且交叉的环境，以及通过这种建构而被医学改变的环境，或许是最佳选择。最后，本章还想指出，医学文化史在将环境重新定位为批判性研究范畴方面已经发挥了重要作用，并提出了关于健康和疾病的文化生产的重要新问题。从根本上将医学历史化的举措，在某些重要方面与将环境历史化为文化资源和文化产物的项目相交汇。事实证明，在这一领域完成的许多工作往往与围绕公共卫生和卫生设施兴起的实践和论述有关。也许这与这些主题明显的空间性有关。无论如何，本章将重点放在与霍乱、结核病和疟疾有关的例子上。本章从医学地形学的地位和意义的一般概述开始，并以关于热带医学的定位和用途的一些更具体的论证结束。

医学地形学

约翰·彼得·弗兰克（Johann Peter Frank）的重要著作《医学警察

的完整体系》(*A System of Complete Medical Police*,1779—1827年出版,共9卷) 标志着医学地形学在现代治理体系中重要性的转变。这位德国生理学和卫生学教授强调,每个公职医生都应该"尽可能准确地提供其所在地区的医学描述,并将每一次的天气变化、每一种与地方健康状况有关的现象,与其所在的地区进行比较,以便更好地了解人类住所和每个国家气候对健康影响的科学"[1]。一方面,弗兰克的论述显然延续了古代关于健康和环境的建议,强调了某些自然景观、空气、水、海拔和气候的医学重要性;另一方面,他的著作也表明,对环境的医学理解是如何被纳入政治、经济问题的重大关切,并越来越多地位于"国家理由 (*raison d'état*)"[2] 的核心管辖范围内。民众的健康以前只是在鼠疫流行等特殊危机期间才会真正成为受关注的问题,而且只涉及对威胁的消极压制,新近则被视为一项技术和认识论的工程,并开始超越自16世纪以来重商主义理论家所提倡的"政治地形学 (political topographies,作为对统治者可支配资源进行编目的一种手段)"。关于国家知识的统计数据已经成为有效治理不可或缺的工具,即使仅仅因为它代表了了解被治理领域的能力。它包含了出医学警察

---

[1] Frank 1976:180.

[2] "国家理由" 一词可追溯到17世纪现代国家体系形成时的国际法争论。尼可罗·马基雅维利 (Niccolò Machàvelli) 被认为是发现 "国家理由" 之真正性质的第一人,在他看来,"国家理由" 意味着,作为国家最高权力的代表 —— 统治者 / 君主为了实现国家的利益,可以使用非常规的手段,表现出君主绝对权力的性质。"国家理由" 总是表现为一套国家治理的法则规范,作为一种手段,旨在在一个充满偶然性的世界中为维护政治共同体的利益而采取的措施;作为一种论证依据,"国家理由" 为这些措施进行道义上的辩护。—— 译注

编制和安排的"政治算术（political arithmetic）"①，并在专制主义监视和控制的军火库中占有重要地位②。然而，这种对环境的理解也代表了对代议制和有限治理至关重要的知识；它使一种积极的健康政治 [或福柯所描述的"生命权力（biopower）"③] 和一种与资源短缺、死亡率等间接管理领域（具有自身自然规律和配置的环境，虽然不能被完全控制，但可以被引导以产生更有利的结果）的自由技术相对应的政府模式成为可能④。

确定更详细的健康和疾病地理分布的任务显然已成为一项国家事务，这与规划全国人口的生产能力密切相关。但它也有其他商业和狭隘用途，如实现健康"度假村"的商业潜力，以及允许保险承保人制定更准确的死亡率表。此外，医学地形学是医生建立职业声誉和提高他们在社区医疗等级中地位的一种手段。在大量高度地方性的研究汇编中，有一个典型的例子是亨利·图利（Henry Tooley）的《黄热病史：1823年8月、9月和10月纳奇兹市黄热病的流行情况》（*History of the Yellow Fever: As it Appeared in the City of Natchez, in the Months of August, September & October, 1823*）⑤。书中对纳奇兹市这个密西西比州主要商业城镇的描述至少经历了两个版本，而且当时该镇居民还不超过3000人，其中至少312人死于这场流行病。图利在叙述那次毁灭性

---

① "政治算术"指一种研究政治、经济和社会现象的定量方法，通过统计数据和数学模型来分析和预测政策效果。——译注

② Rosen 1958: 84 - 6, 109 - 20.

③ 又译作"生命政治"。——译注

④ Foucault 2007.

⑤ Tooley 1823.

事件时，首先详细描述了自然地形和城镇布局，然后继续绘制了肉体和道德堕落的重要地点。虽然粪坑和垃圾坑是"瘟疫和死亡的温床"，但杂乱无章的旅馆（恶魔的教堂），剧院和马戏团（恶魔的校舍），宴会厅和舞厅（恶魔的宴会厅），以及大型酒吧和小酒馆（恶魔的猪场）也同样重要。在这种地方性模式下，医学地形学密切关注社区八卦和批评的用途。然而，图利也在这种道德谴责的修辞中加入了临床症状的专业语言，以及对15次尸体解剖的描述（具有启示性的"尸体地理学"），对纳奇兹临时医院具体位置和用途的考察。正如这个例子所示，作为一种建构有用地点和健康形象的手段，医学地形学的准则在实践中适用于各种规模和公共话语场所[1]。

它也揭示了将医学环境解读为建构政治地形和身份的部分仍然活跃的传统[2]。特定的医学地形学为依赖不断扩展的地理知识和关系的规则提供了新的技术与合理性。启蒙时代的思想旨在使城市的健康治理适用于整个国家，引申开来，它还鼓励了医学地形学的"世界化"，并使之成为帝国管理的主要考虑因素。詹姆斯·拉纳尔德·马丁（James Ranald Martin）在其颇具影响力的论著《热带气候对欧洲体质的影响》（*The Influence of Tropical climate on European constitution*）中解释说，任何由医学地形学家进行卫生调查和改进的一般系统都必须：

……包括地表和海拔、土壤的分层和成分、水的供应和质量、沼泽和湿地的范围、排水的进展情况等信息，土地产品的性

---

① 迪克（Dyck）和弗莱彻（Fletcher）在2011年的许多文章中进行了探讨。

② Rupke 2000.

质和数量，饲养在土地上的动物的状况（增加或减少）和流行的疾病，以及大气温度、压力、湿度、运动和电流的定期报告。如果不了解这些事实，就不可能对流行病的发生、死亡率和生育率的变化得出令人满意的结论。[1]

绘制一份详细的世界健康地图册是一项艰巨的任务，这项任务需要建立各地区间的联系，并进行比较分析。正如文学家艾伦·贝韦尔（Alan Bewell）所指出的那样，西方医学对自然环境的呈现在现代性对距离的彻底瓦解，及其对差异的仔细表述中得到了运用[2]。从某种意义上说，这被证明是完全工具性的，例如考虑到那些对欧洲军队、管理者和移民来说似乎天生就具有危险性的特定地区。非洲的绝大部分地区、亚洲的大部分地区以及几乎整个西印度群岛都被描述为疾病环境，其空气浑浊，似石棺里的空气一般。这种自然适应的地形提出了这样一种前景，即这些疾病空间可能会被"改善"到足以支持帝国生活的程度。马丁认为，创造有利于（欧式）农业的景观将有利于（欧洲人的）健康。他观察到，在印度，"死亡的空气笼罩着整个国家"：

> 但是，有什么是勤劳和毅力不能完成的呢？沼泽被排干，河流在畅通无阻的河道中流动，斧头和大火把森林一扫而光，犁过的土地通光通风，空气、土壤和水逐渐达到有益健康的水平。被

---

① Martin 1856: 102.

② Bewell 1999.

征服的自然向人类让出了它的帝国，而人类为自己创造了一个国家……在欧洲人可以说为自己创造了一个国家之前……孟加拉的农业必须得到很大改善。[1]

不健康的环境象征着自然对人类的统治，而它们向健康和丰饶的转变则代表了局势转变和"创建国家"的能力。当然，许多人对这种乐观前景心存疑虑，但批评者自己也参与巩固了一个普遍的比喻性说法，即以一种将非欧洲环境描绘为被忽视的，因而对健康构成威胁的方式描绘了世界。一个成功的殖民地点必然在某种程度上是改变了的健康景观。马克·哈里森（Mark Harrison）追溯了这种殖民医学是如何演变成地形医学的。他写道，在19世纪早期采用更直接的领土统治形式之后，印度及其环境变得更加陌生，英国管理者认为印度的气候对欧洲驻扎部队来说是不适合的，甚至是危险的[2]。因此，关于"气候和体质"的医学观点在非欧洲的空间和民族被异类化、病态化，并被越来越多地认为在返祖甚至退化的过程中，发挥了关键作用。虽然环境决定论的概念从来都不是绝对的，但这些古老的观念在19世纪被殖民民族志学者等各种理论家采纳，作为支持新的种族类型学、系谱学和等级制度的一种方式。因此，相信环境会塑造其人民的特征，对于马丁等作家来说至关重要，他们坚信像孟加拉人这样的热带体质是天生虚弱和"柔弱的"[3]。此观点还附加了当时被认为是新发现的环境和遗

---

[1] Martin 1856: 21.

[2] Harrison 1999.

[3] Sinha 1995.

传之间的联系。当然，在19世纪兴起的种族思想（它深受早期人类学对空间起源和生理表达的关注的影响）中，"天性"和"教养"并非对立，而是共同作用于种族差异的解释。文化和地形类型学的融合（即后天），与关于血统和命运的新科学（即先天）交织在一起，这可以从美国南部奴隶制的医学支持者对这些观点的热情采纳中看出来 [1]。

| 定位霍乱

对某些流行病的地理流动性的关注也引起了其他担忧，特别是对霍乱环境的想象产生了深远的影响，霍乱被认为是帝国时代的"休克病"。虽然霍乱的临床症状对欧洲人来说是相对较新且可怕的，但"亚洲霍乱"的空间行程被证明同样令人吃惊，并被赋予了极大的重要性。事实上，人们热衷于绘制、跟踪和追踪霍乱从被认为是其古老、自然的"大本营"恒河三角洲到文明世界的传播路线（见图1.1）。这样的地图反映了人们对疾病全球传播的深刻理解，而在早期几个世纪的天花、梅毒的大陆"交流"中，人们对这个概念的理解还是模糊的。许多西方观察家认为，主要的教训是他们与殖民环境之间已经建立了令人担忧的联系、路线和渠道，导致"外来疾病"不可能留在其自然位置。最终，这个概念有了许多不同且相互竞争的含义。对爱尔兰诗人约

---

[1]　Stowe 2004.

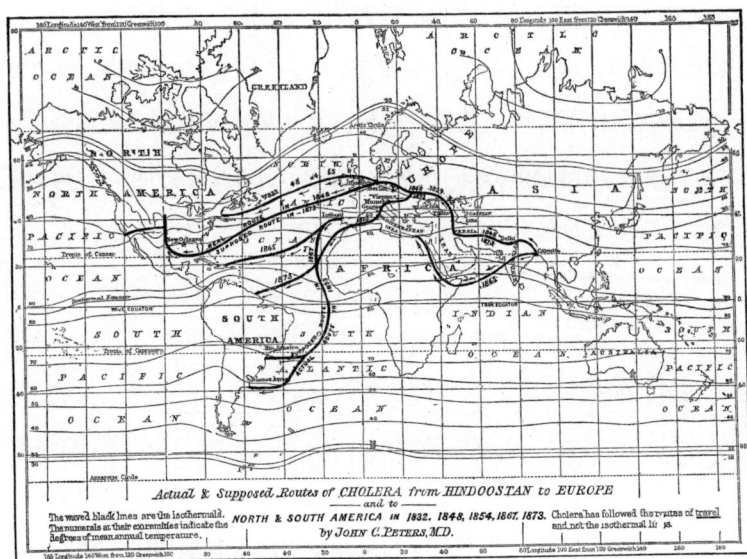

图 1.1 1832 年、1848 年、1854 年、1867 年和 1873 年，霍乱从印度斯坦（Hindoostan）到欧洲、北美的实际和假想路线。约翰·彼得斯（John Peters），《论亚洲霍乱》（*A Treatise on Asiatic Cholera*），纽约：威廉·伍德（W. Wood）出版，1885 年，第 68—71 页。

翰·巴尼姆（John Banim）和迈克尔·巴尼姆（Michael Banim）来说，霍乱在 1831 年的蔓延，是对所有暴虐帝国的末日报应：

> 从我适合的气候和臣民，
>
> 在我炎热而黝黑的东方，
>
> 向北向西，我来了
>
> 为了一次征服和一场盛宴——
>
> 直到受到挑战，我才来，
>
> 漫游过你寒冷的土地！——

> 你像新娘一样向我求爱，
>
> 胜利地把我带回了家！ [1]

　　许多医学作家一口咬定，印度必须被认为是霍乱的"家"，尽管霍乱还可以在西方临时居住。《霍乱在其家乡》(*Cholera in its Home*) 的作者解释说这种疾病总是依附于特定地方：通常是河岸，尤其是那些人口最稠密、最拥挤、最肮脏的地方。他的意图是要驳斥一种"邪恶的"法国观念，即霍乱不是印度天然的地方流行病，而是由英国人对印度人民的剥削以及由此导致的道德和社会"瓦解"造成的 [2]。

　　一种疾病可能有一个"祖居地"，这在当时是医学地理学一种固有的自负。它塑造了关于疾病如何造访（或"入侵"）新土地的理论，并为终止这种旅行提供了明智的建议。与之前的瘟疫一样，霍乱导致了边境检疫，并促使国家和帝国考虑采取各种预防措施，将健康的内部与不健康的外部划分开来。霍乱也许比帝国时代其他所谓"外来"疾病更能体现对主权领土的自然侵犯（巴尼姆兄弟对此进行了巧妙纪念）。它还促使西方公众以新的方式想象他们自己医疗化的家乡，以及可以增强和保护国民身体特征的法律体系。1832年的一面宣传画《约翰牛抓住霍乱》(*John Bull Catching the Cholera*) [3] 描绘了一个关于英国道德地形学的故事（见图1.2）。在原版画中，裹着头巾的霍乱有

---

[1]　Banim & Banim 1831：3.

[2]　Macpherson 1866.

[3]　"约翰牛"是英国的拟人化名称或指称典型的英国人，代表形象是戴大礼帽穿高筒靴的强壮红脸农夫。——译注

图 1.2 《约翰牛抓住霍乱》，彩色平版印刷，伦敦：O. 霍奇森（O.Hodgson）出版，约 1832 年。来源：Wellcome Collection。

着可怕的蓝色皮肤和黄色眼睛；他不料被一个红脸的约翰牛拦住，约翰牛掐住了他的脖子，挥舞着一根标有"橡树之心（heart of oak）"[①]的棍子。霍乱刚刚穿过"旧英格兰的木墙（The Wooden Walls of Old England，指长期以来保护英格兰免受外国威胁的海军和商船，但它们也是英格兰与殖民世界的联系）"，正伸手去拿《大改革法案》（Great

---

① 也译作"勇敢坚强的人"，英国皇家海军军乐名。——译注

医学文化史：帝国时代卷 |

Reform Bill）。这幅画似乎在说，以约翰牛强壮的"体质"为象征的政治上的稳定和人民的坚定不移是霍乱入侵的真正阻碍。可以说，在边境"catch"霍乱，不是要染上这种疾病，而是要将其控制在手中并限制它传播的空间范围。不过，这幅画反映了一些人对封锁国家能力的担忧。例如，它暗示了"反传染主义"的暗流，这种暗流在反建制的医学思想中已有一定影响，以欧文·阿克内希特（Erwin Ackernecht）为代表的人认为，这是自由主义对常规检疫制度不信任的表现[①]。毕竟，霍乱穿过了英格兰的"木墙"。无论是否相信传染，对于许多思想家来说，一个关键问题是，像霍乱这样的疾病一旦被冲上岸，会在什么样的身体和道德环境中被发现。可以肯定的是，这是倒退回了"流行病体质"的旧观念，甚至更普遍地讲，是对医学地形学关于大气和体质对"流行疾病"影响的关注。

霍乱极大地加剧了人们对已经处于剧烈变革阵痛中的城市环境的新的恐惧和不安。事实上，霍乱在南亚主要是一种农村现象，在西方则主要被视为一种城市问题和表现。历史学家凯瑟琳·库德利克（Catherine Kudlick）和理查德·埃文斯（Richard Evans）的经典论述分别讲述了霍乱如何迫使巴黎和汉堡那些原本踌躇满志的城市中产阶级重新思考和适应，发展出新的文化应对方式和意义解释框架[②]。这两个城市以自己的方式成为自由经济优势的中心，也是西方大都市崛起的商业和职业空间霸权的象征。尽管霍乱的死亡人数总是低于普通发热和痢疾，但它体现了许多资产阶级关于城市社会环境内在不健康

---

① Ackernecht 1948.

② Kudlick 1996; Evans 1987.

的广泛假设。最重要的是，霍乱被视为不自然的空间压缩的结果。它让人想起某些城市地区，那里挤满了穷人，房屋破旧不堪，还有大量垃圾。全球范围内越来越典型的被排斥的、下等的空间共同构成了这些空间①。受霍乱影响的地区似乎与落后的东方有天然联系，因此看起来就像是从遥远的土地移植过来的。杰索尔（Jessore）令人窒息的小巷传说与典型的伦敦贫民窟中《霍乱之王法庭》（'A Court for King Cholera'）图像联系在一起（见图1.3）。约翰·里奇（John Leech）这

图1.3 《霍乱之王法庭》，《笨拙杂志》（*Punch Magazine*），1852年9月25日，第139页。

---

① Marriott 2003.

幅著名且被广泛复制的讽刺画给这些肮脏穷人设立了独特的爱尔兰面容，从而巩固了肮脏贫穷的地方与某种外国污染的联系。因此，西方对霍乱的恐惧总是与入境地点有关，而这种恐惧本身却集中于现代城市常见的聚集和混合，这些聚集和混合具有破坏国家和殖民边界稳定的能力。的确，对许多同时代的人来说，霍乱使城市阶级冲突和指责（英国社会历史上一个根深蒂固的重要主题）的整体背景合法化、自然化。从文化史角度来看，霍乱的作用有点不同，它是"英格兰疾病争论的主要参照，也是担忧工业革命对英国人自身影响的一种表达手段"[1]。

　　类似的说法也适用于其他西方社会，这表明最紧迫的城市健康问题是如何服务于地理意义构建的多个相互关联层面，以及伴随着卫生主体的空间生产。例如，越来越多的学者试图找出这种城市现代性文化地形的情感和感官轮廓[2]。一个经典表述是阿兰·科尔宾（Alain Corbin）的《恶臭与芬芳》（*The Foul and the Fragrant*），该书认为有必要对气味进行历史定位，并追溯嗅觉语域在19世纪被资产阶级文化取代和发挥作用的方式。正如"在地上（on the ground）"和"通过鼻子（by the nose）"的传统做法一样，医学地形学对疾病空间的探索必然涉及某种形式的感觉攻击和征服，这一事实有助于解释城市中产阶级对气味景观的高度敏感性，以及不断降低的对腐败气味的耐受阈值。对环境的感知力是区分社会地位和展示个人差异的关键手段[3]。比如，霍乱王的王宫里的居民都是病态地待在他们堆满垃圾的"家里"，

---

① O'Connor 2000: 28.

② Kenny 2014; Mack 2015.

③ Corbin 1986; Drobnick 2006.

根本不受恶臭困扰，他们都是悲惨的受害者，也可能习惯了瘴气的存在，不受其影响。以"所有臭味都是疾病"一说闻名的埃德温·查德威克在1842年的《英国劳动人口卫生状况报告》（*Report on the Sanitary Conditions of the Labouring Population of Great Britain*）中不断提到这一看似矛盾的现象，它暗示了嗅觉环境的文化建设是卫生改革空间工作的绝对核心[1]。霍乱只是众多疾病威胁中的一种，除了鼓励城市除臭外，还帮助界定了"文明进程"，城市社会投资并奖励拥有精致、高雅品位的敏感之人。正如在伦敦调查发热的两位医生所解释的那样，"疟疾是无形且不可捉摸的，处于野蛮社会状态的人们完全不知道它的存在"[2]。这是19世纪嗅觉学（一种关于"谁有臭味"的科学和美学）的基本环境背景，它本身也是乔治·奥威尔（George Orwell）嘲讽"下层阶级有臭味"的陈词滥调所必需的[3]。往往正是这种对象征意义上的低贱、被排斥和边缘化的迷恋，使得这些对象在文化上成为资产阶级区别自身这一工程的核心[4]。跨学科著作《污秽：肮脏、厌恶和现代生活》（*Filth: Dirt, Disgust and Modern Life*）便涉及这一主题，其作者认为，卫生景观的建设与令人厌恶的景观文化生产密不可分[5]。

　　除了嗅觉，19世纪城市还引发了关于感官刺激和烦恼的医学讨论。毫无疑问，城市和工业噪音的不断加剧造成了听觉定向障碍的新

---

① Kiechle 2017; Reinarz 2014.

② Arnott & Kay 1837 - 8 : 68.

③ Carlisle 2004; Orwell 1937 / 2001.

④ Stallybrass & White 1986.

⑤ Cohen & Johnson 2004.

环境，同时它们也助长了一种密切倾听和听觉调节的资产阶级文化[1]。现代城市中不断变化的声音景观与听觉重要性的变化密不可分，而且总是需要努力重新定义噪音（类似污秽，是"不合时宜"的声音）的适当位置[2]。阿兰·科尔宾对19世纪法国教堂钟声的"去神圣化"进行了追溯，在去神圣化的过程中，钟声逐渐失去了净化空气和注入"近处、清晰视野的宁静"的预防作用[3]。这是一个比恶臭的医学化更漫长的过程，但到19世纪末，噪音也基本被重新医学化了，这一成就与宁静环境的商品化和通过创建固定听觉表现区域来合理化声学环境的尝试相伴而生。其他历史学家甚至更尖锐地指出，我们应该谨慎地调整19世纪医学在宁静文化生产及其空间意义中的地位。噪音问题逐渐成为人们对精神压力和神经疾病的隐忧，这本身必须被认为是现代城市生活观念改变的产物[4]。

类似的担忧也构成了视觉的医学化和空间化。虽然20世纪80—90年代的视觉文化研究最初主要集中在身体的表现和利用上（受福柯"医学凝视"概念的推动[5]），但历史学家开始更多地关注19世纪视觉环境的医学和文化建设。关于现代性及其"视觉制度"的哲学和美学辩论，往往要么强调陈列展览的商业实践，要么强调检查和监视的政府地理学。沃尔夫冈·希弗尔布施（Wolfgang Schivelbusch）的照明

---

[1]　Picker 2003.

[2]　Bailey 1996; Douglas 2002.

[3]　Corbin 1998.

[4]　Boutin 2015; Payer 2007; Thompson 2004; Bull & Black 2003.

[5]　参见 Crary 1990 & Stafford 1991。

技术史和文化史似乎具有开创性，因为它探索了景观和全景敞视主义（panopticism）之间富有成效的相互作用 [1]。与此同时，克里斯·奥特（Chris Otter）关于维多利亚时代视觉技术的有趣著作明确挑战了这些范畴。他关注组织视觉环境的混乱过程，实际上所有这些过程都与对公众健康和身体极限的担忧交织在一起。煤烟减排运动和屠宰场改革、公共照明和道路铺设、玻璃镶板的扩大，所有这些都被奥特解读为创造了鼓励个人思考和自我判断的空间 [2]。因此，视觉的医学特权也可能成为19世纪自由主义的关键政治技术。因此，从一个普遍角度来说，对感官的文化研究可以有效地告诉我们，环境"妨害"的旧概念是如何被定义为医学问题的。它也为历史学家提供了重要机会来审视感官文化的偶然性和不稳定性，以及这种文化是如何在19世纪建构"污染"的 [3]。

霍乱与城市混乱和危机的比喻密切相关，至少从象征意义上来说，与19世纪主要的城市环境改革和卫生基础设施尤其相关。其中很大一部分是通过法律来制定的：法律批准地方建筑规范、分区条例、消除特定危害的规则和程序，防止食品掺假的民事保护，以及负责监督、检查的公共卫生官员和负责建造、清洁的体力劳动者的设立。关于"卫生主义"，也许最为人所熟知的是大型卫生建设工程带来了权力的物质架构。一个重要目标是重新设计城市景观，从而以全新的方式"引导"个人和社会行为。其结果是，城市与其主体、阶级、人口

---

[1] Schivelbusch 1995.

[2] Otter 2008.

[3] Thorsheim 2006; Taylor 2016.

和治理之间产生了全新的关系，但也存在问题和争议。19世纪50年代初，乔治·奥斯曼男爵（Baron Georges Haussmann）和他的总工程师欧仁·贝尔格朗（Eugène Belgrand）开始对巴黎的基础设施进行全面重建，建立了这一模式。奥斯曼将流动的原则和目标从物质和象征层面付诸实践。众所周知，这些措施要求修建错综复杂的下水道网络，并修建铺砌宽阔的街道，以便更容易通风，更容易清除污物，并且据说，也更容易清除潜在的革命者。这些巴黎的改革，部分是由医学化的城市景观愿景构成的，有助于组织一种新形式的大都市体验，集中体现在融合了漫游者美学、商业景观和官僚体制的城市林荫大道文化中[1]。在英国，卫生学的福音催生了对贫民窟清理的关注，对水和浴缸供应的兴趣，尤其是对排水沟和下水道的工具性热情。伦敦和其他地方的卫生改革需要重建和更新古老的地方治理体系，因此白厅（whitehall）[2]在各种方面都与城市精英的利益相抵触，并且不得不迎合他们的利益。该体系本身是一种协商和妥协，显示了公共卫生和公共领域之间的重要联系，顺带一提，二者都被设想为空间和环境的领域。英国最近的一些卫生治理史强调，卫生权威不是从外部和上层强加的，而是在公开辩论和争论的气氛中建立、组装和自我限制的[3]。

城市环境的新设想是适宜地覆盖厕所和下水道，旨在调解新认识的、微妙变化的、危害健康的污秽的地理。埃德温·查德威克的一位合作者以私人住宅的精度绘制了他所在的地区的地图，并将他在贫困

---

① Harvey 2003; Reid 1991.

② "白厅"是伦敦一条街道的名称，常作为英国政府行政部门的代称。——译注

③ Newsom Kerr 2018; Crook 2016; Mooney 2015.

地区参观时遇到的厕所进行了等级划分：2个"有点肮脏"，10个"肮脏"，45个"非常肮脏"，7个"极其肮脏"，26个"肮脏到令人作呕"。克里斯·哈姆林（Chris Hamlin）认为，这种感官环境导致英国公众（和许多历史学家）"靠鼻子"得到了唯一可以想到的答案："小口径管道下水道"[①]。与工程解决方案相比，明确的医疗反应最初是次要的。哈姆林认为，这是"历史上最伟大的技术解决方案"之一[②]，它使决策者可以推迟考虑工资、教育、饮食等流行病事件的社会先决条件。穷人将继续处于根本贫困和相对饥饿的状态，但他们可以通过简单切断与瘴气的物理联系来减少生病。虽然这种对水和污秽的关注表面上被认为是政治中立的，但它仍然成为城市物质文化中一项非常重要的技术。污水处理基础设施系统的目标通常不是完全改造城市环境，而是增加一个新的"层次"——可能是地下、看不见的部分——来改善社会生活的条件[③]。或者至少这是一些卫生系统最乐观版本的想法。基础设施改革在许多国家和城市环境中发挥着不同的作用，但在所有地方都是横扫19世纪城市"创造性破坏"的关键部分。下水道建设可以暂时撕裂城市肌理，让人们看到脚下的世界（见图1.4）。这些公共工程的规模使人的形象和人类劳动本身显得渺小，却使这个庞大的设备本身成为净化的有效媒介。此外，事实上，对于这些卫生系统的"自然性"一直存在着争论。文学家米歇尔·艾伦（Michelle Allen）追溯了人们对无序拓展的地下污秽帝国（即下水道）的一些普遍疑虑。她写道，

---

① Hamlin 1998: 8, 11.

② Hamlin 1998: 15.

③ Osborne 1996; Gilbert 2009.

图 1.4 《大都市的主要排水系统。从伦敦老福特附近的维克巷向西看的隧道剖面》（'Main Drainage of the Metropolis. Sectional View of Tunnels from Wick Lane, Near Old Ford, Bow, Looking Westward'），《伦敦新闻画报》（*Illustrated London News*），1859 年 8 月 27 日。来源：Wellcome Collection。

下水道网络没有呈现一种整洁的控制形象，而是被视为"将个人和大众、穷人和富人、有病的人和健康的人聚集在一起"[1]。卫生设施的改善被誉为纪念帝国城市的一部分，但同样经常被谴责，因其拆除了古老的城镇旧区，破坏了熟悉的环境，并产生了以深刻的迷失感和错位感为特征的城市景观。

城市疾病危机的再次发生，以及被认为集中在城市空间中的不健

---

[1]　Allen 2008：43.

康的持续影响表明，城市已经成为难以理解和把握的问题空间。事实上，正是19世纪的城市及其日益增长的受过教育的公众，为新闻冒险和评论提供了一个不断重组的场所。这有时与将城市环境视为理性审查和精确测量领域的看法相冲突，有时也支持这种看法。事实上，尽管霍乱和其他流行病与政治革命没有直接联系，但不可否认的是，它们引发了一波科学和公共调查，正是这些观察结果反过来引发了干预[1]。人们可以清楚地看到亨利·梅休（Henry Mayhew）等新型城市探险家的崛起，他暗示伦敦作为"发热和疾病聚集地"的形象已经广为人知，以至于这座大都市可以被"病态地描绘出来，并被划分为病态的郡和致命的州"。

> 我们可以用手指着军用地图，说这儿是伤寒病区，那儿是霍乱病房；因为，正如伦敦西区自诩为贝尔格莱维亚区（Belgravia）[2]一样，泰晤士河南岸也应该被命名为"瘟疫之地（Pestilentia）"。季节更替，疾病也一茬接着一茬，这些地区可能比隐喻式的伦敦瘟疫区更真实。[3]

梅休的方法，虽然赋予了城市医学地形学一种客观性，但也依赖于他对自己顶着巨大困难、冒着很高风险进入伦敦黑暗、危险、陌生地区经历的惊人叙述。这种关于污秽的耸人听闻的叙述在某些方面影响了

---

[1] Hamlin 2009：11；Evans 1988.

[2] 伦敦的上流住宅区。——译注

[3] Mayhew 1849.

官方调查，而这有时被认为是重大的文学事件。例如，在1849年霍乱暴发期间，当伦敦金融城的医疗官员将以表格形式，对挨家挨户的检查结果进行报告时，人们对这份报告的迫切心情显而易见。伦敦《泰晤士报》（Times）认为，其未加修饰的披露所带来的恐怖，可能与《巴黎之谜》（Mysteries of Paris）和《伦敦启示录》（Revelations of London）那些虚构编年史中的生动恐怖不相上下①。业余和官方卫生披露的爆炸式增长与19世纪中叶侦探小说（与早期哥特式和连环犯罪文学有着密切关系）的出现有许多相似之处。

到了这个时候，城市环境已经变得像一个难以驾驭的文本，需要在连贯的叙述中阅读、解读和重组，尤其是那些等待着英雄的医务人员去阐明和表达的"疫区"。一个例子是赫克托·加文（Hector Gavin）医生关于伦敦贝思纳尔格林贫民窟的《卫生漫步》（Sanitary Rambles）。"漫步"的意思是在乡间小路和田野里进行一次愉快的徒步旅行，类似于没有明确目标的"闲逛"；对加文和他同时代的人来说，城市地形通过步行、观察、发现和报告变得可知②。这种叙事形式在寻找城市界限的同时，其本身也涉及一种控制策略：定义和标记出现代城市中那些黑暗的、隐秘的、迷宫般的或充满异国情调的难以理解的部分。这是苏珊·克拉多克（Susan Craddock）在研究从19世纪60年代开始对旧金山唐人街进行的官方和业余卫生调查时提出的观点。凯·安德森（Kay Anderson）在她对温哥华唐人街的分析中同样认为，19世纪的西方城市倾向于为那些被认为太过陌生而无法被同化的

①　*Times*, 22 October 1849.

②　Gavin 1848.

移民创造"景观类型"。种族隔离和保持距离的空间在文本中被随意地再现，这些文本情不自禁地叙述了一种不同的、外来的、病态的经历，这些都被用来为对附近地区的持续忽视甚至完全废除辩护。查尔斯·沃伦·斯托达德 (Charles Warren Stoddard) 的《旧中国的一角》(*A Bit of Old China*) 是这种体裁的典型代表。这本书带着读者在旧金山"苦力区"前街之外和地下冒险。他讲述了自己"陷入"一个由地下墓穴和黑洞组成的令人迷失方向的蒙古迷宫的经历：

> 我们在砖墙之间穿行，开始坠入黑暗的深渊；在地宫的两夜里，这些小蜡烛微弱地燃烧着，没有它们，就不可能安全前进。地下大多数可居住的房间就像许多鸽舍一样随意地堆在一起。要是这里有足够的阳光，把每一块木板上的黏液吸干，有足够的新鲜空气，让发霉的狗舍变得香甜些，这种非常古怪的建筑风格也许会因为它的新奇而受到人们一时的喜爱；此外，这地方还会让人觉得古雅，不过，愿上帝保佑，它闻起来可真不怎么样！

在他那令人喘不过气来的冒险中，斯托达德偶然发现了麻木的鸦片吸食者，他们"看起来就像瘟疫肆虐的尸体"，他还发现了一家"散发着病态和瘟疫气息"的小医院，还有一家独立的专收中国麻风病人的市立传染病院。他写道："中国尚不如我们这个基督教城市的这一部分更中国化。"斯托达德承认，这次旅行带来的惊奇多于真正的理解，他以一种明显带有地理偏见的方式推断道："从孔夫子 (Confucius) 到烂摊

子 (confusion) 只有一步之遥"①。

事实上，现代城市环境造成了无休止的混乱，为使其清晰易读，许多不同的医学理性化工程和各种话语策略应运而生。其中最重要的是努力绘制城市及其自然力量的地图。一些文学评论家已经考虑了维多利亚时代的制图学与流动的医学隐喻、卫生监督和社会主体的理性建构之间的关系②。霍乱开创了医学测绘领域一些最重要的创新。对那个时代的许多人来说，地图似乎预示着一种健康的地形，经由冷静、客观、受监视的统计数据和精确的测量通过清晰的编码而绘制。在个别病人身上得到完善的临床观察的能力，将会应用于受病痛折磨的城市和人口。批评制图师们认为，最具说服力的地图是那些否认自己创作过程，并与典型的卫生调查所特有的轶事和印象主义的描述模式保持一定距离的地图。地图对空间的描述，应该比叙述文本对同一空间的描述更可靠——地图就是版图。对科学知识的文化背景感兴趣的历史学家很快就表明，这种制图客观性的观点实际上是备受争议的；例如，关于霍乱来源的争论，伴随着对地图图像解释的冲突而产生。举个最著名的例子，约翰·斯诺 (John Snow) 在1854年绘制的关于伦敦霍乱的地图，在今天仍经常被用作19世纪医学制图的典范，尽管该领域学者已经表明，这些地图对斯诺本人来说是事后才想到的，而且在推进他的水传播霍乱理论方面几乎没有什么贡献。约翰·斯诺的神话本质上就是他的地图神话 [在最近的通俗史学中被称为"幽灵地

---

① Stoddard 1901/1912.

② Nead 2005；Poovey 1995.

图（ghost map）"[1]]。

斯诺地图（而不是他的流行病学）的重要性被过度夸大，可以归结为一种追求客观的气氛，这种气氛在统计数据和地图中仍然存在，这可以说是我们这个时代比19世纪更强烈的特征。今天和当时一样，专注于所表现事物的真实面貌，容易忽视表现的方式和策略（顺便说一下，这种分离标志着社会史与医学文化史在方法和目标上的本质区别）。正如文学家帕梅拉·吉尔伯特（Pamela Gilbert）巧妙指出的那样，维多利亚时代的医学制图师总是关心如何成功地引导对其图像的解释，并获得对城市环境医学理解的尊重[2]。一个很好的例子是美国外科医生伊利·麦克莱兰（Ely McClelland）对1873年霍乱流行的研究。他的大量报告展示了密西西比河沿岸一些受影响城市的地图，这些地图旨在驳斥非输入的反传染主义学说（见图1.5）。麦克莱兰在新奥尔良地图上标出了前20名霍乱患者的住所，并将这些住所和他们的工作地点用直线连接起来。这些直线聚合在一处码头，从受感染城市开来的蒸汽船就停靠在那里。他还画了一个半圆，围出了霍乱流行最严重的区域，并非巧合地正好集中在堤坝周围，这意味着霍乱的主要传播方式不是普遍扩散，而是在一个有限的密集空间，其中包含了麦克莱兰已经提出的主要传播方式：汽船贸易和交通。这幅地图提出并标明了一个疾病中心，这个想法遭到了该市医生的反对，尽管数据是由他们提供的[3]。与斯诺不同的是，麦克莱兰使用制图学来证明霍乱的传播

① 参见 Johnson 2007。

② Gilbert 2004.

③ Woodworth 1875; Koch 2005: 159 – 76.

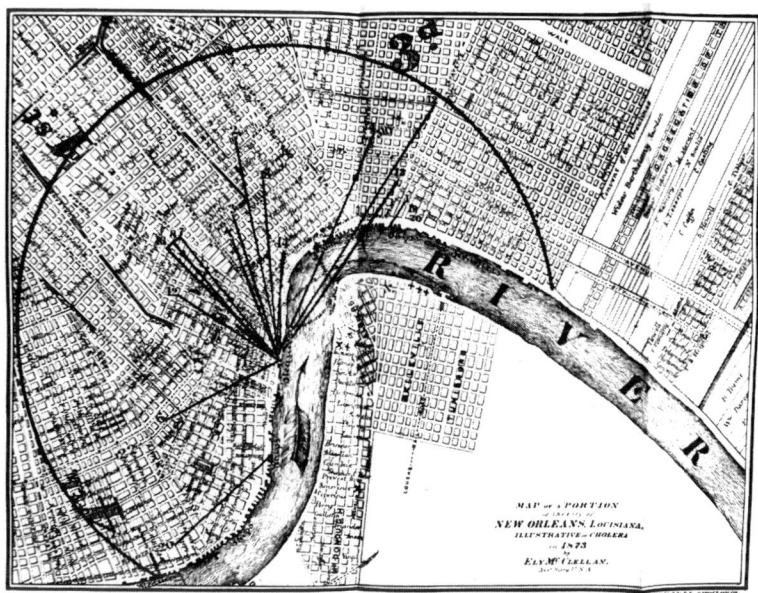

图1.5 路易斯安那州新奥尔良市的一部分地图，美国助理外科医生伊利·麦克莱兰绘制的《1873年美国霍乱疫情》(*The Cholera Epidemic of 1873 in the United States*)。约翰·M.华兹华斯(John M.Wordworth)，华盛顿：政府印刷局(Government Printing Office)出版，1875年，第104页的后续页。来源：USA National Library of Medicine, Bethesda。

与人口流动有关。他使用了一张普通的街道地图，对环境进行了常见的可视化，并从字面上吸引了人们对某些起作用的空间因素的关注，所产生的证据是可视的。地图本身实际上是一个分析空间，是一种提高易读性、解决疑问并使城市无序生活变得可计算和概率化的工具。人们常说，这类疾病地图比几页解释性和叙述文本更有说服力，这强调了制图学是如何上升成为现代性的一种关键表征策略的。

| 结核病和可治愈的地形

在西方思想中，霍乱总是以某种方式与医学地理学联系在一起，而结核病是疾病在19世纪逐渐与环境建立重要联系的一个例子。19世纪初，很少有欧洲医生考虑到肺结核具有传染性的可能，到了19世纪中叶，这一假设似乎变得更加坚定了。然而，在意大利，弗拉卡斯托罗（Fracastoro）的"接触性传染病（contagion）"的概念被继续沿用。拉埃内克（Laënnec）认为，作为最常见的死亡原因之一，肺结核通常被认为具有一种遗传易感性，可以被一些"干扰因素"激活，如潮湿的室内居住环境和"悲伤的感情"等病态的精神状态。正如大卫·巴尔内斯（David Barnes）所指出的那样，肺结核与其他疾病的流行病学研究同时出现，但与霍乱不同的是，肺结核的流行病学研究不一定与病因理论有任何重要联系[1]。法国卫生学家率先认识到，肺结核的传播和影响可以根据不同的社会阶层和地理区域进行分析和绘制，这支持了疾病负担不平等和健康的社会决定因素的观点。例如，路易-勒内·维莱姆比较了巴黎各区死亡率的差异，发现唯一重要的变量是财富。穷人比富人更容易生病，死得更早，而肺结核是呈现这种关系的关键方式。尽管这些见解为关于"社会问题"的辩论提供了依据，

---

[1] Barnes 1995.

并促进了对公共卫生的统计理解，但在当时，它们未能推动大部分预防结核病的相应的医疗计划。

相反，不断变化的休闲和移民模式往往与气候有益健康的新观念相关，并引发对肺结核环境疗法的探索。一个重要背景是拿破仑战争后欧洲温泉度假村（spa resort）的再度繁荣，以及帝国时代财富和权力分配发生了显著变化。几个世纪以来，温泉浴场主要作为贵族社交和展示礼仪的场所；它们为根植于治疗景观医学和哲学概念的、依照阶级和性别的自我塑造提供了重要场景[①]。对自然治愈能力的类似思考也对疯人院设计和医院花园产生了重大影响[②]。道格拉斯·麦卡曼（Douglas Mackaman）认为，从19世纪20年代开始，温泉浴场帮助法国资产阶级创造了一种可接受的、"有秩序"的度假休闲方式。其中的关键是温泉疗法的医学化，以及对一种令人振奋的、苦行僧式水疗方案的狂热，这种疗法在建筑和管理上展现了对个人隐私的尊重和对社会地位的认可。尽管存在一些差异，但整个欧洲都出现了类似的健康旅游发展，这些有助于建构中产阶级身份[③]。这种治疗空间的商品化与肺结核作为一种浪漫疾病的感伤化一致。当时的人们认为，面色潮红、呼吸急促等消耗生命力的表现会给人一种可能是相当得体的慵懒的感觉。肺结核成了温文尔雅和敏感性格的共同标志，成了短命天才的隐喻，成了时尚优雅的感性的标志——至少对康复良好的患者

---

① Herbert 2009；Gesler 1998；Gesler 1992；Porter 1990.

② Moran et. al. 2011；Hickman 2013.

③ Mackaman 1998；Anderson & Tabb 2002；Chambers 2002.

来说是这样①。浪漫的疾病需要与之相称的疗养地点。在世纪之交，意大利是约翰·济慈（John Keats）等富有的英国肺结核患者的热门目的地。济慈的医生詹姆斯·克拉克（James Clark）在其专著中推荐，为缓解症状，可以在气候温和的地方居住几年，但他告诫人们不要期待治愈②。这种类型的建议被整合到医疗旅行的旧惯例中，但最终也引发了人们对不同类型治疗场所日益高涨的热情。

对大自然的治愈能力的浪漫信仰往往会削弱精心养护的温泉浴场的吸引力，而提高了淳朴、自由土地的重要性。对"空气和习惯的改变"的新态度表现在，人们越来越推荐具有吸引力和人迹罕至的自然环境，如沙漠和高山。从19世纪50年代开始，赫尔曼·布雷默（Hermann Brehmer）提出了一种多少有些另类的观点，即可以通过合理的饮食、正确的锻炼，以及最重要的是充足、新鲜的山间空气来治愈肺结核。1859年，在他的朋友、探险家兼地理学家亚历山大·冯·洪堡（Alexander von Humbolt）的帮助下，布雷默在西西里西亚的戈尔伯斯多夫（Görbersdorf）开设了第一家肺结核疗养院，此前他的嫂子已经在那里成功地经营了一家水疗中心。布雷默鼓励他的病人采取登高散步的方式进行锻炼。他关于清新的高原空气有益健康的观点从不缺乏批评者，但事实上，他的模仿者更多，多到掀起了一场小规模的运动。1868年，企业家威廉·简·霍尔斯布尔（Willem Jan Holsboer）和亚历山大·斯彭格勒（Alexander Spengler）医生将原来的一家山地旅馆改造成肺结核疗养院，并按照布雷默提出的医疗原则经营，之后，

---

① Lawlor 2006.

② Clark 1829.

瑞士达沃斯（Davos）陆续开设了几家专门为肺结核患者提供服务的温泉浴场中心。在这些温泉浴场（*Kurhausen*）周围，环绕着风景如画的小径，以及像沙茨阿尔卑（Schatzalp）这样的山腰小村落，沙茨阿尔卑在达沃斯上方300米处，当时只能步行到达（见图1.6）。尽管据说这种治疗也有在小镇上的赌场冶游的形式，但其目的是让患者沉浸在令人精力充沛的阿尔卑斯山的氛围中，这一定会让人想起温泉度假。

肺结核医学地形与不断变化的治疗目的地及这些地方形成的疾病特征相对应。肺结核的文化意义日益被塑造成一种不满足于现状的、不断探索的主观性。这一点在北美表现得最为明显。19世纪30年代，北美的拓荒定居与追求健康的文化相吻合。正如希拉·罗思曼（Sheila

图1.6 乡村治疗地点：1878年的沙茨阿尔卑。达沃斯的景观：从治疗机构所遵循治疗方法的特殊角度看胸部疾病的气候疗养所。W. J. 霍尔伯尔（W. J. Holboer），《医学与疾病指南》（*Guide Pour Medicins et Malades*），苏黎世：奥雷尔·菲斯利（Orell Füssli）出版，1878年，第34页的对页。来源：From copy held in the Boston Medical Library in the Francis A. Countway Library of Medicine。

Rothman）所描述的那样，这些旅居者并不是寻求一时的"治疗"，而是要彻底改变生活方式，追求更简朴、更有利于身体康复的生活。西进扩张在一定程度上是由忠告文学（advice literature）①和通俗轶事（最初由猎人和拓荒者支持，后来由城市推动者和房地产冒险家支持）所激发的幻想推动的，这些幻想认为，与拥挤的城市和东部各州破败的种植园景观相比，美国西南部和太平洋海岸俨然是一个伊甸园。关于健康环境有一个令人印象深刻的故事，故事讲的是一个250岁的男人不得不返回东部去死；结果，当他的尸体被送回加利福尼亚埋葬时，竟然一跃而起，重返青春的活力和美丽②！稍微不那么令人难以置信的故事（有时是非常认真讲述的）无疑会推动一些寻求健康的人前往，这些故事在某种程度上表明了专业人士对干燥和多山的边疆环境的普遍态度。1915年，大约五分之四的科罗拉多医学会（Colorado Medical Society）会员报告说，他们来到西部是为了他们自己的健康③。医学地形学是20世纪上半叶美国医生专业写作的主流参考框架；这显然保留了它的吸引力，并逐渐形成了寻求健康的性别和爱国利益。人们崇拜粗犷豪迈的男子气概，这在泰迪·罗斯福（Teddy Roosevelt）等人身上达到了顶峰，他提供了一个关于露营、狩猎和艰苦奋斗以求

---

① 正如现代学术话语所理解的那样，"忠告文学"主要指为统治者以及政治和文化精英成员提供忠告的作品。此类作品有时也被称为"王子的镜子（mirrors for princes）"。作为一种体裁，忠告文学起源于古希腊历史学家色诺芬（Xenophon）的著作，从中世纪早期开始在西欧、拜占庭帝国和伊斯兰世界蓬勃发展。西方"王子的镜子"的传统为后来文艺复兴时期的政治理论奠定了基础，从而为现代政治科学奠定了基础。——译注

② Rothman 1994：134.

③ Rothman 1994：132.

健康的道德传奇。他所模仿和培养的这类形象非常受欢迎，最终引发了各种各样的集体反对。在19世纪末，由于担心肺结核患者大量涌入，人们试图限制"肺结核患者"前往洛杉矶等地[1]。

这是因为结核病与环境在地理学上的联系再次被治疗实践和对病因学的新认识改变了。在美国，这始于横贯大陆的铁路和作为肺结核患者圣地的城镇的发展。医学规定的肺结核治疗地点变得越来越没有乡村气息，也越来越非自给自足，变得越来越系统化和制度化。医学思想开始转向强调仔细观察和由医生主导的治疗方案，这一转变反映了所谓的美国社会和文化的融合[2]。这些发展改变了疾病的空间和文化意义；他们将肺结核患者从独立的健康寻求者转变为被引导的乘客和顺从的房客。与此同时，尽管气候本身仍然很重要，但作为治疗的主要因素，它的作用正在逐渐减弱，环境位置的重新布局无疑也与1882年罗伯特·科赫发现结核杆菌有关。肺结核细菌学的出现似乎标志着肺结核浪漫观念的终结。它促使大多数疗养院转向更封闭、更受控制的医院建筑，让人联想起实验室。将结核病理解为病原体的影响，也在某种程度上改变了疗养院的空间逻辑，使其倾向于将受感染病人与脆弱的未携带结核杆菌人群隔离开来。正是在这种背景下，弗吕兰·康德拉（Flurin Condrau）指出了医疗机构和结核病污名化之间的相互依存关系[3]。艾莉森·巴什福德（Alison Bashford）注意到"监禁文化"一直或多或少是疗养院的一部分，但这种情况越来越突出，特别是在医

---

[1]　Abel 2007；Ott 1996.

[2]　Trachtenberg 1982.

[3]　Condrau 2010：85.

学化的方法下，即使这种体验仍然更像是富人的静修所，而非大众医院[1]。

由此看来，肺结核的文化史是现代空间与现代身份相互交织的一个相对明显的例子。随着肺结核地理学再次发生变化，它的治疗模式也发生了变化：从大胆的躁动到久坐的静养疗法。世纪之交经常重复的说法是"露天"治疗：一种从走廊和阳台等名义上的"内部"场所获得"外部"治疗效果的方式。这种治疗的核心问题更多是建筑学的，而不是地形学的，是一个从建筑环境而不是自然环境中可以获得什么好处的问题。世纪之交的疗养院是一台从正常气候（光和空气）中提取所需的机器，最大限度发挥其作用，并训练身体以更健康的方式运行。这种治疗空间的转变在达沃斯得到了体现，那里已经成了一个由大型机构主导的疗养小镇。几十年来，霍尔伯尔一直被崎岖而偏远的沙茨阿尔卑的村落吸引，他在那里建造了一个大型新机构，并通过高级缆车将沙茨阿尔卑与小镇连接起来（见图 1.7）。病人不再被鼓励自己爬山，但是如果医生推荐，他们可以在树林里散步。沙茨阿尔卑疗养院是托马斯·曼（Thomas Mann）的《魔山》（*The Magic Mountain*，1924）中唯一提到的疗养院，它代表了世纪之交疗养院中孕育的现代主义情感。建筑史学家比阿特丽斯·科洛米纳（Beatriz Colomina）认为，"要理解 20 世纪初的建筑设计，不能脱离结核病这一主题"[2]。设计史学家玛格丽特·坎贝尔（Margaret Campbell）认为，这些疗养院

---

① Bashford 2003：133.

② Colomina 2007：156.

Sanatorium Schatzalp 1864 m über Meer
300 m über Davos-Platz

A. Trüb & Co., Aarau No. 793

图 1.7　机构治疗地点：沙茨阿尔卑疗养院，开业于 1900 年。明信片由作者（MNK）持有。

的社会实用建筑主义①和开放结构卫生学直接塑造了 20 世纪早期的现代主义②。一个奇怪的人工制品是没有装饰的躺椅（chaise longue），即"治疗椅（cure chair）"，也被称为"达沃斯沙发"（Davos Couch），它是患肺结核的身体如何被塑造成无菌意识和放松的自我检查的新姿势的缩影③。正如格雷厄姆·穆尼（Graham Mooney）所证明的，疗养院的独特技术可以通过商业产品和医疗设备的形式，针对家庭环境进行重新定位和调整，以保持身体健康④。正如这些例子所表明的那样，结核病在 20 世纪获得了一个全新的地理意义和标志。

_____

① 主张建筑或物品设计首要的是用途而不是外观。——译注

② Campbell 2005.

③ Campbell 1999.

④ Mooney 2013.

疟疾和热带医学

与结核病在19世纪日益增长的空间现代性形成对比的是，疟疾在同一时期获得的地理反现代性。当肺结核患者舒舒服服地躺在躺椅上享受符合西方文明标准的休息时，疟疾患者其实被西方医学视为文化和种族落后的负面象征。众所周知，18世纪之前，疟疾被称为寒颤（*ague*）或沼泽热（marsh fever），一直是英国和法国部分地区的地方病，到了18世纪，农业的最大化使大片低地国家的土地得以更有效地排水和耕种。在那时人们注意到疟疾的消退，这证实了人们对沼泽地及伴随其而来的瘴气的古老恐惧。在19世纪早期的美国医学著作中，疟疾构成了一组伴随人们在密苏里州和伊利诺伊州等西部内陆地区定居的早期阶段的"寒颤"或"弛张热"，马克·吐温（Mark Twain）和查尔斯·狄更斯（Charles Dickens）等作家对这些地方的衰弱环境进行了令人难忘的描述。疟疾似乎影响人们刚进入的、仍是沼泽的边境地区，而不是已建成的城镇和城市，那里更典型的疾病是黄热病[①]。因此，疟疾的文化内涵在地理上被想象为处于原始发展状态的地方。新到那种环境的人要经历一段"适应"期。重要的是，瘴气（源自意大利语 *malaria*，指的是动物或植物腐烂产生的不良空气）是这些热病的原因，而不是它们的同义词。直到19世纪后期，这个描述疟疾起源的术

---

① Humphries 2001: 30 – 6.

语才成为疾病的名称。

这个想法在安托万－奥古斯特－欧内斯特·埃贝尔（Antoine-August-Ernest Hébert）的画作《疟疾》（*La mal'aria*）中得到了表达，这幅画在1850年的巴黎沙龙上获得了非凡的赞誉（见图1.8）。它以罗马东南部的彭蒂内沼泽为背景，描绘了几个世纪以来肆虐该地区的，几乎使该地区无人居住的病态气氛（在维多利亚时代的英国和其他地方被解释为对落后的天主教的拙劣反映）。我们看到在一艘浅平底船上，有一群衣着奇特的人，他们慵懒得令人不安。意大利农民是一种非常流行的肖像画题材，它折射出上流社会肖像画的基本元素。然而，在这幅画里，乘客们有着令人恐惧的过度休息。他们缺少的是明确的

图1.8 安托万－奥古斯特－欧内斯特·埃贝尔，《疟疾》，1850年，平版画。
来源：Wellcome Collection。

目标和目的，好像他们注定永远留在这条船上一样。这是一艘现代的愚人船，它提供了一堂与之前关于疯癫的课相媲美的实物课。然而，埃贝尔的画作更多是关于人所处的环境，而不是人。标题指的是恍惚的、朦胧的、令人昏昏欲睡的景观：一片缺乏海洋所拥有的所有深度和深邃美德的沼泽，一片完全不同于海岸相对清晰边缘的模糊的水域。这种模糊感与低洼萧条、冷漠静止的整体气氛融为一体。对于资产阶级和精英艺术世界，以及医学和社会思想来说，疟疾几乎完全被解读为一种滋生疾病的道德领域。法国小说家埃德蒙·阿布（Edmond About）曾调侃埃贝尔像别人培育健康一样培育疾病：《疟疾》给观者带来了一种不健康的强烈情感，让观者陷入沉思，它代表了一种不宜多看的风格。阿布有句名言说，如果他的房间里挂一幅埃贝尔的画，他会忍不住频繁地看它，然后就会发烧。就像殖民地空间和殖民地人民的医学地形学一样，这是一块被严重忽视和利用不足的土地。埃贝尔的农民并没有像我们今天所说的那样患上疟疾；相反，他们受到疟疾环境的折磨。所以这些不仅仅是发展前沿的地方；它们也是现代性遗留下来的地方，既可以被解读为古香古色，也可以被解读为原始，但不能两者兼而有之。

这种新近构想的疟疾地理学为帝国所吹捧的全球环境流动性和管理能力贡献了许多层面的意义，19世纪奎宁全球贸易和生产网络的变化有力地表达了这种关系。早在疟原虫被发现之前，金鸡纳树的提取物就被认为可以治疗发热引起的寒战。金鸡纳树皮原产于南美洲西部安第斯丘陵的山地森林，早在1631年就被罗马的药剂师使用。其活性成分奎宁最早于1820年从金鸡纳中提取和分离出来，这一成就提高了获得更高产量的生物碱和改进金鸡纳栽培技术的回报。对于秘鲁政府允许的采伐方式，有人提出了批评，但这些争议主要源于这种自然资源的新战略重要性。几个西方国家赞助了一些反对秘鲁垄断的行动（有些更为隐蔽），并将金鸡纳树和种子，而不是金鸡纳树皮走私出境。一个是1859年的英国考察队，目的是在南亚建立种植园。金鸡纳最早在印度南部的英国山间避暑地种植，后来在锡兰的茶园旁种植。这些业务本来是有利可图的，直到受到来自位于爪哇的荷兰金鸡纳种植园的竞争[①]。

从直接现实意义的角度将奎宁视为"帝国的工具"的表述已屡见不鲜。奎宁有助于保护军队和殖民者的健康，尤其是使西非的环境看起来不再那么像是"白人的坟墓"。还有许多学者注意到奎宁在帝国商品文化和殖民地健康仪式中的地位，即将奎宁加入葡萄酒或杜松子酒中，预防性地服用奎宁。奎宁作为殖民环境话语的一种工具，却很少受到重视。在这个意义上，我们可以说金鸡纳种植园的历史和奎宁本身，就是帝国移植实践的例证。这种关系被不经意地呈现在1862年的一幅版画中，这幅版画描绘了英属印度夏都地区的第一棵金鸡纳树的种植仪式（见图1.9）。土地已经分好了块，划好了行，这种对殖民景观的勤勉网格化改造（gridding）[②]，既服务于当地的殖民统治，也为其他地方的殖民提供支持。那里还留有一片尚未清理的、杂乱无章的树桩，还有一些当地的旁观者，包括拿着大砍刀和斧头的人。与此同时，马德拉斯总督威廉·丹尼森（William Denison）男爵正拿着一把铁锹。他指导发展一种

---

① Veale 2010.

② "网格化改造"指殖民者按照欧式农业标准将原本自然的土地重新规划为几何形状的种植园。这种做法既体现了对自然环境的控制，更象征殖民主义对"野蛮"自然景观的"文明化"改造。——译注

图 1.9 《印度尼尔盖里山金鸡纳树种植园》（'Peruvian Bark Tree Plantations in the Neilgherry Hills, India'），《伦敦新闻画报》（*Illustrated London News*），1862 年 12 月 6 日，第 592 页。来源：Wellcome Collection。

自然疗法，来治疗因未被驯服的自然而引起的疾病。这幅图调动了医学地形学更广泛的目标，暗示了文明使命被想象为环境工程的某些方式。它具体说明了对气候和自然栖息地的理解是如何从这些地形中产生，并支持对这些地形的控制的。此外，它还假设了气候区域可感知的战略互换性。英国人把尼尔盖里山想象成阿尔卑斯山的度假胜地，就像法国人想象他们在印度支那的山间避暑地一样[1]。在这两种情况下，这些都与彭蒂内沼泽和热带地区的殖民地和环境截然相反。

　　毫无疑问，将金鸡纳生产地从南美迁出，是一种支撑医疗脆弱空

---

① Jennings 2011.

医学文化史：帝国时代卷 |

间和确保欧洲人健康的手段。但这是在获取和组织环境知识的背景下，这一背景在最近的文化史中得到了更好的理解，一方面是医学和植物学之间的联系，另一方面是商业和商业帝国之间的联系。一个深刻的例子是隆达·施宾格（Londa Shiebinger）对欧洲博物学家和探险家在18世纪加勒比海地区进行的"殖民生物勘探"遗产的研究。她认为，植物分类学构成了一种"语言帝国主义"的形式，男性主导的医学组织限制了关于女性健康和生育控制方法的提问和讨论[1]。通过金鸡纳，我们发现了19世纪适宜气候的医学地形学和植物学概念的融合，这种融合本身有助于建构全新的地理统治技术。奎宁成为了帝国环境中一种既具有实际用途，又被赋予特定象征意义的产品。它涉及一种有利可图的植物的移植，但与其他经济作物不同，金鸡纳被冠以建立帝国的药用标志。

因此，疟疾首先是一种环境失调，其次才是一种身体疾病。尽管如此，正是这些对环境的想象和论述塑造了身体在帝国工程中的运用方式，并推动了他们的设计。正如梅根·沃恩（Megan Vaughan）就更广泛的非洲问题所论证的那样，"殖民医学的力量并不在于它对其臣民身体的直接影响……而在于它能够提供那些臣民'自然化'和'病态化'的解释，从而将健康问题归因于固有的特征"[2]。大卫·阿诺德（David Arnold）关于殖民印度的著作呼应了这一观点，他追溯了流行病在建构服从和等级化的政治叙事中的作用[3]。可以肯定的是，19世纪的殖民医学为解决疟疾等问题提供了许多不同且相互竞争的对策。此外，疟疾这一具体问题只是逐渐被视为主要的帝国问题。然而，这本

---

① Shiebinger 2004.

② Vaughan 1991:25.

③ Arnold 1993.

身就揭示了帝国如何被重塑为一场对抗不健康、导致肉体衰退甚至堕落的环境的斗争。正如阿诺德所观察到的那样，英国在19世纪70年代基本上放弃了在印度的大量白人定居点，这一变化部分是由于医学上的理由被添加了进来，以及了解了直接统治不断积累的困难。尽管疟疾对帝国建设的具体影响仍存在争议，但毫无疑问的是，它最终占据了西方人如何在文化上建构该工程的中心位置。疟疾的医学建构是地球上所有地区及其居民如何被判定为自然边缘和原始的一个关键部分。事实上，疟疾被认为是一种外来疾病，典型的疟疾景观也因此成了一项帝国工程。

南希·莱斯·斯特潘（Nancy Leys Stepan）就是用这种方式来描写"热带"的自然化，她认为，这是一个想象和建构的地方，同时也是一个实际存在的地理位置。在将热带环境作为一种文化主题的过程中，西医发挥了至关重要的作用。斯特潘关注19世纪的巴西，以及探险家、科学家在建构热带环境作为一个对健康充满危险的环境的强大印象时，使用的传统绘画和叙事手法。在帝国背景下，知识的积累使得这些地方不再是地理学的范畴，而更多是地理上的新奇事物[1]。热带主题如此紧密地建立在关于健康和疾病的矛盾神话之上，与关于帝国和西方男子气质的神话，以及被殖民民族标志性异常的神话密切相关。换句话说，医学既在使某些环境自然化，又在使原著居民病态化。"热带病"和"热带医学"都是这种迷恋奇妙环境的产物。它们都试图表明这些地方的暂时落后和被困在一个反复无常的历史时代的人的落

---

[1]　Stepan 2001.

后，这些人失去了历史，因此被排除在现代性事件之外。被殖民民族陷入了特定的空间，因此停滞在更早的时代。它们高度的地方性和永恒性必须与殖民知识的基本无地方性和高度具体的前沿时间地位相对立。这一任务得益于旧医学地理学的传统和新人类学的信条之间的联系，这些联系不仅推动了"种族消亡理论（dying race theory）"的形成，而且可能是该理论得以建立的关键要素。最终，符合帝国使命的大多数论述意在使环境变得不那么重要，同时也试图利用那些无法超越自然环境的人。因此，地方问题继续成为殖民医学的核心，但对西方医学实践而言，已不那么重要。有人可能会认为，到19世纪末，医学地形学这门学科几乎完全变成了"热带医学"，而热带医学这个概念本身也发生了变化：它不再主要指涉热带地区的疾病，而更多地用来指涉那些被认为不属于西方人原生温带环境的疾病。疟疾最终被建构为一种热带疾病。最后，热带地区的文化建构，与热带医学的科学建构并驾齐驱，提出了这样一个问题：帝国的医学管理是否真的能够与种族的医学建构分开？

热带地区作为西方想象的一个重要范畴（以及对北极作为探索和文化聚集地的一些兴趣）受到了很多批判性的关注，但受西方与殖民领域新建立的关系的影响，人们很少考虑到同时发生的温带环境的医学建构。考虑到"新帝国史学"的影响，以及该学派认为帝国组织了自我探索项目，并塑造了国内、正常、适合和熟悉的空间形态，这是值得注意和令人惊讶的。这些见解对沃里克·安德森（Warwick Anderson）的开创性著作产生了影响，他试图表明，西方医学与异国气候和地域的相互作用，是白人学术界和大众建构的核心。他早期关于美属菲律宾卫生治理的开创性工作侧重于热带医学如何为自己获得一个巨大的医学实验室，在那里阐明卫生和种族之间的联系，并通过安抚、净化和教化被认为是受污染的环境来实现殖民地的现代化①。在《白人性的培养》（*The Cultivation of Whiteness*）一书中，安德森对19世纪的医学地理学进行了细致解读，并追溯了在19世纪末和20世纪初的澳大利亚，医学地理学被用来实现建立一个白人国家之目标的方式②。对澳大利亚环境中白人退化的恐惧贯穿并深刻影响了疾病细菌理论被纳入医学理论和实践的方式，移民们发现这是奇怪而令人筋疲力尽的。这些主题得到了艾莉森·巴什福德的呼应，她认为澳大利亚的公共卫生完全被灌输了关注白人、健康和为保护两者而创造空间的思想③。然而，安德森进一步提到，细菌学和寄生虫学这两个对热带医学的形成至关重要的新学科是如何重塑对疾病的地理认识的。安德森认为，实验室知识的兴起不可避免地改变了环境知识的含义；关于疾病和殖民的地理学视角并没有衰落多少，反而被重新利用。例如，热带医学对病原体的评估让人们对病理环境有了新的认识，并导致许多人转而认为白人基本适合热带地区。

环境适应性这一概念的易变指向了热带医学与优生思想的联系，并强调了它是如何对种族起源和命运更广泛的科学论述做出贡献的。事实上，这些论述正在不断调整以适应新的地理问题和政治环境，以及新的病因。正如阿诺德关于印度的文章所表明的那样，罗纳德·罗斯（Ronald Ross）在19世纪末对疟疾由寄生虫和蚊子传播的鉴定，取代了早期对疟疾气候的模糊认识。"疟疾"真正成了一种身体疾病，而

---

① 收于 Anderson 2006。

② Anderson 2002.

③ Bashford 2004.

不是环境质量，但这也被用来补充和支持疾病环境和种族停滞之间已经普遍存在的相互联系。罗斯和其他人得出结论：以前蓬勃发展的"雅利安"文明已经因与疟疾长达数百年的接触而奄奄一息，而这本身就为印度的新统治者提供了重要教训[1]。对罗斯来说，最直接的意义是需要特定的空间和环境策略，比如住宅的种族隔离。正如亚历山德拉·明娜·斯特恩（Alexandra Minna Stern）所指出的那样，这些行为还必须追溯到人们对疟疾、昏睡病和梅毒等疾病产生的种族免疫的观点。她指出，特别是在黄热病方面，美国公共卫生官员试图利用这些关于易感性变化的修辞，来作为古巴和巴拿马运河区医学管理的工具[2]。虽然很少有历史学家会错误地认为微生物病原体的发现抹杀了环境的重要性，但也许我们最好能更仔细地考虑一下环境话语在19世纪末作为新的细菌科学文化的关键标志而继续发挥作用的方式。由此也开始产生了关于地方和种族医学建构的一些重要见解。

这表明，环境的批判文化史是帝国时代医学发展的一个有待进一步研究的领域，本章以此作结似乎是合适的。帝国时代带来了对健康和疾病的"自然"环境的根本性重新构想。毫无疑问，在帝国时代，关于健康和疾病的观念在局部和全球范围内发生了巨大的地理转变。身体的护理和维护被医学话语重新定位，并被重新置于新的重要的物理和文化地形中。自然环境在历史上塑造了文化环境，反之亦然，这在今天是毫无争议的，这一点也许从来都不是问题。但说自然环境产生文化环境，反之亦然，这似乎仍然是一种不同的评价顺序。我们需要更认真地考虑医学在文化生产过程中的地位。

---

① Arnold 1999.

② Stern 2006.

第二章

食 物

瓦内萨 · 赫吉

（ Vanessa Heggie ）

瓦内萨 · 赫吉（Vanessa Heggie），
英国伯明翰大学科学史和医学史
讲师。已发表一系列19世纪、20
世纪医学和科学史相关主题文章，
包括维多利亚时代英国的地区随
访和现代体育赛事中的性别测试。
最新著作《更高更冷：极端生理
学和探险史》（ *Higher and Colder:
A History of Extreme Physiology and
Exploration*，即将出版 ）。

西方医学在19世纪开始告别体液论，但至少还有一种非自然物质即食物，仍然是治疗实践和疾病理论的核心要素。从1800年到1920年，食物和饮食被改写进新的生物医学理论，同时保持了强烈的社会文化意义，从而导致个别食物具有复杂的身份，以及特定的饮食习惯，乃至特定的食物制作和储存方法。对19世纪科学和食品实践之间相互作用感兴趣的社会史学家和文化史学家们，在前人关于人们吃什么、什么时候吃、吃多少的实证研究的基础上[1]，采取了以下两条路径中的一条：第一条路径关注公众健康（19世纪的另一个关键议题）和食品分析的交叉点，如纯净食品运动、食品掺假运动和丑闻。19世纪，欧洲各地或受国家资助，或由私人、慈善机构出资建立了食品分析实验室，这些实验室有时也对饮料和药物进行分析，北美地区也建立了类似机构，但在数量上不及欧洲[2]。与此同时，欧洲通过了关于纯净食品、掺假、欺诈和公共卫生的立法，同样，北美要比欧洲晚得多，北美强烈的亲贸易和亲商业利益致使联邦干预推迟到20世纪初[3]。值得注意的是，欧洲的历史记录强调了这项工作对公众健康的积极影响，而美国的历史学家则持怀疑态度，认为寻求垄断的大企业和精英的专业兴趣在限制商业自由的立法中发挥了作用[4]。

---

[1] Burnett 1966.

[2] Hardy 1999; Oddy 2007; Scholliers 2007; Heirholzer 2007; Stanzaiani 2007; Horrocks 1994.

[3] Guillem-Llobat 2014.

[4] Goodwin 1999.

关于第二条路径，历史学家指出，食品是 19 世纪医学界所谓"实验室革命"的一部分[1]。虽然最近的著作开始重新强调田野科学和临床科学的作用，但很明显，西方科学实践在整个 19 世纪都是工业化、专业化的，并被建构为具有社会和政治价值的客体[2]。标准化实践、大规模生产和专业知识的创造随后进入日常生活的许多领域，包括饮食[3]。对食物的分析是为了发现营养的基本要素，从而更好地理解人类"机器"：人类的基本需求是什么？最小投入和最大产出是多少？这些都是在军事和刑事背景下得到过特别探讨的问题[4]。19 世纪在这方面的努力一定程度上是医学研究领域不断变化的结果，但与分析食物质量的动力一样，也是对工业化带来的社会文化的巨大变化的回应。无论从字面上还是从象征意义上来说，高密度的城市化人口很少有机会种植和生产自己的食物，而且很可能与食品生产者之间的距离更远。食物从农村地区和海外进入城市，长长的供应链导致食物有许多腐败和受污染的机会。即使被带进城市的食物表面上纯净，屠宰、加工和包装的条件往往仍有许多待改进之处；新城市的消费者家中经常缺乏空间或卫生设施来保证食品购买后的安全[5]。制造商和消费者之间的这种距离导致了对店主和零售商等"中间商"，当然还有品牌"保证"的依赖（详见下文）；创造消费社会早在 19 世纪之前就已开始，但这一过程在

---

[1] Cunningham & Williams 1992.

[2] Heggie 2016.

[3] Dierig 2003.

[4] Milles 1995; Treitel 2007.

[5] Horowitz, Pilcher & Watts 2004.

19世纪加速了①。在这些问题之上是欧洲和殖民地的冲突，当然还有北美内战，这些问题扰乱了粮食供应，促使英国政府采取了《谷物法》（Corn Laws）等调控政策和其他经济干预手段。随着政治经济学理论和统计分析的影响力越来越大，有关食物的确切情况无论是在宏观尺度上，还是微观层面上都变得越来越重要：在宏观尺度上，国家需要多少面包？从微观层面上，我们应该给每个囚犯或济贫院的每个居住者提供多少含氮食物？②

除了食品掺假和食品功效分析史这两条传统路径，我们还可以加上第三条路径，即试图确定19世纪饮食实践的改变对人们生活体验影响的历史。这些历史包括对推荐饮食的分析，进出口的比较，以及死亡率和发病率的计算，也构成了仍在进行的辩论的一部分，这场辩论始于托马斯·麦基翁（Thomas McKeown）关于个人财富和公共干预对维多利亚时代人健康的相对作用的研究，随后演变为对现代人口增长的更广泛讨论③。同样，也有一些重要的尝试，试图通过对食物和饮食的实证研究④来回答"绝食示威者真的饿了吗"这一问题⑤。还有更多的文化路径，例如，詹姆斯·弗农（James Vernon）的饥饿概念史研究，将成功结束饥饿视为西欧和北美人类经验的一个常规也可能是至关重要的特征，接着将饥饿重塑为（个人或政府的）道德失败，以及施加

---

① Trentman 2004.

② Carpenter 2006.

③ Harris 2004; Oddy 1983.

④ Oddy 1983; Fogel 2004.

⑤ Williams 1976.

政治压力的机制①。弗农的工作受到了一些批评，因为他明显忽视了实证历史学家的工作②，强调饥饿是一种文化建构，而不仅仅是"客观可测量的食物缺乏的结果"③。这条路径肯定有其问题，例如在弗农看来，20世纪的科学特别是维生素的发现，将饥饿分为两种形式：营养不良（*mal*nutrition）和营养不足（*under*nutrition），后者仅提示数量不足，而前者则表示种类和质量上更为复杂的问题。根据弗农的说法，这种区分在1920年以后才发生，超出了本卷要讨论的范围，但从其他研究中可以明显看出，营养不良／营养不足的区分出现时间要比1920年早得多：1904年英国《跨部门委员会体质恶化报告》（*Report of the Interdepartmental Committee on Physical Deterioration*）中明确提出这一点④，甚至在19世纪早期的研究中也可以找到这种区分的痕迹，例如囚犯在踏车上工作时，为保持健康所需的蛋白质比例⑤。显然，将传统、社会、经济和文化路径相结合，可以更好地概览19世纪的饥饿、口味和营养等复杂问题。

营养不良／营养不足也是一种划分不良饮食过错或责任的机制，正是在这种划分中，饮食实践改变的性别张力变得明显。食物占据了公领域和私领域之间的阈限空间，作为一种物品，从购买到烹饪，往往是家庭女性成员的责任。如果没有受过教育的家庭主妇在选择、储

---

① Vernon 2007.

② Oddy 2008.

③ Scholliers 2012: 1937.

④ Heggie 2008.

⑤ Chapman 1967.

存和烹饪食物方面做得不当的话，那么颁布限制性立法或提高工人工资的意义何在？在这方面，通过工作和教育来争取女性解放的忧虑也十分明显，因为卫生协会、卫生访视员和之后的义务家政教育都试图弥补女性就业对食物技能造成的明显负面影响。

在食品史上，"实验室的兴起"还掩盖了食品的社会文化身份和生物医学身份之间的微妙关系，以及实验室作为纯度保证和掺假场所对食品本身的正面或负面贡献①。虽然"纯度"（可能还有"真实性"）通常仍然是一个正面的食品属性，但它并不总是与其他二元属性关联在一起，特别是天然/人造或天然/化学。有时人造的、化学的、理性的东西是不掺杂质和安全的标志；在另一些时候，特别是在19世纪末食品改革组织的工作中，人造的和化学物质代表掺假，"天然的"和"简单的"代表食品纯度（类似地，"产地"作为一种标志的意义在整个19世纪不断改变，因此，在某些时期，葡萄酒的"法国性"是品质的标志，而在另一些时期，法国的葡萄酒是一种外来物质，人们应该积极避免，选择国产的替代品）。在19世纪，那些进行有关食物的思考、写作和运动的人都敏锐地意识到，食物具有多重身份，如果只认识到其中之一，任何科学调查或卫生改革都不会成功：在务实层面上，改革者一再指出，家政教育必须适应工人阶级的实际生活，只纳入"贫穷村舍"所拥有的器皿、储存和烹饪技术。同样，经过深入研究和精心设计的最合理的监狱饮食，如果不易消化，让人没胃口，仍然会导致囚犯营养不良和营养不足。例如，尽管改革者们公布了那些愿意吃马肉的人

---

① Ferrières 2006.

可以获得的经济和营养上的好处，但吃马肉运动在英国仍然是失败的，而在英吉利海峡对岸却获得了巨大成功[1]。尽管经济和地方政治上的差异可以对此做出部分解释，但法国人吃马肉而英国人不吃马肉的事实，逐渐演变成了一种自我强化的文化优越感。

食物显然是性别和阶级身份的标志，大量的研究将其作为地区身份的一个方面（可能是超越国家的、种族的或极端本地化的）。到了19世纪，饮食文化已经深受欧洲帝国扩张的影响，西欧大部分地区已经沉浸在全球化的饮食文化中，如果没有茶、咖啡、糖、香料、番茄、鸦片等，"本地"饮食方式是不可想象的。19世纪与其说是新食物相遇的世纪，不如说是新食物运输和加工的时代。虽然这似乎是一个不那么激动人心的历史部分，但将大量肉类从一个半球运送到另一个半球的能力意味着，阿根廷或澳大利亚食品政策能有效打破矿工妻子的绝食示威，或导致一种最著名的医疗食品（即第一种赞助奥运赛事的食品：Oxo[2]）的生产。罐装、冷冻、风干和压缩食品也为军队和探险队提供了新的供应方式；尽管医生们仍然建议那些从温带到热带地区旅行的人改变饮食习惯，毕竟，"调味"的行为可以意味着适应新环境，也可以意味着给食物调味或使食物变得可食用，像高尔顿（Galton）《旅行的艺术》（*The Art of Travel*）这样的指南就提供了在偏远地区泡一杯差强人意的茶的技巧（包括如果没有茶壶，如何采取"巴拉圭式"饮茶，直接用芦苇从热水壶里喝茶）[3]。

---

① Otter 2011.

② "Oxo"是英国著名牛肉汁浓缩块品牌，1908年伦敦奥运会时成为第一个赞助奥运赛事的食品品牌。——译注

③ Galton 1855：53.

本章将重点突出其中的一些全球线索，追踪人造和"天然"纯度之间的滑动，并为关于19世纪食物质量和数量的现有元叙述添加社会文化的角度。虽然这个故事将涉及数十种食物、多种饮食方式和许多国家，但有一种食物将所有这些主题联系在了一起，那就是奶。关于这个主题，历史学家已着墨太多，但本章将超越对掺假和城市化的常规讨论，因为奶是一种极具象征意义的食品：它代表了工业化和城市化对人口结构的破坏；在修辞学上，它是一种家庭物质，与家庭关系和家庭生活相关联，因此突出了公共科学和私人生活之间的紧张关系；非同寻常的是，它是一种由人类动物生产的食物，其女性身份可以作为理解食品科学和医疗改革中性别实践的一种方式。

| 食物净化：浓缩，理性化

从尤斯图斯·冯·李比希（Justus von Liebig）的分析化学，到1900年左右威尔伯·阿特沃特（Wilbur Atwater）的食物综合分析表，食物始终是人们迫切想要创造对人类机器还原性和分析性理解的一部分，这一冲动在19世纪激增。19世纪实验生理学和代谢研究的故事在其他地方得到了很好的探索[1]，可以简单总结为：一种优先考虑计算、基本粒子或原子粒子的发现以及用数学表达的自然法则，关注食物的

---

① Heggie 2016.

"组成部分"，寻找运动和能量的基本物理定律并将其应用到人类机器的研究趋势。在社会政治方面，这些主题与工业化国家产生了强烈共鸣，在工业化国家中，工人被比喻为机器和蒸汽机，预示着高效的管理和改进的生产力，这是资本主义社会必不可少的增长潜力，字面上可将食物解读为人类机器的燃料[1]。与此同时，至少在欧洲，由冲突、1848年革命以及19世纪三四十年代其他地方类似的对选举权和社会改革的要求所造成的社会不确定性，意味着政府也被迫为了战争和福利而寻求机构改革。"科学的""理性的"饮食被认为是公平和人道的，无论是对应征入伍的士兵、疯人院的精神病患者还是济贫院的公民。

这并不是说，人们就人体的最低需求或最有效的喂养达成了共识。大约在19世纪中叶，食物卡路里的发明为人类（主要是成年男性）身体的输入和输出提供了一个标准化的量化（卡路里的"真正"发明者是谁存在很大争议[2]）。但事实证明，人类的新陈代谢和能量活动是千差万别的，测量技术在整个19世纪都处于实验阶段。此外，尽管可以就总投入与总产出相匹配的必要性达成一些共识，但更详细的理想饮食仍然是一个争议点，即使是蛋白质、脂肪和碳水化合物这三种基本食物成分，其相对作用和重要性直到20世纪才得到确立。对于西欧人和北美人来说，至少以肉类形式呈现的蛋白质在大众意识中与男子气质和力量紧密相关[3]。虽然也可能包括与暴力、酗酒或痛风等特定疾病的负面联系，但这意味着，当李比希在19世纪三四十年代断言蛋白质

---

① Milles 1995; Wise & Smith 1990; Rabinbach 1992.

② Hargrove 2006.

③ Carpenter 1994; Spiering 2006.

（"含氮物质"）是人体动力的来源时，他的科学结论完全符合社会文化假设。尽管有证据表明碳水化合物和脂肪比19世纪系统构建的蛋白质对身体的能量需求更重要[1]，但对蛋白质，特别是动物蛋白的偏见仍然难以消除。部分原因是肉类相对昂贵；即使生活水平不断提高，肉类，尤其是红肉块，往往会消耗中产阶级和工薪阶层的收入。在国家福利机构或施粥所等慈善场所，为穷人提供的食物的特征通常是动物蛋白比例低；在英国，早期的学校膳食倾向于素食，这不仅是因为他们得到了食品改革协会的赞助，还因为面包和咖啡，或者面包和豌豆汤，被证明是为大量儿童提供卡路里的最经济的方式。

在这种情况下，浓缩肉滋补品成为一种广受欢迎的家庭治疗疾病和疲劳的食物也就不足为奇了。肉类滋补品结合了高效、工业、科学理性的承诺，与大众眼中肉和力量的联系，是对旧偏见的现代回答。肉类滋补品中出现最早，当然也是存在时间最长的，是由李比希研制的。李比希的肉类提取物（Extract of Meat）后来成为当代品牌 Oxo，这也是 1863 年在弗莱本托斯（Fray Bentos）建立肉类加工厂的原因，因为乌拉圭的工厂能够提供足够便宜的肉类和劳动力，从而获得可观的利润。有点讽刺的是，李比希的提取物中蛋白质含量相对较低，在经历了几次挑战后，其营销有意识地从高效的营养提供者转变为高效的风味提供者，其消费者被重新塑造成忙碌的家庭主妇，而不是照顾患者的护士，这反映了肉类提取物从药品到食品的转变，这一转变在可可茶和其他液体滋补品中也可以看到。这些药用食品经常经历这样

---

[1]　Fick & Wislicenus 1866.

一个阶段：即使不声称具有严格的治疗功效，也会强调它们是专门（通常是"科学的"）为易于吸收和消化而准备的，或者它们营养极其丰富，因此是高效的营养形式。这方面的例子有 Plasmon 和 Protene，这两种产品都是由乳蛋白（牛奶中的干酪蛋白）制成的，它们的销售对象是残疾人，但也面向旅行者和探险者[①]。当然，在20世纪的头几十年里，酒精作为兴奋剂、滋补品和毒药，一直保持着类似的模棱两可的地位。

所以最初李比希的肉类提取物明确是一种医疗产品：根据他的配方制作的牛肉汁发布于1847年，被收入巴伐利亚和德国药典中，到19世纪50年代初，英国医生敦促将肉类提取物添加到伦敦药典中，以允许英国药剂师制造一种用于治疗从疲劳到肺结核、斑疹伤寒等各种疾病的产品[②]。李比希的牛肉汁是通过"将生瘦肉浸泡在冷水中几个小时，加入盐和（盐）酸并过滤"制成的，因此医生和药剂师可以小批量生产，但效率不够高，这一过程最初没有取得商业成功，主要是因为欧洲大部分地区的牛肉价格昂贵，1865年暴发的牛瘟使英国的情况变得更糟。而南半球带来了一线希望：到19世纪中叶，澳大利亚和南美的牛群被吹捧为工业化欧洲贫穷工人的廉价肉类来源。李比希与在巴西工作的德国铁路工程师乔治·吉贝特（George Giebert）合作，后者购买了弗莱本托斯的土地，并与李比希一起出口了将数十万头巴西牛加工成厚厚的棕色糊状物以运往欧洲所需的工业机械。

---

① Guly 2013; Steinitz 2017.

② Finlay 1992.

李比希的肉类提取物是药品和食品销售的集大成者；18 世纪，专卖药品和"非正规"医生以及其他商业产品已经证明了商业名片和广告传统的成功，在此基础上 ①，李比希的公司使用色彩浓烈、聚焦范围狭窄的广告，将肉类提取物宣传为用途广泛、值得拥有且体面的产品 ②。李比希的名字和声誉代表了肉类提取物的科学有效性和合理性，他在标签上的签名经常在不确定的市场中充当纯度和真实性的保证 ③。该公司制作了烹饪书和可收藏的广告卡片，并努力征集推荐信 [这就是弗洛伦斯·南丁格尔 (Florence Nightingale) 收到样品的原因 ④]。显然，这些策略非常成功，因为该品牌蓬勃发展，尽管事实上，对李比希提取物声称的特定治疗效果的医疗支持几乎在其进入德国以外的商业市场后就减弱了 ⑤。即使它不再声称能治愈疾病，李比希的提取物仍然受益于"肉就是力量"的流行观点。该公司实现了多元化，以弗莱本托斯品牌（1873 年）生产罐头肉，并（从 1899 年开始）以 Oxo 品牌生产和销售更便宜的肉类提取物，从而进一步明确地进入了家庭烹饪领域。（Oxo 实际上是奥运会马拉松的第一个商业赞助商，为伦敦的田径运动员提供免费的 Oxo，包括热的和冷的，表明它仍然重视力量、运动和肉类之间的联系。）李比希的肉类提取物公司在 20 世纪初再次转向医学，从 1924 年开始生产提取物 Organoid，抓住了当代激素医

---

① Barker 1989; Porter 1989.

② Finlay 1995.

③ Finlay 1992; Bickham 2008.

④ Finlay 1995: 59.

⑤ Finlay 1995: 60.

学的趋势，这部分则略微超出了本卷讨论的范围[1]（见图2.1）。

　　毫无疑问，李比希商业帝国所使用的复杂营销技巧，尤其是视觉广告，帮助其产品，尤其是肉类提取物，成功地从药物过渡到烹饪原料。但它也受益于一套特定的饮食文化和社会理解：一方面，与动物的肉（一种从奢侈品转变为必需品的食物）相关的许多价值观，或许至少是19世纪文明财富的一个标志（穷人吃肉吗？）。这得到了对肉类偏见的科学辩护的支持：动物蛋白与活力和努力（以及男子气质）的联系一直持续到21世纪，尽管李比希关于蛋白质是提供动力之关键的断言只在19世纪作为一种理论存在[2]。基于18世纪对刺激性和非刺激性饮食的理解，19世纪发展出的医学体系使用了各种令人眼花缭乱的术语（低/高饮食、非/燃素饮食等），这些体系的基本假设是动物产品和蛋白质具有提神和刺激的作用，因此只适合某些患者[3]。因此，世俗思想和科学思想的第二个交织也是肉类提取物成功的关键，那就是滋补品、精华和功效的概念。长期以来，各种形式的"滋补品"一直是治疗实践的一部分，并且它们仍然层出不穷；李比希提取物的一个变形是文家宜（Wincarnis），这是1881年在诺里奇发明的一种滋补酒精饮料，最终出口到加勒比海和东南亚地区。该品牌以同样的名称（wine和拉丁术语 *carnis* 的缩写）在这些地区一直存在到21世纪，尽管这款滋补酒中不再含有肉类提取物。

　　尽管滋补品的文化吸引力悠久且具有很强的适应能力，但在19世

---

① Krementsov 2008.

② Carpenter 1994; Heggie 2016.

③ Worth Estes 1996.

图 2.1 李比希肉类提取物的广告，约 1890 年。提取物的"纯度"和"真实性"由李比希在罐子标签上的签名"证明"。来源：The British Library。

纪的背景下，科学的药食两用食品的发明者们仍指望依靠物理学和化学的新理论来提高他们的声誉。无论是细胞、原子、经济规律还是食物的"精华"，那些旨在还原和简化自然世界，旨在将其分解并重新排列以提高其效率的科学计划，都对因工业化、机械化和快速运输而扩张的社会有着明显的辞藻华丽的吸引力。精华保证了效率，它们提供了一种物质的精华，没有不必要的脂肪，为刻板的时间匮乏的家庭主妇提供了一种更快的方法来制作健康、美味的饭菜：总而言之，这是一个非常现代的承诺。吸引人的不仅仅是浓缩成的精华，还有浓缩的概念：用更少（更少的成本、更少的空间、更少的努力）获得更多，就像李比希提取物反复声称的将34磅肉浓缩成1磅提取物一样。正如一个世纪后，方便快餐和其他"方便"食品将作为现代和省时食品出售一样，罐装食品、加工食品、风干食品，以及特别是浓缩食品在19世纪中叶作为食品文明的标志出售[①]。就李比希的提取物而言，它的（假定的）起源是著名的，它起源于一位著名科学家的实验室，以及将蛋白质从南半球输送到北半球的全球食物网络中，但其他食物的起源被抹去了，以便将它们建构重现为现代的。

这样一种被重新发明的食品出现在了英国《柳叶刀》（*Lancet*）杂志组织的分析卫生委员会（Analytical Sanitary Commissions）所分析的物质清单中。作为19世纪对食品掺假日益狂热的最早迹象之一，《柳叶刀》杂志的这个项目于1851年由激进的活动家编辑托马斯·瓦克利（Thomas Wakley）博士创立，旨在调查普通家庭食品的纯度，以

---

① 关于文明的其他标志，尤其饮食方面的文雅，至少在西方英语世界，参见 Young 2003。

揭示掺假的程度，并对政府施加压力，要求干预和改革①。正如我们所预料的那样，该委员会研究了咖啡（其测试最多的物质）、面包和茶，但其对罐头食品的分析主要是针对一种不太知名的商品：肉糜饼（pemmican）②。肉糜饼是一种为提高效率而设计的食物，通常用牛肉制成，但与 Oxo 不同的是，肉糜饼并非源自实验室，相反，这种干肉（通常是粉状或磨碎的）和脂肪的组合被北美的几个原住民族用作旅行食品。它迅速融入欧洲定居者和殖民者的饮食，到19世纪初，哈德逊湾公司及其更大的竞争对手西北公司每年使用70吨到80吨的肉糜饼来为皮划艇运动员、捕兽者和猎人提供能量（到19世纪末，这一数字增加了一倍以上③）。

肉糜饼作为军用食品被进口到欧洲，这也是《柳叶刀》对其进行分析的背景。维多利亚时代海军的肉糜饼配方中添加了糖和干果。在一些国家，肉糜饼以欧洲化的名字而闻名，通常是"肉饼（meat biscuit）"的变体。许多企业家试图改造类似肉糜饼的物质，并从中获利，例如，19世纪40年代，美国发明家盖尔·博登（Gail Borden）开发了一种商业化的"肉饼"，他引用了李比希关于食物的理论，来强化他关于可以变成汤的干肉制品的营养价值的主张。他说，"肉饼"以干面包和肉，而不是脂肪和肉为原料，可以保护海员的健康（尤其是预防坏血病），被证明是疗养院和医院的灵活食品，对家庭来说也很"方便"④。美国陆军没有采用这种本土生产的高效食品（博登转向另一个高

---

① Smith 2001.

② Smith 2001：175.

③ Ray 1984：271.

④ Borden 1850.

效项目：炼乳），但欧洲军队，尤其是英国皇家海军，在整个19世纪的口粮中使用了肉糜饼的变体。这是利用生理学和营养学理论来打造高效、强健的军事力量的持续尝试的一部分。

到了20世纪初，肉糜饼更多是一种经常出现在探险者背包里的"应急"食品，而不是标准口粮。尽管是与荒野邂逅的一部分，肉糜饼还是被彻底西化和驯化了。在整个19世纪，它被改造为一种理性的、科学的食物，在实验室里进行分析，并由发明家和科学家反复调整、微调和改造；到19世纪末，它也成为一种商业产品，分装成小份，包装整齐，并清楚地标注了国内品牌名称，如英国的保卫尔（Bovril）或（更高级的罐装版本）丹麦的"搭配干果的 JD 博韦（JD Beauvais）肉糜饼"（见图2.2）。

品牌化、罐装、化学分析，似乎完全剥夺了肉糜饼的本土起源，

图2.2　肉糜饼包装盒。一包开封的保卫尔牌肉糜饼；纸质标签声称它是一种非常"有营养"的食物。来源：Dundee Heritage Trust（Photo Collection Item）。

只留下一种为人类提供肉类（从而提供健康）的西方理性食物，这是19世纪食品科学的精髓。在整个19世纪，殖民医学和帝国医学也致力于将西欧的重肉饮食视为本质上优于其他国家的饮食模式。经过争论，土豆、面包、木薯和大米等各种基本食物的相对价值被确定了一个等级制度，该等级制度从欧洲人的食物开始，"向下"延伸到土著和殖民地的食物（内部等级，例如优先考虑"英国"面包而不是劣质的"爱尔兰"土豆）。

浓缩肉实现了很多文化工作：在强调科学文明、理性的男子气质和工业效率的同时，满足以欧洲为中心的饮食偏好。这也是一种高度性别化的食物，它有一个直接的女性化推论：奶。城市化和工业化对人乳和动物奶供应的破坏可能比肉类更严重，更长的运输距离以及中间商意味着奶有更多机会被掺假或受到污染。与此同时，随着越来越多女性外出工作，人乳被动物奶、婴幼儿谷类食物、令人眩晕的滋补品，当然还有炼乳代替。奶和肉类是分析、合成、经济破坏和文化规范的同一个故事中不可分割的部分：李比希在19世纪60年代末开发了可能是第一个商业婴儿配方产品，而第一批（自称）肉糜饼商业化者之一博登在证明美国军方对他的肉制品不感兴趣后，转向生产炼乳[1]。家庭领域仍然是食品改革者、医生和科学家需要解决的问题：无论他们生产的食品多么不掺杂质、高效和完美，无论他们对卡路里或碳水化合物的数据多么确定，确保国民得到良好的食物从根本上说需要女性的合作。

---

① Mepham 1993.

私人厨房的公共卫生

在整个西方世界及许多其他文化中，采购和制作食物是女性的一项任务。也有一些制度上的例外，宗教兄弟会也许是最明显的一个，还有军队，其退役人员经常服务于监狱、济贫院和医院等医疗和福利机构。但是，即使是在全是男性的机构中，女性也经常参与食物的制作和清洗工作，即使她们没有参与机构的其他生活，也没有管理厨房[1]。总的来说，大多数男性所吃的食物都是由妻子、女儿、母亲、女房东、食堂工人等女性制作的。在较富裕的家庭中，这项工作可能是由仆人而不是家庭成员进行的，不过厨师的成功（和节俭）仍然是对女主人女性成就的反映，阶级和性别的等级模式也通过妇女委员会、护士长和护理人员清楚明确地在医院中得到复制[2]。就像他们在体液学说时代提出的养生建议一样，19世纪的医生认为他们需要影响日常膳食的购买、储存和制作，以确保人群的健康，而这必须通过女性来完成。

将公共科学带入私人房间的一种方法是让女性自己充当中间人。到19世纪中叶，将女性作为"卫生传教士"派往穷人家中的举措已经在伦敦、利物浦和曼彻斯特等第一批工业城市中展开[3]。尽管这些举措

---

① Hawkins & Tanner 2016.

② Davidoff 1974.

③ Heggie 2011a.

并非专门针对食物，但就合理购买、卫生储存和健康制作食物提供建议而言，这是"宣传"贫民窟清洁生活的卫生愿景的一部分。这些组织由女性领导，通常受女性资助，并由可能亲自拜访过穷人的当地"女士"组织，但经常会发现受过训练的"受人尊敬的"工人阶级中间人在经济公寓中比以前"慷慨的女士"更有吸引力 ①。男性则以专家的身份出现，他们经常为卫生访视员提供生物医学培训（包括食品科学方面的培训），或者撰写分发的信息传单或为其撰写提供建议，以代替个人指导。根据当地情况以及工业和城市变化的速度，各国女性访视团体的形式明显不同；但是，即使在食物和喂养充其量只是一个边缘问题的地方，比如在19世纪末非裔美国女性慈善家试图"种族提升"的情况下，女性仍然是连接家庭和公众的一种途径，以确保单个家庭以与整个社会相同的速度共同进步 ②。

在整个19世纪，直到20世纪，对家庭食品制作和女性参与食品贸易的担忧，都是对女性在公共领域作用的担忧中无关紧要的部分。虽然医生和改革者认为贫穷和无知是选择不健康食物的原因，但与此同时，女性在工作或上学时不在家的情况对家政健康构成了威胁。女性就业仍然是一个棘手问题（下文将对此进行详细介绍），但义务（国家）教育的引入既为她们提供了机会，也带来了威胁：如果女孩没有得到母亲在家务方面的充分培训（并因上学而被挡在家庭之外），家政教育可能会为培养新一代理性、懂科学、能干的家庭厨师提供一种方

---

① Howse 2006.

② Perkins 1983.

式[1]。而且，人们常常希望，他们甚至可以将这些技能传授给没有接受过义务教育的老一辈人。

家政教育的具体制度显然各不相同，尽管大多数西方国家都力求确保女童在义务教育中学习家政技能，同时也支持福利和慈善干预，以在正规学校教育以外提供这些技能。英格兰从1883年起，提供了一笔专项补助（最初，每个12岁以上，至少上了40个小时烹饪课的学生可以获得4先令），以支持学校的烹饪教学，到1911年，有了"家政综合科目"和"家庭主妇"的拨款[2] [4先令的补助被写进1882年的《教育法》（*Education Code*）[3]]。虽然国家的经济、营养和健康在不同程度上被用作此类计划的理由，但食物也是进入公民家庭生活的一种有用"途径"。家政教育颂扬了，且可能是共同创造了一种理想化的中产阶级女性气质，在某些情况下，对工人阶级的家政教育显然是希望为中产阶级的"仆人问题"提供一个解决方案，而不是改善穷人的伙食。此外，对"训练有素"的家政教育教师的需求，以及对不仅可以编写食谱，还可以编写卫生、家庭装修和家政指南的"专家"的需求，为中产阶级女性提供了一个良好的职业选择[4]。

包括英国科学促进会（British Association for the Advancement of Science）等全国性组织和家政学教师协会（Association of Teachers of Domestic Science）等专业组织在内的慈善组织和运动团体，都在为以

---

[1] Lieffers 2012.

[2] Bourke 1994: 183.

[3] Sillitoe 1933: 35.

[4] Leavitt 2002: esp. Cha. 1, 2; Heggie 2011b.

学校为基础的家政教育改革奔走；与此同时，早期的女权运动者则在抵制这种性别隔离的教育制度[1]。在英国第一个工业城市曼彻斯特，作为曼彻斯特教育委员会中唯一的女性成员，莉迪亚·欧内斯廷·贝克尔（Lydia Ernestine Becker）女士从19世纪70年代就开始努力反对"知识隔离"，担心家政教育的需求会将其他学科，尤其是科学，挤出女生的课程[2]。家政教育是一把双刃剑；它可能导致女性在正规教育中被隔离，但贝克尔等活动家也试图将其用作"特洛伊木马"，通过专注于19世纪食品和科学的交叉领域，即还原、分析、化学和生理工作，将科学教育置于女性化课程的核心。

学校提供的家政教育的数量，以及烹饪和营养课程中包含的科学内容的水平，反映了当地社会文化对阶级和性别的期望；同样，它也因费用而异，因为烹饪作为一门实用科学，需要在专门的教学空间和设备上进行一些投资。因此，学校家政教育往往是在慈善活动的背景下或与慈善活动结合进行的。继续以曼彻斯特为例，虽然两个当地（索尔福德和曼彻斯特）的学校董事会在资金问题上苦苦挣扎，并就其家政教育计划的详细课程内容争论不休，但该市还有不少于三个致力于教授烹饪艺术的慈善组织。1876年，一所与基督教青年会（YMCA）合作的烹饪学校成立，该校在几年内提供收费的烹饪课程；1880年，一所家政学校成立了，最初是作为更好的爱丁堡烹饪学校的特许经营机构，该学校提供收费烹饪课和教师培训，旨在补贴穷人免费或低成

---

① Manthorpe 1986.

② Parker 2001.

本的烹饪课；最后，位于奇特姆山（Cheetham Hill）的犹太和爱尔兰贫民区的"家政研究所"为穷人提供教育、赈济和社会空间[①]。

几乎所有这些干预措施，以及其他地方类似的干预措施，都是基于健康和福利的双重理由：为女人和女孩提供为男人和儿童制作经济营养的膳食所需的必要技能。但是，正如人们对食物这样一个复杂的社会文化对象所期望的那样，一系列相互冲突的目标和期望塑造了食物和烹饪教育。上文提到的一个问题是教授给女孩的科学内容的水平；随着当代生理学中营养科学和代谢研究的成熟，烹饪教育成为一个可以解决女性作为家庭主妇的理想化传统角色与她们越来越多地参与正规教育和有偿就业之间紧张关系的空间。女性需要科学教育来养家糊口，这可以作为对女性进行更好的技术和科学教育的手段；相反，这可能导致女性只接受有限的应用科学课程，其内容取决于对家庭管理和母性的期望。将家政技能转化为需要由专家正式教授的东西，而不是在家从家人那里学习，这也为女性创造了新的就业机会，她们因此能够获得烹饪教育的文凭。阶级矛盾表现在对家政教育课程内容的批评上。这些家政教育课程被批评为不切实际，使用的设备和原料在普通工人阶级或贫民窟家庭中无法获得，这一点尤其重要，因为上面提到的家庭主妇的"专业化"和专家文本的引入，意味着中产阶级和 / 或城市家庭使用的小工具和设备有所增加，而这些小工具和设备与贫困家庭极其基本的炉灶、锅或明火大锅厨房不匹配。因此，营养理想和

---

① Heggie 2011 b.

生活现实之间的脱节部分是由于烹饪教学的中产阶级化，但有时是因为一些烹饪教育是为了给中产阶级及其现代厨房提供仆人，而不是为穷人培养母亲。

家政教育，无论是基于正规（国家）教育还是通过（半）慈善干预，都是更广泛的饮食文化和健康实践经济的一部分。在学校里，为年长女孩开设的烹饪课可以为年幼学生提供学校膳食，可以免费或收取少量用于补贴烹饪课的费用。课程可以作为更广泛的教育活动网络的一部分来提供，这些活动在工人机构、基督教青年会分支机构、禁酒咖啡店、合作社和工会等社会文化空间中进行。通常，关于食物选择和制作的建议是更广泛的公民"健康"教育计划的一部分，营养和烹饪与急救以及家庭个人卫生一起教授[1]。因此，关于食物和喂养的建议可以通过许多途径进入家庭：通过为了获得免费的学校餐（豌豆汤和面包）而参加讲座的孩子；通过参加当地母婴团开设的讲座的母亲；通过卫生访视者；通过参加过工人晚间讲座或工会教育会议的男性家庭成员（这种模式也发生在其他国家[2]）。当然，这还不包括已经在食品储藏室里的李比希提取物和类似产品的桶上的，或者包含在家庭提示和小贴士书中的营养广告和品牌宣传材料。这些信息大多隐含着道德和社会价值观：《节俭的家庭主妇》（*The Frugal Housewife*, 1829）通常被认为是美国第一部家政学著作，随后在 19 世纪，这种文学在整个西方世界的繁荣带来了经济、效率、良好品味、排他性、艺术性等不同的、

---

① Heggie 2011b.

② Apple 1995.

特定文化的信仰，健康是许多人的另一种道德价值观[1]。

| 不掺杂质和真实的

包括学校膳食、施粥所、食品改革组织和实验室生理学家在内的食品文化网络将食品设定为健康的本质（当以现代、科学、经济的方式选择时），以及疾病、传染和痛苦的根源。一些食物戏剧性地占据了这两个类别，对西方医学来说，奶（milk）[2]可能是最明显的例证——从"母乳最好"到"白色毒药"。奶与家庭和女性相关的特征无疑增加了它的文化力量，同时它也是人类动物的独特产物。因此，当食品改革者和营养科学家参与为年幼孩子提供的学校膳食、家政教育、营养讲座和为年长孩子和成人提供的烹饪指导时，他们也将目标对准了新妈妈和婴儿。

通常认为，法国医生皮埃尔·布丁（Pierre Budin）在1892年创建了第一家奶诊所/奶站，通过让在巴黎夏里特（Charité）医院[3]分娩的女性到门诊就诊，他得以建立一个教育和健康宣传制度，并对婴儿进行称重和测量[4]。他强烈鼓励母乳喂养，但如果母乳不足的话，则

---

① Hollows 2008.

② 此处的"milk"包含动物奶和母乳的含义，统译为"奶"。——译注

③ 夏里特医院是17世纪初建立的巴黎慈善医院，又称圣约翰兄弟医院。1935年关闭拆除，原址现为巴黎大学校区。——译注

④ Dwork 1987.

提供灭菌的未稀释的牛奶。两年后（独立于巴黎的发展），莱昂·迪富尔（Leon Dufour）在诺曼底的费康开设了名为"一滴奶（goutte de lait)"的母乳哺育站，提供的教育、指导和监督服务在很大程度上与其他同类机构并无二致。到20世纪初，仅在巴黎就有20多家婴儿咨询机构（consultations de nourrissons）/"一滴奶"[1]。奶站和相关机构是对食品和健康文化进行国际比较的绝佳方式；虽然"一滴奶"在法国极其成功，但其在英国进行的尝试（第一次尝试是1899年在圣海伦斯）并没有那么成功。这部分是由于对福利的态度；例如，英国的机构倾向于收取固定且相对较高的费用，而布丁的机构则采用浮动比例的捐款。这也反映了不同的婴儿喂养文化；布丁和迪富尔的计划是长期开展的反对奶妈喂养的社会医学运动的一部分，奶妈喂养曾经是社会精英的特权，但正日益成为法国工业化城市中苦苦挣扎的职业女性的一种选择，这种方式在英国穷人中并不普遍[2]。

分析婴儿食品成功与否的系统也因国家提供卫生保健的文化不同而有很大差异：劳伦斯·韦弗（Lawrence Weaver）强调了三个系统："重量测定"、"热量测定"和"体积测定"[3]。因此，如上所述，在法国，对喂养和存活率的研究是基于穷人医院的产科诊所，因此成功的测量系统仍然很简单，即称重、构建生长图，这是由布丁和加斯顿·瓦里奥特（Gaston Variot）带头的一种实践。相比之下，德国的婴儿喂养分析系统是从与大学联系密切的医院专家诊所发展而来的，因此研究

---

[1] Dwork 1987.

[2] Paul 2011: Chap. 5.

[3] Lawrence Weaver 2010.

人员更青睐李比希首创的"现代"高科技方法，即热量计和相关技术。与此同时，在美国，拥有丰富母婴实践经验的私人医生开始发表关于理想饮食和生长速度的文章，以专注于奶粉配方的"制药方法"描述食物[1]。

儿童保育和婴儿喂养文化帮助塑造了围绕母乳和动物奶的医疗干预。虽然一般而言，西医在很大程度上支持母乳喂养，而非大多数替代方法，但这仍因具体情况而异；在母乳不足的情况下，补充品是被推荐的，而关于断奶或添加辅食的正确时间的建议并不一致。在医学和文化上，关于什么对婴幼儿好的争论不可避免地被不对称的比较影响。"科学"制剂，无论是经过化学分析的配方奶粉还是炼乳（如果有必要，添加李比希的牛肉浓缩物），都可能导致婴儿体重比只吃母乳的婴儿增加得更快。但同样，正如活动家自己指出的那样，如果母亲存在营养不良、外出工作、不能定期喂养，或酗酒等情况，人工食品的成功更多地反映了母亲乳汁的不足，而不是母乳作为食品本身的不足。同样，尽管众所周知，牛奶的营养成分与母乳不同（导致了使牛奶"人性化"的尝试）[2]，但它仍然是婴幼儿重要的基本食物。但是，奶本身的危险是来自牛奶的营养质量，还是它所包含的传染病的风险，或者是在运输到不断扩张的城市过程中的污染，或者来自使用肮脏的、未消毒的橡胶奶嘴的懒惰家庭的母亲？

事实证明，奶的复杂性为历史学家提供了丰富的话题：它巧妙地

---

[1] Weaver 2010: 322.

[2] Mepham 1993.

汇集了19世纪的关键健康和社会问题：城市化、性别角色的变化、资本主义、国家（不）干预、实验室科学日益增强的政治作用、医学和福利之间难以处理的联系、资本主义经济的社会挑战、对效率的追求[①]。奶的一些标准化和分析可以被重写为对这种有问题的流质食品的男性化；不仅涉及的大多数角色（农民、牛奶企业家、分析师、医生、兽医）都由男性主导，甚至围绕奶的意象也可以被设计成掩盖食物的"女性"来源，正如布洛克（Block）在描述进步时代的美国城市时所展示的那样。让某样东西"科学"通常意味着使其"理性"，并暗示它是男性化的[②]。

再者，食品不佳的责任总是不出所料地落在女性身上。正是在关于奶以及更广泛的婴幼儿喂养的争论中，我们发现了营养不良和营养不足之间存在的明显区别。一个婴儿若早早断奶，吃父母盘子里碎屑长大，造成其营养不良的原因不是严格意义上的卡路里摄入不足，也不是单纯的缺钱，而是饮食选择不当、不平衡、不合适。1900年前后的慈善家、改革者、政治家和医生都非常清楚，推动教育是为了防止这种类型的饥饿。虽然学校膳食、施粥所和国家资助的分析师可以养活真正绝望的人，为学校里女孩做的饭菜提供销路，并确保货架上产品的安全性，但问题一次又一次地集中在家庭主妇身上，包括她食物选择、平衡预算的能力和烹饪技巧；这些领域的失败最多是由于无知，最坏是由于懒惰[③]。

---

① Valenze 2011.

② Block 2005.

③ Heggie 2011 b.

这个问题的绝对核心是女性就业。尽管职业女性自己强调她们为家庭带来的额外收入在整个家庭经济中的重要性，但对于工人阶级之外的人群（以及其中的一些人，特别是在工会中的一些人）来说，女性的工作只能以牺牲家庭生活为代价，其后果是孩子没有吃饭就去上学，婴儿被留在托儿所，男人下班回家后发现桌上什么也没有。用一种熟悉的说法，改革者还担心更高的家庭收入只是花在了罐头肉、过度刺激的调味品和当地油炸食品店的炸鱼等"方便食品"上[1]。

与这些经济焦虑相关的是对新重组社会中男女"自然角色"的担忧。在对现代化、科学和高效的渴望中，也有一系列的论点转向自然，将自然作为社会改革和经济变革的理由；无论是贫困的存在、性别分工，还是种族主义和帝国主义对优劣民族的概念，社会结构越来越多地用生物医学和进化论的术语来表达，既是科学合理的，又是由科学家发现的"自然"法则所决定的。天然的和人造的、纯粹的和建构的，这种潜在的紧张关系显然存在于食物文化和焦虑中，并且一直是食物史的一部分，特别是玛丽·道格拉斯（Mary Douglas）关于污垢和禁忌的开创性工作以来[2]。正如肯·阿尔巴拉（Ken Albala）所展示的那样，除了食物在健康和疾病方面的作用之外，现代饮食时尚围绕两个观点展开，一个结合了技巧和花费，另一个结合了真实性和简单性[3]。同样，健康食物（或其他）通常与其纯度有关，但这种纯度是"天然"还是通过人为干预创造，这在19世纪不断变化[4]。

---

[1] Davin 1996.

[2] Mary Douglas 1966.

[3] Ken Albala 2014.

[4] Waddington 2003.

对食品掺假的担忧说明了这一变化。如上所述，最早的干预措施，如《柳叶刀》对咖啡、奶、茶和肉糜饼的研究，将掺假视为一种故意欺骗的形式：用更便宜且可能有危险的物质来以次充好，假冒伪劣。李比希在标签上的签名不是为了保证其严格化学意义上的纯度，而是作为产品真实性的标志，即证明这是真正的李比希牌牛肉滋补品，包含了李比希声称包含的东西。虽然科学工艺可以创造出这些不掺杂质的食物，如上文提到的通常是通过浓缩或创造"精华"，但科学过程也可能对真实性构成威胁，因为生产商使用"人工"手段来漂白、调味和改善他们的产品。在极端情况下，食品生产商找到了化学模拟自然过程的方法，导致了一些颇具哲学挑战性的辩论，即什么是真正的食物；19世纪中叶的一个经典例子是路德维希·加尔（Ludwig Gall）发明的新脱酸技术。加尔的干预措施可以让便宜的葡萄酒尝起来像更贵的葡萄酒，这激怒了那些声望和利润依赖于昂贵的纯天然环境的生产商，纯天然环境不仅是原产地的标志，还创造了"自然"脱酸的葡萄酒。加尔的干预措施让分析师感到困惑，他们无法从最终产品区分"自然"和"人工"过程①。

因此，化学干预保留了作为食物以及食物隐含的健康保护者和威胁者的双重身份。但是随着19世纪的发展，食品改革者开始担心其他污染物，这些污染物越来越多地成为对人类健康构成威胁的某种天然产物：细菌。随着传染病的瘴气理论让位于细菌理论，"不纯的"食物现在可能意味着含有致病物质，而不是与水或木炭混合或漂白的食物。

---

① Goldberg 2011.

在这些情况下，只有通过（生物）化学分析，或显微镜和微生物检查，才能确定一种食物是纯净、健康的，还是带病、危险的。同样，"天然"不再是"纯净"或"健康"的标志，奶就是一个关键的例子，通过科学检验和化学处理（从巴氏杀菌到浓缩），奶变得安全了。

有些人继续主张"天然"在促进身体（和社会）健康方面的优越性。虽然人工干预对净化奶、水和其他营养物质是必要的，但仍然有可能认为这些"天然"物质中存在的腐败本身是现代性的结果，更具体地说，是人类用"非自然"方式维护社会秩序的结果。这在上文概述的关于奶的讨论中显而易见：造成奶有毒的原因可能是不良的耕作方式、批量生产、长途运输、人工喂养方法、拥挤的城市生活等，以及最重要的是，现代女性显然无法按照"自然的"方式用母乳喂养婴儿。或者，再举一个例子，就是砷的问题。虽然严格来说砷不是一种食品，但它是一种广泛使用的医药制剂，在滋补品和面霜中都有发现；到19世纪初，它已经成为一种利润丰厚的工业产品，用于制造鲜艳的染料。虽然砷有时是一种直接的污染物，作为一种白色粉末，很容易与面粉和其他成分混淆，但它也被有意添加到颜色鲜艳的食物中，尤其是糖果和蛋糕。19世纪中叶，欧洲和美国发生了多起致命中毒事件，通常是由糖果的糖衣或用于装点盛大宴会的色彩鲜艳的糖果（如绿色杏仁蛋白软糖烛台）引起的，这种"甜蜜的死亡"对儿童来说尤为致命[1]。虽然有人反对这种"天然"药用物质可能有毒的观点，但关于砷的争议演变成了人们熟悉的二元关系：毕竟，化学分析保护了公众，

---

[1] Vernon 2007; Whorton 2011: Chap. 6.

而这往往是外国（在伦敦，是犹太人）零售商的错，或者是后来颓废的富裕城市人为他们时髦的壁纸和明亮的舞会礼服付出的代价。即使砷的毒性逐渐被接受，它仍然可以用来讲述关于食用（或者更确切地说，不可食用）的道德故事。1900年，曼彻斯特和邻近的索尔福德市突然爆发神经炎，这被认为是酗酒的结果[1]。最终，这种疾病被追溯到一批用于酿造的糖，这批糖受到了砷污染。正如《犹太纪事报》（*Jewish Chronicle*）自豪地指出的那样：

> 至少有20000起中毒事件，其中没有一个受害者是犹太人，25000名犹太人显然完全逃脱了这场灾难。犹太人众所周知的节制或许可以对这一非凡现象做出解释。[2]

因此，纯净不仅是食物的化学特征，也是人类的道德美德，当我们在漫长的19世纪审视食物在健康和医学中的文化作用时，这个词的两种含义几乎是不可分割的。

现代性与节制：全球饮食文化

19世纪的食品改革协会已被证明是历史学家的热门话题（见上

---

[1] Copping 2003: Chap. 1.

[2] Anon 1901.

文）；与此同时，关于禁忌在饮食文化中的作用的文献也很多，但两项研究之间并没有明显交叉，尽管西方对生物学、医学、健康、社会和消费观念变化的主要文化反应似乎是以拒绝的形式出现的，特别是拒绝肉、奶、啤酒和面包等历史上就有的典型食物，因为它们具有强烈的社会文化意义。道德上的纯净和身体上的纯净（通常二者兼有）是素食和禁酒运动的核心理由，充斥在1800年至1920年间，几乎所有城市化、工业化社会中食品改革协会的宣传中。

虽然这些运动旨在追求纯净，但它们对"自然"生活方式的拥抱并没有延伸到对化学分析和营养科学的强烈排斥，本章已经表明这是19世纪食品史的一个关键特征。艾利森（Allison）面包、格雷厄姆（Graham）饼干和凯洛格（Kellogg）玉米片都依赖于（半）工业加工，都求助于分析化学家来量化它们的纤维、卡路里和矿物质含量，以及后来的维生素。许多食品改革运动也在很大程度上依赖于生物医学主张，例如，由伦敦医院顾问亚历山大·黑格（Alexander Haig）推广的尿酸饮食法，他认为血液中过量的尿酸会导致许多疾病，限制性饮食可以用来恢复健康[1]。形成尿酸的嘌呤存在于大量的食物中，黑格最初在19世纪80年代建议普遍减少此类食物的摄入，到了20世纪初，他开始提倡完全的饮食纯净，并避免"所有的肉、肉类提取物、肉汁、鱼、家禽和蛋黄，所有的豆类 …… 蘑菇、芦笋、开心果和腰果，燕麦片、全麦面粉和任何含外壳的黑面包，茶、咖啡、可可和巧克力"的摄入[2]。

---

① Barnett 1995: 164 − 5.

② Haig & Haig 1913: 2.

这并不是说所有这些饮食和饮食实践都被毫无保留地接受了，当然，关于这些方法的优缺点存在很多争论。有些看起来可靠的理论，在"现实世界"中不切实际，如霍勒斯·弗莱彻（Horace Fletcher）的咀嚼方案，该方案要求参与者把食物咀嚼到完全液化，而达到这一效果可能需要参与者咀嚼数百次[1]。更有争议的是在美国和英国短暂流行的"不吃早餐饮食"。除缺乏饮食健康的代谢证据外，评论者还指出，许多人已经不吃早餐了（尽管这是出于必要而不是渴望），这似乎并没有给他们带来任何特殊的健康优势。然而，日常的节制还可能具有道德优势这一观点则不那么具有争议性。弗农提出，随着西方社会的周期性饥荒越来越少，饥饿被重新定义为政治失败和审美道德选择[2]。最明显的例子是绝食示威者，他们的自我节制表现为个人饥饿，旨在引起人们对政治或社会问题的关注。在漫长的19世纪，通过节制来控制的类似过程也可以在其他（通常是被边缘化的）群体中看到。

素食主义者和节制饮食改革团体的自我节制都表达了控制的重要性，在与吃有关的所有节制修辞中也许不那么引人注目。在当代心理学中，食物是一个争夺控制权的场所，这是不言而喻的，但对于19世纪的消费者来说，它本身往往也是一种道德美德，经常与现代人为了食物、新奇和刺激而暴食形成鲜明对比；因此，它与对腐烂和退化的恐惧密切相关。那些精心测量人体摄入量和排泄量以计算食物的生化和能量特性的生理学家被19世纪"饥饿艺术家"的穿插表演迷住了[3]。

---

[1] Barnett 1997.

[2] Vernon 2007.

[3] Nieto-Galan 2015.

这些表演者通常是男性，他们声称能在长时间禁食后存活下来；当然并不总是完全节食，有时也靠他们自己的专利滋补品（当然可以购买）或更不拘一格的食物生存，包括他们自己的尿液[1]。这种故意控制身体的形式在19世纪末达到了流行的顶峰，实施者显然是男性，这似乎与19世纪初对"禁食女性"的反应截然不同，她们能够在没有食物的情况下生存，更重要的是，能够在饥饿时不感到痛苦，这更多的是一种宗教和奇迹表达，体现了节制与纯洁[2]。

对于研究厌食症等疾病的历史学家来说，拒绝食物在男性和女性中的解释和表现如此不同是一项困难的遗产；回顾性地诊断一种本质上具有文化和性别特征的疾病是很有问题的。不过，考虑到那些为了丈夫和孩子们能吃饱而自己节衣缩食的妻子和母亲所受到的推崇，以及19世纪女性相对缺乏自主权的经历，很容易看出食物控制如何成为女性身份和自我表达的关键部分。当女性因做出不健康或不经济的选择而受到批评时，她们在选择、购买和制作食物方面的责任可能是一种负担，但有时女性可以将之作为一种社会政治活动。当然，这可能是一个非常个人化的政治决定，女性奴隶抵制压力要求吃得好并自由生育的故事就证明了这一点[3]。这也可能是一项社区活动：19世纪70年代，当肉类价格上涨开始给达勒姆和诺森伯兰矿业社区的贫困家庭带来问题时，当地报纸指责女性选择食物不当和烹饪不当。但这些女性以行动做出回应：她们组织起来，设定一个可接受的价格，抵制

---

① Atwater & Langworthy 1897: 92.

② Gooldin 2003.

③ Berti 2016.

试图收取高价的屠夫和小贩，并惩罚继续以更高价格购买的"黑腿"①，有时甚至会使用暴力②。

我们可以把肉类抵制解读为女性政治权力，以及家庭政治和工会政治关系的（罕见）表达；但对于本章来说，这也是对食物全球化的戏剧性展示。肉类抵制基本上被澳大利亚肉类局的工作打破了，该机构大力推广廉价的进口罐头肉，事实证明，对于抵制者来说，进口罐头肉是一种可以接受的昂贵鲜肉的替代品，这无疑得益于纽卡斯尔和盖茨黑德两市市长，也与"一些与食品鼓动有关的最杰出女士"受邀出席了澳大利亚肉类局资助的盖茨黑德宴会③有关。罐装、冷藏和耐储存肉类提取物的发明都鼓励了肉类进口，这些不仅改变了经济和食品格局，还与健康理念和"医疗"食品生产积极互动，如李比希的肉类提取物和随后的许多仿制品。

无论是人员、思想，还是物品方面，国际贸易都对食品、健康和医药之间的许多互动领域产生了影响。肉糜饼可能没有像意大利面、土豆或西红柿的运输那样对饮食文化产生巨大的变革性影响，也没有像香料或糖的国际贸易那样对社会经济产生重大影响，但它表明了食物随着旅行而改变的方式。化学分析和商业品牌使得一种由北美数百年来的野外旅行专业知识创造的食物，被重新塑造成帝国食品、军用主食、健康食品、残疾人滋补品。其他食物也经历了类似转变：19世纪末，美国化学家阿特沃特发表了他所能找到的所有与新陈代谢有关

---

① "黑腿"原指罢工时继续上班的工人，这里指继续以更高价格买肉的人。——译注

② Mood 2009.

③ Mood 2009: 421.

著作的非常全面的文献综述，所提到的食物并不局限于传统的欧洲食物[1]。虽然有关奶、肉、面包和啤酒的研究占据文献主导地位，但也有对大豆、大米和豆腐的研究。这部分是由于在19世纪七八十年代日本明治维新背景下，日本和德国研究人员间的"教育交流"，使得德国营养学和生理学实验室（以及一些日本研究人员）对日本饮食产生了兴趣。阿特沃特还强调，关键工作正在远离西欧传统的生理生化实验室专业知识中心的俄罗斯进行。

像肉糜饼一样，大豆通过分析和有效的"重新包装"，被标榜为"科学""理性"的食品，这一过程被纳入西方健康实践、营养科学和食品文化，在20世纪初帝国时代结束时，大豆成为反复出现在医学和食品实践交汇处的"现代性"标志[2]。例如，大豆被用于20世纪德国香肠的改革。早在19世纪70年代，欧美科学和大众媒体上的评论员就称德国士兵为"科学的"，部分因为他们的生物医学高效口粮，其主要特征是豌豆香精，或豌豆香肠（但这不一定能说服英国消费者购买[3]）。碰巧的是，这些香肠与肉糜饼的理念非常相似，主要由动物脂肪组成，掺有豌豆粉，通常被切成薄片并用来做热汤[4]。在科学、文化和食物的意外相遇中，一项涉及在动物器官短缺时使用明胶和重铬酸钾制作肠衣的重大创新出现了，这项技术直接借鉴了当时流行的新摄影艺术。第一次世界大战期间，面对各种肉类短缺更加严重的情况，科隆市市

---

① Atwater & Langworthy 1897.

② Teuteberg 2007.

③ Waddington 2012.

④ Anon. 1877.

长康拉德·阿登纳（Konrad Adenauer）开发了一种香肠制作工艺，用大豆粉代替了豌豆粉，这是一次有意通过将植物蛋白"伪装"成肉来让人们吃更多植物蛋白的尝试①。

然而，德国战时香肠创新的故事还有其阴暗的一面。当阿登纳推广他的（理性的、科学的、健康的）大豆香肠时，国家应对食物短缺的方法却充满了戏剧性：1915年春天，施韦因莫德（Schweinmord）宰杀了大约900万头猪。埃尔茨巴赫委员会 [Eltzbacher Commission，以法学教授兼主席保罗·埃尔茨巴赫（Paul Eltzbacher）的名字命名]的官方报告指出，这样做的依据是生理学家兼代谢研究员内森·尊茨（Nathan Zuntz）的研究。作为终身代谢实验的一部分，尊茨自1888年开始坚持测量自己的体重，并注意到随着战时食物限制的到来，他的体重迅速下降②。他建议宰杀猪以留出谷物和土豆，他认为，就饥饿和卡路里而言，人们自己吃蔬菜比通过牲畜"转化"蔬菜更有效。这场宰杀并没有解决德国的饥饿危机，因此后来的反犹太评论者指出，尊茨的种族身份证明了这一整项事业是犹太人摧毁德国农业和德国经济的阴谋。

种族和饮食文化之间的紧密联系意味着营养科学无法逃脱进化思维方式、种族科学甚至优生学的影响。科学研究经常支持（也很少质疑）这样的假设，即中产阶级和上层阶级"需要"精制食品，而"粗制"食品就可以满足劳动穷人的需求了，或者特定的种族和民族（黑人奴

---

① Anon. n.d.

② Gunga 2008：84.

隶、爱尔兰人、犹太移民）可以靠更少的卡路里、更难消化和掺假更多的食品生存。事实上，李比希优先将动物蛋白作为生命力来源，这被用来证明经常吃动物肉的人口比例实际上是文明的标志[1]。然而，在某些情况如在他们旅行时，西欧人以肉类为主的饮食在医学上是不合适的，我们在上文简要地述及过。

就像食物在全球的流通一样，19世纪到世界各地旅游的西欧人大幅增加。无论是从事殖民侵占、经济剥削还是传教工作，在印度支那、非洲和太平洋沿岸地区的西欧白人越来越多。适应史学家（historians of acclimatization）[2] 已经证明，在漫长的19世纪，人类适应环境的观念发生了明显转变：从对白人身体适应性的自信，到对长期居住在热带地区会导致（种族）退化或死亡的恐惧[3]。随着19世纪末热带医学的发明，白人旅行者的许多病症被重新定义为传染病，但这并不排除饮食变化可能防止海外健康恶化的想法。特别是，在整个19世纪，前往热带地区的旅行者一直被建议采取少肉饮食，即遵循有时推荐给残疾人、住院病人等的"非刺激性"饮食[4]。无论何时流行的饮食医学理论，红肉一直与较冷的温带气候密切相关，而素食，尤其是那些转向纯素食，包括豆类作为主要蛋白质来源的饮食，一直被认为是热带地区的"天然"食物。同样，酒仍然是北欧和西欧气候的食物，在赤道地区的

---

① Neill 2009.

② "适应史学家"指研究人类如何在不同的地理和气候条件下生存和适应过程的历史学家。——译注

③ Anderson 1996a; Anderson 1996b; Osborne 2014; Livinstone 1999; Harrison 1996.

④ 参见对李比希关于动物蛋白在东印度群岛荷兰殖民者身体中的刺激作用理论的具体呼吁，Pols 2012：132－3.

高温环境下饮用会导致疾病、懒惰和退化。

　　达尔文之后的人类进化理论模糊了气候和体质的界限：温带以外的环境几乎必然导致了"文明程度较低"的文化，导致了比欧洲和北美温带地区"懒惰"的人口，而这些地区的常见饮食是这种不足的一部分。虽然在某些情况下，模仿当地饮食（或其他行为）是合适的，但这种饮食文化，包括素食主义，在温带地区仍有争议，且不理想。尽管殖民国家经常对他们所占领国家的饮食文化产生兴趣，最值得一提的是维多利亚时代的英国对咖喱的接受，但这些饮食文化通常被重新定义和设计以适应欧洲人的口味，并被确认为特殊而非常规饮食（而且并不总是适合生病或虚弱身体）。与此同时，许多指南和手册为殖民者提供了如何在海外尝试准备"家庭舒适"饮食的建议，其中最主要的是法国人，对他们来说，精英饮食文化是国家认同的一个重要方面，必须在国际可见的地方保持这一点，即使这导致了不太可能的菜肴，如用传统法国酱汁煮河马脚①。如上所述，优生学家弗朗西斯·高尔顿（Francis Galton）在其早期的非洲探险期间所著的《旅行者须知》（*Hints to Travellers*）中，用了许多篇幅介绍在非欧洲环境下制作好茶的"权宜之计"。这样的建议往往强调卫生问题；19世纪末，热带医学作为一门专门学科的创立，重申了热带地区在传染病方面的特殊危险，但同样，欧洲国家的公共卫生改革表明，与"国内"食品和水、奶、肉类的安全卫生条件相比，"国外"受到潜在污染的水和食品也越来越受到重视。

---

① Neill 2009: 15.

"不要那样喝水"的建议是饮食中的二元指标：我们／他们、文明／野蛮、安全／危险、健康／不健康。正如本章所表明的那样，现代性和城市"文明"并不总是意味着更健康的食物，也可能与颓废、堕落、掺假和"非天然的"食物联系在一起。但是到了20世纪的头几十年，人们对西方医学产生了一种新的信心，相信"科学营养"的基本原则已经被理解，并且通过社会和政治改革，人们的饮食文化可以转变为更健康（和更经济实惠）的饮食模式。饮食可以是干净的、现代的和理性的；但是，当然，这也要求人们保持干净、现代和理性，而这一要求在随后的一个世纪中可能被证明是不现实的。

第三章

疾 病[1]

贝特朗·泰特

（Bertrand Taithe）

贝特朗·泰特（Bertrand Taithe），英国曼彻斯特大学文化史教授，参与创建曼彻斯特人道主义和冲突应对研究所，任执行主任。自1994年起担任《欧洲历史评论》（ *Revue européenne d'histoire* ）主编。其研究关注贫穷史、医学史、战争史和人道主义史，著述颇丰。

1800年之后的疾病文化史都必须从医院病房讲起。医院的设计比其他任何建筑都更适合容纳、分类、理解和展示疾病。在1800年，大多数医院仍然重在收容，尚不能提供有效治疗，但医院服务于一系列的文化目的。因此，1804年，安托万·让－格罗（Antoine-Jean Gros）的一幅拿破仑早期宣传画，描绘了这位未来皇帝在1799年到雅法（Jaffa）去看望患鼠疫的士兵的场景。画面中，这位将军伸出手触摸士兵腹股沟的淋巴结，这一举动让人想起早期治疗瘰疬（scrofula）[1]的"国王的触摸"[2]。[2]这幅画传达了法国领导人的个人勇气和基督般的神力（见图3.1）。事实完全不同，拿破仑并没有进行任何奇迹般的治疗触摸，但重要的是，一位统治者应该被描绘为自信地面对致命疾病[3]。

1963年，米歇尔·福柯发表了一篇重要文章，文章指出，医院和病房大约在这一时期根据疾病分类（疾病分类学）进行了重组。在巴黎，医院专业化使早期医学专业化所需的病例得以集中。实习医生们可以在拥挤的病房中观察到疾病从早期症状到最终临床表现的完整"自然史"[4]。根据福柯的说法，这些教学医院代表了在医学认知方式上进行彻底的"认识论突破"的机会。一方面，它使新的知识系统（认知系统）得以出现；另一方面，它允许对病人进行新形式的专制和非人化治疗。福柯认为，医院和医疗机构中的医学知识关注的是疾病。这

---

① 一般称作 King's Evil，淋巴结核的俗称，旧时认为经国王触摸后即可痊愈。——译注

② Grigsby 1995: 1 – 46; Outram 1988.

③ Kelly 2010.

④ Foucault 1963.

图3.1 《拿破仑·波拿巴视察雅法鼠疫病院》（*Napoleon Bonaparte Visiting the Plague-Stricken in Jaffa*），G. A. 莱曼（G. A. Lehmann）模仿格罗男爵（Baron Gros）制作的飞尘腐蚀版画。来源：Wellcome Library。

些发展推动了专业化的形成，并引发了对身体理解方式的根本转变，类似于哥白尼式革命那样，开始对身体采取更具推论性的认识方式[①]。而一代人之后，根据哲学家乔治·康吉莱姆（Georges Canguilhem）的说法，克洛德·贝尔纳的工作和动物实验工作使医学专家能够测试破坏单个器官的行为，使生理学离患者更远。动物实验使科学家能够突破在疾病中可以看到的界限。通过实验和诱发的疾病，科学家可以在

[①] Jones & Porter 2002.

实验室中再现疾病是如何开始和结束的，器官和生命本身是如何扩展对疾病的正常反应界限的[①]。克洛德·贝尔纳认为医学已不再是一门床边科学，而是一门建立在实验室观察和实验基础上的科学，从而将疾病与患者隔离开来，这一观点激发了艺术家一系列的想象力。在文学界，埃米尔·左拉（Émile Zola）一派的博物学家将小说视为一种适合观察遗传性和社会性疾病的实验室形式[②]。

健康是没有疾病[3]，乍一看，疾病似乎是一个边界清晰的文化类别，但事实证明，在实践中很难缩小其范围并加以定义。1900年，悉尼·威尔逊·麦基尔韦恩（Sydney Wilson Macilwaine）在《英国医学杂志》（*British Medical Journal*）上发表的关于疾病的定义提出，疾病是"致病原因对患者生理状态的干扰所导致的病理后果的总和"，尽管这一定义声称代表了对之前方法的重大进步，但多少是有些循环论证的[③]。然后，作者接着列举了可能确实会造成干扰的内在原因（例如，消耗或精神错乱）、外在原因（微生物）和不确定原因（尚未被理解），只留下了一个开放性的看法，即疾病是导致不舒服（表现出病理症状）的原因。许多功能障碍可以在一个人身上共存，这确实是一种反常的身体活力的表现。早在1800年，比沙（Bichat）就认为器官是由它们的不稳定性来定义的[④]。癌症生长扩散[⑤]，疾病现在被理解为不仅是身体

---

① Coleman & Holmes 1988.

② Bernard 1865；Zola 1880.

③ Macilwaine 1900：1703 - 4.

④ Canghilhem Xavier 1965：156；Pickstone 1981，1999.

⑤ Hayle Walshe 1846.

对抗自身的结果，也可能是对外部威胁的反应。[4]在自然科学分类系统基础上，医学观察者改进了他们对疾病症状和性质的研究方法，他们对疾病的分类在19世纪有了很大发展。首先关注器官，然后是组织，他们观察到由生活方式或工作造成的慢性疾病（糖尿病、心脏病、肺病），震惊世界的流行病和全球大流行病（1830—1832年、1850年、1866年的霍乱，[5]1918年的流感），不道德的疾病（如梅毒或其他性传播疾病），以及棘手的大规模杀手（如结核病）①，或"隐性的"疾病（如癌症）②。

这些疾病中的每一种都有属于自己的文化史③，而且许多学术研究都已关注某种疾病有争议的定义以及各种治疗和表现。即使科学家定义或命名疾病的方式也有其历史过程。医生总是通过对以前临床观察的文献回顾来描述疾病，并试图从历史的角度来理解疾病。专业的历史学家常常跟随医生的脚步，以他们的故事为依据，声称他们感兴趣的疾病具有特殊的重要地位或文化意义。一些研究已经表明，梅毒萦绕着对种族衰落的恐惧④，霍乱是法国大革命的回响⑤，热带病及其治疗制约着帝国的发展⑥，或者某位国王的疯癫都为19世纪的自我概念注入了新的光芒⑦。其中许多说法确实是有根据的，疾病已经成为医学史

---

① Bryder 1988.

② Pinel 1992; Moscucci 2005.

③ Le Goff & Sournia 1985; Rousseau, Gill & Haycock 2003.

④ Parascandola: 2008.

⑤ Kudlick 1996: 176 - 211.

⑥ Curtin 1998; Anderson 1996: 94 - 118; Curtin 1961, 1990: 63 - 88.

⑦ Scull 2005; Micale & Porter 1995.

和更广泛的医学化历史的主要文化锚点。

为了探讨疾病在漫长的19世纪所具有的不同文化含义，本章试图提出，疾病确实可以与对自我、社会和全球的文化理解联系起来考虑，并且这一转变反映了对疾病文化含义的日益疏远和丧失控制[1]。从这个意义上来说，文化保留了深刻的政治意义，尽管其中的辩论往往停留在叙事形式中，而不是公开地讨论政治选择[2]。因此，本章将通过以病人为中心的叙述、疾病作为社会困境的隐喻[借用苏珊·桑塔格（Susan Sontag）1978年的著名表述]，以及对19世纪帝国全球化时代生物威胁的理解来探讨疾病。本章将以"文明疾病"的概念结束，这一概念从字面上的优生学意义上来说，源于书写全球史和应对范围日益扩大的疾病相关问题的新方式。由此可见，可以采用多种不同的时间框架来研究和理解疾病史。从纯粹医学科学的角度来看，人们对疾病的研究从临床医学工作转向基于实验室的医学工作（这当然是不完善的和可补充的；实验室随着临床实践而发展，诊所本身也越来越多地采用凝视身体和身体内部的技术方法，如X光或新的实验室检查，如备受推崇的梅毒瓦瑟曼试验[3]）[4]。从专业的角度来看，人们见证了医学科学的日益专业化，从地位低下的学徒制和竞争激烈的医学院发展

---

① Joyce 1994.

② Chartier 1988.

③ 梅毒瓦瑟曼试验指一种用于检测梅毒的血清学检测方法，由德国细菌学家奥古斯特·冯·瓦瑟曼（August von Wassermann）于1906年开发。该方法基于补体结合反应原理，通过检测患者血液中是否存在针对梅毒螺旋体的抗体来判断是否感染梅毒，曾在20世纪早期得到广泛使用。——译注

④ Lawrence 1985.

成为精英化的职业追求①。在整个西方，甚至在殖民帝国，19世纪是一个医生设法孤立和边缘化不太符合有大学资格的竞争者的时代，在这个时代，护士成为与护理员或修女竞争的重要角色，牙医和药剂师从商业领域升格为科学机构②。每个职业都创建了文化机构、学院和社团，各自守护着其职业领域的边界③。

每个国家都有自己的发展轨迹，但国际竞争在塑造这一演变过程中发挥了至关重要的作用④。当然，从患者的角度来看，医院医学和复杂治疗的发展越来越削弱了患者对自身疾病的控制和理解。最后，在关于政府、法治、民主以及社会内部和帝国之间资源再分配的公开讨论中发挥了关键作用⑤。大众媒体发展的年表呈现出这样的轨迹：从19世纪40年代开始，报纸变得无处不在；从19世纪开始，电影变得无处不在；帝国时代即将结束时，广播也变得无处不在⑥。在这种文化生产领域内，小说成为19世纪上半叶的主要叙事形式，许多作者将他们的情节集中在疾病的威胁或过程上（肺结核显然是最受欢迎的），匹配或映射到人物塑造上⑦。因此，时代划分是与背景相关的，并且依赖于人们可能用来绘制路径的具体方位。

尽管有这些复杂的层面，本章将论证从自我到社会和全球的转变

① Weisz 2003; Bynum 1994.

② Mcclelland 2002; Lewenson & Herrmann 2007.

③ 另见本卷中迈克尔·布朗（Michael Brown）的章节；Weisz 1995。

④ Léonard 1978.

⑤ Wilson 2004.

⑥ Lupton 2012.

⑦ Barnes 1995.

可以映射到这些文化生产的大部分领域。尽管将这一时期平均划分成三个阶段（每个阶段40年）是愚蠢的，但一些有效的论据表明，每个时期都代表了从自我、社会和全球角度对疾病关注的表达和重新表达的一个重要时刻。最后，在福柯、桑塔格和医学社会史家的工作基础上，疾病作为人们可以看到和体验到的明显症状存在，作为预测不健康群体所表达的风险（有时被体验为值得承担的风险或不可预测的危险）存在，以及作为隐喻，作为通过疾病来表现文化、社会和政治变革的方式存在。

| 疾病与自我

在19世纪，生病是人们司空见惯的事情。日记记录了疾病发作、虚弱、发烧或反复发作的频率，但健康很少被提及，就好像仅仅没有生病就已经是愉快的生活了。英国政治经济学家哈丽雅特·马蒂诺（Harriet Martineau）和法国小说家阿尔丰斯·都德（Alphonse Daudet）等人用日记记录下了自己（可能分别是癌症和梅毒）的病史，以及他们不得不忍受的治疗方法和过程。他们还对疾病改变他们为人的方式感兴趣[1]。他们记录了他们与所爱之人的互动是如何被他们无休止的痛苦、被他们对时间和注意力的需求改变的，以及慢性病昂贵的

---

① Daudet 2003.

花费给一个家庭带来的沉重打击。马蒂诺仔细分析了当一切事物都必须围绕着疾病运转时，人际关系会变得多么令人担忧：

> 回到我自己是安慰者的日子，我记得我会去想象并向病人保证他的痛苦不会持续下去、总有一天他会好起来的、他已经好多了，或者，尽管不可能这样说，他会习惯他的痛苦，并发现痛苦更容易忍受。这些的诱惑是多么强烈。为什么我没有意识到，这样的安慰纯粹是在刺激一个没有感觉到好转，也不相信自己会好转，也没有处于会因为关于他的痛苦是否会变得更容易忍受的任何猜测而感到高兴状态的人！ 与这种考虑所带来的热情完全相称的，一定是受害者对支配话题和话语隐藏的自私的清晰认知。我（当时我半信半疑，出于我的克制和不安）试图安慰自己，而不是我的朋友；纵容我自己的懦弱，以及我自己对痛苦事实的退缩，以牺牲我为之心痛的受害者的感情为代价。[1]

预测疾病的安慰者将其恐惧投射到患者身上。这不仅是言语上的失败，还向旁观者隐瞒了未来不可避免的痛苦。虽然如果一个人活得足够长，疾病是无法避免的，但他可以试图否认疾病对其他人的影响。正如查尔斯·罗森伯格所指出的那样，从文化上讲，疾病可以被定义为缺席或沉默[2]。在一场缓慢而痛苦的疾病中，没有什么英雄气概可言。被汗

---

[1] Martineau 1845: 27.

[2] Rosenberg, Golden & Peitzman 1992; Aronowitz 2008: 1 – 9.

水浸透或排出排泄物和其他液体^[6]的身体的肮脏本质挑战了浪漫的自我观念①。

面对疾病，自怜和自觉可以同样清晰而客观地表达出来。都德因此可以接受三期梅毒［或根据最新的19世纪法国分类为脊髓痨（*tabes dorsalis*)］的猝然发作②："在隔间里，在淋浴时，在镜子前：多么憔悴啊！我突然变成了一个滑稽的小老头。我从45岁转眼变成了65岁。其间的20年，我都没有经历过"③。在都德的案例中，疾病变成了"我"，并用一系列令人眼花缭乱的症状来安排他的余生，直到他57岁去世。

当然，这类日记中保存最完好的往往是由非常富有的人所写，他们有闲情逸致，愿意见证疾病的多种影响，不过，对疾病的文学表达似乎可以跨越阶级流通。因此，伯内特（Burnett）、文森特（Vincent）和梅奥尔（Mayall）收集的一些英国工人阶级日记也表现出类似的担忧④。伊丽莎白·斯托里（Elizabeth Storie）是格拉斯哥的一位工人阶级女性，她在幼年时（1823年）被医生罗伯特·福尔克纳（Robert Falconer）开具的实验性汞剂毒哑，她的悲惨自传证明了她对自己体形发生的巨大变化（她的颌骨被水银结合在一起）或不能说话（但不能提起诉讼）的愤怒⑤。正如她所讲述的那样，她的生活包括一系列令人沮丧的法律索赔和诉讼，她所在教会和社区的拒绝，律师的欺诈以及

---

① Porter 1997.

② Nitrini 2000: 605 – 6; McIntosh et al. 1913: 1 – 30; Waugh 1974.

③ Daudet 2003: 3.

④ Burnett, Vincent & Mayall 1984.

⑤ Storie 1859; Boos 2013: 251 – 69.

在承认重大过失方面的医学混淆。这个法律案件与早期的普里斯特利诉福勒案（*Priestly vs Fowler case*）类似。她的疾病本质上是一种医学疾病（一种由医学干预引起的医源性疾病）。她认为，拿她来说，这种干预是一种冷漠的实验性医疗差错，对她的颌骨进行各种手术也永远无法纠正。[7] 尽管许多疾病都带有污名，但患者的声音往往意味着斗争和抵抗。

研究自我的历史学家倾向于对这些作品采取相当积极的立场；以米丽娅姆·贝林（Miriam Bailin）为代表的一些人认为，病房代表了一种控制策略，尤其是对女性来说，在病房这个空间里，生病可能成为一种自我的技术①。弗洛伦斯·南丁格尔本人在组织护理方面的改革时，确实去到了病房。对于南丁格尔这样的知识分子来说，病房可以作为"自己的房间"[8]，病人可以在这里对周围的世界发表尖锐的评论②。因此，患病的自我可以通过在家中确定一间病房，而在家庭安排中获得某种中心地位。病房是隔离政策保护和承认的特权。例如，19世纪晚期关于高度传染性疾病通报的条例承认，中产阶级有能力在私人病房照顾自己，远离发热医院的下层民众③。无论是在医生发表的临床案例中关于工人阶级男性住院前生活的部分里，还是在日记里，他们的证词见证了疾病如何从根本上影响他们作为家庭收入来源的境况、他们的家庭以及他们的男子气质④。关于男子气质的历史研究往往

---

① Bailin 2007.

② Nightingale 1990.

③ Mooney 1999: 238 - 67.

④ Bederman 2008.

关注在学校和中产阶级教育中培养出的健康、有运动能力的身体。相比之下，患病的男性身体在历史研究中表现为受损和去阳刚之气[1]。

穷人和富人的精神疾病同样有着截然不同的发展轨迹。由于反疯人院的开创性工作启发了历史学家，大量更详细的研究如罗伯特·埃利斯（Robert Ellis）的工作，表明了穷人的精神疾病如何导致一系列社会代理人接管患者的生存责任，根据资源转移逻辑将他们从济贫院转移到疯人院，再转移到家庭，而患者可能完全无法理解这些逻辑[2]。对疯癫者的"人道"治疗侧重于控制他们的思想而不是约束他们的身体，这确实是19世纪的发展，但在欧洲以外并没有普及。

患病者不仅仅与家庭或机构的医疗保健组织打交道，他们还在消费商品、技术和药物，这些商品、技术和药物为他们而开发，并由专注于疾病的日益增长的行业根据不断变化的文化规范进行销售[3]。正如格雷厄姆·穆尼就围绕结核病发展的物质文化所表明的那样，这种消费文化回应了控制患者家庭世界的趋同尝试，同时患者寻求重新获得对其疾病的某种控制[4]。制药业作为一项以化学或生物学等其他科学为基础，并通过实验医学参与而被称为转化医学（从实验室到床边）的业务，其正式发展始于漫长的19世纪。它假设并制约了患者自身的一系列文化转变。尽管患者长期以来一直是自行开处方并热衷于购买广告宣传良好的专利药物（可以说是19世纪欧洲和美国广告市场的支

---

① Forth 2008.

② Ellis 2006.

③ Marcellus 2008.

④ Mooney 2013.

柱)①，但具有真正有效成分的药物需要计量学、控制和自控（即对照试验）。19世纪制药业的发展依赖于包括患者自身在内的生产和运输链。

患者必须通过改变自己的行为来参与治疗 —— 改变他们的饮食、姿势、身体和生活方式，监测他们的排泄物、液体摄入量、睡眠模式或欲望。从节食到擦药膏，再到昂贵的水疗法等医疗方案可能会影响这一天或一年的计划②。一种名副其实的与权威不和谐的主张提出了健康的替代途径 —— 使患病成为一个特别考验"客户"的位置。医学史家一直热衷于挑战简单化的专业化叙事，以颂扬医学市场的优点或多样化的性质。患者可以根据他们的教育、财富、社会关系和网络进行选择。有些人可以接触充斥市场的新科学。病人可以求助来自远方的技术（如在19世纪正式传到了西方的针灸）③，或者对自身有更全面认识的科学（如颅相学）④，甚至像顺势疗法⑤这样的具有相反逻辑的治疗方法，使用小剂量稀释药物进行治疗⑥。

说实话，在漫长的19世纪，争夺市场份额的斗争主要是由关注职业化或医疗权力争论的历史学家研究的。面临多样性疗法、医疗费用和慈善供应的患者必须在他们能够负担得起的自主范围内找到合适的方案。由于准确的医学诊断大大早于有效的医学治疗，因此面对疾病

---

① Jackson 1983: 1 – 38.

② Gilman 2008.

③ White & Ernst 2004; Bivins 2000.

④ Cooter 1984.

⑤ 顺势疗法的核心理念是"以毒攻毒"，即认为能够引发健康人类似症状的物质，可以用来治疗患有相同症状的病人。——译注

⑥ Warner 1998: 5 – 29; Baschin 2016.

主要是寻求面对绝望和困境的建议。事实证明，医学文化是难以理解和参与其中的。居斯塔夫·福楼拜（Gustave Flaubert）在他的小说中讽刺了天真的、自学成才的医学业余爱好者，特别是在他巧妙地讽刺了小资产阶级愚蠢的《布瓦尔和佩库歇》(Bouvard et Pécuchet) 中[①]。在这场讽刺闹剧中，男主人公对自己和他人的治疗交替进行，从一种错误的治疗方法跳到另一种，留下了一连串困惑的病人和医生。福楼拜同样讽刺了天真的人和实证主义者，他们对科学的信任暴露了文化上的愚昧和狭隘。

面对无法治愈的疾病，一个实验主义者成为先驱而另一个成为危险的庸医，往往取决于他们能否很好地融入科学和影响力网络中。实验主义者，如巴黎的自我实验主义者奥齐亚·蒂雷纳（Auzias Turenne），试图通过大量注射和再注射脓液来治疗梅毒（他对许多病人和他自己进行的一项实验），声称他用毒药"浸透"身体的方法，提供了良好的结果[②]。梅毒这种疾病本身，后来被发现有活跃期，间或有多年的不活跃期，这无疑为蒂雷纳的实验增添了一些可信性。患者确实可以长时间无症状生活。事实上，在第二次世界大战后塔斯吉的"坏血"实验之前，人们很少观察到未经治疗的梅毒，因而对梅毒是什么或能做什么知之甚少[③]。使用汞剂及后来的砷基砷凡纳明和新砷凡纳明治疗会产生强烈的副作用，甚至无法确定究竟是药物还是疾病本身让患者更不舒服[④]。

---

① Flaubert 1881: 247 – 53; Sugaya 2010.

② Taithe 1999: 34; Dracobly 2003.

③ Jones 1993.

④ Brandt 1987.

其他疾病则使气候和生活方式发生了根本性变化，在结核病疗养院中形成了真正的患者社区。由于肺结核，海滨度假胜地[如滨海贝尔克（Berk sur Mer）]，山地保护区，法国、意大利、北非和埃及南部的海滨度假胜地[即里维埃拉（Riviera）地区]都赚得盆满钵满，肺部或骨骼出现难以治疗的疾病的患者在这些地方寻求更干燥、更温暖的空气①。[9] 托马斯·曼 1912 年开始创作的《魔山》为豪华度假村（这里指的是达沃斯疗养院）的结核病患者社区提供了一个标志性写照。[10] 因此，健康旅游者往往是蓬勃发展的国际休闲产业的先驱，例如，与日光浴的起源有关。他们的需求塑造并促进了包括赌场、散步场所、花园以及受季节影响的文化和社会生活在内的度假胜地的发展②。布达佩斯、巴斯、巴登巴登、殖民地温泉浴场或维希的水疗解决了各种消化疾病、痛风或皮肤病，而酒店和度假村提供娱乐和美食③。如果纯净的空气不能卖给那些尤力改变生活方式的人，无论这种改变是多么短暂，那么水和泥浆可以被装瓶购买，并在 19 世纪末成为介于药品和奢侈品之间的主要商品④。

最终，疾病总是胜利的，除了意外死亡。研究死亡和哀悼的历史学家，如朱莉－玛丽·斯特兰奇（Julie-Marie Strange）等人⑤指出了这种宿命论的深度，以及死亡和"好"死被赋予的文化意义。病房很容

---

① Woloshyn 2013: 74 – 93.

② Gordon 2012.

③ Jennings 2006.

④ Hamlin 1990: 16 – 46.

⑤ Strange 2005; Laderman 2003.

易变成不眠的房间，这让那些试图从社会环境中隔离和清除受污染物质的医学专家感到懊恼。

| 疾病与社会

米歇尔·福柯的著作在塑造19世纪社会史和文化史研究方面发挥了非常重要的作用。他的大部分研究始于对社会对疾病反应的观察：在他关于思想体系的研究中，他提出了一种分类式的凝视；而在他关于监狱或性的研究中，他则探讨了对异常或病态的人采取的强制手段。可以说，在福柯关于治理术的著作 ① 被重新发现之前，《规训与惩罚》（*Discipline and Punish*, 1975）是对史学影响最大的一本著作，这本书从对酷刑和矫正的讨论开始。在他看来，强迫身体变成某种体形或形成某种规训的姿势，或通过物理疗法灌输道德规范的做法与一种新的权力态度相呼应，身体在这种态度中成为政府和政府模式的关注中心。从这个角度来看，疾病作为治理不善、行为不当、管理（policing） ② 不力（按他对这个术语的广义理解）以及治理术失败的证据，具有特殊意义。研究治理的历史学家随后进一步探索了这一概念框架，以揭示公共卫生政策各个方面的政府逻辑 ③。

---

① Foucault 2012; Foucault 1991; Rose 1999.

② 福柯所说的 "policing" 是指广义的社会管理和秩序维护，不仅限于警察执法。—— 译注

③ Crook 2007; Crook & Esbester 2016.

福柯的论点呼应了苏珊·桑塔格的开创性工作。他的概念重新审视了马克思主义的社会改革方法，并为整个19世纪公共卫生事业的部署赋予了一系列更深刻，有时甚至是险恶的含义。公共卫生专家关心的是群体而不是个人，他们调查并描述了疾病在整个社会、农村和城市的传播，以及困扰发展中社会的传染病和流行病的范围[①]。正如本卷导言所指出的那样，从19世纪20年代开始，流行病学家和公共卫生统计学家将原本主要是个人体验的健康问题转变为一种由多种因素决定的健康模式，这些因素包括住房、供水、风和恶劣空气（瘴气），以及后来在19世纪下半叶占主导地位的细菌和污染物[②]。统计学家的野心是傲慢的。没有什么能逃过他们的观察：食物摄取及其对地方性疾病的影响，如意大利北部过度依赖玉米引起的糙皮病等由营养缺乏引起的疾病[③]，海上缺乏新鲜水果引起的坏血病，或正如乔纳森·赖纳茨在导言中指出的，阿尔卑斯山地区缺盐[④]引起的疾病。

阿尔卑斯克汀病等一些疾病被重新定义为文化落后的证据，而另一些疾病则是现代性的证据。在后者中，"铁路脊柱（railway spine）"[⑤]或盗窃癖（kleptomania）等流行疾病的出现是对新的生活和消费方式的直接反映[⑥]。过度拥挤的工业贫民窟被认为是疾病的滋生地，也是需

① Hardy 1993；Aisenberg 1999；La Berge & Fowler 2002.

② Worboys 2000；关于细菌的作用，参见 Latour 1988。

③ Mariani-Costantiniand 2007：163 - 71.

④ Droin 2005：307 - 24.

⑤ "铁路脊柱"是19世纪中叶出现的一个医学概念，用于描述在铁路事故中受伤后出现的一系列症状，包括慢性疼痛、疲劳、神经衰弱和其他神经系统相关的不适。这一病症在当时引发了广泛的医学和社会讨论，因为它挑战了传统对创伤和疾病的理解。——译注

⑥ Harrington 2003；O'Brien 1983.

要进行系统改革的证据，系统改革主要是通过改变环境，提供清洁的水、食物和空气；还通过灌输纪律、卫生态度、清洗，以及身体机能的分隔空间和两性之间的物理距离来匹配改造后的行为。阿兰·科尔宾展示了城市环境的恶臭是如何成为进步的巨大障碍的[1]。这种对病态社会团体的修辞从老年人的健康到婴儿的喂养有多种形式和目的，但它暗示了威权干预和胁迫，即使不是在行动上，也是在言语上。这种关于疾病的道德化规训始于谴责卖淫和酗酒，但后来也包括吸烟、高脂肪食物、缺乏运动、手淫和各种广泛沉迷的消遣，其悖论在于它发生在一个日益民主化的时代。

从政治上讲，从19世纪40年代开始，大多数欧洲或美国社会至少口头上支持男性代表权和选举权，一些社会在19世纪末引入了女性选举权。互助会和工会在城市社会中蓬勃发展，成为公民健康生活的象征。许多社会组织和慈善机构关注疾病及其预防和治疗。正如玛丽·普维（Mary Poovey）所说，从19世纪中叶开始，访视员和新的社会科学影响了人们对健康身体的看法[2]。正如塞思·科文（Seth Koven）所展示的那样，堕落和肮脏的贫民窟叙事本身就成了一种流派，并且都强调了异常、有缺陷和病态的人[3]。

当然，这种强烈谴责的矛盾之处在于，与诊断的残酷相比，解决方案的范围总是相形见绌。病态的社会主体是棘手的。虽然有一些神话般的干预措施，比如斯诺拆除了被污染的水泵把手，但是当涉及身体和

---

[1] Corbin 1986.

[2] Poovey 1995.

[3] Koven 2006.

健康的文化方法时，很少有快速的解决办法。当解决方案存在时，例如预防天花的牛痘接种，这是19世纪早期医学武器库中为数不多的真正保护措施之一，却面临着令人困惑的抵抗。今天，这种抵抗在针对试图在非洲和巴基斯坦根除脊髓灰质炎的疫苗接种者的暴力袭击中重复。正如纳迪亚·杜尔巴赫（Nadia Durbach）所表明的那样，对疫苗接种的抵制反映了对身体权力关系的深刻焦虑和保持控制权的普遍愿望。例如，反牛痘接种者将他们的抵抗与医学霸权话语和反奴隶制的斗争联系起来①。这些焦虑大多是绝对理性的，反映了真实而有根据的担忧，即正如治理理论②学者所主张的那样，公共卫生关乎社会保护，而非个人福利。其他控制疾病传播的监管尝试赤裸裸地暴露了系统性暴力的形式。对卖淫的监管往往以控制疾病为名，在市政一级体现了性别和阶级不平等。[11] 在辩论最为激烈的国家，反对医学上认可的监管或更广泛的医学警察概念的人谴责某种疾病如何成为剥削和独裁主义的掩护。

在缺乏强有力的组织性反对的社会背景下，利用疾病来证明社会和文化隔离政策的合理性往往最为明显。在这方面，殖民背景被证明是一个特别明显的实验领域，沃里克·安德森关于美国在菲律宾的实验就清楚地证明了这一点③。即使在大英帝国的大都市已经废除了类似的立法，帝国也可以成为一个可促进"传染病"[即 STD（性传播疾病）]

---

① Durbach 2004: 83.

② "治理理论"是福柯晚年提出的理论。治理术／性（governmentality）用来描述现代国家如何通过一系列的技术、知识和实践来管理和塑造个体及群体行为。该理论不仅关注国家层面的政治权力，还扩展到社会机构、经济体系、教育、公共卫生等领域，探讨权力如何通过微观机制渗透到日常生活的方方面面。——译注

③ Anderson 2006.

监管的空间①。继弗朗茨·法农（Frantz Fanon，他注意到殖民精神病学是如何通过大量隔离诊断来体现种族差异的）（1952年）的开创性工作之后50年②，帝国史学家对帝国领域的医疗实践进行了彻底解构。医学研究和巴斯德研究所可以推动对抗各种疾病的积极运动，并挑战容忍这些疾病的当地文化③。

而殖民世界的大部分地区仍处于直接通过占领军或威权形式的间接统治等某种形式的军事化控制之下，公共卫生政策可以以命令的方式实施，而不是通过复杂的政治谈判。卫生政策可能会影响殖民城市的设计，使糟糕的空气和本地人远离白人定居者，形成不平等的卫生规定，并以健康的名义将殖民地臣民与其主人隔离开来④。殖民者的高死亡率证明了这些政策的合理性，这些政策在塑造种族化的医学话语方面发挥了重要作用。矛盾的是，征服者在新气候下的生存能力如此之差⑤。气候本身被指责为殖民地人员伤亡的罪魁祸首。这些气候使人衰弱和病态，对欧洲人的体质有害，并暴露了他们体质中一种未曾预料到的脆弱性。一些帝国通过允许甚至鼓励跨种族生育的发展来解决这个问题，就像19世纪50年代法国塞内加尔总督路易·费代尔布（Louis Faidherbe）所提倡的那样⑥，但是大多数主张对他们的帝国采取"现代"方法的殖民政权最终都进行了强烈的种族隔离，并以极大的精

---

① Levine 2003.

② Keller 2008；Keller 2001.

③ Laberge 1987：274；Vaughan 1991；Arnold 1993；Petitjean, Jami & Moulin 1992.

④ Deacon 1996.

⑤ Arnold 1996；Anderson 1997；Crozier 2007；Curtin 1989.

⑥ H. Jones 2005：27 – 48.

力来维持种族分裂 ①。[12]

　　种族意识形态的发展不仅仅是一种出口商品。它在国内适用于阶级,正如路易·舍瓦利耶(Louis Chevalier)为法国所展示的那样,或者正如许多其他人在欧洲、美洲的移民群体中所展示的那样,新移民或居无定所的群体与疾病和有利于疾病传播的种族特征密切相关 ②。英美国家的爱尔兰人、德国的波兰人,以及通常情况下任何贫穷且文化不融洽的群体,都成为疾病、社会和道德疾病的携带者 ③。正如尼扬·沙阿(Nyan Shah)就旧金山的唐人街所表明的那样,疾病是新移民群体负面形象的重要组成部分 ④。当然,所有基于疾病和生物风险的话语和文化表征都是有争议的。在整个 19 世纪,广泛的运动和游说试图证明任何快速概括的核心逻辑的错误。有趣的是,其中许多运动在 19 世纪下半叶采取了国际形式。这一演变反映了这样一个事实,即关于从酒精成瘾到性传播疾病等各种问题的重大公共卫生辩论已成为国际信息和实践交流的对象 ⑤。

｜ 疾病与全球

　　疾病及其风险信息的传播有几种形式。到帝国时代末期(从 19 世

---

① Acevedo-Garcia 2000;Njoh 2008.

② Chevalier 1958.

③ Maglen 2005:80 - 99.

④ Shah 2001.

⑤ Sakula 1982:183 - 90;Packard & Brown 1997:181 - 94;Harrison 2006:197.

纪80年代至1920年），精算师和保险提供者最热衷于寻求数据，以使他们能够在一定程度上确定其基金和互助会的风险敞口。任何声称为患者和残疾人提供财务保护的金融机构都必须非常详细地了解风险的性质（提供保险的几率）和他们可能带来的风险敞口（经济损失的可能持续时间）。疾病凭借其自身的力量成为经济因素，精算师必须在与早期统计学家截然不同的基础上理解疾病，而个人有越来越多的为自己投保丧葬保险等不可避免的支出，他们也越来越多地购买健康保险，这可能会支付更昂贵的治疗或预防的一些费用。从19世纪70年代起，各州开始投资建立不同弹性和稳健性的社会保障网，以首先为穷人提供保障，到20世纪20年代，实现了更普遍的覆盖。其中许多举措是在国际交流和合作网络的背景下提供的。历史学家们把大部分注意力放在了科学网络本身，通常关注思想的传播和实践的传播，但他们却很少关注为医疗服务提供担保的金融技术。1914年在旧金山（旧金山在1906年被地震和火灾摧毁后，成为"建立在保险基础上的城市"）举行的国际集会，试图汇集各种各样的救援协会、救援人员和流行病学家，所有这些人的工作将促进一个建立在疾病知识基础上的保险团结世界。[13] 致力于急救和健康预防以及战时救济的群众组织可以发展其与民事和工业事故有关的任务，并将其重新定义为全球人道主义事业。[14] 基于50年来将疾病重新定义为"社会疾病"的社会经验，圣约翰救护机构或红十字运动等人道主义行动者可以将"社会预防"（prévoyance sociale）作为一项人道主义事业，并加入由决策者、保险经纪人和医疗提供者组成的全球集会中。

这些保险服务网络的国际化以及对各类风险（疾病未必是其中的

主导风险）的应对，建立在一个世纪的全球化进程之上，而在这一进程中，流行病和大流行病曾扮演了相当重要的角色。即使是彻头彻尾的帝国主义者也明白，全球扩张必须对疾病有全球性的理解，这挑战了国外（热带）和国内问题的固定分类。殖民帝国建立了一个商品、人员和疾病的交换系统。正如艾伦·克劳特（Alan Kraut）所示，一些疾病被证明更容易跨越文化和地理界限，成为监视和恐惧的对象[1]。疾病成了对异族通婚恐惧的象征，污染成为种族主义者强调不同群体给他们自己社区带来危险的一种方式。然而，与普遍的恐惧相反，北方疾病比南方疾病更容易传播，因为南方疾病无法在不适宜的气候下茁壮成长。隔离检疫等隔离新来者的传统方法不适合依赖快速旅行的贸易文化。威廉·科尔曼（William Coleman）很好地展示了黄热病在北方突然但短暂的入侵如何在法国和威尔士导致截然不同的控制方法[2]。相反，其他国家则从新建立的交易网络帝国和贸易路线中获益匪浅。因此，在1829年至1837年间，水传播疾病霍乱的全球大流行顺理成章地从印度经俄罗斯沿着欧洲的水路一路蔓延。正如埃文斯和罗森伯格所指出的那样，对疾病传播过程的报告建立了对其不可避免的行进的预期，这是任何隔离措施都无法阻止的[3]。对新疾病进展或鼠疫（自1720年以来在西欧未见，但在法国殖民帝国或中东长期存在）等古老噩梦卷土重来的国际报道占据了一些重要的文化空间，这是新闻和旅行叙事中的一个常见特征。霍乱在1850年和1866年的全球复发只是

---

① Kraut 1995.

② Coleman 1987.

③ Evans 1988; Rosenberg 1966.

增加了它的地位。如果说19世纪30年代英国对霍乱疫情的首次应对还包括举行一天的公共赎罪，那么疾病和水源之间联系的发现使其成为基础设施质量的标尺，以及推动公共卫生改革必要性的信号[1]。

因此，19世纪的全球性大流行病本身就是一场奇观，尤其是霍乱，在广泛的文化媒体中引起了相当大的反响。它为各种语言提供了一些短语：在法语中，"蓝色恐惧（peur bleue）"直接指霍乱晚期发绀的蓝色，而"胆汁质的（choleric）"指与疾病相关的黄胆汁过多。在整个时期，关于自由贸易和隔离的争论一直困扰着商业界和医学界。将疾病理解为自由贸易的必然结果就是承认一个事实，并在包括食品在内的国际商品贸易带来的好处和流行病可能带来的危险之间取得平衡。

即使主要殖民列强拒绝任何长期隔离，他们仍然对他们帝国臣民的旅行施加控制和限制。特别是，大朝觐和朝圣通常会带来全球疾病在一个地方混杂的严重风险，所有这些都成为严格的流行病学观察和控制的对象[2]。尽管帝国是围绕着流通和交换的概念建立起来的，至少在帝国内部是如此，但帝国列强担心横向流动可能会将疾病和思想传播到世界各地。热带病成了投资和研究的对象，巴斯德医学对疟疾（当时在欧洲已是一种衰退的疾病）和新疾病（如殖民列强在西非和中非遇到的昏睡病）的各种核心周期产生了浓厚兴趣。前者被鉴定出来，它的一些生态学特征更清楚地与作为媒介的蚊子和作为寄生虫滋生地的死水联系在一起。昏睡病也明显与寄生在水道附近的动物和人类身

---

[1]　Hamlin 1998.

[2]　Harrison 1992; Low 2008: 269 - 90.

上的寄生虫有关[1]。即使欧洲人在应对疟疾带来的个人风险方面存在不平等，他们都倾向于参与他们工作和生活的空间的重大发展。对于昏睡病，这个问题更为复杂，正如历史研究所表明的那样，昏睡病的预防和治疗与殖民当局推行的发展和灌溉政策背道而驰[2]。

因此，在西方工作文化中，疾病的发展也可能与工作有复杂的关系。人们不能高估现代性对健康的有益影响。世界范围内的工业过程揭示了"新的""工业"疾病，从从事含磷材料工作的火柴制造者的"磷毒性颌骨坏死"[3]到矿工的矽肺，都是由工作条件引起的可识别的疾病。其中一些疾病具有性别特征，比如影响女性工人的"磷毒性颌骨坏死"，而另一些疾病则被认为是危险行业的必要属性，正如彼得·巴特里普（Peter Bartrip）和桑德拉·布尔曼（Sandra Burman）所指出的[4]。作为"工业战士"，工人们像战争中的士兵一样面临着危险，也有着同样的宿命论。工人的疾病影响了使用水银将海狸毛皮制成帽子的制帽工匠，或者任何在工作场所使用重金属涂料的人[5]。正如美国统计学家弗雷德里克·霍夫曼（Frederick Hoffman）在1909年指出的那样：

> 除非雇主有重大过失，否则由受雇于或多或少危险行业的工人完全承担工业风险的习惯法原则已经站不住脚了，并且劳动保

---

[1] Lyons 2002.

[2] Osborn 2004.

[3] Harrison 1995.

[4] Bartrip & Burman 1983.

[5] Hamilton 1908: 655 - 8.

护政策正在逐步完善，该政策除了或多或少明确规定了雇主的责任之外，还包括社会对工业事故和工业疾病的社会后果的责任。[1]

霍夫曼接着描述了影响各种行业的疾病范围，以及在纺织（50%）或仪器制造（56%）等特别多尘的行业中工人肺结核的死亡率[2]。根据那个时代主要的自由主义经济学家之一霍布森（Hobson）的说法，国家生产力中的这种疾病数据反映了对国家资源的不可持续的消耗，并且没有任何经济意义。在国际贸易和交流的时代，雇主因疏忽而被起诉的风险越来越大，疾病不仅对雇主，而且对整个国家来说，都是一项重大的财政和社会责任。霍夫曼和他同时代的许多人一样，认为可预防的疾病最终会大大减少："相当大一部分疾病和死亡本质上或多或少是可以预防的。事实上，如果说造成工业疾病的原因比造成工业事故的原因和条件更容易控制和逐步消除，这并不为过。"[3] 他认为，承担风险的文化即将被转变。

工人们自己也意识到他们在所选择行业中面临的巨大的疾病风险，但这种选择的条件往往受到限制，以至于根本不是一种选择。当各个矿山直接从矿区学校招聘工人时，他们提供的条款中肺部疾病和窒息死亡并不是重点。尽管大多数被招募的年轻人都会遇到因矽肺病而几乎无法呼吸的人，但他们没有资格拒绝工作机会。采矿不仅仅是一种高风险的就业形式，也是一个很难逃离的整体文化环境。工业疾

---

[1]　Hoffman 1909: 567.

[2][3]　Hoffman 1909: 573.

医学文化史：帝国时代卷 |

病的主要分析者遵循了弗洛伦斯·南丁格尔的路径，他们将接触可预防的疾病分析为疏忽。像南丁格尔一样，他们质疑某些关于死亡是"非人为的"，不能通过更好的护理或预防措施来减轻的假设。

文化上对风险的不容忍更为广泛，而且还针对烟酒等大众消费产品。尽管选择的原则无疑是通常在宗教领导下的各种节制运动的焦点，但大部分理由是现代世界的工业环境塑造了消费模式和随之而来的不可避免的疾病。酗酒 [1819年被称为"饮酒狂（dipsomania）"，"酗酒（alcoholism）"一词在1849年被创造出来[1]] 本身就成了一种文明病，再加上其他后天的遗传特征，可能会威胁到社会结构[2]。

优生学的历史研究长期以来一直关注遗传理论的发展，以及受拉马克（Lamarck）和达尔文启发的进化论与种族纯粹性的新关切之间的关系[3]。查尔斯·达尔文（Charles Darwin）的表弟弗朗西斯·高尔顿在英国创建的优生学会充其量只是一个享有很高特权的个人组成的小型焦点团体，但它表达了日益全球化的竞争环境引起的共同关切。种族观念与社会上流行的疾病直接相关。随着红十字会等新型人道主义组织的兴起，结核病自然成为和平时期人道主义工作者关注的问题。他们把后来在战争中使用的动员辞令运用到对抗这种疾病的行动上。因此，美国红十字会在1908年通过32家疗养院（仅纽约州就有10家）为"抗击结核病"提供了资源。瑞典（1881年）、匈牙利（1895年）、德国（1896年）、比利时（1908年）、希腊（1909年）、西班牙（1912

---

① Holt 2006; Sournia 1990.

② Müller-Wille and Hans-JörgRheinberger 2012.

③ Adams 1990.

年）、日本（1914年）和罗马尼亚（1919年）的红十字会加入了这一抗击所谓"社会疾病"的全球性行列中。配套的努力包括致力于预防的宣传运动。在奥地利，红十字会在1897年发表反对酗酒和贫血症的相同言论，而意大利人则从1899年开始将疟疾确定为一个关键的"人道主义"目标。[15] 天花、伤寒和白喉等其他疾病在其流行时是短期运动的对象（例如，1879年、1883年、1884年、1896年俄罗斯的白喉；1881年法国，1889年和1896年丹麦，1903年西班牙和1908年乌拉圭的伤寒）。[16]

文明病的概念并非只影响工人阶级，退化的概念在社会的各个阶层都有所体现。因此，文学学者们呼应了19世纪末的精神，这种精神在若利斯－卡尔·于斯曼（Joris-Karl Huysmans）含糊不清的著作中得到了最好的体现。于斯曼的作品《逆天》（*à rebours*）属于一种突破了可接受表现界限的文学类别。在文本中，于斯曼相当重视疾病的作用，尤其是梅毒①，以一种衰落和腐败的幻觉模式在文明中留下印记：

> "都是梅毒造成的，"德埃桑迪斯（Des Esseintes）想，他的眼睛紧盯着被一缕光线爱抚着的花叶芋的可怕斑纹。他突然看到人类被这种疾病的病毒吞噬了几个世纪。自从世界诞生以来，每一种生物，从父辈到子辈，都将传递着这不灭的遗产，这种永存的疾病蹂躏着人类的祖先，甚至在挖掘出来的古老化石的骨骼中也依然能看到这种疾病留下的印记。这种疾病已经席卷了几个世纪，

---

① Szreter 2014.

势头越来越猛。它甚至在今天肆虐，隐藏在隐晦的痛苦中，掩饰在头痛和支气管炎、歇斯底里和痛风的症状之下。它时不时浮出水面，最喜欢攻击营养不良和贫困的人，在他们的脸上涂上金片，讽刺地装饰着穷人的脸，在他们的皮肤上烙上金钱的印记，加剧他们的不快。[1]

于斯曼呼应了当代的隐喻，即疾病可能具有一种破坏性的意志力，并在整个文明中蔓延。对帝国衰落的更广泛的文化关注在很大程度上是大规模历史书写传统的产物。从亨利·托马斯·巴克尔（Henry Thomas Buckle）1857年对英国文明的研究，到阿瑟·德·戈比诺（Arthur de Gobineau）的种族理论等重大的比较史学项目[2]，知识分子建立了文化的进程和导致文化衰落的疾病的进程[3]。在这种政治历史记录中，思想本身可能成为文明的疾病。集体心理学由古斯塔夫·勒庞（Gustave LeBon）在19世纪晚期发展起来，后来在弗洛伊德的精神分析学中得到呼应，它将一些用来描述革命热情的政治概念医学化了[4]。例如，1871年巴黎公社的革命精神经常被认为是一种由普法战争期间恶劣的围困条件引起的围困热[5]。在政治话语中对疾病的隐喻性使用往往催生了诸如隔离检疫或激进疗法等迅速而简单化的答案，因此，对

---

[1]　Huysmans: 1884, Ch 8.

[2]　Boissel 1993.

[3]　Crook, Gill & Taithe 2011.

[4]　Freud 1921.

[5]　du Camp 1878 – 80; Legrand du Saule 1896; Lidsky 1982.

巴黎公社拥护者的大屠杀被称为"净化"，而从1900年起，种族主义者和反犹主义者使用疾病隐喻来煽动激进行动。疾病的文化意义助长了对少数群体的歧视，并将少数群体排除在公共生活之外。[17] 到20世纪初，全球秩序的动荡、现代环境造成的疾病、种族的衰落，甚至灭世细菌的传播都可能演变成全球大流行病，并带来世界末日般的后果。

| 结论

到第一次世界大战爆发时，疾病隐喻话语的大量使用唤起了阶级或民族战争中暴力的再生和净化潜力，但这种净化带来的文化希望在流血中破灭了。在战后的秩序中，治疗疾病的国际方法似乎取得了胜利。在国际联盟（League of Nations）的辩论中，国际和国家动员以及人道主义工作（包括与疾病的战争和对实际战争的限制），用对抗疾病的战斗性来补偿政治领域的和平主义。疾病不再属于患者个人及其照护者，而是国家和国际举措的对象。战争的后果本身揭示了东欧和中欧、中东和俄罗斯的大规模苦难。战争的结束与1918年有史以来最大的流感疫情结合在一起①，这种流行病至今仍困扰着公共卫生话语，每一次流感发作都增加了病毒卷土重来的可能性，据称该病毒造成的死亡人数与战争一样多。可以说，西方最近对 COVID-19 的反

---

① Johnson & Mueller 2002; Phillips 2014.

应中，过于关注了这一不恰当的历史先例①。然而，与拿破仑看望他生病的士兵不同的是，1918年的疾病不再需要出于宣传目的而进行现场表演。没有广为流传的道格拉斯·黑格（Douglas Haig）或菲利普·贝当（Philippe Pétain）参观流感病房的图片，也没有1918年的政治家触摸这些患者的画作以装饰今天的卢浮宫。[18]到1920年，一个人亲自面对现代瘟疫已不再能积累多少文化和政治声望了②。

注释

[1]　这篇文章是在2017年日内瓦布罗谢基金会（Fondation Brocher）的住所中写的，必须感谢所提供的理想的工作条件。

[2]　http://www.louvre.fr/oeuvre-notices/bonaparte-visitant-les-pestiferes-de-jaffa-le-11-mars-1799.

[3]　这当然是一个非常有争议的健康定义，自1948年以来受到世界卫生组织（World Health Organization）的质疑，并在1986年的《渥太华宪章》（Ottawa Charter）中被世界卫生组织以更有建设性的措辞进行了修订（Huber, van Vliet, Giezenberg et al. 2016）。

[4]　例如，参见关于湿疹的争论，湿疹的定义是缺乏明显的原因（Freeman 1900：398–401）。雷丁（Reading）药房的皮肤专家弗里曼（Freeman）倾向于未知的外部原因，而不接受身体在某些情况下可能自发产生这种疾病。

[5]　在帝国时代，霍乱以更区域性暴发的形式反复出现，例如在1881年在法国南部，1883年在埃及、希腊和俄罗斯，1884—1885年在法国和西班牙，1892年在匈牙利，1894年在俄罗斯，1896年在奥地利，1910年

---

① Javelle & Raoult 2020.

② Honigsbaum 2016.

在奥地利、西班牙、意大利和俄罗斯，1911年在美国和利比亚，1913年在罗马尼亚，1918年在美国和巴勒斯坦。这份清单并不详尽，反映了霍乱在国际上引起的重大反应。红十字国际委员会档案馆（以下简称 CICR），A，CR 103-1，《红十字会在和平时期的工作》（*L'oeuvre de la croix rouge en temps de paix*）；Delaporte 1986。

[6]　粪便还被用作社会疾病的隐喻。参见 Corbin 1986：209–19。

[7]　1974年，伊万·伊里奇（Ivan Illich）发表了对医源性疾病的经典批判，题为《医学的报应》（'Medical Nemesis'）。

[8]　弗吉尼亚·伍尔夫（Virginia Woolf）1929年出版的《一间属于自己的房间》（*A Room of One's Own*），就是建立在这种使用家庭环境的文学传统之上。

[9]　正如沃洛申（Woloshyn）所说，日光浴的历史要比之前的历史研究所指出的早得多。

[10]　托马斯·曼的《魔山》创作于1912—1924年。它的影响从那时起就反映在医学史上（Bryder 1988）。

[11]　关于这一主题的历史著述颇多，但很明显，例如在法国，该政策首先是为了将妓女限制在社会的无形边缘，后来才主要涉及健康问题；在英国，它作为健康议程的一部分出现（Walkowitz 1980；McHugh 1980；Mort 1987；Smith 2006：197–215）。有关欧洲大陆监管的开创性工作，参见 Corbin 1996。

[12]　恩乔（Njoh）对比了法国（社会）和英国（医疗）隔离政策，得出了随着时间推移，二者卫生趋同的结论（588—589页）。

[13]　CICR, A, A, AF/24, 6, 旧金山博览会（*Exposition de San Francisco*）。

[14]　CICR, A, CR 103-1，《红十字会在和平时期的工作：社会预防》（*L'oe uvre de la Croix Rouge en temps de paix, prévoyance sociale*）。

[15] CICR, A, CR 103-1,《红十字会在和平时期的工作》(*L'oe uvre de la croix rouge en temps de paix*)。

[16] CICR, A, CR 103-1,《红十字会在和平时期的工作：瘟疫》(*L'oe uvre de la croix rouge en temps de paix, épidémies*)。

[17] 例如，参见 Shelley Z. Reuter 2006 所探讨的将某些疾病归因于特定群体。

[18] 可以说，只有等到戴安娜王妃探望艾滋病患者时，人们才会看到皇室的触摸及其标志性力量的复兴 (Gill Valentine & Ruth Butler 1999)。

第四章

动　物

阿比盖尔·伍兹

（Abigail Woods）

阿比盖尔·伍兹（Abigail Woods），人类和动物健康史教授，英国伦敦国王学院历史系主任。最近完成一项由惠康基金会资助的5年项目，研究现代英国人类和动物健康相互关联史。与迈克尔·布雷萨利尔（Michael Bresalier）、安吉拉·卡西迪（Angela Cassidy）、雷切尔·梅森·当坦热（Rachel Mason Dentinger）合著的《同一健康及其历史：动物和现代医学的塑造》（*One Health and its Histories: Animals and the Shaping of Modern Medicine*，2017）便是该项目重要成果。

正如本卷的姊妹卷《帝国时代的动物文化史》(*The Cultural History of Animals in the Age of Empire*) 中所述 [1]，1800年至1920年期间，动物在身体上、概念上以及与人类生活的关系上都发生了变化。在1800年，动物通过自然神学的棱镜被理解为由上帝完美设计和认可的自然的一部分，人类在其中占有崇高地位。随后，最著名但并非完全由查尔斯·达尔文提出的进化论思想改变了对人类和非人类动物之间种类和差异程度的理解，并将其归因于自然力量 [2]。与此同时，家养动物的身体因纯种繁育成为一种时尚追求而被重塑 [3]，它们的生活和健康因饲养方式的改变而改变 [4]。狩猎成为一种受欢迎的娱乐活动，尤其在殖民地，到1900年之前，殖民地被猎杀的动物数量显著减少 [5]。在西方，宠物饲养的规模扩大了，人类与自然紧密相连的以农村为主的社会变得更加城市化。城市中马匹和牲畜的数量最初随着居民对食物和交通的需求而增长，然后随着内燃机取代了马匹、环境卫生运动消除了牲畜，数量开始下降 [6]。动物园是作为帝国征服的象征和科学研究、公共教育和娱乐场所而建立的 [7]。其中的动物由越来越多的收藏家提供，这些收藏家在殖民地搜寻动物，并将动物作为尸体标本出售给私人收藏

---

[1] Kete 2007.

[2] Ritvo 1995; Farber 2000.

[3] Ritvo 1987; Derry 2015.

[4] Beinart 2007; Woods 2016.

[5] MacKenzie 1988.

[6] Atkins 2012.

[7] Rothfels 2002; Baratay & Hardouin-Fugier 2002.

家和越来越多的自然历史博物馆①。最引人注目的是在英国，这一时期也见证了对动物的人文关怀的兴起，产生了第一部防止虐待动物的法律②。

与此同时，正如本卷所记载的那样，医学自身经历了变革。在1800年，医学构成了一个广泛的认识论领域，包含了植物学、数学、哲学、农业、博物学、蹄铁术和比较解剖学等一系列上流社会也追求的启蒙活动。随后，它成为一个更加专业化、有界限、职业化的职业，有自己的教育途径、机构和集体导向③。兽医学和生物学从人类医学中剥离出来，发展出它们自己的但又并非完全不同的身份和轨迹④。有资格和无资格、正统和非正统医者之间的界限变得更加严密。外科手术不再是手工艺，其地位得到了提升。"医院"医学、"实验室"医学和公共卫生的发展引入了新的医学思想、实践、文化和职业，而帝国征服为医学研究、实践和政府服务提供了新的机会⑤。

由于这些转变，动物和医学之间的关系也发生了变化⑥。现有文献表明，在帝国时代，它们以三种不同的方式发展，如图4.1、图4.2和图4.3所示。图4.1显示了1890年，人们无助地站在南非大草原上，周围是被高度致命、传染性极强的牛瘟杀死的牛的发胀尸体。这幅画

① Murray 2007.

② Harrison 1973.

③ Brown 2011.

④ Pauly 1984: 369 – 97; Nyhart 2009; Woods 2017a.

⑤ Bynum 1994; Risse 1999; Crowther & Dupree 2007.

⑥ Kirk & Worboys 2011; Woods 2017b, 2017c.

图 4.1　1896 年南非牛瘟爆发。来源：Wikimedia Commons。

代表"兽医学"，或者说动物医学。历史学家将此描述为由兽医和非专业动物治疗师进行的一项活动，其目的是改善动物健康。牛瘟是一个关键的刺激和塑造力量。它对 18 世纪的西欧造成了破坏性影响，影响了里昂、阿尔福特（巴黎）、维也纳、德累斯顿、汉诺威和伦敦第一批兽医学校的创建和发展[1]。在殖民征服、贸易自由化以及铁路和轮船发展的推动下，牛瘟在 19 世纪 60 年代回到西欧，然后席卷南亚。它于 1888 年进入埃塞俄比亚，后蔓延到非洲南部，导致运输和畜牧业经济崩溃，并切断了土著人民的燃料、肥料、食物、衣服、畜力和货币。国家和殖民地政府的反应是试图控制这种疾病以及随后的其他主要传染性动物疾病。政府的干预提高了兽医的地位，授予他们政策顾问和

---

[1]　Wilkinson 1992.

执行者的角色，并为他们的研究建立了实验室[1]。

　　图4.2是1832年的一幅绘画作品，画面中是一条扭动着的狗，无助地用力拉扯着把它绑在桌子上的绳子，而一群冷漠的人正在观看它被活体解剖的过程。这幅画代表了动物实验，许多历史学家认为这项活动与医学中的动物史同义。尽管动物实验有着悠久的历史，但随着19世纪的发展，在德国和法国医学科学家的带领下，动物实验进行得越来越频繁。狗、猴子和啮齿动物是特别常见的实验对象。作为人体

图 4.2　《狗活体解剖的生理学演示》（*A Physiological Demonstration with Vivisection of a Dog*），1832 年由埃米尔 - 爱德华·穆希（Emile-Edouard Mouchy）绘制的油画。来源：Wellcome Collection。

---

　　[1]　Woods 2016.

的代替物或模型，它们为实验生理学（旨在研究身体机能）和细菌学（旨在查明疾病的微生物原因，并开发保护性疫苗和血清）的发展做出了贡献。动物的使用与更广泛地采用实验作为科学和医学的主要"认识方式"有关，并在大学和以民族自豪感投资的专门医学研究机构中得到推行。动物实验通常是出于对人类健康有益的考虑，但却引发了相当大的争议，特别是在英国，对实验者动机和所施加的残酷行为的担忧，催生了对实验进行监管[①]的1876年《防止残酷对待动物法案》（Cruelty to Animals Act）。

图4.3描绘了1881年路易·巴斯德在法国小村庄普利堡为当地农民捐赠的一只羊接种疫苗的场景。这幅画代表了医学中的动物和动物医学在跨物种传播疾病的科学研究和管理方面的结合。巴斯德正在对他的新炭疽疫苗进行公开试验，他开发这种疫苗是因为发现了人类中被称为"恶性脓疱"（一种皮肤病）和"羊毛工人病"（羊毛工人中一种常见的致命性呼吸系统疾病）的疾病与导致牲畜突然死亡的炭疽具有相同的细菌原因。这种疫苗在全球范围内商业化销售后，被证明在保护牛羊免受感染方面极其有效，从而可以防止疾病传播给人类[②]。炭疽只是19世纪末被确定为可在动物和人类之间传播的几种疾病（现在被称为人畜共患病）之一[③]。人畜共患病通常在公共卫生史中得到考察，由于牲畜贸易、肉类和奶类摄入、马匹运输和宠物饲养的扩张，其发病率正在增加。疫苗提供了一种解决方案，巴斯德也将其应用于狂犬

---

① French 1975; Rupke 1990; Bynum 1990; Guerrini 2003; Franco 2013; Pickstone 2000.

② Latour 1988; Cassier 2005; Jones 2010.

③ Woods 2016.

图 4.3 巴斯德在给一只绵羊接种炭疽疫苗，1883 年。来源：Wellcome Collection。

病。其他措施包括由国家主导的对肉类和奶类的卫生控制，对动物进行诊断检测，以及随后对受感染动物进行宰杀或隔离。这些控制的开发和应用涉及兽医、公共卫生医生和巴斯德等医学科学家。他们不时地就疾病的性质、对疾病的应对、科学发现的优先性以及医学专家和兽医专家各自的管辖范围爆发争议 [1]。

---

[1]　Waddington 2003；Jones 2003；Lee 2008；Mitsuda 2017；Haalboom 2017.

虽然动物和医学之间的这些关系在历史上确实存在，但它们在现有文献中的增多并不是对过去的直接反映，而是受历史学家的优先次序和视角影响，这种影响以重要的但往往未被认识到的方式扭曲了对这一主题的理解。现有的论述主要关注19世纪下半叶西欧的发展。这一主题已经引起了学术界的关注，究其原因在于动物被认为对现代医学的发展具有重要意义，或是由于它们与当今围绕动物实验，以及全球动物瘟疫和人畜共患病卷土重来的担忧有关。在西欧以外的地方和帝国早期，动物和医学之间的关系相对被忽视，在当时具有重要地位的知识实践，若不能反映现实问题，也往往会被忽视。

现有论述的第二个问题在于对这一主题的三方框架，这个框架遵循了过时的学科传统，即"自动假设'医学史家'是从事人类医学史研究的人"[①]。这种方法将动物定位为与医学的历史相关，仅仅因为它们对人类健康的影响。那些被健康问题困扰的动物通常位于兽医史的平行领域内，而那些患有人畜共患病的动物则位于这些领域的交汇处。这种划分隐含着职业映射：医学中的动物是医生关心的问题，动物医学落到了兽医手里，而人畜共患病则构成了专业间协作和冲突的场所。然而，对原始历史资料的分析表明，虽然这种划分可能适用于某些时间和地点，但并非所有时间和地点都适用。因此，历史学家对这种划分的遵守导致了对动物和医学之间不断发展关系的某种非历史的、人类中心主义的观点。

在解决这些方法上的弱点时，本章的剩余部分将对帝国时代"动

---

① Porter 1993：19.

物医学"的构成提出新见解。本章不再对既定的医学问题、人或机构入手进行历史研究，而转向"医学的动物"这一主题。动物史家指出，作为非语言生物，动物不会留下文字，不过，获得它们过去生活的具体痕迹还是有可能的[①]。它们存在于医学教科书和杂志中有关动物的文字记载和图像描述中，存在于机构和政府记录对动物疾病的统计描述中，存在于医学博物馆保存和展示动物身体的实物标本中。探索这些具身痕迹的本质及其创造的环境，能为动物医学的场所、目的、主题的研究提供新视角。与上面概述的故事大相径庭的是，它揭示了人类医学丰富的动物学性质，人类医学与兽医学的相互渗透，以及对动物进行非实验性医学研究的重要性[②]。

由于这种方法的新颖性，以及动物痕迹产生和保存的程度不一，目前还无法对这种"动物医学"提供一个广泛的国际解释。本章将时间框架延伸到帝国早期，但研究发现与作者自己的研究（英国史）尤其相关。其他国家的发展虽也有所涉及，但值得未来学者更专门的关注。本章首先描述了人类医学和兽医学相互联系的历史，将它们置于对动物身体和疾病的更广泛的医学研究传统中，确定了医生进行这些研究的关键场所，包括兽医学校。第二部分探讨了这种"动物医学"的思想和实践，以及用来描述它的语言，揭示了观察动物一生、在死后将其解剖，并通过类比进行推理的重要性。最后一部分利用这些洞见揭示，在鼓励医生将疾病视为跨物种现象来思考和研究的过程中，这一悠久的动物学传统如何塑造了19世纪后期的实验医学、公共卫生

---

① Benson 2011.

② Woods et al. 2017.

和兽医 — 医学关系（这一言论是顺便提出的，但遗憾的是，没有被这两篇 [①] 关于人类 / 动物健康史的开创性文章发展）。

| "动物医学"的场所和人员

动物早在帝国时代之前就已成为医学对象了。然而，从 18 世纪后期开始，动物变得越来越重要，尤其对外科医生来说，他们将关于动物身体和疾病的研究视为提升个人和职业地位的一种手段。在英国，这些人中的许多人致力于将蹄铁术从一种经验实践改造成一种上流的、绅士的艺术，并为此建立了学校和医院。其他许多人通过博物学与动物接触，博物学是一种流行的绅士追求，采用比较解剖学这种前沿的研究模式，并延续了在动物身上进行实验的悠久传统。受法国重农思想和英国绅士农业改良的启发，他们也将注意力转向了牛瘟和其他动物疾病。由于这些兴趣，18 世纪后期某些医学人士开始在西欧建立的早期兽医学校中作为创始人、教师、学生发挥重要作用。历史学家倾向于将他们的参与解释为在通往独立兽医职业道路上迈出的必要但短暂的一步，这将为动物健康带来亟需的改善 [②]。然而，最近的研究表明，相关人士并没有着手创建一个新的兽医职业，而是为了促进、

---

① Bynum 1990; Hardy 2003.

② Wilkinson 1992; Hannaway 1994; Hubscher 1999; Mitsuda 2017.

发展他们在动物身体研究和动物健康方面的已有兴趣 ①。

在法国，按医生兼比较解剖学教授维克达济尔（Vic D'Azyr，他代表法国政府委员会领导了对牛瘟的调查）提出的人类／动物医学的统一愿景，阿尔福特兽医学校（Alfort veterinary school）在18世纪后期被重建成一个研究和教育场所 ②。随后，阿尔福特因其拥有多样的马匹成为早期实验生理学发展的重要场所。19世纪20年代，弗朗索瓦·马让迪（Francois Magendie）在那里进行了实验 ③。在英国，伦敦兽医学院（London Veterinary College，建立于1791年）的院长和副院长中有很多是医务人员。将近40年中，这所学校一直由外科医生爱德华·科尔曼（Edward Coleman）领导，他的任命是基于他对动物的比较解剖学和实验研究。学生们参加医学讲座，阅读医学文献，考试则由一个完全由医生组成的"医学实验委员会"进行。外科医生和药剂师在早期学生中占很大比例 ④。

著名兽医评论家德勒贝尔·布莱恩（Delebere Blaine）承认医学之于英国早期兽医的权威性。他将兽医描述为"一个从医学发展而来的分支，并且必须以医学为母体生长"，在这个分支中，历史的进步是"通常通过一些开明的医生或外科医生的努力"实现的 ⑤。他建议外科医生定期去伦敦兽医学院，因为他们已经"在成为一名优秀兽医的道路上走

---

① MacKay 2009；Woods 2017a.

② Hannaway 1977.

③ Elliot 1990：50 - 4.

④ Woods 2017a.

⑤ Blaine 1802：xii, viii.

了四分之三"①。与他同时代的兽医兼外科医生威廉·珀西瓦尔（William Percivall）承认，"马的结构和机体与人的结构和机体之间有如此多的相似之处"，以至于"人类的医学理论就是动物的医学理论；不同的只是理论的应用——实践……动物机体的规律在所有方面都是一样的"②。

19世纪20年代和30年代，这种动物医学和人类医学合二为一的观念在英国开始瓦解，因为从伦敦学校获得资格并以兽医实践为生的兽医们开始聚集在一起，效仿医学和其他社会改革者，批评控制其机构的老牌精英。他们在兽医实践经验的基础上发展了一种新的认识论，这种认识论强调兽医对物种间差异的了解，并将其与类比推理的医学倾向进行对比。经过长期斗争，兽医最终将医务人员从学校有权势的职位上赶走，并通过1844年的《皇家特许状》（Royal Charter），创建了皇家兽医学院（Royal College of Veterinary Surgcons），这一新的监管机构至今仍然存在。这一事件标志着兽医在英国正式成为一种职业③。然而，这并没有消除医学界对动物的兴趣或其权威性。在19世纪后期，北美建立了第一批兽医学校，它们与医学院建立了密切联系，并得到了重要医学人物的支持，最著名的是威廉·奥斯勒（William Osler）对蒙特利尔兽医学院（Montreal Veterinary College，1874—1884年）和费城兽医学院（School of Veterinary Medicine in Philadelphia，1884—1889年）的支持④。

---

① Blaine: 107 – 11.

② Percivall 1823: xiii – xiv.

③ Woods 2017 a.

④ Smithcors 1959; Teigan 1983.

在帝国早期，兽医学校并非唯一促进与动物医疗接触的机构，动物园也是重要机构。19世纪初最重要的是由弗雷德里克·居维叶（Frederick Cuvier）经营的巴黎自然历史博物馆（Museum d'Histoire Naturelle）[①]。在接下来的几十年里，西欧各地都建立了动物园。许多医务人员与之建立了官方和非官方关系，并利用其动物"居民"来建立学术和职业声誉。对他们而言，动物园因其对比较解剖学的研究贡献、所拥有动物的多样性以及动物的高发病率和死亡率而极具吸引力，这为生前医学干预和死后解剖创造了大量机会。其他优势包括不存在围绕人体解剖的伦理问题，以及已知的动物生存条件，这有助于研究其疾病的特征和原因[②]。作为动物聚集地，农场提供了与动物园相似的优势，但是，由于它们不是科研机构，医务人员可能更难获得准入资格，更难实现他们的目标。然而，一些医生建立了自己的农场，或利用朋友或亲戚的农场，或与能给他们提供便利的兽医建立关系[③]。19世纪中叶，伦敦设立了专门的公共卫生医生，即卫生医务官，这是另一个与牲畜进行医疗接触的机会。他们负责城市的卫生状况，视察城市牛奶场、屠宰场和屠宰店，这些地方存放着活的和死了的动物。在法国和德国，这类活动更常由兽医进行[④]。

医学博物馆对"动物医学"的发展也非常重要。在18世纪末和19世纪初，富有的医生收集大量私人收藏的人类和动物标本，用于研究

[①] Burkhardt 1999.

[②] Hochadel n.d.; Baratay & Hardouin-Fugier 2002; Woods 2017 d.

[③] *Transactions of the Pathological Society of London* 1846 – 1881.

[④] Lee 2008; Atkins 2012; Mitsuda 2017.

目的和比较解剖学的教学。最著名的可能要数伦敦外科医生约翰·亨特（John Hunter），他的比较研究启发了未来几代的医务人员。1799年他去世时，其收藏包含500个不同物种，共计13682个标本，后被皇家外科医学院博物馆（Museum of the Royal College of Surgeons）接管[1]。19世纪早期到中期，其他私人收藏相继被医学院收购，用于扩建博物馆。正如艾伯蒂（Alberti）指出的，动物学标本很有代表性，因为"解剖学家和博物学家、外科医生和兽医之间的界限是可以渗透的"。19世纪晚些时候，病理学、生物学和动物学作为明确学科的出现，鼓励了从医学博物馆中移除比较解剖学标本。然而，如下文所示，病理动物标本仍继续发挥作用[2]。

在这些机构之外，许多与动物的医疗接触发生在私人空间，感兴趣的个人在私人空间进行基本上没有报酬的研究。这类研究不需要专业设施或工作人员，在一个满是动物的世界里，自然不会缺乏研究材料。医生及他们的朋友和家人一般都会喂养马匹、宠物和牲畜。动物可以从动物园、农场和博物馆获得，在打猎时获得，在城市街道上的偶然相遇中获得，通过兽医获得，也可以从患者和其他寻求患病动物医疗建议的人那里获得。医生通过医学和动物学会的会议和出版物分享他们的发现。每年，都有几个人向广受欢迎的伦敦病理学会（Pathological Society of London，建立于1846年，促进了病理解剖学的研究）成员展示患病动物的标本，并在其年度《哲学汇刊》（*Philosophical Transactions*）[3]中发

---

[1]　Dobson 1962; Jacyna 1983.

[2]　Alberti 2010: 57.

[3]　即《伦敦病理学会汇刊》（*Transactions of the Pathological society of London*）。——译注

表临床病例笔记、尸检报告和长篇论述。这些人来自19世纪中叶英国医学界的各个阶层，包括伦敦精英顾问、博物馆馆长、基层全科医生，还有来自殖民地的各阶层成员。有些人对动物产生了特殊兴趣，在许多场合展示它们，并撰写了大量关于它们的病理学文章。更多人只介绍了一两次动物，但由于伦敦病理学会只允许展出有趣或不寻常的标本，因此对动物身体的医学研究似乎是广泛分布的，即使是在特定场合才存在。其他19世纪中叶的医学会（例如都柏林、伯明翰、谢菲尔德和雷丁的病理学会以及牙医学会）记录表明，他们也时不时讨论动物，有时会将标本送到医学博物馆展示。许多地方提及兽医支持过这些活动，包括他们本人谈及，或通过兽医博物馆里的标本，或在他们的著作中提及，但他们很少亲自出现在学会会议上。他们的参与揭示了医学和兽医学对患病动物兴趣的持续重叠[1]。

| 跨物种研究

在与动物园动物、野生动物和家养动物的接触中，医生将人类健康知识应用于动物健康，利用对动物的研究来阐明人类，并在不同物种间进行比较和推断，以找出它们之间的关系或生命、死亡和疾病的基本原则。这些活动从连续、重叠的科学传统中汲取力量，这些科学

---

[1] *Transactions of the Odontological Society* 1856 – 89；Murray 1909.

传统为人类和动物、上帝和他的臣民之间的关系，以及社会的最佳组织机制提供了信息。19世纪之交，自然神学思想占据了主导地位但很快受到拉马克进化论、德国自然哲学，以及细胞学说的挑战。细胞学说由施旺（Schwann）发展，并在魏尔啸（其陈述的"人和动物之间没有分界线"被广泛引用，但这一引用的来源尚未确定）那里得到了阐述。随后，查尔斯·达尔文在《物种起源》（*Origin of Species*, 1859）、《人类的起源》（*The Descent of Man*, 1871）和《人与动物的感情表达》（*The Expression of the Emotions in Man and Animals*, 1872）中阐述的进化论，欧内斯特·黑克尔（Ernest Haeckel）的进化形态学，以及魏尔啸和魏斯曼（Weismann）关于获得（病理）性状遗传[①]的争论都颇具影响力[②]。

这些科学传统启发了一些医生用明确的进化术语来思考动物疾病。受"所有物种的发展都基于相同的基本计划"这一观点启发，医生在19世纪30年代和40年代提出了"畸形是由于发育停滞造成的[③]，或疾病本身随受其影响的物种一起进化"的推测。当报告称各种动物园的动物出现了当时人类最大杀手肺结核的迹象时，《柳叶刀》的编辑问道："人类形态所经历的一系列疾病是否有一定的顺序？这种顺序与人类组织的逐渐演变有某种相似之处。人类患病的过程和产物，

---

① "获得性状遗传"指生物在个体生活过程中，受外界环境条件的影响，产生带有适应意义和一定方向的性状变化，并能遗传给后代的现象。由法国进化论者拉马克于19世纪提出，强调外界环境条件是生物发生变异的主要原因，并对生物进化有巨大推动作用。——译注

② Churchill 1976; Jacyna 1984a, 1984b; Nyhart 1995.

③ Long 1841: 23 – 9.

在其存在的不同时期，是否与动物中某一永久的、较低级的组织相对应？"[1]。1850年，伦敦卫生医务官约翰·西蒙（John Simon）在评论圈养的猴子经常死于肺结核时指出，伴随"站在人类身边的尊严"而来的是"这种人类责任带来的不便"[2]。在这样的讨论中，动物没有被视为对人类健康的威胁，而是被看作疾病的受害者。

　　19世纪晚些时候，伦敦外科医生约翰·布兰德·萨顿（John Bland Sutton）等人更新并发展了这一进化观点[3]。作为一个多产的动物和人类解剖学家，他认为，在一个物种身上被认为是患病的情况，在另一个物种身上可能是自然的[4]，疾病实际上可能是进化力量的产物："调节生理的规律同样也支配着病理 …… 因此，进化的规律不仅适用于动物生命中的普通事件，也适用于病理。"[5]布兰德·萨顿坚持"获得性状遗传"这一广为接受的观点，这使他得出结论：疾病可能会推动进化，因为传给下一代的病状可能会促成物种的分化[6]。他将对这些问题的研究描述为"进化病理学""动物病理学""最全面意义上的一般病理学"。这是生物学的一个分支，只能通过观察非人类物种的疾病得到发展[7]。布兰德·萨顿受到了俄罗斯科学家伊莱·梅契尼科夫（Eli Metchnikoff）的影响，他将类似的比较进化观点应用于胚胎研究，随

---

① 　Editorial 1834：147；Houston 1834：285 – 6.

② 　Simon 1850：138.

③ 　关于其他陈述，参见 Williams 1888；Hutchinson 1892。

④ 　Bland Sutton 1890：4.

⑤ 　Bland Sutton 1886：376.

⑥ 　Bland Sutton 1885.

⑦ 　Bland Sutton 1890：12.

后在巴黎的路易·巴斯德的指导下研究炎症，提出了他著名的免疫"吞噬理论"[1]。与之并行的医学讨论是细菌是否同样易受进化规律影响，其中可以发现不同的进化思维[2]。

在强调人类和其他动物之间的相似性时，进化论强化了现有的医学趋势，将他们的身体与疾病进行类比，并促进了现有的和新兴的医学实践模式在动物身上的应用，特别是"床边医学""医院医学"，以及"实验室医学""公共卫生"[3]。在19世纪中期的英国，外科医生和个别内科医生把动物当作病人来对待并不罕见。动物学会中的医生对生病动物进行手术干预，并指导动物园管理员治疗动物疾病[4]。在农村地区，全科医生是健康方面的主要权威，动物主人经常向他们咨询，而在城市，兽医的存在并没有阻止动物主人寻求医疗建议。据报道，在19世纪30年代的伦敦，医生公开面向患病动物做广告，并定期干预兽医的病例[5]。他们没有将这一活动称为"兽医学"，也没有自称为"兽医"。因此，他们没有受到1881年《兽医法案》(Veterinary Surgeons Act) 的影响，该法案为那些有兽医资格的人保留了这个头衔。直到帝国时代结束，英国兽医期刊上仍不断出现关于他们治疗患病动物的投诉。

类比推理的趋势也对动物疾病的医学研究产生了影响。伦敦病理

---

① Tauber 1994.

② Bynum 2002.

③ Bynum 1994.

④ Woods 2017 d.

⑤ Woods 2017 a.

学会没有将这项活动与人类疾病的研究区分开来。这只是用"低等动物的标本"来说明的"病理学"[1]。这样的一些标本被纳入医学博物馆中"普通病理学"门类收藏，并被用来说明同样发生在人类身上的关节炎或骨折修复等过程。其他通过观察患病动物的生前状况并在其死后解剖其尸体，来阐明人类健康的尝试被称为比较病理学。在19世纪后期，这个术语也被用来描述用动物进行的传染病实验研究[2]。让情况更加混乱的是，兽医们有时会将这一术语应用到他们自己对动物疾病的调查中，这些调查通常既不涉及比较，也与人类健康无关。具体例子可参见尤亚特（Youatt）在1836年发表的题为《比较病理学》（'Comparative Pathology'）的病例报告，或《比较病理学和治疗学杂志》（*Journal of Comparative Pathology and Therapeutics*，创刊于1888年）的内容。此外，还有其他形式的比较研究。例如，在19世纪70年代，英国疯人院医生沃尔特·劳德·林赛（Walter Lauder Lindsay）利用对动物的观察，得出了包括自杀在内的人类精神疾病的结论，同时研究了疯人院患者，以了解动物的行为[3]。他在1000页的著作《低等动物的思想：健康与疾病》（*Mind in the Lower Animals: In Health and Disease*, 1879）中记录了其广泛观察，呼吁将比较心理学建立为一个科学领域[4]。

在将注意力集中在实验比较病理学及由此带来的人类健康福祉上

---

① *Transactions of the Pathological Society of London* 1846－81.

② Wilkinson 1992.

③ Ramsden & Wilson 2013.

④ Finnegan 2008.

时，历史学家们忽略了通过观察和解剖来研究比较病理学。事实上，当将观察和解剖应用于大量动物时，就开始了类似人类的"医院医学"。如上所述，这种方法很受欢迎，动物材料容易获得且分布广泛。它与实验比较病理学并存，并通过研究与人类相似但不完全相同的疾病，为人类健康做出了重大贡献。例如，在19世纪70年代的中国，后来被称为热带医学创始人的万巴德（Patrick Manson）[1] 对感染了丝虫的狗进行了尸检，希望能阐明这种寄生虫及其与人类象皮病的关系。（他注意到，在中国，狗突然死亡的情况并不少见，医生有时会被邀请对狗进行检查，以确定它们是否中毒。）他的发现使他在蠕虫和疟原虫之间进行了类比，这为他1894年的理论提供了依据，即疟疾的人际传播是通过蚊子叮咬发生的[2]。另一项重要进展来自伦敦动物园外科医生约翰·布兰德·萨顿对佝偻病性质和原因的研究。他在猴子和食肉动物身上的研究使他怀疑这种疾病是由饮食所致。通过在小狮子饮食中添加鱼肝油的试验得出的治疗和预防措施，让人们相信佝偻病是由饮食中脂肪和骨盐的缺乏引起的。大奥蒙德街儿童医院（Great Ormond Street Hospital for Sick Children）的资深医生宣布这项干预措施是"至关重要的，并且……对佝偻病病因学的主要观点具有决定性意义"[3]。这也启发了爱德华·梅兰比（Edward Mellanby）随后的发现，即抗佝偻病的关键成分是在动物脂肪中发现的一种物质，后来被命名为脂溶性维生素 D[4]。

---

[1] 又译作帕特里克·曼森、白文信或孟生。——译注

[2] Farley 1992; Li 2002.

[3] Cheadle 1882.

[4] Cassidy et al. 2017.

类比推理也融入了医生的卫生工作中，同时也为发展中的公共卫生领域所追求。1837年，爱尔兰皇家外科学会（Royal College of Surgeons）解剖学和生理学教授罗伯特·哈里森（Robert Harrison）博士指出，对圈养猴子结核病的实验可以扩展和证实人类对疾病的认识。他的调查表明，糟糕的食物和缺乏锻炼是罪魁祸首[①]。疯人院医生威廉·劳德·林赛发现，圈养的猴子和居住在过度拥挤的住所、济贫院、兵营和疯人院的人所患疾病有明显相似之处。在其他地方，动物园被比作一个工厂，工厂缺乏光线和空气，影响了居民健康[②]。城市牛奶场也是如此。在1865—1867年间牛瘟大流行之前，这些牛奶场供应了伦敦的大部分牛奶。据报道，牛奶场的条件非常恶劣，导致公共卫生医生一再强调牛奶场损害动物、附近居民和牛奶消费者的健康。乔治·布坎南（George Buchanan）博士如是说：

> ……奶牛一年到头都没有足够的运动，生活在人工空气和食物条件下……从不呼吸露天空气……而是被限制在牛群稠密的房间里，甚至地下，没有光线、空气或排水系统。它们吃酸腐的食物，喝浸有自己排泄物的水，这些可怜的动物是附近地区疾病的来源，它们自己失去了健康，不可能提供健康的牛奶。[③]

这种观点推动了监管和改善牛奶场的医学尝试，加上铁路牛奶贸易的增

---

① Harrison 1837.

② Lindsay 1878; Alexander 1879.

③ Buchanan 1857.

长，导致在帝国时代结束时，牛奶场几乎完全从城市环境中消失[1]。

直到19世纪后期，就像人类的流行病一样，动物流行病（epizootic）的暴发通常被归因于大气的"流行病成分"。医学期刊报道了英国和欧洲国家相继发生的事件，并建议通过研究流行病的兴衰，从总体上了解流行病，并有可能预测它们在人类中的出现[2]。因此，19世纪40—50年代出现的动物流行病，如口蹄疫和牛胸膜肺炎，引起了医学界的极大关注。后来被归因于通过迅速扩大的牲畜贸易传播的传染病，在当时被怀疑是由于大气条件而自然发生的。1851年，新成立的伦敦流行病学会（Epidemiological Society of London）成立了一个由兽医和医生组成的"动物流行病委员会（epizootic committee）"，将致力于调查动物流行病的病因，以在健康层面造福人类和动物[3]。

从动物角度思考疾病的医学倾向在人们试图理解跨人类、动物界限的疾病时也很明显。早在细菌理论发展之前，狂犬病、鼻疽病和天花等疾病就以这种方式传播。在研究爱德华·詹纳（Edward Jenner）的实验史时，历史学家认同他的实验表明用牛痘淋巴接种可以保护人类免受天花感染，但却大多忽略了这样一个事实，即詹纳（一个博物学爱好者，他对布谷鸟的观察为他赢得了皇家学会的奖学金）认为受感染的牛最初是被马感染的。他还提出证据表明，人类可以通过马的直接感染来获得保护[4]。1847年，当一种类痘症疾病出现在新进口的绵

---

① Atkins 2012.

② Addison 1854; Lindsay 1854.

③ Babington 1851.

④ Baxby 1981.

羊身上时，两位医生效仿詹纳，用它们为250名儿童接种了天花疫苗。同时，兽医在羊之间传播感染，试图产生免疫力。但所有实验都失败了[1]。19世纪后期，在关于未来强制天花疫苗接种的讨论中，各种痘病毒之间的关系引发了激烈争论。虽然实验证据和类比推理使医生得出结论，这些病毒本质上是被动物宿主修饰过的同一病毒，但兽医断言，病毒是具有物种特异性的[2]，这一论点将兽医对特定物种的专业知识提升到医生的普遍假设之上[3]。

为了应对1865年伦敦牛奶场暴发的牛瘟，与动物疾病有关的无数个医学模式结合在了一起。公共卫生医生已经熟悉了这些体制，他们率先发出警报，研究疾病进程，将牛瘟归咎于不卫生的条件，并质疑牛瘟对食用受感染动物肉和奶的人的影响。霍乱在牛瘟暴发前几个月就出现在人类身上的事实，促使一些医生将大气条件列为两种疾病暴发的原因。其他独立工作或代表城市委员会和农民组织工作的人，则致力于临床实践，在奶牛身上测试预防或治疗药物[4]。他们还报道了牛瘟的病理学。1866年《伦敦病理学会汇刊》(*Transactions of the Pathological Society of London*) 中至少有8篇是关于牛瘟的报告[5]。作为疾病是由特定、自我繁殖病原体引起的这一理论的早期倡导者，布里

---

[1] Simonds 1848; Budd 1863.

[2] Baxby 1891.

[3] Woods 2017a.

[4] United Kingdom, Parliament 1866a, 1866b; Fisher 1993: 61 – 9; Worboys 1991; Romano 1997.

[5] *Transactions* 1866.

斯托尔医生威廉·巴德（William Budd）提出牛瘟的病理效应和传染性使之成为人类伤寒的"精确对应物"。他主张对牛瘟进行进一步研究，因为"这种疾病可证明的规律为找到人类同类疾病的控制规律提供了希望"[1]。在牛瘟和天花之间进行的类比，刺激了通过给牛接种天花疫苗来保护它们的努力，但这一努力最终没有成功[2]。与此同时，在皇家委员会指导下，一些医生对牛瘟的性质和传播进行了实验性研究，提出牛瘟是由活的细菌所致的说法[3]。

　　最终，在兽医的支持和影响下，通过强制屠宰、检疫和行动限制政策，英国消除了牛瘟。这种方法的成功证实了不断增加的怀疑，即牛瘟不是自然发生的，而是通过传染传播的。牛瘟为英国控制传染性动物疾病建立了新范式[4]，詹姆斯·杨·辛普森（James Young Simpson）和埃德加·克鲁克香克（Edgar Crookshank）等著名医生受其启发，提出类似建议（用隔离代替屠杀）来控制人类天花，以取代政府不受欢迎的强制疫苗接种政策[5]。在他们对牛瘟的记述中，所有对这种疾病的医学反应似乎都是被误导的，只有他们的实验除外，据报道，他们的实验影响了"英国医学科学的巨变"[6]。虽然回头来看，这些实验确实促进了英国细菌理论和实践的兴起，但重要的是要记住，当时它们只是

---

① Budd 1865: 179; Pelling 1978.

② Murchison 1865, 1866.

③ United Kingdom, Parliament 1866 c.

④ Worboys 1991.

⑤ Simpson 1868; Crookshank 1889.

⑥ Fisher 1993: 652.

许多著名的"动物医学"模式中的一种。

| 实验动物医学

19世纪后期，医学中长期存在的动物学传统及其与兽医学的相互渗透，对实验病理学的发展、对人畜共患病和其他动物疾病的研究，以及医学和兽医行业间的关系产生了重要影响，但这一影响被历史忽视了。19世纪80年代，英国公共卫生及其他领域医生发表了大量关于鸽子、家禽、野鸡、猪、马和猫患白喉样疾病的报告，该疾病在动物中的暴发时间似乎与其在人类中的暴发时间吻合。有人提出可能是由同一种细菌造成的。在进行喂养和接种实验后，细菌学家伊曼纽尔·克莱因（Emmanuel Klein）（错误地）声称分离到了它，并证明猫和牛身上的疾病是相同的。与此同时，卫生医务官提供证据，表明猩红热和伤寒可能通过牛奶传播给人类。他们认为，传播这些疾病的奶牛表现出一种轻微的疾病，其特征是乳头和乳房出疹、斑片状脱发和身体状况不佳。这些发现在医生中引起了强烈而广泛的关注，但遭到兽医的强烈否认，他们认为牛的这种疾病是无关紧要的，且对人类健康没有影响[1]。随着时间推移，医生们放弃了怀疑，但这段历史表明，

---

[1] Local Government Board 1887; Brown 1888; Local Government Board 1889; Eyler 1986; Steere-Williams 2010.

19世纪晚期人畜共患病的概念远远超出了现有历史记载中的少数疾病（结核病、炭疽和狂犬病）和物种（牛、羊和狗）。

　　动物医学的影响也可以从医学科学家如何与实验室动物的接触中看出。历史学家倾向于认为他们的工作是为了生产人类疾病的动物模型，这些动物模型可以作为人类的替代物进行实验。在某些情况下的确如此，例如哈夫金（Haffkine）试图研制一种霍乱疫苗①。然而，在另一些情况下，科学家们借鉴了比较病理学中较早的观察传统，将动物作为自然发生疾病的研究对象，其研究可以为人类的类似疾病，或者疾病的基本性质和规律提供线索。例如，巴斯德通过对鸡霍乱和猪丹毒的研究得出了他关于细菌的理论，这对人类健康没有直接影响。在英国进行牛瘟实验的医学科学家也是如此②。从19世纪80年代开始，英国细菌学家爱德华·克莱因（Edward Klein）代表英国政府的医学部门对羊痘、猪瘟和口蹄疫进行了广泛研究③。在殖民地，罗伯特·科赫对牲畜的热带病进行了研究，这为他提出"带菌状态（carrier state）"的概念提供了依据④。

　　这种研究的成效激发了国家和殖民当局、农业协会和主要土地所有者在面临威胁农业、国际贸易和殖民经济的动物疾病时去寻求医疗援助。在英国，约翰·伯登·桑德森 [John Burdon Sanderson，伦敦布朗比较病理学研究所（Brown Institute of Comparative Pathology）所

---

① Löwy 1992.

② Bynum 1990; Worboys 1991.

③ Bulloch 1925.

④ Gradmann 2010.

长，曾对牛瘟进行过实验①]、托马斯·科博尔德（Thomas Cobbold，19世纪最杰出的寄生虫学家之一②）、伊曼纽尔·克莱因和大卫·汉密尔顿 [David Hamilton，他是阿伯丁大学（Aberdeen University）也是英国首位病理学教授③] 等人被委托研究和推荐预防传染性牛胸膜肺炎、"松鸡病（grouse disease）"以及羊跳跃病（sheep diseases Louping Ill）和羊炭疽等疾病的理想方法④。在印度，牛瘟的毁灭性影响导致殖民当局紧急向罗伯特·科赫求助⑤，虽然科赫没有成功，但这并没有阻止人们在1903年新的牛病——东海岸热（East Coast Fever）在南非暴发时，再次向他寻求建议，结果依然失败⑥。1884年，美国新成立的畜产工业局（Bureau of Animal Industry）委派了一位名叫西奥博尔德·史密斯（Theobald Smith）的医生来调查牲畜疾病。他与兽医 F. L. 基尔伯恩（F. L. Kilbourne）的合作使之发现了蜱媒感染的原理，随后这一原理被应用到人类疾病的解释中⑦。事实上，上述许多疾病都被怀疑是由寄生虫引起的。这些疾病的研究由同时进行细菌研究的人开展⑧，因此在方法和概念上表现出相当大的重叠。

　　虽然史密斯反对将人类医学和动物医学区分开来，但许多兽医正

---

① Romano 2002.

② Foster 1961.

③ Obituary 1909.

④ Woods 2013, 2017e.

⑤ Mishra 2011.

⑥ Cranefield 1991.

⑦ Méthot 2012.

⑧ 参见 Farley 1992。

在积极、努力地建立起兽医学科。如上文所示，早些年，兽医经常默默支持医学研究。然而，随着相关研究获得更多资源，疾病控制越来越融入政府工作，他们对与自己重叠的医疗活动越来越不满。兽医的专业信任度虽然在上升，但地位和科学声誉仍然低于医生，因此有时他们发现自己在了解和控制动物疾病的努力中被忽视了。英国兽医试图扭转这种局面的一种方法是重申19世纪30年代关于不能简单用人类疾病的经验来类推动物疾病的观点。他们将医务人员描绘成理论的和脱离实际的，他们认为只有通过对动物及其生存条件的深入了解才能理解动物疾病，这是兽医的专属领域[1]。

| 结论

简单回溯"动物医学"这一主题可以发现，尽管人类医学和兽医学的身份和机构从19世纪30年代开始沿着不同轨迹发展，但到了19世纪末，它们的界限仍然是高度可渗透的。医生继续对动物健康进行临床干预并研究其疾病，不仅仅是为了阐明人类的疾病，也是为了促进动物健康和了解疾病的根本性质。19世纪初，医生担任兽医，然后与兽医合作，再到后来与兽医发生冲突。尽管在实践中，这不是一个线性的转变，而是涉及多层重叠的作用方式，但总的行进方向足以证

---

[1] Woods 2013, 2017e.

明历史学家关于"动物医学"的三方框架的不足，正如本章引言所描述的那样。与现有文献传达的印象相反，在这一时期，动物医学和医学中的动物之间并没有直接的区别。医务人员从事多种历史学家倾向于视为兽医性质的工作。

此外，本章揭示了医学中的动物史并非历史学家所认为的那样。虽然有时它确实涉及对充当人体代替物的动物进行大量记录在案的实验室实验，但远不止于此。医生和动物打交道的方式和场所有很多。基于观察的比较研究分布场所广泛，从动物园到博物馆到农场、私人住宅和城市牛奶场等，且影响力很大。随着一个世纪以来对疾病与人和动物关系的理解不断变化，他们在人类和动物之间建立了密切联系，进而为实验医学和公共卫生实践提供了信息。当然，并非所有医生都参与了"动物医学"，而在参加的医生中，许多人（尤其是在19世纪上半叶）是在业余时间无偿工作的爱好者。然而，他们的活动对于证明人类医学由动物构成的方式和程度是很重要的。

本章虽然起源于对动物在医学史记录上具体痕迹的研究，但这里呈现的仍然主要是一个关于人类的故事。本章试图对动物医学不断变化的实践和界限提供一个广泛概述，而非深入探讨动物如何经历、塑造该医学以及如何被其塑造。然而，它们的故事很重要，而且才刚刚开始被讲述①。本章希望通过让学者们相信动物对医学的重要意义，鼓励更多以动物为中心的医学史的发展。未来研究还应探索其他国家和跨国比较，以展示动物医学的历史是如何受到对动物不同态度和与动

---

① Kirk & Pemberton 2013；Woods et al. 2017.

物一起生活的方式，以及不同知识和制度的医学轨迹的影响。

　　本章中描述的"动物医学"的变化也值得关注。在英国，截至帝国时代结束，动物形式的医学的影响力正在减弱。其中，医学研究与兽医和农业研究的专业化、职业化和机构分离发挥了作用，兽医的防御和领域感也发挥了作用[①]。而人与动物关系的变化是关键。人与动物大量接触曾是19世纪生活的特征，随着马被机械化运输取代，牲畜从城市中消失，博物学的职业化发展，城市化进程以及狩猎物种逐渐受到保护，这种接触减少了。日常动物的消失使得研究人员更加依赖实验室中出现的新型动物。这些动物的物种范围狭窄，而且经过挑选、塑造和管理，以培育出人类模型。它们不再与人类相似但同源，它们的动物性变得与医学无关，而是促成了一种更以人类为中心的观点的兴起，这种观点一直持续至今[②]。

---

① Woods 2017 e.

② Churchill 1997; Logan 2002.

第五章

物 品

安娜·梅尔克

（Anna Maerker）

安娜·梅尔克（Anna Maerker），英国伦敦国王学院医学史准教授。侧重科学和医学的物质文化及公共历史研究，著有《模型专家：佛罗伦萨和维也纳的蜡质解剖模型和启蒙运动，1775—1815》（*Model Experts: Wax Anatomies and Enlightenment in Florence and Vienna, 1775–1815*, 2011）。与亚当·萨克利夫（Adam Sutcliffe）、西蒙·斯莱特（Simon Sleight）合著《历史、记忆和公共生活：历史的当代意义》（*History, Memory and Public Life: The Past in the Present*, 2018）。

| 引言

物品在帝国时代扮演了新的角色。在乔治·克鲁克香克（George Cruikshank）和 J. J. 格朗维尔（J. J. Grandville）等艺术家的梦幻场景中，从人形的药物和变形旋转的芭蕾舞演员线轴，到喧闹的机械化蒸汽管弦乐队和空荡荡的衣服、帽子，器物的聚会栩栩如生，戏谑而离奇（见图5.1，图5.2）。

大规模生产的出现为越来越多消费者提供了一系列新的商品；帝国统治和基础建设的扩张促进了全球贸易，给欧洲带来了新的商品

图5.1 乔治·克鲁克香克，《病鹅和卫生委员会》（*The Sick Goose and the Council of Health*），1847 年。来源：Wellcome Collection。

图 5.2　格朗维尔的生动服装，《另一个世界》（*Un autre monde*），巴黎：富尼耶（Fournier）出版，1844 年，第 71 页。来源：Heidelberg University Library。

和材料。新材料、新产品和新生产工艺在工业展览会上大放异彩。商品泛滥还反映在大众文化中，并通过新兴大众媒体广泛传播。在文学小说中，"物品传记"从物品自身角度讲述故事。该流派始于查尔斯·约翰斯顿（Charles Johnstone）的《克利斯尔，或一个几尼的奇遇》（*Chrysal, or, The Adventures of a Guinea,* 1760）[①] 等早期示例。在漫长的 19 世纪，随着詹姆斯·费尼莫尔·库珀（James Fennimore Cooper）的连载小说《手帕自传》（*Autobiography of a Pocket Handkerchief*，1843 年，讽刺了纽约上流社会的弱点）等作品问世，物品传记才真正形

---

① 几尼是英国旧时金币或货币单位，价值 21 先令，现值 1.05 镑。现在有些价格如马匹买卖，仍用几尼计算。——译注

成自己的风格。尤其是查尔斯·狄更斯的杂志《家常话》(*Household Words*)，用大量关于商品及其生产、使用和流通的文章来赞美和鞭挞这个物质世界[①]。该杂志经常使用物品传记叙事。哈丽雅特·马蒂诺以不起眼的纽扣为例，揭示了一个由雕塑家、工厂工人和童工组成的世界，一个由伯明翰钢铁工人、斯皮塔佛德丝织工和考文垂流苏制造商，以及位于世界另一端的新加坡、夏威夷和塔希提岛那些从盘旋的鲨鱼口中抢夺生计的贝壳潜水员组成的贸易网络[②]。廉价印刷品将越来越多的故事和图像带入了千家万户；医生和患者可以通过新兴医学手册来详细查看范围不断扩大的可用工具、仪器和假体[③]。医学界也使用物品故事来庆祝其高贵血统。威廉·麦克迈克尔 (William MacMichael) 的《金头手杖》(*The Gold-Headed Cane*, 1827) 用会说话的物品，来讲述著名医生拉德克利夫 (Radcliffe)、米德 (Mead)、艾斯丘 (Askew)、皮特凯恩 (Pitcairn)、贝利 (Baillie) 的故事，他们是金头手杖的历任拥有者。在他的叙述中，手杖充分意识到其作为医学学科"圣物"的作用，通过著名医师的手回忆它的轨迹，借此机会突出医学的进步和地位的提升[④]。虽然这样的文本通常会被排除在圣书之外，但可能会为医学文化史提供新的解释。

19世纪对物品的迷恋不仅仅表现在以物品为中心的小说创作上。

---

① Waters 2008.

② Martineau 1852.

③ Jones 2013; Sweet 2017.

④ MacMichael 1827/1915: 1.

在社会、经济和教育中物品的作用也越来越被理论化。瑞士改革家约翰·海因里希·裴斯泰洛齐（Johann Heinrich Pestalozzi）等有影响力的理论家提倡"用脑、手和心来学习"，强调与物品积极的身体接触是学习过程的核心要素[1]。在19世纪，医学博物馆成为医学教学的中心，而"实物课"是一种流行的教学方法，用于教授儿童有关自然、社会和世界的知识[2]。正如亚当·斯密（Adam Smith）在他对市场及其无形规律的分析中把别针制作作为一个典型案例一样，伊丽莎白·梅奥（Elizabeth Mayo）的《器物课》（*Lessons on Objects*）等颇具影响力的说教作品也使用针、鲸须等家用物品，来教导帝国时代的孩子们感知、描述和组织世界[3]。托马斯·卡莱尔（Thomas Carlyle）的讽刺小说《衣裳哲学》（*Sartor Resartus*, 1836）以一种有趣但严肃的方式论述了事物在社会中的作用，其中虚构的学者第欧根尼·特费尔斯达克（Diogenes Teufelsdröckh）是维斯尼契夫大学（Weissnichtwo University，具体位置不明）的"万物学（Things in General)"教授，他发展了一种虚构的服装哲学，这种哲学与格朗维尔的"生动服装"相呼应："不，大多数人所尊敬的不就是衣服吗？不就是那装饰有精美盘花纽扣的绒面呢吗？'罗圈腿的骑跨动物'不就是穿着它而成为显贵的吗？"[4]更严肃地说，卡尔·马克思围绕对社会事物的新表达建立了他的历史唯物主义哲学，特别是关于商品的重要概念，即"我们之外的一个物品，一

---

① Stadler 1988, 1993.

② Alberti 2011; Keene 2014.

③ Mayo 1863.

④ Carlyle 1833－4/1918: 172.

个通过其属性满足人类某种需求的事物"[1]。这些概念将事物和技术带到了社会分析的前沿，但也以牺牲人类能动性为代价为技术决定论开辟了道路，这种方式在历史学界一直存在争议[2]。

医生及其病人是这种广泛的事物文化的重要组成部分。帝国时代的医学史被标志性物品束缚：帝国时代之初，在法国大革命后的欧洲动荡和改革时期，雷奈克（Laennec）发明了听诊器；而在帝国时代末期，在世纪末对退化的极度焦虑和欧洲对全球霸权的争夺中，伦琴（Röntgen）发现了 X 光，作为一种使人体在此之前不可见的元素可见的手段，很快被医学界采用。通过视觉和听觉，听诊器和 X 光机等帝国时代物品提供了前所未有的进入身体内部的途径，而新的仪器和辅助技术提供了新的身体干预和改造形式。

｜ 物品与医学史：听诊器

关于帝国时代的医学史，物品能告诉我们什么？ 在通俗史和学术史上，对"事物"的关注已经变得很突出了。在面向普通读者的历史书籍中，读者渴望了解到从鳕鱼到土豆等各种事物的物品传记（以及它们是如何改变世界的），而尼尔·麦格雷戈（Neil McGregor）雄心勃勃的重磅著作承诺讲述《100件文物中的世界史》（*History of the*

---

① Appadurai 1986: 7.

② Marx & Smith 1995.

World in 100 Objects) [①]。与此同时，学术史家宣布他们学科的"物质转向"已经到来。最近的这种"转向"涵盖了广泛的方法，从对过去物质文化的关注到物品作用的理论。[1]虽然最近的医学史教科书并不总是将这种视觉和物质文化的新转向考虑在内 [②]，但在医学史上，对物品的兴趣可以说比"物质转向"早了几十年。医学史学科创始人之一、关注医学文化的早期倡导者亨利·西格里斯特（Henry Sigerist）早在1951年就已经宣称，医学史"在很大程度上是医学工具的历史" [③]。

以听诊器为例，从对一种特定类型的物品进行简单介绍开始，可能有助于引出整体的研究问题。听诊器大致出现在帝国时代开端，由法国医生勒内·雷奈克（René Laennec）于1816年发明。佩戴在医生脖子上的听诊器，后来成为医学界最具象征意义的物品之一。在现代可视化方法发展之前，当治疗师试图弄清楚患者体内发生了什么时，他们并没有多少选择。大多是根据从患者身体里排出来的东西，尤其是验尿术（观察患者的尿液）。验尿术是一种流行的诊断方法，认为尿液的颜色和稠度可以为了解患者内部体质提供有价值的线索。当时，身体间的互动经常受到限制，这既出于实用性的考虑，也出于礼貌。虽说医生可以在患者手腕上为患者诊脉，但即使这种接触也会受到道德上的质疑，在男性医生为女性患者诊治的漫画中经常遭到讽刺（见图5.3）。

更受质疑的是倾听患者心跳的做法，这需要与患者胸部直接接触。受过大学培训的医生拒绝体力劳动，他们希望自己的职业与理发师－

---

① Kurlansky 1997；Reader 2008；McGregor 2010．

② Jackson 2011．

③ Sigerist 1951；另见 Davis 1978；Lawrence 1992。

图 5.3　诊脉，《发现永恒运动的吹气医生》（*Doctor Blowbladder discovering the perpetual motion*），1772 年。来源：Wellcome Collection。

外科医生等"身体的工匠"有明确界限①。最重要的是视觉检查和获取患者的口头或书面证词，患者自己对症状和疾病进展的描述，自古以来就构成了医生诊断的主要依据。到 18 世纪末，医生们认为这种对患者描述的依赖越来越成问题。

　　在 1800 年前后，医生可使用的诊断技术包括倾听患者心跳和呼吸等。1761 年，奥地利医生约瑟夫·利奥波德·奥恩布鲁格尔（Josef

---

①　Cavallo 2007.

Leopold Auenbrugger）改进了被动倾听的方法。作为酒馆老板的儿子，奥恩布鲁格尔知道敲击酒桶可确定容器中的液体水平，他将这项技术应用于检查患者肺部状态。然而，这种新的叩诊技术仍然需要医生诊断时将耳朵贴在患者胸部。出于实际和道德原因，当时许多医生认为这种做法有问题，而且也会对职业尊严构成威胁。法国医生勒内·雷奈克观察到，这项技术对女性患者来说"不仅不雅，而且往往行不通"，而"医院里那类人（此时医院的功能仍是收容穷人）"则"令人作呕"。雷奈克在为一位疑似心脏缺陷且"极度肥胖"的女性患者看诊时，找到了解决方法：他将纸卷成圆筒状，通过由此形成的"导管"倾听患者的心跳声，心跳声在被放大的同时，医生也可避免与患者身体直接接触[1]。这一积极的结果使他尝试了各种材料、形状和尺寸，直到找到一个可拆卸的便携直木管模型（见图5.4）。

图5.4 雷奈克式听诊器，19世纪。来源：Wellcome Collection。

---

[1]　Laennec 1829: 5 - 6.

听诊器的内部形状像一个喇叭，可进一步增强设备放大声音的能力。雷奈克将他的新工具称为听诊器（stethoscope，来自希腊语中"胸部"和"观察"），它将成为医学界的一个重要标志，并对医生、病人之间的关系产生深刻影响[①]。医生可以将活体的声音与随后在尸检中观察到的病变联系起来。然而，在诊断过程中引入一个物品也会产生一些问题，例如听诊器依赖医生自身的感觉能力。医生能有分辨音调和节奏细微差别的"好耳朵"吗？仪器的使用是否让医生作为学者的地位受到质疑，使他们最终成为身体的工匠？尽管早期存在这些疑虑，但听诊器还是在这个见证了越来越多内科与外科和解的时期被广泛采用了。听诊器问世后的20年里，医生们认为不使用听诊器等于"绝对的自杀"，因为患者已将其视为尖端医疗实践的标志："公众已经认可了听诊器；公众将要求进行听诊。"[②]于是，听诊器取代了早期现代医生的手杖和假发，成为这一职业的重要标志。正如欧文·阿克尔克内希特（Erwin Ackerknecht）在其颇具影响力的专著《巴黎医院的医学》（*Medicine at the Paris Hospital*, 1967）中所说，"现代医生的标志是听诊器"[③]。乔治·艾略特（George Eliot）[④]在她1871年的小说《米德尔马契》（*Middlemarch*）中介绍利德盖特（Lydgate）医生思想进步的角色特征时，就强调了利德盖特医生对听诊器这种尖端新仪器的使用[⑤]。[2]

---

① Reiser 2009.

② Reiser 2009: 11.

③ Ackerknecht 1967: vii.

④ 原名玛丽·安·埃文斯（Mary Ann Evans），使用男性笔名可能源于当时女性作家易被轻视的现实。——译注

⑤ Eliot 1871 – 2/2007.

将听诊器引入全科医学也有助于改变医患关系，这是"现代治疗距离的开端"①。听诊器这个简单的例子使我们看到，物品有助于理解帝国时代的医学。物品是如何促进健康、身体和疾病观念发展的？又是如何塑造患者、执业医师和机构身份的？

　　学者们转向物品的部分原因是为了拒绝伟大人物和伟大思想的传统历史叙事，对所谓单独个人的圣徒式颂扬，或者辉格式的进步史观②。反观《金头手杖》等以物品为中心的资料，可能会被用来挑战此类叙事。然而，物品转向本身并不是这种赞美故事的一种毫无问题的补救方法，因为如果我们用伟大物品的历史（"改变世界的鱼"）取代伟大人物的历史，对新发明的线性描述可能只会将进步叙事转移到一个稍微不同的层面。医学史和科学技术史相关领域的发展表明，一部成功的"100件文物中的医学史"需要一种更细致入微的方法，要考虑到一些重要现象，如旧技术的持久性，使用者和发明者的观点，以及创新、生产、分销和消费的网络化性质。[3]它还需要关注维护、修理、再利用和丢失的过程——物品的命运，不仅仅是它们通过发明和生产而形成的过程，还包括它们使用期间、使用之后及使用寿命③。在历史书写之外，人类学也有助于超越英雄式创新叙事，清楚表达对物品的另一视角。例如，丹尼尔·米勒（Daniel Miller）敦促我们考虑"事物的谦逊"。在他看来，"物品之所以重要，并不是因为它们是明显的，或

---

① Reiser 2009：12；Furst 1998．

② Huisman & Warner 2004．

③ Werrett 2013．

在物理上限制或促成一些活动，而往往恰恰是因为我们没有'看到'它们"①。目前，在人文和社会科学中对物品的学术研究大多与阿尔君·阿帕杜莱（Arjun Appadurai）在其主编的影响深远的著作《物的社会生活》（*Social Life of Things*）导言中表达的基本假设一致，即"除了人类的交易、归因和动机赋予它们的意义之外，事物本身没有任何意义"。从方法论上讲，如果我们"跟随物品本身"，这些人类的行为和态度就会变得可见，"因为物品的意义被铭刻在它们的形式、用途和轨迹中"②。

| 物品与健康、身体、疾病观念的塑造

听诊器的发明预示着对开发新诊断工具的探索，而新的诊断工具可以前所未有地探查身体内部。新仪器的出现促进了（并受后者推动）生理学、病理学作为医学知识核心学科的兴起，以及健康、疾病和身体新概念的出现。这些技术也推动了医学专业化的发展③。到19世纪末，眼科、心脏病学和妇科等新领域不仅参照特定的研究领域，还通过一套共享的专用仪器来定义自己④。与此同时，全科医生也采用了许多新仪器，除听诊器外，还有检眼计、喉镜和温度计等⑤。这样

---

① Miller 2005：5.

② Appadurai 1986：5.

③ Davis 1981.

④ Rosen 1944；Weisz 2005.

⑤ Davis 1981：124.

的设备不仅可以将诊断过程与患者的证词分隔开来，还可以使诊断越来越独立于医生的感官感知。像脉搏计这样的自动记录工具，将脉搏等身体自身微小的机械动作转化为图形曲线，这（据说）将使个人判断过时，从而最终将医学转化为一门真正客观的科学[1]。洛兰·达斯顿（Lorraine Daston）和彼得·加利森（Peter Galison）所描述的19世纪"机械客观性"理想认为，机械化的观察和再现以照相机、自动记录仪器和模型等设备形式，将会消除人类观察者的主观性干扰[2]。然而，与此同时，仪器日益增长的重要性引起了执业医生的担忧，他们担心患者在这个过程中可能会被忽视。心脏病学先驱詹姆斯·麦肯齐（James Mackenzie，他同时是众多新测量设备的使用者和开发者）表达了他的恐惧，他担心"也许有一天，心脏专家将不再是一名将身体看作一个整体的医生，而是一名在身体狭窄和受限区域使用越来越复杂仪器的医生"[3]。

量化设备和其他新技术在阐明比利时天文学家阿道夫·凯特尔（Adolphe Quetelet）统计著作中的"常态"概念，以及疾病的新定义和分类方面也发挥了关键作用。19世纪中叶由德国医生卡尔·文德利希（Carl Wunderlich）首创的温度计能够测定人类和其他物种的正常体温。文德利希还利用他的测量结果建立了不同疾病特征的发热曲线（见图5.5）。

除了量化，弗朗西斯·高尔顿和切萨雷·龙勃罗梭等科学家还利

---

① de Chadarevian 1993.

② Daston & Galison 1992.

③ Bound Alberti 2010.

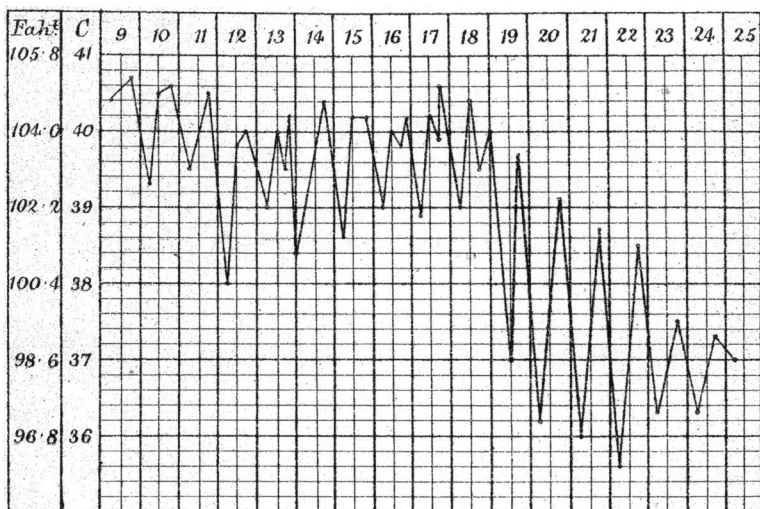

图 5.5　卡尔·文德利希，"剧烈的，快速恢复的伤寒"，《论疾病的温
度：医学测温手册》（ *On the Temperature in Diseases: A Manual of Medical
Thermometry* ），1871 年。来源：Wellcome Collection。

用新兴摄影术创建了"合成肖像"——通过将生病的人或罪犯的照片
叠加在一起，希望能发现患病的人或"罪犯"的面部特征[1]。然而，令
人失望的是，这种合成不仅没有呈现出不同类型，反而只能创造出最
平均的面孔。因此，新技术的引入并不总能带来成功。就摄影术而言，
早期的医学采用者希望它能创建出完美客观的疾病和病变图像，从而
为诊断和研究奠定更坚实的基础。然而，摄影师主观能动性的问题始
终存在，解剖学和病理学的摄影图集经常无法以有用的方式捕捉相关
细节[2]。因此，许多医学作家最终将老式的、成熟的插图技术带回了20

---

① Cryle & Stephens 2017.

② Curtis 2012.

世纪①。类似的发展也适用于正常和病理解剖的三维呈现。通常不是新技术的使用，而是对旧技术的改造，促进了健康和疾病身体新材料库的创建。因此，法国解剖学家费利克斯·蒂贝尔（Felix Thibert）用病理病变的彩色石膏模型创建了一部疾病的"活的百科全书"，而瑞士解剖学家威廉·西斯（Wilhelm His）借鉴悠久的蜡模型传统来记录胎儿发育的早期阶段②。

这种对旧材料和方法的改造也使得身体的新图像能够在医学界之外传播。真人大小的解剖模型采用价格实惠、结实的材料（如石膏和制型纸）制成，被引入从中学到军事训练场所等各种机构，并成为巡回医学讲师的主要道具。因此，人造身体使广大受众可以了解身体内部结构。这些物品也使得欧洲人关于健康和身体的理念和理想在全球范围内传播，这些项目经常被视为"文明的使命（civilizing missions）"，并为进一步的帝国征服提供了正当理由。参与此类任务的物品和人都被视为"文明的代理（agents of civilization）"，例如在法国解剖模型和教员的帮助下，非洲奴隶在埃及接受助产士培训③。

模型和身体的其他流行表现物将肌肉发达的工人身体理想化，特别是随着公共卫生运动的出现，该运动倡导将自我认识和自我完善作为个人完善和社会进步的途径④。与此同时，健康身体倡议的其他支

---

① de Rijke 2008.

② Thibert 1844；Hopwood 2004.

③ Maerker 2013.

④ Callen 1995；Callen 2018.

持者并没有关注工厂生产的新人造模型，而是追溯到古希腊罗马时代的物质遗迹。19世纪古代理想的复兴导致了健美运动的兴起：生于普鲁士的尤金·山道（Eugen Sandow）等表演教育家，将古代肌肉发达的神和英雄的雕塑作为理想的模仿对象，并与他自己发达的体格并列（见图5.6）。其他人开发了合适的训练工具，让使用者通过适当的锻炼来实现这些理想，从而将身体变成一个可改善的物品，并阻止其退化趋势[①]。

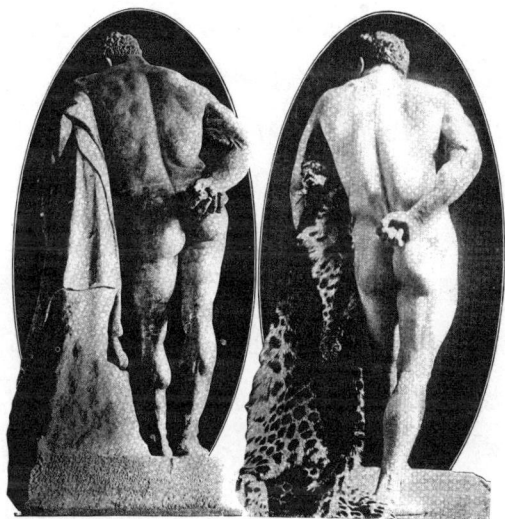

图5.6 法尔内塞·赫拉克勒斯（Farnese Hercules）与尤金·山道。尤金·山道，《生命就是运动：人的身体重建与重生》（*Life Is Movement: The Physical Reconstruction and Regeneration of the People*），未标明出版日期。来源：Wellcome Collection。

---

① Budd 1997.

物品与身份

如果物质文化是一面"镜子",告诉我们,我们是谁 [1],那么19世纪的医学界可以在诊断工具和实验室仪器、职业服装和专用服饰等各种各样的物品,以及实验室、医院、疯人院等医学场所中看到自己。着装是帝国时代职业身份的重要标志。时尚史学家伊莉莎白·威尔逊(Elizabeth Wilson)在她的经典研究《梦想的装扮:时尚与现代性》(*Adorned in Dreams: Fashion and Modernity*)中,强调了"着装……将生物身体与社会存在、公共与私人联系起来"的方式 [2]。这在护士制服在这一时期的发展中表现得尤为明显。制服是护理职业化的重要组成部分,也是女性护士进入此前由男性主导的医院领域的重要组成部分。根据克里斯蒂娜·贝茨(Christina Bates)的说法,"制服创造了定义几代护士的行为、价值观和身份的模式" [3]。该服装融合了广泛的其他职业领域的元素,包括"时尚、职业、学术、教会、军事和科学服装" [4]。

护理制服是由19世纪开创性的新教女性护理修会引入的,始于1833年凯撒斯韦特女执事学院(Kaiserswerth Deaconess Institute)的护

---

① Miller 2005:2.

② Wilson 1985.

③ Bates 2012:2;另见 Brooks & Rafferty 2007.

④ Bates 2012:10.

图 5.7 C.C.，《穿着户外制服的陆军医院护士》（*An army hospital nurse in her outdoor uniform*），1899 年。来源：Wellcome Collection。

理培训学校，这对弗洛伦斯·南丁格尔等护理改革者产生了重要影响。制服以传统已婚女性服装为蓝本，赋予护士道德地位和权威。遵循修会的宗教框架，早期护理服装要求简单，没有丝绸配饰等装饰。南丁格尔对她的克里米亚护士采取了类似的指导方针，坚持冬天穿纯灰色粗花呢，夏天穿印花棉布。实际考虑影响了她对 1860 年开办的圣托马斯医院（St. Thomas's Hospital）南丁格尔护理学院（Nightingale School of Nursing）的服装要求。在那里，南丁格尔坚决要求不穿戴"衬裙、波兰连衫裙、垫发片"，因为"丝绸和衬裙的不适、撑条和鞋子的嘎嘎声"会阻碍自由活动，打扰患者休息[①]。与早期新教修会不同，她避免在制服设计中使用明显的宗教内涵，以寻求提高护士作为专业人员的地位。

男性医生的着装在这一时期也经历了类似变化：现代早期医生的假发和手杖被淘汰了，实验工作服出现在公开场合，即使不总是在行医过程中。随着19世纪实验室医学的出现，白大褂逐渐成为现代"科学"医疗实践的象征[②]。着装的习俗也具有地域特色。正如一位美国医生所观察到的："在英格兰 …… 这个床边礼仪发展得最好的国家，习俗规定了戴礼帽和穿礼服。一个医生宁愿冒险不带设备去为他的病人看诊，也不愿穿着没有领子的衣服去。"相比之下，这位美国医生赞扬了他自己国家更为宽松的期望："我们应该庆幸自己没有被无益的习俗束缚，健康的恢复并不需要靠重新使用拉德克利夫和西德纳姆(Sydenham) 时代所必需的及肩长假发、长袍和手杖"[③]。

除了着装本身，实验室医学的物质性也有助于提升执业医师的专业地位。像实验工作服一样，听诊器和心电图仪等新兴科学仪器作为"医学从业者"对精确、定量探索病因的承诺的"象征"，也作为"医生科学家"专业地位和权威提高的象征[④]。早期血压计等复杂的专业仪器，既体现了医学从业者作为科学家不断变化的专业形象，也彰显了维系这一形象的全球网络 —— 从法国的鼓式部件到印度的橡胶零件，皆在其中 (见图5.8)。

---

① Bates 2012: 22.

② Jardine 1992: 309 – 10; 另见 Jewson 1976。

③ Collins 1911: 307.

④ Jardine 1992: 310.

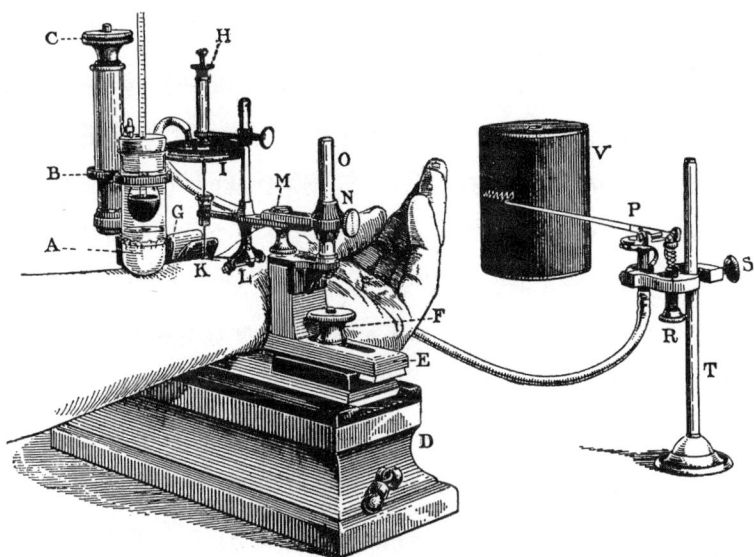

图 5.8　由 S. S. 冯·巴施（S. S. von Basch）设计的血压计，约 1881 年。T. 劳德·布伦顿（T. Lauder Brunton），《循环疗法：1905 年春季在伦敦大学生理实验室发表的 8 场讲座》（*Therapeutics of the Circulation: Eight Lectures delivered in the Spring of 1905 in the Physiological Laboratory of the University of London*），1908 年，第 62 页。来源：Wellcome Collection。

　　然而，实验室医学的物质性必须小心加以界定，以免威胁到其从业者地位。实验室的历史与家庭工作空间密不可分。19 世纪的生理学家克洛德·贝尔纳曾将实验室描述为"又长又可怕的厨房"[1]。然而，在实验室中采用常见的家用物品和技术来解决培养细菌过程中的实际问题，以及保持实验室环境清洁的情况下，为了保持男性从业者与女性家庭生活的距离，诸如不起眼的马铃薯等物品在用作细菌培养基时必须仔细重新设计。类似的对地位的关注常常意味着创新比维护更重要，

---

[1]　Latour 1992: 295；另见 Gooday 2008。

而维护通常留给辅助者负责。例如，手术室护士负责手术手套的维护[1]。应该指出的是，并非所有医生都乐于接受新的实验室医学及其物质标志。正如约翰·哈利·沃纳（John Harley Warner）强调的，进入20世纪以来，医生们聚集在卢克·菲尔德斯（Luke Fildes）的画作《医生》（*The Doctor*, 1891）周围，这幅画描绘了一个医生在简陋的小屋照顾生病孩子的感人场景，以表达一位充满爱心的医生的另一种形象，他利用自己的同理心和经验，而不是新技术，并且没有忽视患者的人性[2]。

因此，物品可以用来表达医学从业者之间的等级和职业竞争形象，也可以用来划定专家和外行的界限。在帝国时代，要获得医学权威，重要的不仅是使用物品，还要以正确的方式使用正确种类的物品。例如，解剖模型被称赞为医学研究的创新记录，例如在威廉·西斯的案例中，但当它被弗雷德里克·霍利克（Frederick Hollick，他旨在通过对公众进行健康和生殖方面的教育"将公众从医生的压迫性垄断中解放出来"的做法，引发了争议）等科普讲师使用时，也可能会被医学专业人员贬低[3]。因此，医学物品的意义高度依赖于背景：在霍利克使用解剖模型将公民从医生的垄断中解放出来的地方，美国女权活动家保利娜·赖特·戴维斯（Paulina Wright Davis）使用了相同的物品来支持她的主张，即女性可以也应该了解自己的身体，特别是在性和生殖方面[4]。

---

① Newman 2017.

② Warner 2014.

③ Haynes 2003.

④ Maerker 2013.

工业资本主义的物品文化也鼓励患者充当医疗用品的消费者和鉴赏家，特别是随着假肢和助听器等新型辅助设备的发展。这些产品大规模生产并广泛销售，受到当代性别规范、美容标准和对生产力期望的影响。他们支持，有时甚至挑战"常态"的主导概念。消费者的选择是由共同或冲突的价值观、经济限制和个人经历的复杂组合决定的①。

精神和身体上的人

身体新科学的工具不仅被用来表达医学从业者的身份，而且在试图发现人类自身的过程中也发挥了重要作用。头骨、卡尺、测角仪、摄影术和使用工具行为本身都被用来定义我们何以为人。物品也在捕捉人类精神本质方面做出了重要贡献。菲利普·皮内尔（Philippe Pinel）在他1801年关于精神错乱的影响深远的著作中提出了一个问题——精神错乱是否"取决于大脑的器质性病变"，并着手收集和分析"疯子和白痴"的头骨，试图建立精神和身体之间的关系②。

然而，与那些假定性格和头骨形状之间存在明确关系的颅相学家不同，皮内尔对其方法和结论保持谨慎态度。他警告说，人类头骨是一个难以驾驭的物品，难以用几何学的方式来描述："事实上，没有什么比

①　Jones 2017；Virdi 2020.
②　Pinel 1801：vii，110.

颅骨颅腔更难精确测量"，因为它包含"许多不规则的隆起和凹陷"，并且类似一个椭球体，"其不同部分的凸度不同"[1]。因此，皮内尔只能用机械方法测量头骨，他使用一种特别设计的仪器"平行六面体"进行测量，并总结说："（颅骨的形状）与智力的高低没有明显的关系。"[2]

　　尽管皮内尔持怀疑态度，但在整个帝国时代，对人类特征物质标志的探索仍在继续。正如高尔顿和龙勃罗梭利用摄影术等现代技术试图辨别罪犯类型和疾病类型一样，其他人也利用一系列仪器来捕捉种族和"文明"的标记。颅测量法（craniometry）成为新兴的人类学学科最典型的实践，对人文学科在解释人类境况方面的权威主张提出异议[3]。特别是解剖学先驱、人类学家保罗·布罗卡（Paul Broca, 1824–1880），他在"检测变形颅骨基本类型"的持续探索中，发明了许多新的人体测量仪器，包括颅形描记器（1860年）、新型测角仪（1864年）、立体测图仪（1867年）、最大框架（cadre à maxima）和测微罗盘（1869年），以及枕骨测角仪（1870年）[4]。相比就人类本质达成共识，这些工具在界定人类学新学科界限和使"种族"概念具体化方面取得了更大成功。

　　同样难以捉摸的是精神疾病与其身体部位和表达之间的关系，这个问题在19世纪继续困扰着研究人员。此类项目经常涉及新旧技术和工艺的多种不同组合。历史学家对神经学家、精神病学家让－马丁·夏科（Jean-Martin Charcot, 1825–1893）利用新摄影术来捕捉歇

---

①　Pinel 1801 : 119.

②　Pinel 1801 : 120 - 1.

③　Zimmerman 2001.

④　Broca 1863 : 287.

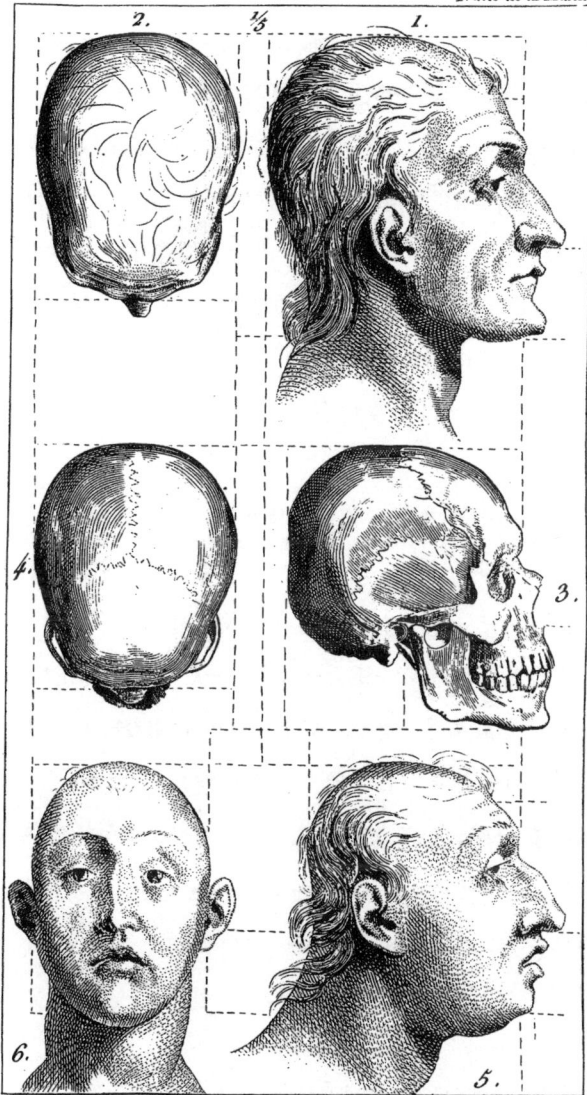

图5.9　菲利普·皮内尔，"疯子的颅骨和头部"，《有关精神错乱或躁狂症的医学哲学》（*Traité medico-philosophique sur l'aliénation mentale, ou la manie*），1801 年。来源：Wellcome Collection。

斯底里和其他身体和精神痛苦的本质，尝试在相机上捕捉发作、姿势和行为的类型，做了大量研究[1]。而娜塔莎·鲁伊斯－戈麦斯 (Natasha Ruiz-Gómez) 指出，除摄影之外，夏科及其研究人员在寻求更好地理解疾病的过程中，还广泛收藏人工制品。巴黎萨尔佩特里埃医院 (Salpêtrière Hospital)[2] 的夏科博物馆 (Musée Charcot) 收藏了各种各样的病理物品，并经常利用艺术家、画家和雕塑家的技能来创作患者肖像，这超出了摄影和铸模所能提供的机械复制[3]。同时代的人惊叹于夏科博物馆丰富多样的收藏，比利时哲学家和心理学家约瑟夫·德尔伯夫 (Joseph Delboeuf) 将夏科在19世纪80年代的收藏描述为：

> ……一个大房间，有点像博物馆，它的墙壁，甚至天花板，都装饰着大量的素描、绘画、版画、照片，有时展示不同人物的场景，有时是一个病人赤裸着身子或穿着衣服，站着、坐着或躺着，有时是一条或两条腿、一只手、一个躯干或身体的另一部分。到处都是装有头骨、脊柱、胫骨、肱骨的橱柜，展示着某个解剖学特征；到处都是，在桌子上，在玻璃橱窗里，罐子、仪器、机器混杂在一起；未完成的蜡像——一个老妇人裸体躺在一张床上；半身像，包括（弗朗茨）加尔 (Franz Gall) 的半身像，都被漆成绿色。

---

① Didi-Huberman 1982/2003; Gilman 1982/1996.

② 又译作硝石库医院。——译注

③ Ruiz-Gómez 2013.

他总结道，这些收藏品展示了"一个活生生的实验室的真实标本"①。医院还在自己的出版物《萨尔佩特里埃医院新肖像集》(*Nouvelle Iconographie de la Salpêtrière*，1888—1918年出版) 中广泛传播其不断增加的收藏品。

即使是最不具身的精神理论，也继续严重依赖物品，无论是作为治疗实践的工具，还是作为概念发展的要素。正如约翰·福里斯特(John Forrester) 所表明的那样，弗洛伊德作为"精神考古学家"的雄心得到了他收藏的古代（罗马、希腊和埃及）艺术品的支持，到他1939年去世时，他已经收集了3000多件艺术品。早在19世纪90年代，弗洛伊德对人类精神的概念化分析就广泛借鉴了史前挖掘的意象，他认为，"我们的精神机制是通过分层的过程形成的"。在弗洛伊德的分析工作中，日常物品变得有意义，尤其当它们出现在患者梦境中时。福里斯特认为，通过这一运用，"弗洛伊德的精神分析确实将被轻视和被忽视的物品转化为珍贵的东西"②。

| 作为物品的身体

身体与其病痛之间的关系从来都不是直截了当的。在博物馆和实验室等专用空间内将身体变成物品的做法是19世纪医学研究和教学的

---

① Ruiz-Gómez 2013: 4.

② Forrester 1994: 241.

核心。由于法律、文化和实际原因，这一转变过程常常存在问题。尤其是私人解剖学教师，在18世纪已经开始收集大量图像、骨骼、干湿标本和模型，作为教学设备的一部分[1]。但19世纪是医学博物馆的全盛时期：病理学标本博物学在医学院、医院和疯人院得以建立，并成为机构和专业身份的重要标志[2]。正如爱丁堡解剖学家弗雷德里克·诺克斯（Frederick Knox）所说："医学若没有博物馆，那就像人类没有语言一样。"[3]

长期以来，打开尸体的技能一直是医生区别于其他治疗者的特权。在现代早期，这种医疗特权在公共解剖中得到体现，同时也体现在医生展示的小型人体模型中[4]。由于死刑犯的供应不足以满足医学教师对解剖材料的需求，从解剖教师到为教学目的准备骨骼接骨的人都需要尸体，他们采取了偷尸的方式，通常是挖掘最近埋在墓地里的尸体。由于犹太人有迅速埋葬死者的习俗，犹太人的尸体特别受欢迎[5]。19世纪初，一群专业的"盗尸解剖者"在伦敦和爱丁堡等医学教学中心活动[6]。通过这一操作，身体就变成了商品。这一发展得益于以下事实，即从法律上讲，尸体在英国不被视为财产，因此，只要没有偷盗和尸体一起埋葬的任何其他物品，对尸体的挪用就不会被视为盗窃。

---

[1] Chaplin 2009；Berkowitz 2015.

[2] Alberti 2011.

[3] Knox 1836：3.

[4] Klestinec 2010.

[5] Richardson 1988/2001：62 - 3.

[6] Richardson 1988/2001：57.

这种"可怕的人肉交易"引起了公众的愤怒，并成为一个足够紧迫的问题，促成议会成立了一个特别委员会[1]。1828年，有名望的医生、警察，甚至一些匿名的偷尸人都被请到委员会接受审问。皇家外科学会会长阿斯特利·库珀（Astley Cooper）爵士暗示一具尸体的平均价格为8几尼，尽管其他人声称他们有时支付的价格高达16或20几尼。根据接受委员会审问的一名偷尸人的说法，他们通过这一手段在这一行业中可以"过上好日子"[2]。作为对委员会调查结果的回应，英国议会于1832年通过了《解剖法案》（Anatomy Act），该法案允许有执照的医学教师使用无人认领的尸体进行解剖。法国自大革命以来就有类似规定，并使巴黎在19世纪初成为世界解剖学教学之都。然而，应该指出的是，在法国和英国，这些法律只是改善了医学院的尸体供应，并没有完全杜绝尸体的非法交易。英国和法国的报纸继续报道偷尸的祸害，直到1858年，作家（之前是名医学生）亨利·莫利（Henry Morley）在《家常话》（*Household Words*）中报道了持续的"对尸体的使用和滥用"："在这个国家，学生购买的价格现在是4英镑，而不是10英镑。然而，该法案并没有结束邪恶的尸体买卖，这种工作仍然在殡仪馆的权力范围内，只要他能得到济贫院院长的支持。"[3]

无论规范尸体使用的法律框架如何，解剖实践本身就以对医学专业身份至关重要的方式阐明了尸体近乎物品的本质。正如约翰·哈利·沃纳和詹姆斯·埃德蒙森（James Edmondson）所主张的那样，解

---

[1] *The Lancet* (1829), 转引自 Richardson 1988/2001：52。

[2] House of Commons 1828：71.

[3] Morley 1858：364.

剖行为和与尸体合影的习俗是19世纪和20世纪初医学生身份形成的重要标志。身体本身被物化，而这一行为被记录在照片中（见图5.10）。

这些照片"讲述了通向新身份的仪式……（并）呈现了一个职业成熟的叙事"[1]。类似的物化的仪式过程也是使用活体动物作为医学研究对象的特征。正如南希·安德森（Nancy Anderson）所展示的那样，19世纪的医学和生命科学教科书创造了"无脸"动物的图像，以促进

图 5.10　解剖室内部：五名学生和／或老师正在解剖一具尸体。图片，约 1900 年。来源：Wellcome Collection。

---

① Warner & Edmondson 2009：15.

研究动物作为物品的视角①。准备"献祭动物",作为从个体动物到研究对象的过渡,仍然是实验室新手的一个重要仪式②。

然而,将动物和人类变成研究对象始终是一个不完整的过程。在工业展览赞美技术创新的同时,"原始"民族的异国情调展览旨在展示欧洲的优越性,从而为帝国统治辩护。这样的展览在公众中很受欢迎,并给研究人员提供了研究不同种族鲜活例子的机会③。尽管人们努力架构和监督这些相遇,但人类受试者的行为方式经常与他们预期的角色不相符,观察者不一定能看到他们预期看到的东西,与其认为"原始人"低人一等,不如观察这些人类群体及其相互间的互动,以及与访客之间的互动,如此,一种颠覆性的共有人性(shared humanity)的意识可能会脱颖而出④。

即使处于死亡状态,身体也经常是难以抗拒的观察对象。身体标本的保存需要一系列复杂的技术和材料,以使标本看起来、感觉起来像活着一样。正如物品的意义会随时间推移和社区变化而改变一样,解剖标本的物质性也会发生改变。标本被保存后,会褪色,会变形,组织会变硬或变软。标本制作人员强调了这些问题,并制定了不同的应对策略。例如,为爱丁堡皇家外科学会制作病理标本的罗伯特·诺克斯(Robert Knox)和弗雷德里克·诺克斯兄弟断言,标本的使用虽然对解剖学和病理学至关重要,但由于不可避免的变形和使用者对保

---

① Anderson 2012;另见 Guerrini 2003。

② Lynch 1988:279.

③ Anderson 2008.

④ Qureshi 2011.

存技术的不熟悉，也存在很大问题。这两兄弟就如何使收藏的身体标本变得有用得出了截然不同的结论。罗伯特·诺克斯坚持认为，创造完美的表现形式可以解决保存的问题，因此，此类物品制造者的主要目标是开发更好的技术和材料。而弗雷德里克建议，只有对使用者进行教育，才能正确使用和理解标本。在他看来，好的技术永远是不够的，收藏品的所有者和制造者必须考虑和重新设定收藏品使用者的认知和技能。"我的观察，"弗雷德里克强调说，"将……让学生立即感知到这些标本是否真的经过了努力，或者仅仅因为没有腐烂而被保存了下来；并且会时刻让他警惕由于保存方式而导致颜色和精致纹理不可避免的变化。"[1]

在帝国时代即将结束时，第一次世界大战催生了一种将活的身体部分货币化的新方法。机枪等新武器对士兵造成了广泛的身体伤害，而新旧战场技术的结合，如由马车牵引的移动 X 光机，使得受伤士兵在失去肢体或其他严重损伤的情况下幸存的比例越来越高。虽然在过去，因工伤事故造成的肢体丧失是基于丧失收入能力来补偿的，但面对越来越大的供养退伍军人的压力，这种计算不再合理。取而代之的是，补偿"安乐生活丧失"的支付方式的引入，这种支付方式计算出每个人肢体的精确价值。失去两根手指需要支付全额军人养老金的20%[2]。这些财务计算受关于身体完美及其对社会融合作用的文化假设的影响，而古希腊和古罗马的古典理想推动了山道等健美运动员的努力，也影响了康复

---

① Knox 1836: viii.

② Bourke 1996: 63 – 6.

治疗，从开创性的整形外科美学到假体装置的发展 [①]。

| 结论

在帝国主义和全球贸易、大众媒体和现代职业发展、工业化和大规模生产背景下，对帝国时代健康和治疗的物质文化的重建，展示了医学是如何不可避免地嵌入该时代历史发展结构中的。从听诊器到血压计等一系列新医疗、诊断、研究仪器，以及新型患者辅助设备的制造，均得益于一系列新材料的使用和新工业流程的开发。医生采用这样的工具可作为进步和专业的标志，这些工具还通过期刊、贸易展览和手册参与消费文化。假体的大规模营销为外行人创造了新的消费选择，同时也对生产者增加了遵循美观、生产力和正常标准的压力。物品在许多方面影响了19世纪的医学，诸如听诊器之类，乃至自动记录装置和试剂盒的应用，使医生的证词替代了患者的证词，技术上增强了对患者身体的观察，深刻地重塑了患者和医生之间的关系。新仪器的使用同时标志着医生对基于生理学、病理学等基础学科实验室研究的新医学科学的拥护。到帝国时代结束时，大众期刊认为"现代医生失去他熟悉的诊断某个部位疾病的工具"将会"彻底迷失" [②]。这种对医

---

① Carden-Coyne 2009.

② 'Progress' 1872: 252.

生社会和职业角色的重新表述也基于着装（医生的实验工作服、护士的制服）等辅助物品的重要性。与物品的"专有"关系，尤其是与尸体、人造身体、实验动物身体的职业互动，变成了职业身份的标志。物品的使用也深刻重塑了医学知识自身的核心概念，"新仪器正在引领新思路"[1]。自动记录和量化装置阐明了身体作为可优化的"精心构造的机器"这一新概念，以及"正常"身体是一种理想，可通过自我监测、自我改善及专家护理、听从专家权威建议来实现的观念[2]。人类的本质，主要是通过研究大脑这个器官来认识的，就像考古学家发掘地层一样，我们可以层层挖掘存储在大脑中的记忆，包括那些被压抑在内心深处的记忆。然而，自始至终，身体都是一个难以驾驭的物品；它不易"解读"，不易最优化可视和保存。

关于物品在帝国时代医学发展中扮演的角色，还有很多内容待述。然而，人们也可以反过来看：现代医学是如何塑造物品文化的？尤其在关于解剖和活体解剖的辩论中，医学提出了人体的物品本质的问题。量化和自动记录工具的使用经常鼓励将身体物化为需要优化的机器[3]。医学也塑造了新兴的大众消费文化。早期现代的很多物质文化都侧重于维护、改造和再利用[4]。事实上，尽管19世纪一直在庆祝创新和进步，但19世纪的大部分医学物质文化仍然延续着传统。医疗和手术器械供应商提供维修服务，也销售新商品，其商品手册上列出了诸如磨

---

① 'Progress' 1872: 252.

② 'Present state' 1883: 495.

③ Rabinbach 1990.

④ Werrett 2019.

刀和注射器针头，抛光镊子、镀镍，更换旧弹簧、阀门、橡胶零件等服务①。这种情况在19世纪末开始发生变化，因为疾病细菌理论的出现推动了一次性医疗用品和新型消毒设备的发展。为保持医疗物品和空间的清洁，一系列竞争、冲突和互补的策略被开发出来，尤其是各种形式的无菌和消毒策略。此外，一次性物品的开发也提高了清洁度。1912年，陆军外科医生詹姆斯·T. 格里利（James T. Greeley）为一种一次性使用的皮下注射针头申请了专利，该针头专为"无菌和快速"而设计，不久后在第一次世界大战的战场上被采用②。不过，一次性用品文化要等到战后才迎来全面发展③。

注释

[1] 参见 Green 2012；Alder 2007；Daston 2008。有关考古学和人类学中相关发展的总结，可参见 Hicks 2010。有关历史和相关学科辩论的概述，参见 Bennett & Joyce 2010。有关科学史上的物质文化，参见 Werrett 2014。

[2] 这部小说的背景设定在1829—1832年，听诊器的使用"在当时的医学实践中还没有成为一件理所当然的事情"（Eliot 1871–2/2007：288）。

[3] 对于聚焦用户、维护和网络的关键史学发展而言，技术史尤其有价值。参见 Kline & Pinch 1996；Edgerton 2006；Oudshoorn & Pinch 2003。有关医疗物品（包括仪器、技术和材料）历史研究的起点，参见 Timmermann & Anderson 2006；Klein & Spary 2010；Lawrence 1992。

---

① Noyes Brothers & Cutler 1888: 71 – 2.

② United States Patent & Trademark Office 1912.

③ Busch 1983.

第六章

经 验

罗布·博迪斯

（Rob Boddice）

罗布·博迪斯（Rob Boddice），
芬兰科学院卓越经验史研究中心
高级研究员。最新著作有《情感
史》（ *The History of Emotions*，
2018）、《感觉史》（ *A History of
Feelings*，2019）。与马克·史密
斯（Mark Smith）共同主编《情
感、感觉、经验》（ *Emotion, Sense,
Experience*，2020）。

| 经验式景观

即便面对某一种经验，例如一种感觉或疼痛，绘制它随时间变化的经验变化图都是一项巨大的挑战，何况面对整个医学文化史。[1] 从广义上说，是否有可能简要描述出经验在漫长的19世纪中变化的总体趋势？[2] 在什么情况下，我们应该关注谁的经验，施药者还是服药者？[3] 笔者对第一个问题答案的总体感觉是，在这段时期，患者与医生之间的隔阂日益加深，随之而来的是新的恐惧、新的焦虑，以及对避免疾病或（如果已经患病）病情好转的新希望。要回答第二个问题，我们必须考察作为互动产物的经验史。[4]

经验史是 个相当新的研究领域，呈现出独特的挑战。[5] 医学经验更尖锐地提出了这些挑战，因为医生和患者对二者之间互动的意义有不同理解，而历史记录优先考虑医务人员的观点。在医学史上寻找一段经验史，不仅取决于患者的声音，还取决于患者的手势和感觉能在多大程度上被整合到医学叙述中。[6] 这往往会因其患者证词的性质被忽略，因为患者证词被限定在由医学知识、机构、操作和实践强加的理解、解释的结构中了。尽管如此，我们还是有机会将这些证词"从框架中抽离出来"，并重新倾听。同样，也有可能恢复患者的身体经验。[7]

神经科学、情感和疼痛经验以及安慰剂作用方式方面的研究进展，将神经生物学家和历史学家的注意力重新集中到了主体的可靠性和真实性上。[8] 疼痛敏感性等长期以来被认为是普遍且固有的过程，被证明是高度主观的，深受文化背景的影响，因此我们无法在文化框架之外指出刺激和反应之间的确定关系。个人感知到的现实其实是个人的大脑建构，而大脑是一个神经可塑性装置，其神经发展与其所处世界密切相关。因此，我们可以把生物学的内容加入到文化史项目中。[9]"除了对它的主观理解之外，没有任何客观经验"，这种视角使我们能够重新接近历史记录，听到患者的声音，看到他们的手势，并记录他们的身体经验。出于同样原因，我们可以更好地理解使这些经验难以被发现的政治动力。

在这一时期，医生和患者、政府主导的医疗机构和公众之间的关系往往是极度紧张且不可调和的。19世纪，外科医生和医学研究人员积极利用氯仿的神奇作用，宣扬镇静学说。他们对自己有能力治愈或预防最可怕的疾患表现出极大信心，并倾向于认为国家应该为了维护全体国民健康而为医药负责。这是一种冷静的人道主义（cool humanity），着眼于长远利益，与威廉·亨特（William Hunter）所说"必要的不人道（necessary inhumanity）"①形成对比，后者是18世纪外科医生的特征（亨特对此感到厌恶）。[10]

另一方面，患者在从疫苗接种、无痛手术、新型药物（从1817年首次作为止痛药出售的吗啡到1899年大量上市的阿司匹林）所提供的保障中受益同时，也常常以恐惧、蔑视和不信任来面对成熟医学的镇

---

① Hunter 1784: 67.

定、自信和自负。国家对公民个人健康的侵犯有时似乎威胁到了公民的自由感（从19世纪中期开始，强制性接种疫苗在这方面是值得注意的），尽管医学实验有望为公共卫生带来巨大飞跃，但冷酷的幽灵作为文明的丧钟在人群中蔓延。医学，尤其是在19世纪末和20世纪初，曾经是文明最大的希望，也是现代社会道德沦丧的典范。医学专业人员和医学专家的崛起足以让那些坚持绅士独立和业余理想的人产生质疑。在某些人看来，这是一种无止境的实验好奇心，就像生理学和毒理学实验室中自由支配的残酷行为一样，这些新的医学专业人员呈现出一种可怕的气质。[11]

本章围绕经验类别展开，以一系列医学人员、机构、主张与个人、公众、患者、人群之间的互动为例，如：在意识之下有一条通往另一个世界的通道；天花疫苗接种的全球旅行；"歇斯底里"在澳大利亚的发现之旅。本章从对疼痛和同情的探讨开始，特别介绍了麻醉引入之后，疼痛患者和治疗他们的医生各自面对的问题：麻醉后的患者仍然是一个痛苦的主体，还是仅仅是一个医学对象？内科医生或外科医生面对这样一个没有感觉的实体会有什么感觉？麻醉状态究竟是什么样的体验？接下来是关于恐惧（疾病及其预防）的医学叙述，根据医学知识的变化，或给药及药物展示方式的变化来标记其变化。接着，本章从恐惧转向笔者暂时称之为的"表演"。这个术语可理解为对19世纪患者根据疾病剧本变化而改变其行为和体验方式的恰当描述。然而，这种"表演"既不是有意识的，也不是演戏似的，而是患者为满足医生期望并从中获得一些医疗利益的例子。因此，歇斯底里尤其可以作为一种"真实的"疾病经验，在患者群体、医学界和社会之间的情感互动中得到重新审视。

疼痛和同情

我开始感到恐惧，这种恐惧程度是我以前从未想到过的。我不由自主地想从椅子上站起来，然后—— 突然意识到我什么也没有看：当我被肺里的混乱占据时，房间里外在的东西都不见了，我"独自一人在黑暗中"。①

上面记录了维多利亚时代著名学者赫伯特·斯宾塞（Herbert Spencer, 1820–1903）收到的一封来信，这是一篇关于牙医之旅的长篇叙述的开头。注射氯仿的目的是使手术无痛，使患者失去知觉，但在这个案例中，这两种情况似乎都没有完全实现，而患者却是别有一番体验。牙医房间的记忆消失了，取而代之的是一个虚无缥缈的空间，残酷、痛苦和恐惧被拟人化，从黑暗中显现出来，成为伴随患者的具体存在。患者忍受着它们的折磨，它们以可怕的方式对待"他"，患者无法直接认同他那虚无缥缈的清醒。"我"已不是"我"。

随着"我身体之外"的世界消失，患者"被内心的恐慌控制并淹没"，"每个气室都在痉挛性地对抗可怕的压力"，彼此撕扯，直到"出

---

① Spencer 1878 : 575.

现了普遍的折磨"。意识被简化为"一种孤立的折磨感，弥漫着一种前所未有的恐怖感"。斯宾塞评论写信人说，自我被剥夺了，直到"我"只与心脏的跳动有关，意识的所有其他感官和空间成分都被剥夺了。患者更形象地说：

> 突然之间，我的心跳出一种比以往任何一次都更加生动的感觉。一辆快车引擎的力量在那里绷紧，它像一个燃烧的球一样从一边跳到另一边，越来越快，以一种超人般的热忱向我袭来，我感觉好像钢铁已经进入了我的灵魂，它永远地和我同在。（并不是说"我"现在只是这颗炽热的心脏和它在其中跳动的有围墙的空间，"我"的其余部分已经模糊不清，无法被观察到）。①

然而，这种特有的感觉却沦为一种心跳，被设想为一种"极其残酷的存在"，"其本质难以言喻地可怕"，它突然变成了一种"脉动的疼痛，我被温柔的伤口包围"②。随着氯仿麻醉效果的解除，世界又回到了患者的主观世界，直到他意识到"一颗牙齿正从我的嘴里被慢慢地拧出来"③。

斯宾塞这段记录触及了临床经验问题的核心，但显然被学者们忽视了。在一个高度功利主义的时代，痛苦的减轻和快乐的最大化不仅仅是哲学，还是生活的准则。[12]斯宾塞试图理解意识的本质和自我

---

① Spencer 1878: 576.

② Spencer 1878: 577.

③ Spencer 1878: 578.

的极限，但氯仿的这种噩梦般的"失败"切中了现代医学最伟大的实践主张的核心：疼痛应该是过去的事情。事实上，这篇论述与范妮·伯尼（Fanny Burney）对她（在前麻醉时代）乳房切除术的生动描述颇为相似①。当"可怕的钢铁刺入胸膛，刺穿静脉—动脉—肌肉—神经"时，"任何指令都无法抑制住我的哭声。我开始尖叫，在整个切开过程中持续不断地尖叫"②。事实上，在麻醉出现后的几十年里，许多外科手术和牙科手术，尤其是针对工人阶级和非白人患者的手术，都是在没有麻醉的情况下进行的。[13] 然而，尽管人们对麻醉的未知危险存有疑虑，但无痛时代还是因为它将改变（一些）患者对医生、对一般医学尤其对外科手术的恐惧而受到欢迎。疼痛管理已经成为医疗实践的直接职权范围，不是疾病治疗的辅助，而是核心。在19世纪，患者的舒适感成为医学追求的目标之一。

这一变化的重要程度再怎么强调都不为过。无痛意味着临床境遇中医患双方实际体验的变化。在19世纪中叶氯仿和乙醚出现之前，大多数外科和牙科手术需要患者和外科医生下定决心才行，外科医生的冷酷无情已经是长期以来的俗语。虽然很明显，医务人员和他们痛苦的患者之间并不缺乏共情，但麻醉时代为外科医生或内科医生的情绪控制带来了新的可能性，并使技术的巨大延伸成为可能，如果面对一个因备受折磨而不断扭动的身体，这是不可想象的。[14] 医生和患者之间脆弱的情感互动早已为人所知。在外科手术中，仅仅看到引起疼

---

① Burney 1810.

② Burney 1810: 442.

痛的器械就足以使病人和观察者恐惧。[15]医生对于患者疼痛或不适表现的良好反应往往是同情，其中外科医生脸上坚定的表情可能是手术对象熬过手术的关键。而麻醉剂有望通过彻底消除疼痛来打破这种互动。[16]手术对象不再是一个扭动的个体，而是一个生理客体。无痛手术的承诺对于那些要接受手术的人来说固然重要，而对于外科医生的价值同样不容忽视。通过减少医生的恐惧和焦虑，消除对疼痛身体的同情，外科医生可以在手术时将注意力集中在技术上。麻醉剂给之前惊恐不安的气氛带来了一种外科手术的氛围。托马斯·伊肯斯（Thomas Eakins）1875年的名画《格罗斯诊所》（*Gross Clinic*）标志着这种气氛的转变，这幅画捕捉到了外科手术的冷静、外科学生的镇定、外科病人的无抵抗，以及以患者母亲为代表的未能理解这种转变的公众流露出的痛苦、恐惧和厌恶（见图6.1）。正如给斯宾塞写信的人所表明的，也正如许多人所体验到的，这种新型外科手术并不总能实现其理想。尽管如此，到20世纪初，尤其在欧洲和北美，它作为一种理想已经足够强大，足以改变医疗实践，并从根本上改变医生和病人的经验倾向。

对麻醉关注的高潮出现在1889年，当时，威廉·奥斯勒在宾夕法尼亚大学医学院为毕业生发表了著名演讲《宁静》（'Aequanimitas'）①。作为北美首屈一指的医生之一，其影响后来传播至英国，奥斯勒的话在医生中成了金科玉律。当他告诉这些毕业生，事业成功的关键是"宁静"，即一种对患者同情加以抑制的身体自我控制，可见医生、外

---

① Osler 1925.

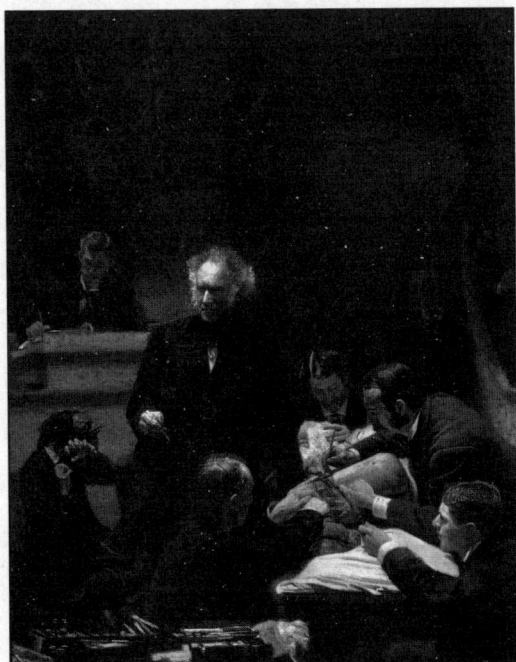

图 6.1 托马斯·伊肯斯，《格罗斯诊所》，1875 年。来源：Wikimedia Commons。

科医生和生理学家的经验正在经历显著变化。奥斯勒信奉 种医学信条，其中情感实践的理论可以具体化，因此，为更高利益而工作的思想，与麻醉所带来的信心相一致，造就了一位"沉着冷静"的外科医生。这种有意识的自我控制不仅是可能的，而且是必要的。因为如果外科医生没有很好地控制其"神经"，或者即使面对"最严重情况"表现出最轻微的焦虑或恐惧，那么灾难就会降临。奥斯勒深入了解患者经历，完全理解患者的信心和舒适度很大程度上取决于他们相信医生专业知识、权威和技能的程度。虽然知识、权威和技能是认真训练的产物，但如果没有正确的身体和情感倾向，它们就毫无意义。因此，他要求他未来的年轻同事将他们的"脊髓中枢置于最高控制之下"，以保持"冷静""镇定"，以及"在极度危险时刻保持清醒的判断力"。冷静的内科医生或外科医生必然是"麻木不仁的"，而这种品质对于"运用冷静的判断力和进行精细手术"至关重要。奥斯勒知道，作为一种社会价值，"敏锐的感受力"是有益的，但当涉及行医经验时，他觉得不得不反其道而行之，这需要"一种只考虑实现好处的麻木不仁 ……一种明智的感情迟钝措施"，以"坚定和勇气满足实践的迫切需要，同时又不使'我们赖以生存的人类心灵'变得冷酷"①。

我们有充分的理由认为，总的来说，奥斯勒这一代人实际上已经在一定限度内接受了这种冷酷无情，尽管他们还没有被贴上这样的标签。[17]这方面一个关键指标是医疗机构与州一级公共卫生管理部门的联系日益密切。[18]医学的进步依赖于专业知识的改进和管理成就，这些进步似乎不再出现在公众视野范围内，但公众被要求相信当权者是把他们的利益放在心上的。公共卫生政策和医学研究是在远离公众目光的批判性审视下进行的，尤其在19世纪最后25年，这引起了人们对医学和政府动机的质疑。对于在这些领域工作的从业者来说，公众变得令人讨厌，但他们不得不屈尊俯就，唯恐公众会检查以其名义完成的重要工作。比如，关于活体解剖和疫苗接种的争议至少从19世纪70年代一直持续到第一次世界大战后，这些争议在整个西方不间断地蔓延，尤其集中在公众对过度医疗和统治阶级麻木不仁的担忧上。

---

① Osler 1925: 3 - 6.

笔者将更多谈论这种担忧，而较少强调医务人员在此期间的经历。[19]

例如，医疗机构个别成员关于通过活体解剖进行医学研究，以及强制接种疫苗的合法性等棘手问题的证词表明，他们对公众被允许提出如此强烈的反对意见感到有些困惑。尽管美国、德国、法国和英国医疗机构中的资深人士都小心翼翼地鼓吹他们的亲切、敏感，他们的绅士品质和道德风范，但他们对医学研究仍然保持一种陈腐的程序性，这被认为是对取得进展和知识进步前景的一种深深的满足感。[20]个别研究，以寻找白喉血清和狂犬病疫苗为例，是在对这些疾病造成的损害有清晰认识的情况下进行的，平衡之下，为了医学进步而不得已牺牲实验动物。公众的反对不仅被认为是无知的，还是感情用事的，而且对所进行工作的社会影响知之甚少。许多反对意见被认为是女性化的，而且这场辩论明显带有性别色彩。[21]因此，从事这种工作带来的满足感明显有一种蔑视公众意志，为更高利益服务，以及对社会忠诚的远见色彩。

在德国，国家支持的医学研究取得了更为迅猛的发展，人们声称医学研究是一份（令人满意的）工作，而对于一知半解的公众，要解决他们的道德关切则完全不在员工的职权范围之内。[22]在其他地方，二者之间出现了一条更微妙的分界线，但面具偶尔会在公众面前滑落。1876年，德国生理学家爱德华·克莱因（Edward Klein）向皇家活体解剖委员会（Royal Commission on Vivisection）作证时说，他确实不关心他实验动物的痛苦，他只是使用麻醉剂让动物保持静止，而不是为了让它们免受疼痛，这一著名证词让他面临接二连三的批评，尤其来自他自己同行的批评。处于不利境地的克莱因试图修改他的证词，使之符合英国人的情感。但同时，他刻薄地指出，英国公众最好表现得更像欧洲人，而不是"在他们不清楚的事情上照顾别人的良心"①。

不过，如果认为19世纪对抗疼痛的功利之战对减轻疾病带来的常见痛苦起到了任何作用，那就错了。由癌症或痛风等疾病引起的痛苦几乎成了日常知识，悉尼·史密斯（Sydney Smith）将这种痛苦描述为"在我的眼球上行走"②，而一直到20世纪，那些无法获得医疗服务的人都不得不忍受牙痛和无麻醉拔牙。日常的疼痛，以及由长期疾病引起的疼痛，仍然必须作为痛苦生活的一部分来承受，许多人仍然认为这是上帝灌输的。事实上，"patient（患者）"一词便呼应了它的原意——"良性的苦难（virtuous suffering）"，并带有遥远的文化记忆，即世俗的痛苦会抵消来世的任何痛苦。[23] 尽管政治权威和医学权威的最佳意图是消除各种痛苦，但在帝国时代城市移民、工业化和人口密度持续增加的过程中，大多数人的日常痛苦可能随着时间推移而日益加重。

19世纪，"灵丹妙药"和疗法的广告越来越多，也愈加唾手可得，也许有人将这视为消除疼痛可能性的证据（我们确实在万能药中发现了阿司匹林之类的东西），但把这种自我治疗的流行视为疼痛上升趋势的证据也许更为恰当。这种疼痛很大程度上与现代性特别相关，其中一些现象将在"表演"部分讨论。而且，并非所有疼痛的消除都是新奇或神秘的。"labour"（具有劳动和分娩双重含义）的痛苦很可能因为无法履行工作职责或分娩失败带来的强烈恐惧感而加剧：工业雇

---

① UK Parliament 1876: 183 - 5, 328.

② Porter & Rousseau 2000: 166.

佣劳动者一旦受伤就会失去一切；工业时代分娩的痛苦由于共同体智慧的丧失和拥挤分娩中心疾病的存在而加剧。女性待产的身体被进一步纳入（主要是男性）医学凝视和操作的范围；分娩的临床知识逐渐取代了民间知识；而分娩的地点也在这个时代开始慢慢从家里转移到医院。[24] 尽管在分娩史的标准叙事中，我们可以找到母婴死亡率下降的证据和无菌分娩环境的优势，但医学人文领域开始出现了一种相反叙事，即女性在把她们的身体交给医学权威的同时，恐惧和痛苦都在增加。医学知识和技术进步的另一面是人群中这种知识在同时减少。由于任何明显的痛苦或情绪折磨的体验都取决于经历折磨的人控制、消除疑虑和管理注意力的能力，尽管医学声称分娩过程已得到整体"改善"，但我们仍面临着恐惧、疼痛和痛苦感知增加的潜在矛盾。

此外，还有战争工业化带来的痛苦，例如，几个世纪以来，一些哲学家已经了解到的幻肢痛。19 世纪中期之前，那些在战场上失去肢体的人很少能幸存下来。随着野战外科手术的改进，特别是无菌治疗的即时性，更多伤残军人可在战场上幸存下来，并带着令医疗机构困惑的痛苦重返平民生活。幻肢痛在美国内战中已被观察到，但在第一次世界大战期间和之后才真正成为一种普遍现象。[25] 尽管现在大多数疼痛专家认为疼痛不是源于外周或受伤部位本身，而是源于外周反应失败而引起的中枢信号问题，但幻肢痛仍未被完全理解。20 世纪早期的神经学家主要通过关注损伤部位来应对幻肢问题，但这种方法也与将责任归咎于患者性格或道德品质的讨论趋势交织在一起。在战斗中受到的可怕伤害因被阉割的感觉而更显复杂，一代饱受战争摧残的人一生都生活在痛苦之中，而当被告知痛苦来自他们的大脑时，情况变得更加糟糕。心因性疼痛被认为是装病，或者是心理缺陷。[26] 由此产生的痛苦几乎是不可想象的。如同与斯宾塞通信的人"在氯仿麻醉下有意识"，在医生和患者之间仍然存在体验差距，医生说疼痛已经消失，或者疼痛根本就不存在，而患者知道他们自己疼痛的真实情况。

| 恐惧

1803年，弗朗西斯·泽维尔·巴尔米斯（Francis Xavier Balmis）从西班牙拉科鲁尼亚出发，踏上了为西班牙帝国接种牛痘的盛大航程。他被誉为全球牛痘接种先驱，将痘液带到了中南美洲、菲律宾和中国（当地接种工作由英国人管理）。在他历时近3年的旅程中，他和他的团队为超过10万人接种了牛痘，并在所到之处设立了接种站，以确保牛痘接种的持续进程。在墨西哥城设立的"牛痘接种政务审议会"便是其中之一，它将监督整个人群的牛痘接种，并不断努力在当地进行指导，使接种知识在航海家继续前进后得到保留。巴尔米斯是奉国王查理四世命令出航的，查理四世是牛痘接种的早期支持者。1798年爱德华·詹纳向全世界宣布了牛痘接种，这一全球性努力具有里程碑意义，也是在世界范围内集中组织管理公共卫生的首次尝试。[27]

巴尔米斯的航行故事通常集中在阻止天花在整个帝国传播的重要性上。毕竟，这种疾病不分殖民者、被殖民者，无论帝国最初从将天花传播给土著获得了什么好处，[28] 到 19 世纪初，流行病都有可能动摇帝国实力本身。对当地殖民管理者和混合人群来说，免受天花威胁的承诺无疑是一个美好愿景。

然而，故事中缺少了一些东西，这些东西应该被恢复和分析。虽然有充分的文献证明巴尔米斯用活的牛痘接种者（提供痘液的人）来运输疫苗，但很少有人详述这些疫苗接种者的体验。这些"容器"往往被称为"活载体"或"牛痘接种者"，而不是儿童，这表明人们接受了"当时的伦理与今天的伦理不同"这样一个事实，以及某种无奈：毕竟，如果巴尔米斯想在这么远的长途旅行中保持牛痘疫苗活性，他能有什么选择？

笔者不想否认这种接受和无奈。从很多方面来说，这是恰当的。然而，那些在没有选择的情况下，将疫苗接种到全球大部分地区的人的经验史有待重建。他们是宏大的公共卫生愿景中不知情的工具性对象，他们的主体性基本已丧失。他们站在新医学政治的前沿，因为牛痘接种不仅仅是保护人群健康的一种手段，也是殖民权力的一种工具。携带疫苗的孩子在被迫体现这种医学政治野心面前极其无能为力，人们只能假设他们在完成任务时仍有很大疑惑，如果不是全程恐惧的话。

第一批有 25 个孩子，都是 8 岁到 10 岁的孤儿，来自马德里和拉科鲁尼亚的孤儿院。5 名来自马德里的孤儿将最初的疫苗带到港口，在那里又有 20 名孤儿被安置在船上，首先前往加那利群岛，然后前往波多黎各。人们不需要为选择孤儿寻找太多理由。牛痘接种者必须没有接触过天花，这就排除了大多数成年人。而且他们必须与父母没有任何联系，以免在面对未来航行前景时退缩。被选中的孤儿于1803年11月30日起航，于1804年2月9日抵达圣胡安。在国外待了一年多之后，他们最终从墨西哥城被送回西班牙。而陪同出航的护士留了下来，因为无论巴尔米斯和他的团队去哪里，新选中的孩子都必须被带走并运送到下一个地点。牛痘接种任务是一个巨大的强制孤儿迁移链，他们的命运通常没有记录。其中有20个孩子被发现从墨西哥航行到东方，他们的旅程留下了一些记录。他们于1805年2月1日离开阿卡普尔科，前往目的地马尼拉，"孩子们睡在拥挤的地板上，不小心相互接触，使他们的手臂产生意想不到的皮肤损伤，导致他们持续高烧"[1]。这次航行历时两个半月，虽然所有孩子都活了下来，但健康状况一定很差，情绪也很低落。在菲律宾为两万人接种完牛痘疫苗后，巴尔米斯将这些孩子送回墨西哥，又带着新的一批去了澳门和广州。这些帝国的工具似乎没有得到任何作为人应该得到的礼遇，而只是被物化为器皿。关心他们是否活着，也主要是关心牛痘疫苗能否得以保存。很少有人思考这种以疾病预防为名的非人化悖论。话说回来，拯救生命也许只是维护权力和贸易的辅助手段。就其论调而言，这第一次的伟大的人道主义使命是经过深思熟虑的。巴尔米斯回国后，获得了极大赞扬，尤其是来自爱德华·詹纳的赞扬，他在拿破仑战争期间宣布，自己与西班牙达成了私下和解[2]。

在牛痘接种的第一个世纪，恐惧和厌恶大部分集中笼罩在孩子们

---

[1] Aldrete 2004: 377.

[2] Jenner 1807.

被动物和性病感染的风险上，在这种普遍氛围下，这些作为接种者的孩子被忽视的经验就更加令人震惊了。总的来说，一个1800年出生的孩子很有可能以某种方式感染天花。牛痘接种对其支持者而言无疑是一种安全且有效的预防手段，但在其发源地英格兰却遭到了强烈抵制，尤其因为许多医生收入的很大一部分来自给儿童接种人痘。事实上，医疗机构在人群中接种人痘，希望有目的的感染会导致轻症，然后产生终身免疫，这绝不是一个确定的结果，并且有明显缺点，即孩子们在接种后会被完全传染。尽管如此，为了使接种过程看起来尽可能安全，并符合医学上的专业化，详细复杂的程序和操作还是得以建立起来了。相比之下，詹纳向所有提供牛痘接种的人免费提供的牛痘和使用说明更为简单，却直接挑战了医疗现状。

围绕牛痘接种的性质和道德而引发的风暴在人群中引起了新的恐惧，以及对医疗机构和国家动机的全新焦虑。在一些社区，人们对感染天花的担忧与对牛痘接种后果的担忧不相上下。人们预感的牛痘危害性很快就演变成了都市民间传说，对其积极作用的循证研究被一系列精心组织的替代事实取代，这些事实是由医学元老们推动的，因为如果牛痘接种成功，他们会有所损失。[29] 这个案例表明，在一个医学开始以国家为基础组织起来的时代，任何人都难以合法地建立医学权威。当时就像现在一样，权威被人格力量和华丽辞藻取代。对一些人来说，医学真理变成了一个脆弱的概念。从经验的角度来看，它触及了普通民众在相互竞争的危险论述中权衡医疗信息和风险的核心。

关于牛痘最初的争论集中在无意的性越轨行为风险，以及神圣孕育的人类与动物物质的亵渎性混合上。一位著名的接种者将牛痘归类为牛梅毒，并对牛痘接种提出了公开质疑：这何尝不是一种兽交形式？从而使人们面临进入牛嵌合体时代的风险[①]。这就是詹姆斯·吉尔雷（James Gillray）1803年著名讽刺版画的背景，这幅画描绘了一个被牛痘改造的杂交种群（见图6.2）。反疫苗的医生们精心尝试使吉尔雷的印刷品具体化，提出了"牛痘牛脸男孩"和"兽疥癣女孩"，以有形的方式展示接种的风险[②]。公众对这一切的反应短期内固然难以衡量，但从长远来看，很容易看出这种恐惧的程度。

图6.2 詹姆斯·吉尔雷，《牛痘》（*The Cow-Pock*），1802年。来源：Wellcome Collection。

① Moseley 1800：183.

② Rowley 1805.

整个19世纪，梅毒的谣言一直纠缠着牛痘接种，在英格兰和威尔士于1853年引入强制接种措施后尤其被频繁引用。对牛痘接种的抗议通常被视为出自良心的反对（conscientious objections），而某些激进的城市卫士（尤其在莱斯特）对牛痘接种法律的公开蔑视，则被视为对政府侵犯公民个人自由的强烈不满。不过，对反牛痘接种情绪的研究表明，反对意见主要集中于牛痘接种被视为危险这一事实。里约热内卢（1904年）和多伦多（1919年）的反强制接种抗议活动证实了这一点。[30] 在强制性法律的第一个版本中，抵制者可能会因未能给孩子接种牛痘而被送进监狱服劳役，有些人还会因未能遵守规定而遭受多次起诉。大多数情况下，这些牛痘"殉道者"的固执源于一种根深蒂固的信念，即接种牛痘会杀死儿童，或致使他们残疾，或使他们染上其他疾病。[31] 臂对臂的牛痘接种导致大量无关病例出现，加剧了人们对牛痘接种会导致梅毒、丹毒、发烧等疾病的担忧。当争论在赫伯特·斯宾塞和进化论者阿尔弗雷德·拉塞尔·华莱士（Alfred Russel Wallace, 1823–1913）①等哲学家之间交锋时，他们反对牛痘接种的理由在于大量统计数据显然证明了牛痘接种在预防天花方面的无效性，或者与其他疾病有明显相关性。然而，由于高水平统计的普遍缺乏，第一任首席医务官约翰·西蒙等关键人物，使用完全相同的统计数据，提出了支持牛痘效力的相反论点。在1889—1896年皇家委员会调查此事期间，由于对强制接种牛痘的反抗，这项法律的实施一直处于搁置状态。规模空前的民众宣称，比起天花本身，他们更害怕国家应对

---

① Wallace 1898.

天花传播的措施，尽管1870—1871年爆发了毁灭性的天花流行。

抛开国内困境不谈，英国人开始了他们殖民地的疫苗接种之旅，特别是在印度次大陆周围，詹纳因控制了愤怒的上帝而受到称赞。正如巴尔米斯的航行一样，这里也有关于不信任、苦难和殖民权力等不为人知的故事。虽然大英帝国大片地区的牛痘接种被视为一种积极力量，在医疗和政府机构中广受欢迎，但毫无疑问，牛痘经常被接种给那些对牛痘安全性和接种机构权威心存疑虑的人群。[32] 而印度的牛痘接种很大程度上依赖于底层孤儿作为牛痘接种者，以使牛痘在热带条件下存活。[33] 相较于实验室动物或生产疫苗的动物，他们的经验更不受关注，从未被言说或记录，但必须重新发掘出来。

在漫长的19世纪，牛痘接种的故事是一个有用的透视镜，可以用来审视新的公共卫生政治和公共卫生管理细节是如何被公众接受的，总的来说，公众是被动地接受国家认为适合的东西。对于那些无权无势的人来说，尽管他们身处一个充满不确定性的世界，他们别无选择，只能顺从。另一些人则坚持大声抱怨，并在一定程度上成功抵制了对公民个人自由和权力的限制。他们见证了强制接种牛痘法律被放宽的胜利，但这与其说是自由原则的胜利，不如说是一种巨大恐惧的解脱，一种对医疗政府的恐惧的解脱。

| 表演

1874年圣诞节至新年期间，移民船"达尔豪西伯爵（*Earl Dalhousie*）"

号从伦敦经普利茅斯前往阿德莱德途中，外科医生约翰·赫德森（John Hudson）处理了 16 例歇斯底里性破伤风。根据他在《柳叶刀》上发表的报告，这艘船充斥着性变态、欺骗性姿态和女性神经质[①]。这场流行病是由一个名叫苏珊·比克福德（Susan Bickford）的 22 岁女孩引发的，她表现出"良好教育与不良影响并存的迹象，既会说脏话也会唱优美的赞美诗"。她曾在济贫院待过一段时间，15 岁时生下了孩子（尽管孩子没有和她在一起），是"色情狂的受害者"。以免引起误解，这里的"色情狂"指的是她自己。根据赫德森的说法，她的问题源于手淫成性。比克福德在歇斯底里发作的巅峰时期，会陷入抽搐，最终出现"全身僵硬（角弓反张），身体向后弯曲成弓形，仅以头部和脚跟支撑"。这符合破伤风的症状。在当时，破伤风是一种通过其症状而非特定病原体而为人所知的疾病（破伤风杆菌在 1884 年才被发现，而这种疾病的传染性直到 1890 年才得到证实）。尽管外科医生认为她是在装病以寻求关注。然而，这种歇斯底里性破伤风却有极强的传染性——这是一种"共鸣"作用，而非现代意义上的那种传染概念——迅速影响到其他女性乘客，一天内就发生了 12 例。破伤风的这些表现在医学上可以概括为"妄想和反复无常……佯装和欺骗"，个人表现为"子宫虚弱"和性堕落。赫德森将所有这些病例的原因总结为"可能是情感上的，每个病例的本质显然都是神经中枢的反射行为"。这些姿势可能预示着一种真正的疾病，或者一种真实的痛苦表情，但没有

---

① Hudson 1875.

受到关注。不过，这些女性在得到诊断，接受了一系列方法和材料的治疗后都恢复了健康，这些方法和材料包括水合氯醛、溴化钾、天仙子、缬草、通便剂、放血、冷敷和隔离。在比克福德的案例中，停止手淫的道德劝诫将她从这些症状中唤醒。

要了解其中原因，我们必须回到19世纪初。苏格兰外科医生查尔斯·贝尔（Charles Bell）在1806年发表了《剖析绘画中的表情》（*Essays on the Anatomy of Expression in Painting*），其影响远远超出了艺术领域。这一点或许在1824年该书再版为《表情的剖析与哲学》（*The Anatomy and Philosophy of Expression*）时就有所暗示。贝尔的论述重心是对历史上艺术家缺陷的批判，同时他也用艺术史记录来发现欺诈性病例，为鉴别诊断提供了指导。这方面的典型病例是破伤风的角弓反张表现（见图6.3）。

在早期，破伤风的角弓反张被认为是恶魔附身的象征，而不是世俗化的疾病。贝尔考察了各种艺术表现中对这种弓形姿势的描绘，发

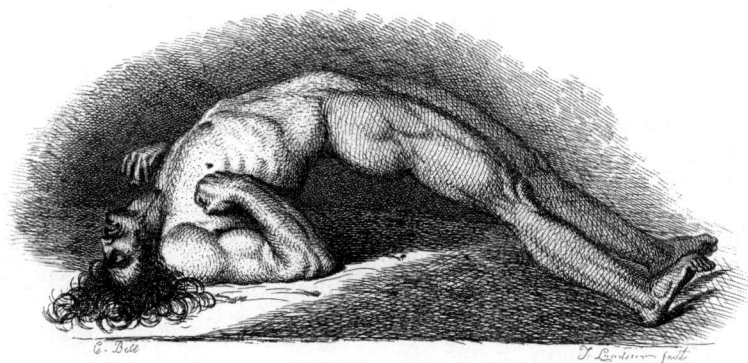

图6.3 查尔斯·贝尔，《角弓反张》（*Opisthotonos*），1844年。来源：Wellcome Collection。

现在大多数情况下，身体都处于不自然的姿势，表明受折磨者有欺骗行为。他观察到，真正的破伤风角弓反张都是一样的，不会被弄错。这一发现远在破伤风杆菌被发现之前。破伤风的英文（tetanus）字面意思即一种身体的姿势（而不是一种特定的病原体），可以被用于各种类型的患者。在贝尔的帮助下，欺骗性病例应该很容易被发现。麻烦的是，在19世纪，这种弓形的扭曲姿势逐渐成为歇斯底里（不是着魔）的一种经典体征。对医生来说，区分破伤风和歇斯底里性破伤风是一项诊断上的挑战。

关注经验史的历学家提出了一个问题：当疾病本身并不直接导致这种明显症状时，这种症状是如何突然广泛传播的？ 在整个19世纪，关于歇斯底里的病因一直争论不休，一些人认为是子宫活动，另一些人认为是女色情狂（nymphomania），还有一些人认为是心理障碍。总的来说，人们认为歇斯底里与其说是一种躯体疾病，不如说是一种存在于女性体质中的固有问题。然而，没有任何证据表明它应该表现为破伤风。但是，在整个研究期间，越来越多的女性因她们摆出的看起来极其痛苦的弓形姿势，而被认定为歇斯底里患者。

历史研究表明，歇斯底里的弓形是由专门寻找其外观的医生通过有效训练歇斯底里患者才形成的，尤其是巴黎萨尔佩特里埃医院著名神经学家让－马丁·夏科，这往往会导致对医学权威和变幻莫测的移情的分析。[34] 然而，从患者角度来说却远不止于此。歇斯底里的弓形可能与医学原因没有直接联系，但它的出现却常常预示着康复的开始。笔者已经另外撰文提出了一种解释①，认为这些肢体动作是无意识的努

————————

① Boddice 2017a.

力，将内在的绝望、抑郁、悲伤等情感表达与易于理解的规定手势的剧本相匹配。笔者将威廉·雷迪（William Reddy）的"情绪"表达 ① 扩展为个人试图将一种感觉与一种可接受的情绪表达相匹配的过程，提出在临床环境中也可以进行类似活动，即将一种不舒服的感觉与一种可接受的疾病外观相匹配。特别是在19世纪的第三个25年里，歇斯底里患者通过正确地表现出他们的医生所寻找的姿势来获得帮助。与贝尔指责的欺诈行为截然不同，这些患者通过遵从医疗机构认可的可诊断性陈述，为他们真正的痛苦找到了安慰。这种疾病感觉和疾病规则的融合对最初的感觉产生了积极影响，因为对问题的简单认识往往足以开始减轻问题。

"达尔豪西伯爵"号上的女人是怎么知道疾病剧本的呢？笔者怀疑比克福德本人对歇斯底里的角弓反张表现有直接了解，因为她曾在济贫院待过一段时间。她的个人状况和经济状况都堪忧，毫无疑问，这次航行本身又给她带来了很大焦虑。她独自一人，逃离了艰难的生活，背负着年少生子又不得不放弃那个孩子的创伤，走向了另外一种充满不确定性的生活。她在船上崩溃了，用一种可能获得医疗关注的方式表达她的病情。女色情狂的诊断为她提供了一个康复计划，虽然与她最初痛苦的原因毫无关系，但却将她的病情引入了一个可治疗的医学道德范畴。简单的诊断和治疗无疑意味着足够的关注。这个情感过程通过身体的"表演"来完成，使医务人员和病人的体验达到一致。这就是安慰剂发挥作用的动态（且完全不知情的）过程。其他女性看

---

① Reddy 2001：128.

到破伤风姿势获得船上医学权威的关注，很快屈服于它的力量。这并不是说她们有意识地表演出歇斯底里的弓形，而是说她们的情感问题在船上外科医生可以解读的疾病剧本中找到了解决办法。

当代医学将诊断的有益力量理解为安慰剂科学的一部分。[35] 在精神病学家和前精神医学的前线，一种歇斯底里剧本的发明有助于为歇斯底里患者构建歇斯底里的体验。曾经一段时间内，人们对歇斯底里的治疗抱有很大希望，认为它是一种很容易识别的假性破伤风。破伤风杆菌被发现后，这种疾病就不再由其姿势来定义，而是明确地与其病理原因相关联。随着真正的破伤风在临床上被区分开来，歇斯底里性破伤风作为一种疾病表现就不那么受重视了。当医学剧本改变，医生不再把弓形看作歇斯底里的标志，歇斯底里患者开始寻找其他方式来购买医疗机构的服务。

这个特殊剧本的性别化不容忽视。尽管在夏科的观察下，确实有一群歇斯底里的男性存在，[36] 但出现破伤风症状的女性比男性更有可能被认为是歇斯底里患者，而男性在大多情况下会接受破伤风治疗。即使在破伤风已经成为一种由特定细菌引起的独特疾病很久之后，出现歇斯底里性破伤风症状的男性通常更容易被相信患有破伤风。亚瑟·赫斯特（Arthur Hurst）指出，战地外科医生对接种牛痘的病人中出现神秘的局部破伤风（例如手部破伤风）感到困扰①。医学研究人员把时间浪费在寻找新形式破伤风来解释这些症状，而这些症状本可以"通过一次心理治疗就能治愈"。

---

① Hurst 1918:581.

这些有关歇斯底里和破伤风的故事，表明在漫长的19世纪心理障碍的广泛趋势。"铁路脊柱"患者及其医生，满怀乡愁者（那些经受思乡之苦的人），受现代城市电力和能源影响的神经衰弱者，以及"炮弹休克（shell shock）"①的受害者，他们的精神状况与物质环境有因果关系，而不是真正的心灵创伤，都可以建构出类似叙述。[37]弗洛伊德称之为文明的"不满者"，他们努力找到可以表演的剧本，以期在医疗机构中找到观众，找到一种帮助他们摆脱持续创伤体验的治疗方法②。他们找到的听众大多不在医疗机构范围内，而在迅速扩张的精神病学领域，这表明医疗机构在试图将情感创伤作为一种医学疾病来理解和治疗方面，做得非常有限。

| 知道如何感受

这篇简短论述着眼于一个时代的疾病经验，在这个时代，无论公共卫生管理方面，还是新的医学政治和哲学方面，帝国的国家地位与医学越来越紧密地交织在一起，医学机构越来越多出现在公众生活中，但公众对此持怀疑甚至是恐惧态度。一个以寻求战胜痛苦和疾病为特

---

① "炮弹休克"这一怪病首现于第一次世界大战期间，1915年由英军上尉查尔斯·迈尔斯（Charles Myers）提出，用于指称"一战"中人们在心理和精神上所体验到的典型伤害。其主要症状包括焦虑、失眠、噩梦、记忆丧失、颤抖、情绪失控等。早期的医学观点认为这是"震荡"的结果，后来越来越多的医学观点认为属于神经性疾病。——译注

② Freud 2002.

征的时代，也以各种新的痛苦和将个人物化、工具化的新方法为标志。在这些医疗遭遇的细节中，医务人员的经验往往混淆了患者和医学研究对象的经验。然而，这并不意味着后者的经验无法恢复。

为所有人和每一个病例描述医学经验是不可能的，即使将其限定在动态的相遇和旅程中。笔者讲述的内容虽然有限，但还是勾勒出如何将经验史视为漫长的19世纪医学文化史的核心部分。这取决于听到医疗档案记录中沉默的声音的能力，或在非传统地方找到证词的能力；还取决于人们是否愿意接受，或至少试图理解关于痛苦和恐惧的主观描述，并将疾病的新表现解释为对疾病主观体验的真实陈述。这也取决于人们是否愿意试图捕捉相遇时的感官体验，触摸和感受之间的距离、倾听和被听到之间的距离、观看和被看到之间的距离；还取决于人们是否愿意接受（情感）经验本身取决于"可能性背景"，受制于特定时间和地点的知识和表达。[38] 也许，打开这些可能性的最有效方式是在历史背景下考察一个最基本的健康相关问题："你好吗？"或者更确切说："你感觉如何？"这似乎很简单，任何人都可能欣然给出答案。但是，如果一个人的感受与他所处的文化背景、与引导他表达的剧本有着内在联系，那么尝试发现他如何知道自己的感受就成了一项合理任务。当历史学家为过去的人们执行这项任务时，我们就在医学文化史上开辟了一条丰富的"经验"矿脉。

注释

[1]　感官史的开创性研究见 Classen 1993 和 Corbin 1995。在 Classen 2014 中实现了经验史的规模感。

[2]　有关这一挑战的更广泛评估，参见 Condrau 2007。

[3]　后一个问题不仅包括人类，医学实验动物的经验是人文和社会科学后人类转向的主要挑战之一。参见 Boddice 2012, 2016；Gray 2014；Kirk 2016。

[4]　这种方法最初受到 Porter 1985 启发，后被 Condrau 2007 采纳。

[5]　它与以往在"经验史"保护伞下进行的史学流派截然不同，应被视为一种新的史学出发点。参见 Boddice & Smith 2020。

[6]　有关此问题的两种完全不同的解决方法，参见 Rees 2014 和 Willenfelt 2014。情感史和经验史之间的联系最近得到了详细阐述，参见 Moscoso & Zaragoza 2014；Moscoso 2016；Boddice & Smith 2020。

[7]　关于"躯体转向"的评价以及寻找身体史的意义，参见 Cooter 2010。

[8]　关于神经科学和情感，参见 Feldman Barrett 2006, 2006a；关于神经科学和疼痛，参见 Eisenberger 2003；关于安慰剂，参见 Mogil et al. 2015 和 Hall et al. 2015。有关如何应用所有这些历史理论，参见 Smail 2008。

[9]　参见 Boddice 2017, ch. 7；Boddice & Smail 2018。

[10]　参见 Moore 2005：136。

[11]　对专业化最好的描述是 Weisz 2006；关于对实验医学和医学专业的恐惧，参见 Lansbury 1985；Willis 2006；Boddice 2016：56–71；Boddice 2021。

[12]　关于功利主义和医学伦理学更广泛的背景，参见 Gere 2017。

[13]　关于19世纪中期麻醉使用伦理对阶级、种族影响的详细回顾，参见 Wall 2006。

[14]　关于麻醉时代前外科医生的情绪表达，参见 Brown 2017；关于

后麻醉时代，参见 Boddice 2016：49–52, 72–92；Schlich 2007；White 2006。

[15]　Mercer 1972：31 引述了大卫·休谟（David Hume）的著名段落。Smith 2009：45 引述了亚当·斯密的版本。

[16]　这里，外科和生理学领域借鉴了情感投射的美学理论，尤其在艺术消费方面。参见 Burdett 2011, 2011a。

[17]　对此的拓展讨论，参见 Boddice 2016：49–52, 72–92。

[18]　可参见 Lambert 1962。

[19]　关于总体概述，参见 French 1975（活体解剖）和 Porter & Porter 1988（牛痘接种）。要了解医学研究人员在这一背景下的感受，参见 Boddice 2016, 2021；White 2006, 2009。

[20]　参见 Boddice 2012, 2014a；Lederer 1995。

[21]　对此的文献综述，参见 Boddice 2011, 2021。

[22]　关于德国医生与国家、法律和公众不同关系的概述，参见 Weindling 1991；Maehle 2009。

[23]　关于特别关注经验的介绍，参见 Moscoso 2012。也可参见 Bourke 2014a；Boddice 2017。

[24]　参见 Wood 2012；Marland 2006；Wolf 2009；Leavitt & Walton 1984。

[25]　参见 Devine 2014：314, n. 134；Bourke 2014。

[26]　关于历史上人们对无损伤疼痛态度的一般评价，也可参见 Goldberg 2012。

[27]　有关巴尔米斯航行的记述，参见 Aldrete 2004；Tuells 2002；Tuells & Martin 2011；Franco-Paredes & Lammoglia 2005。

[28]　参见 Cook & Lovell 2001。

[29]　Kitta 2011 讲述了这个漫长的故事。

[30] 关于里约热内卢，参见 Sevcenko 2010；关于多伦多，参见 Arnup 1992。

[31] 关于莱斯特，参见 Fraser 1980。关于工人阶级抵抗强制接种牛痘的整体描述，参见 Durbach 2004。关于儿童致残致死的描述，参见 Murdoch 2015 a。

[32] 参见 Arnold 1993；Brimnes 2004；Bhattacharya 1998；Bhattacharya et al. 2005。

[33] 参见 Murdoch 2015。

[34] 参见 Charcot 1877；Gilman 1993；Furst 2008；Scull 2009；Micale 1995。

[35] 考虑到 Hall et al. 2015 和 Mogil et al. 2015 关于安慰剂反应的文化和遗传可塑性的最新发现，历史学家重新审视这一主题的潜力是巨大的。

[36] 参见 Micale 2008；Showalter 1985；Stirling 2010。

[37] 关于铁路脊柱，参见 Erichsen 1867；Goldberg 2017；关于神经衰弱症，参见 Kenny 2015；Killen 2005；关于炮弹休克，参见 Bourke 1996: 107–22。

[38] 这个短语是 Hernández Brotons 2017: 20 的新词，反过来又借鉴了 Koselleck。参见 Boddice & Smith 2020 的完整阐述。

第七章

心灵 / 大脑

丽贝卡·温特

（Rebecca Wynter）

斯蒂芬·T. 卡斯珀

（Stephen T. Casper）

丽贝卡·温特（**Rebecca Wynter**），英国伯明翰和伍德布鲁克大学贵格会研究中心历史学讲师，英国艺术与人文研究委员会资助项目"火烧锻造：英国烧伤和身份，约1800—2000年"博士后研究员。兼任医学社会史学会罗伊·波特奖评选委员会主席，《贵格会研究》（*Quaker Studies*）评审编辑。出版精神病学、精神健康、神经病学、救护车和第一次世界大战医学相关著作。

斯蒂芬·T. 卡斯珀（**Stephen T. Casper**），美国纽约克拉克森大学历史系副教授、荣誉课程副主任。主要研究精神和大脑科学，出版多部关于神经病学史、精神病学史、神经学史和批判神经学史著作。

1865年，T. 芬顿（T. Fenton）致函《美国颅相学杂志和生活画报》（*The American Phrenological Journal and Life Illustrated*），就 J. 姆克姆（J. McM.）此前在该期刊上发表的一篇文章提出异议。芬顿质疑的核心在于心灵和大脑的本质问题。姆克姆争辩道："如果音乐家的乐器损坏，音乐家就无法演奏了。""没错，不能在那件乐器上演奏了，"芬顿借鉴1800—1920年逐渐为人熟知的隐喻说，"但请记住，那件乐器可能坏了，但音乐家没有 …… 颅相学家和生理学家把大脑比作电池 …… 非常好的类比；但电池需要一个操作员，如果操作员不愿意，电池就不能发挥作用。"尽管如此，芬顿还是称赞了姆克姆："他引导我们思考，很少有作家能做到这一点。他们选择吃比较软的食物，这样就不用咀嚼了，但是咀嚼能保护牙齿，牙齿帮助消化系统，而消化系统造就了人。"①

　　这段对话反映出的"心灵"和"大脑"的分离，承载了几个世纪以来西方心灵哲学的看法。二者之间的知识张力由勒内·笛卡尔（René Descartes, 1596–1650）首先表述，后由伊曼努尔·康德（Immanuel Kant, 1724–1804）进一步发展，进而塑造了整个文化。不过，本章的讨论将超越这些传统哲学。芬顿的类比指出，心灵和大脑的文化意义更多样化，且具有时代特异性。本章将从机构、医学论著、诗歌，到围绕种族、阶级、残疾和性别的观念，讨论这两者是如何在文化中被传达、理解和体现的。本章希望能同姆克姆的文章一样，提供一些

---

　　① 　Fenton 1865.

值得思考的东西。

自20世纪60年代以来，精神、大脑医学和科学的历史研究一直由在现代世界强调心灵的关键人物主导。法国哲学家兼历史学家米歇尔·福柯（其思想接近年鉴学派，引导着反精神病学运动）声称，"疯癫"是一种社会建构，它通过话语构建起来，并通过启蒙理性辩证地加以明确。它像一只苍蝇一样，被现代国家的权力和监视机器的网捕获在所谓的"大禁闭"中[1]。安德鲁·斯卡尔（Andrew Scull）在1979年驳斥了福柯的论点：没有社会控制，没有坚定的、单方面的、有组织的行动来对疯癫者进行大禁闭的过程。相反，专业化的"alienists（即proto-psychiatrists，早期精神病学家）"[2]抢占地盘，创造了一个19世纪的新帝国——疯人院[3]。

罗伊·波特（Roy Porter）和伊莱恩·肖沃尔特（Elaine Showalter）运用具有政治意识的社会史作为回应，挖掘了病人的体验。罗伊·波特呼吁采用"病人视角"，并热情地使用了一系列资料来恢复它[4]。女性主义历史学家肖沃尔特以歇斯底里为研究对象，通过文化材料论证了诊断范畴的建构[5]。帕特里克·麦克唐纳（Patrick McDonagh）等人也接受折衷主义[6]。而桑德尔·吉尔曼和里克·赖伦斯（Rick Rylance）

---

[1] Foucault 1961/1995.

[2] 指精神病学正式成立以前，研究和治疗精神病的人。这个词源自"alienation（异化）"，表示精神错乱或心理失常。——译注

[3] Scull 1979.

[4] Porter 1985, 1987/1990, 1987/1996.

[5] Showalter 1987.

[6] McDonagh 2008.

等人专注于利用特定资料类型来分析心灵的文化感知[1]。然而，许多历史学家就像他们研究的主题一样，一直深陷疯人院的窠臼。尽管如此，在漫长的19世纪，机构研究继续影响着我们对心灵的理解（参见参考文献）。

在精神医学的史学研究中，大脑一直被边缘化，尽管身体史的影响正在开始改变这一点[2]。与精神病学史相比，神经病学史只得到了很少的研究。L. 斯蒂芬·杰西纳（L. Stephen Jacyna）等人绘制了神经学、神经外科和神经科学的学术和职业发展路线图。杰西纳和卡斯珀（Casper）还共同主编了第一部从神经病患者角度展开叙述的著作[3]。此外，学术界还出现了更广泛的转变，使学术界之外的声音能够通过政治透镜介入历史，这挑战了心理学和神经病学迥异的医学模型[4]。

随着医学人文学科的主流化，人们也更愿意参与帝国时代其他心灵和大脑文化史的研究，结果喜忧参半。劳拉·索尔兹伯里（Laura Salisbury）和安德鲁·沙伊尔（Andrew Shail）主编的《神经病学与现代性》（*Neurology and Modernity*）抓住了包括"铁路脊柱"和"炮弹休克"在内的主要主题[5]。安德鲁·斯卡尔出版了《文明中的疯癫：一部精神错乱的文化史》（*Madness in Civilization: A Cultural History of Insanity*），该书在神经病学和精神病学之间找到了一个交叉点[6]。自2000年以来，

---

① Gilman 1982；Rylance 2000.

② 可参见 Wallis 2017。

③ Jacyna & Casper 2012.

④ 参见 Silberman 2015。

⑤ Shail 2010.

⑥ Scull 2015.

对文学、视觉和物质文化的思考显然已经加速发展[1]。尽管如此，心灵和大脑共同的文化史仍然几乎未被触及。

本章进行了初步尝试。笔者首先提出了一个可以很容易定位（和本地化）心灵和大脑文化的熟悉空间。然后，本章将讨论界限不太分明的领域，观察历史如何忽略在殖民和被殖民边界相互平衡的意义，将塑造"心灵"和"大脑"的路径视为单行道。这种盲点也出现在将两者视为高雅文化的问题上——低俗的建筑很可能在整个19世纪发挥着塑造心灵和大脑的作用。本章最后一部分改变基调和重点，为进一步开展历史研究提出更多途径。

位置和本地化

1800年，在法国阿韦龙，一个男孩走出了森林，走进了19世纪。之前曾有人试图收养他。然而，这个12岁左右的野孩子，自愿离开了荒野，进入了文明社会。众所周知，维克多（Victor）体现了欧洲启蒙运动两个主要主题的碰撞：天性／教养和理性／非理性。因此，让·马克·加斯帕德·伊塔尔（Jean Marc Gaspard Itard）医生对发育迟缓的"阿韦龙野孩（Wild Boy of Aveyron）"进行了教育，使其能够适应现代社会，他的工作并未完全成功，但代表了启蒙运动两个主要主题的

---

[1]　参见 Coleborne & McKinnon 2011; Guenther & Hess (eds) 2016; Kaes 2010; Rose 2004; Sirotkina 2002; Stiles, Finger & Boller (eds) 2013; Wynter 2011。

模糊边界①，而支撑它们的是心灵和大脑。

18世纪见证了对"心灵"和"大脑"的伟大探索。在英国和法国，这种时代思潮体现在对那些被贴上"疯人"标签的人治疗方式的转变上。"疯人（lunatic）"是一个古老术语，泛指那些被认为患有精神疾病、神经系统问题和发育障碍、学习障碍的人，将"月狂（moon madness）"的古老概念带入了现代。从17世纪土耳其奥斯曼帝国医院的护理和"音乐疗法"②，到1751年开业的伦敦圣卢克医院③，其他地方也出现了进步的医学实践。但是，代表这一变化的是19世纪初位于英格兰北部的约克静修院（York Retreat），以及巴黎的比塞特（Bicêtre）医院和萨尔佩特里埃医院④。事实上，巴黎流传着这样一个故事：革命的灵感说服了高级医生菲利普·皮内尔打破了精神病人的镣铐⑤。

在葡萄牙和英国，由于玛丽亚一世（Maria I, 1734–1816）和乔治三世（George III, 1738–1820）的疾病，精神错乱这个主题获得了政治意义。围绕国王健康不佳的焦虑渗透到新闻报道、漫画、诗歌、物质文化和宗教服务中⑥。如果君主是由上帝任命的，而每个人身上都有上帝的某些东西，包括那些失去理智的人［正如静修院创始人——贵格会（Quaker）的图克家族（Tukes）所相信的那样］，那么"破碎的大脑"并不意味着心灵不可挽回的破裂。因此，遵循更广泛的专科化

---

① 更多关于维克多的文化影响，参见 McDonagh 2008。

② Narter 2006.

③ Smith 2007.

④ 参见 Digby 1985。

⑤ 参见 Foucault 1961/1995, Weiner 1994。

⑥ Macalpine & Hunter 1969; Agland 2009.

模式，19世纪开创性地出现了西方精神病学、神经学和心理学，所有这些领域在20世纪初都成为独立的专业领域。

在大革命后的法国，受过教育的人仍然对革命意识形态关于心灵和大脑的暗示性声明持怀疑态度，特别是与雅各宾派暴行相吻合的感觉论心理学。他们同样谨慎地欢迎机械论或决定论。浪漫的法国文化设想了意志自由的身体。正如历史学家简·戈德斯坦（Jan Goldstein）描述的，这种精英努力表明，心灵在19世纪的欧洲是一个有争议的话题①。

在这种情况下，法律文化介入并帮助塑造了心灵／大脑的含义。对"疯人"的宽容和对自由意志可能受到损害的认识已被纳入世界各地的宗教和法律法典，包括犹太《塔木德》（Talmud）和中国传统教义。启蒙运动的法律体系认为，法院应该考虑到犯罪时的精神状态。许多国家效仿英国，尤其在1800年企图刺杀乔治三世的詹姆斯·哈德菲尔德（James Hadfield）因精神失常被判无罪之后。这一先例在1843年法庭上受到了严格检验，由此产生的麦克·纳顿条例（M'Naghton Rule）"在许多国家创造了一个习惯法的标准"。如果一个被告"在这种理性缺陷的情况下，由于精神疾病而不知道他所实施行为的性质；或者即使他确实'知道'他所实施行为的性质，但他不知道他其行为是错误的"，他也不用承担责任②。这些表现出"意志损伤"的判例的实际意义是有争议的。因此，这些试验以及对一个人"正常"或"不正常"

---

① Goldstein 1987.

② Simon & Ahn-Redding 2006: 7.

行为的认定是由文化因素决定的，包括情绪和生理反应①。历史学家乔尔·艾根（Joel Eigen）揭示了非专业人士和医学证人、律师和法官通过对神游状态的评估，来判断什么构成了"精神错乱"和意识边缘②。然而，这种对情感的探索和对法庭演员的实质性研究很大程度上仅限于英国和北美③。

出生于德国的弗朗茨·约瑟夫·加尔（Franz Joseph Gall, 1758-1828）、约翰·施普尔茨海姆（Johann Spurzheim, 1776-1832）和英国人乔治·库姆（George Combe, 1788-1858）等颅相学家进一步揭示了心灵和情感。他们的巡回工作及其支持者促成了非洲和亚洲头骨的收藏和专业期刊的发行，他们的思想通过便士邮政④传播，并被翻译成孟加拉语和日语。有人认为，颅相学是一场"全球性的科学运动"⑤，尽管主要的颅相学家可能在世界范围内都有影响力，但核心理论的可塑性意味着颅相学种类繁多，也有不同运用（见图7.1）。在一些地方，这一学说把人的本性和体质固定在身体外观上；在其他地方如美国东北部，将人类的弱点和才能本地化的能力促进了机会平等。颅相学提供了开明的学科自我完善或社会改革的机会。

心灵／大脑也固定在一种特定的英法政治经济中。孔多塞侯爵（Marquis de Condorcet, 1743-1794）和伊拉斯谟斯·达尔文

---

① Dixon 2012; Bates 2016.

② Eigen 1995, 2003, 2016.

③ Moran, 2019; Rosenberg 1995.

④ "便士邮政"指一种不论路程远近，均收一便士作标准邮资的邮政制度，尤指在罗兰·希尔（Rowland Hill）爵士鼓动下，1840年于英国建立的制度。——译注

⑤ Poskett 2016.

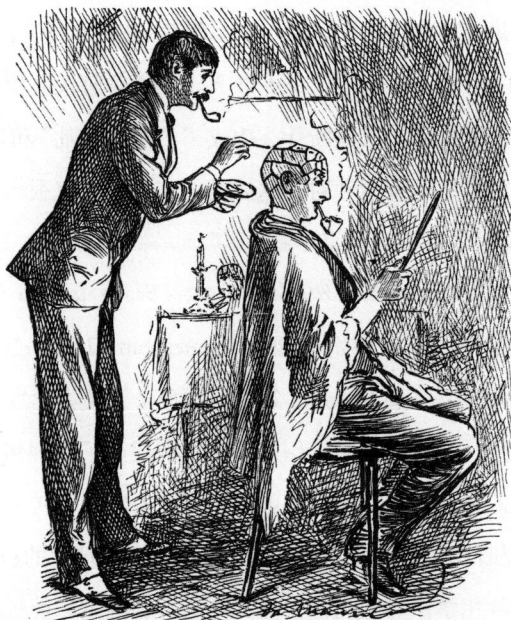

图 7.1 乔治·杜·莫里耶（George du Maurier），《化装舞会的新想法：剃光头，模仿颅相学半身像》（'New Idea for a Fancy Ball. Shave your head, and go as a phrenological bust'），《笨拙杂志》（*Punch Magazine*），1878 年 6 月 22 日。来源：Private Collection / Look and Learn / George Collection / Bridgeman Images。

（Erasmus Darwin, 1731–1802）等启蒙哲学家曾设想通过培养心灵来解开受压迫者的枷锁。罗伯特·欧文（Robert Owen, 1771–1858）、查尔斯·傅立叶（Charles Fourier, 1772–1837）或艾蒂安·卡贝（Étienne Cabet, 1788–1856）的追随者等一批实业家和思想家紧随其后，建立了社会和谐的新版本，以及新颖但短暂的乌托邦式的心灵文化①。也有一些不那么昙花一现的作品，例如，伊塔尔的学生爱德

---

① 参见 Pitzner 1997；Claeys & Sargent (eds) 1999。

华·塞甘（Édouard Séguin）的作品，他受到亨利·德·圣西门（Henri de Saint-Simon）乌托邦社会主义的影响。1840年，塞甘在巴黎为有学习障碍的儿童建立了一所学校，并出版了《白痴的道德治疗、卫生和教育》（*Traitement Moral, Hygiène, et Education des Idiots*）一书，塞甘后来带着他关于心灵／大脑的实践和想法移民到了美国[①]。

这种合作的意识形态与同期出现的自由放任主义[②]、自由-辉格主义[③]和马尔萨斯主义[④]的对立思想相冲突。这些引发了关于自然秩序的问题，并预测了宽容之后的人口灾难，而不是社会进步[⑤]。心灵的自然同情因其合理性而受到怀疑[⑥]。1807年，德国哲学家格奥尔格·黑格尔（Georg Hegel）指出，大脑是一种"自觉个性存在形式（existential form of self-conscious individuality）"的来源[⑦]。其情感必定受到后来

[①] Séguin 1846.

[②] "自由放任主义"指一种要求自由地发展资本主义经济、反对国家干预的理论和政策主张。这一名词最先由法国重农学派先驱达·让逊侯爵提出，以魁奈为首的法国重农学派明确提出了自由放任主义的理论和政策主张，亚当·斯密进一步阐述了自由放任的原则，成为英国古典政治经济学的指导思想。20世纪大萧条后，自由放任主义被国家干预主义取代，但70年代以来，自由放任主义重新成为主流经济学的指导思想。——译注

[③] 辉格党（Whigs）起源于17世纪，是一个主张政治改革、支持议会权力和反对绝对君主制的政党。18世纪至19世纪初，辉格党逐渐转变为支持自由贸易、个体权利和社会改革的自由主义政党，代表了中产阶级和改革派的利益。——译注

[④] "马尔萨斯主义"的主要论点是人口增长会超出资源供应，导致饥荒、战争和疾病等自然人口调节机制，从而限制人口过快增长。其对立思想主张人口增长不应受到限制，或技术进步和社会改革能够解决资源短缺问题。——译注

[⑤] Hale 2014.

[⑥] Musselman 2012.

[⑦] Hegel 1939／2003：189.

定义了维多利亚时代感性文化习俗的控制[1]。

心灵 / 大脑的位置和本土化也与造就现代欧洲世界的更广泛政治、法律、工业和经济背景相关。19世纪的隐喻将机器与神经系统的自然力，尤其是供求关系联系起来[2]。市场力量也明显体现在对心灵 / 大脑治疗设施的扩大上，而现代世界对这些设施已过于重视。欧洲各地都有一些公共设施，专门为那些因心理状态而被认定为"难以管理"或危险的人服务，包括典型的伦敦贝特莱姆医院（Bethlem），其被删节的名字"贝德莱姆（Bedlam）"[3]在现代文化中植入了一种肮脏、耸人听闻的精神病院的形象。

从18世纪开始，这些公共场所开始得到更坚定的补充，而不仅仅是那些政府认为有必要、更便宜或更方便留住"疯癫"穷人的救济院或济贫院。正如肥胖的苏格兰医生乔治·切恩（George Cheyne）所说，"暴乱、奢侈……（和）无节制"刺激了"神经疾病"，包括他自己的疾病[4]，在英格兰，所谓的"疯癫贸易（trade in lunacy）"回应了脆弱心灵的新浪潮。在德国维护公共场所的同时，法国为支持萨尔佩特里埃

---

① Oppenheim 1991.

② Lawrence 1979；Oppenheim 1991：74.

③ 贝德莱姆疯人院建成于1247年，是欧洲首家专门治疗精神病患的机构。考古证据表明，早期的精神病人可能曾遭遇残酷而野蛮的治疗。医院也对外售票，供人参观铁窗后的疯人们，一度成为"恐怖"和"怪异"的代名词。到19世纪末，人们对疯狂与理智的界定有了更多反思，贝德莱姆的名称也从"疯人院（madhouse）"变成了"疯人庇护所（Lunatic asylum）"，开始通过人道方法重新恢复疯人的理性。时至今日，Bedlam 一词在英文中有"混乱"和"精神病院"的意思。——译注

④ Cheyne 1733：49.

医院等公共设施，出现了越来越多的私人疗养院（*maisons de santé*）。

由于缺乏监管和利润诱惑，英国私立疯人院的相对数量超过了其他地方。对监禁精神正常人的担忧激增，最终在一个慈善机构的启发下，立法使公众选择成为可能。约克静修院与这一时期的普通医院明显不同。它是由贵格会专为其信徒建立的。其整个设计和理念都植根于信仰实践。这个地方将周围环境的质朴、与自然世界的联系、营养丰富的食物、非暴力的干预、有益的活动以及贵格会信徒们用来聆听上帝和良知的那种宁静融合在了一起[①]。在静修院的图像中可以清楚地看出（见图7.2和7.3），这种简单性被提升为"道德管理"，成为西方医疗护理的理想模式，并被输出到美洲、澳大利亚、非洲和亚洲。

讽刺的是，文明的疯人院既不信奉英国国教的宗教实践，也不信仰法国革命理想，并最终成为一种现代性的文化形式。它田园般的形象和位置经常被用来消除贝德莱姆疯人院使人想起的恐怖画面，以及工业化和城市化带来的生活压力和混乱。此外，他们在自然景观中的物理存在意味着疯人院成为精神、大脑医学和科学的文化灯塔。通过法国的《医学心理学年鉴》（*Annales médico-psychologiques*，创刊于1843年）、《美国精神错乱杂志》[*American Journal of Insanity*，创刊于1844年，后更名为《美国精神病学杂志》（*The American Journal of Psychiatry*）]和英国的《疯人院杂志》[*Asylum Journal*，创刊于1853年，后更名为《精神科学杂志》（*Journal of Mental Science*）]等专业出版物，治疗思想得到传播，异常的心灵／大脑的分类得以建立。基

---

① 更多信息，参见 Akehurst 2020。

图 7.2 《约克附近静修院北线视图》（'A View of the North Front of the Retreat near York'），卷首插图。塞缪尔·图克（Samuel Tuke），《关于静修院的描述，约克附近一个为贵格会的精神病患者提供的机构：包含其起源和发展，治疗方式和病例陈述》（*Description of the Retreat, an institution near York, for insane persons of the Society of Friends: containing an account of its origin and progress, the modes of treatment, and a statement of cases*），纽约，1813 年。来源：Wellcome Collection。

图 7.3 《静修院原建筑》（'The original buildings. The Retreat'）。丹尼尔·阿克·图克（Daniel Hack Tuke），《不列颠群岛精神错乱史章节》（*Chapters in the History of the Insane in the British Isles*），伦敦：基根·保罗（Kegan Paul）出版，1882 年。来源：Wellcome Library, London。

础教科书或"诊断圣经"开始成形。第一部在全球具有重要意义的著作是英国人约翰·C. 巴克尼尔（John C. Bucknill）和丹尼尔·阿克·图克（Daniel Hack Tuke）的《心理医学手册》（*Manual of Psychological Medicine*, 1858），1883年后被德国精神病学家埃米尔·克雷佩林（Emil Kraepelin）的《精神病学纲要》（*Compendium der Psychiatrie*）取代。即便如此，对这些文本的接受也会受到狭隘文化影响；《精神病学纲要》是"为德国精神病学学生设计的，（但不能）证明对英国医学心理学家有用"，英国医学心理学家"（发现）有必要了解一个国家（或至少是该国心理学家）得出的结论，这些结论在区别微妙的心理方面具有独特的天赋"，大概是与"《德国回顾》（'German Retrospect'）对精神病的分类"相比较[①]。尽管如此，在他们的专业发展过程中，这些英国"心理学家（psychologist）"很快就以德语的"精神病学家（psychiatrist）"一词闻名。

对职业文化、有关心灵／大脑的理解以及治疗和禁闭文化有所发展的作品，并不是从疯人院中产生的唯一文学作品。有些作品是由医生自己创作的，比如私立疯人院院长威廉·珀费克特（William Perfect, 1737–1809）的早期诗歌，非约束性控制先锋约翰·康诺利（John Conolly, 1794–1866）的文学批评。同时病人们也会写作，从约翰·克莱尔（John Clare, 1793–1864）的诗歌到爱丁堡皇家疯人院（Royal Edinburgh Asylum）的《晨边之镜》（*Morningside Mirror*）和纽约尤蒂卡国家疯人院（Utica State Asylum）的《猫眼石》（*The Opal*）等内部

---

① Anon. 1886: 254.

杂志。事实上，历史学家本杰明·赖斯（Benjamin Reiss）[1] 也观察到，在漫长的19世纪，"疯人"机构既是文化的生产者，也是文化的消费者[2]。绘画和民间艺术从疯人院流传开来；文学作品、音乐、舞蹈和手工艺品，在某种程度上是治疗行业；剧团、乐队、业余运动队和潮流服饰纷纷进入机构文化并积极做出贡献，为疯人院提供了更丰富、更具文化和地方特色的身份。

这些艺术为心灵/大脑作为远远超出疯人院围墙的文化关注点提供了广泛例证。例如，美国艾米莉·狄金森（Emily Dickinson，1830–1886）的诗歌构建了大脑和心灵的"相对解剖学"[3]。约1861年，她将理智的丧失喻为"我脑中的一场葬礼"。狄金森笔下的忧虑者是中产阶级和浪漫主义者，他们是拥有无限容量大脑的悲剧人物，在隐喻和转喻中苦苦挣扎。在狄金森真正葬礼后的30年里，浪漫主义的斗争早已湮没在第一次世界大战的泥潭中。在《精神病例》（'Mental Cases'，1918）中，诗人威尔弗雷德·欧文（Wilfred Owen）描述了"被死亡迷惑心智的人"。欧文本人也曾短暂地因"精神"或"神经"问题被送往苏格兰由人类学家、神经学家和精神病学家威廉·里弗斯（William Rivers）领导的克雷格洛克哈特战争医院（Craiglockhart War Hospital）。《精神病例》一诗象征着1914—1918年第一次世界大战的一个重要文化标志——炮弹休克，这种疾病的概念很大程度上是在奥地利西格蒙德·弗洛伊德的新精神分析理论的影响下形成的。

---

[1] Reiss 2008.

[2] 可参见 Clark 2015；Harpin & Foster (eds) 2014。

[3] Baumgartner 2016；Sielke 2008.

在漫长的19世纪，对于文学消费者来说，除了失去理智之外，还面临着其他恐怖。玛丽·雪莱（Mary Shelley）的《弗兰肯斯坦》（*Frankenstein*, 1818）暗示了用电复活。这一情节在后拿破仑时代被解释为隐藏于身体中的动物电。亚历山大·仲马（Alexandre Dumas）在1848年革命前夕出版的《基督山伯爵》（*The Count of Monte Cristo*），讽刺了维尔福先生（M. de Villefort）中风后意志的瓦解。瘫痪也以类似的恐怖形式出现在埃米尔·左拉的《悲哀的桃乐丝》（*Thérèse Raquin*, 1867）中。事实上，瘫痪这个主题引起了许多关注，一些人开始创建医院来满足瘫痪人群的需求，包括约翰娜·钱德勒（Johanna Chandler）在1859年建立的伦敦国家瘫痪和癫痫医院（National Hospital for the Paralysed and Epileptic）。

布莱姆·斯托克（Bram Stoker）的《德拉库拉》（*Dracula*, 1897）进一步发展了恐怖这一主题，这本书构建了一个没有自由意志的媒介——吸血鬼。吸血鬼是19世纪70年代古斯塔夫·弗里奇（Gustav Fritsch）、爱德华·希齐格（Eduard Hitzig）和大卫·费里尔（David Ferrier）的大脑皮层定位理论的实体化。这种动物行为也是出现在塞缪尔·柯勒律治（Samuel Coleridge, 1772–1834）、托马斯·德·昆西（Thomas De Quincy, 1785–1859）和威尔基·柯林斯（Wilkie Collins, 1824–1889）等人小说中瘾君子形象的特征。柯林斯的《白衣女人》（*Woman in White*, 1859）将启蒙运动中另一个经久不衰的恐怖主题化为经典：一个神志清醒的人被关在疯人院里。这一主题在19世纪反复出现，直接来自前患者的曝光（西方精神卫生保健的一个独特而持久的特征），以及报纸上的报道①，揭示了疯癫是整个19世纪的一种文化关注和艺术主题。从亚历山大·普希金（Alexander Pushkin）的《青铜骑士》(*The Bronze Horseman*, 1833) 到夏洛特·勃朗特（Charlotte Brontë）的《简·爱》(*Jane Eyre*, 1847)，再到凯特·肖邦（Kate Chopin）的《觉醒》(*Awakening*, 1899)，这些描写疯癫的杰作似乎主宰了欧洲和北美的读者群，并在世界各地的读者群中流传开来。

19世纪文学创作中最具创造性的尝试，或许是从刺激心灵转向定位内在的肉体体验。正如历史学家詹姆斯·肯纳韦（James Kennaway）所描述的，这些"病理维度"在整个19世纪的音乐中表现明显，并影响着医学观点②。到1900年，咖啡馆和沙龙里的音乐听众转向肖邦（Chopin）或德彪西（Debussy）的忧郁音乐，以某种精神分析的方式反思他们的内在情感，这无疑是在麻醉药品、酒精、尼古丁、巧克力和咖啡因的帮助下。然而，哥特作家们创造的那种令人毛骨悚然、汗毛倒立的肉体体验则属于另一种类型，他们转向了一种现代主义风格，试图引发肉体上的情欲反应，其典型代表就是 D. H. 劳伦斯（D. H. Lawrence, 1885–1930）的作品。

这些潮流在个别作曲家的个人生活中得到了体现。例如，埃克托尔·柏辽兹（Hector Berlioz）在他1830年的《幻想交响曲》(*Symphonie fantastique*) 中，将他庞大的管弦乐编曲自诩为自己病态精神面貌的自

---

① 参见 Reinarz & Wynter 2015；Scull 2015；Wynter 2015。

② Kennaway 2012：69。

白，"以忧郁、紧张的'狂喜'、黑色预感和恶性的执着想法为特征"[1]。里姆斯基－柯萨科夫（Rimsky-Korsakov）在他的一次创作灵感枯竭期间患上了严重的神经衰弱[2]，一些评论家后来在他的音乐中看到了"掩盖他的灵感和情感痕迹的根深蒂固的倾向"[3]，不和谐甚至可以像1914年以前那样，在音乐创作中以文字的力量出现，例如，斯特拉文斯基（Stravinsky）的多音调和声定义了他的大部分作品，用特奥多尔·阿多诺（Theodor Adorno）的话说，带着一种持久的"精神分裂"[4]。

艺术同样浸透了对心灵/大脑的文化参照，并且在第一次世界大战前夕也从19世纪早期的情感研究转向了多视角主义。著名的风景画家 J. M. W. 透纳（J. M. W. Turner, 1755–1851）的作品在其主题中唤起了情感纹理，他通过贝特莱姆疯人院的主治医生托马斯·门罗（Thomas Monro）找到了赞助，获得了友谊。透纳启发了19世纪余下时间的艺术。然而，当艺术现实主义的非浪漫主义真理被摄影的虚构现实主义取代时，印象派和立体派的观点开始与更清晰地证明现实是碎片化的主张产生共鸣[5]。通过照片和染色创新，圣地亚哥·拉蒙·卡哈尔（Santiago Ramón y Cajal）证明了感觉中枢神经系统将现实碎片化成组件，然后根据人类的感知进行重建[6]。吉朗·德·谢沃拉

---

① Brittan 2006: 211.

② Abraham 1945: 30.

③ Walsh 2003: 68 – 9.

④ Weiztman 1974: 294.

⑤ Novak 2003: 3.

⑥ Cajal 1899.

(Guirand de Scevola)更清楚地表明了这一点，他从巴勃罗·毕加索（Pablo Picasso）等"由于非常特殊的视觉，具有改变任何形式的能力"的人那里获得灵感，开发了第一次世界大战的伪装涂料[1]。

19世纪心灵/大脑的文化足迹远远超出了这些艺术试金石。哲学思考、医学和科学研究以及无关紧要的对话把心灵和神经带入了日常用语。历史学家罗杰·史密斯（Roger Smith）指出，维多利亚时代压抑的激情形成了一种神经系统抑制理论，该理论随后重申了自我控制和自我治理的理想，并将缺乏自我控制和自我治理作为神经系统衰弱的证据[2]。让-马丁·夏科笔下歇斯底里的女人和塞拉斯·威尔·米切尔（Silas Weir Mitchell, 1829–1914）笔下神经衰弱的男人成了这些观念的证明。这种神经质的建构以多种方式呈现在外行观众面前。例如，《家政》（Good Housekeeping）在1914年描述了一种身体神经学："大脑的总部可以听到交感神经系统的神经节发出的抗议。"由此产生了你的头痛、消化不良、恐惧和抑郁的感觉、失眠、白天乏力、易怒和"紧张"[3]。

心灵/大脑作为参照和隐喻的框架，在工业城市中起着类似作用。例如，公共空间的创造是为了抚慰新近城市化人群的心灵。巴黎动物园成为公众和科学界接触动物智慧的场所[4]。对于奥诺雷·德·巴尔扎克（Honoré de Balzac, 1799–1850）来说，这些遭遇随后将框定其他

---

① Kern 2003: 303.

② Smith 1992.

③ Hirshbein 2009: 17 – 18.

④ Jacyna 2017.

与非欧洲人的异国情调和感官的遭遇[1]。相反，伊斯坦布尔的塔克西姆花园（Taksim Gardens，于1869年开放）依照巴黎风格精心打造，旨在展示现代化奥斯曼帝国的官僚政治思想。然而，这个公园和其他空间一样，也在维护一套男女之间、臣民和国家之间的有序关系，以及休闲和工作之间的心理学理论[2]。这些关系进一步受到日益增长的统计文化的影响，统计文化将普通人视为一个可预测的单位，在道德和行为方面具有可测量的规律性。这一观点支持了阿道夫·凯特尔在后拿破仑时代的法国进行的统计研究。而弗雷德里克·温斯洛·泰勒（Frederick Winslow Taylor）在《科学管理原理》（*The Principles of Scientific Management*, 1911）中提出的高效劳动理论，对这一观点进行了突出表述[3]。

这些机械统计的图景改变了充满工业现代化技术的城市审美。医生们开始强调人类感官的碰撞。例如，一些人认为大脑的视觉感官在火车上阅读时受到了多重压力[4]。铁路、电缆以及电话交换台都导致了现代社会的神经官能症，许多人认为这源于19世纪晚期现代生活的嘈杂和快速。此外，这些技术系统在19世纪50年代还曾被用来比喻人类的神经系统[5]。

19世纪后期，根据泰勒生理学原理建立起来的福特主义开始改变

---

① Kelly 2011.

② Çelik 1993：68 – 9.

③ 参见 Porter 1986。

④ Schivelbusch 2014：68.

⑤ Otis 2002.

工业美学 ①。电灯照明带来的环境转变使这种变化更加彻底,心理学家雨果·闵斯特伯格 (Hugo Munsterberg, 1863 – 1916) 将视觉重新定义为一项心理技术研究,研究公共光线如何改变注意力、反应时间和运动协调 ②。人类神经生物学发生了更深层次的变化。在以前,人类的睡眠是不连续的。毫不夸张地说,产生 8 小时不间断睡眠的神经生理学是现代照明的产物 ③。

这些心灵 / 大脑的位置和本地化的一个突出背景是日益增长的世俗化,神经学和心理学在其中发挥了重要作用。19 世纪初,解剖学家查尔斯·贝尔抱怨说,他对大脑的检查被视为对灵魂的探索 ④。然而,到了 1900 年,宗教研究变成了心理人类学的一种行为。因此,在 1902 年,美国哲学家和心理学家威廉·詹姆斯 (William James) 观察到,试图通过纯粹的智力过程来证明"直接宗教体验的解脱的真理是绝对没有希望的"⑤。1800 年,心灵、大脑和灵魂融为一体。而到了 1900 年,在科学和宗教分野日趋明显的背景下,神秘学声称人类心理本应属于他们的研究领域 ⑥。

这种观念和实践的分裂在精神病学和神经病学照护模式的重塑中也很明显。在 19 世纪中期,公共机构模式在西方世界已被接受,并被推广到各个帝国。有了广泛的文化接受度,但没有信仰群体的支撑,受

---

① Harvey 1989: ch. 2 passim, particularly 25 – 8.

② Blatter 2014: 141.

③ Ekirch 2001, 2006: 6.

④ Casper 2014: 10.

⑤ James 1902 / 1982.

⑥ Hayward 2004.

静修院启发的疯人院很快发现自己被长期住院的病人压得喘不过气来。疯人院的规模（有些建筑可容纳2000多人）立即翻了倍，为心灵／大脑提供更专业的照护，并为西方文明的退化提供了证据。神经病学作为一门独立学科的发展促进了疯人院的进一步发展。为神经、瘫痪和癫痫患者建立的医院在很大程度上满足了急性和持续性治疗的需要，1910年新推出的用于治疗麻痹性痴呆患者（三期梅毒）的"特效药"砷凡纳明也起到了同样作用。因此，生物精神病学和精神分析是同时代的；他们的追随者（大体上讲，以德国和英国为一方，以美国为另一方）为不同国家和文化开辟了不同道路，尤其在1920年之后。

其他长期的神经系统疾病被证明是一个挑战。另一个具有讽刺意味的是，受弗里德里希·冯·博德尔施文格（Friedrich von Bodelschwingh）牧师影响，灵感再次出现在19世纪80年代的一个新的宗教机构——威斯特伐利亚比勒菲尔德的贝特尔癫痫村（Bethel epileptic colony）中。贝特尔模式，即在一个小社区环境中工作的福利，可消除城市生活和寻找工作的焦虑，使健康状况稳定。这一模式被证明是有影响力的，特别是对英国和北美的护理行业。虽然大型精神病院在当时仍是主流，但实际上已经有其他更小型、更人性化的护理模式开始出现。在苏格兰，心灵／大脑不健康的人被"寄宿"到家乡[1]。在海尔（Geel），也就是现在的比利时，信奉圣丁夫娜（St Dymphna）的古老开放社区在许多方面是"寄宿"和贝特尔的前身，继续提供护理[2]。更引人注目

---

[1] Sturdy & Parry-Jones 1999.

[2] Parry-Jones 1981.

的是，日本和中国在19世纪末才建立了第一家精神病院，后者是由美国医学传教士于1898年建立的①。东方传统医学并没有意识到心灵/大脑的二元性，通常从整体上考虑和治疗灵魂和躯体，且绝大多数发生在患者自己的家中②。

｜ 研究路径和边缘领域

西方心灵/大脑的位置和本地化看起来似乎是良性的和国际化的。帝国时代以工业资本主义心态创立的文学、艺术、哲学和科学，源于并赋予欧洲人一种自负式的自信。对许多19世纪的欧洲人来说，他们的语言、宗教、艺术、纺织、科学、工业和军事已经达到人类进步的顶点，这是不言而喻的③。这样的观点都是由精神、大脑医学和科学理论构建和提供的，有时直接与帝国工程进行比较。"那些有机会观察理性恢复的人"，塞缪尔·图克 (Samuel Tuke) 在1813年写道，"通常会意识到，她不会立即恢复她失去的心灵帝国。"④ 理性被认为是殖民主义的，这一说法绝非偶然，并将成为19世纪的文化主题。这样的隐喻让我们得以洞察欧洲人如何看待世界，如何监督他们的殖民地臣民，

① Blum & Fee 2008; Hashimoto 2010; Messner 2009; Suzuki 2003.

② Li Chiu 1986.

③ Stocking 1991.

④ Tuke 1813: 180.

以及如何将一个现成的白人至上的地理环境伪装成开明的理性。这种观点源于梅特涅共识（Metternichian consensus）[1]。然而，它预示了西方人对文化退化的存在主义恐惧，尤其在19世纪晚期[2]。这些恐惧表明，一些确切的路径和边界构成了制图中的欧洲想象，尤其是那些将帝国设计与殖民者和被殖民者的心灵/大脑联系起来的路径。

约瑟夫·康拉德（Joseph Conrad）1899年的《黑暗之心》（*Heart of Darkness*）为殖民工程中颅测量法、疯癫和心智理论的碰撞提供了一个最新例证。至少从启蒙运动开始，"未开化的人"就预示了文明人类的概念。正如学者钦努阿·阿契贝（Chinua Achebe）特别针对非洲所观察到的，"在西方心理学中"，美国西部、中非、安第斯山脉、太平洋群岛这些未开化之地，都呈现出一种愿望，即"希望（这些地方）是欧洲的陪衬，与欧洲自身的精神优雅状态相比，这些地方是一个既遥远又隐约熟悉的虚无之地"[3]。《黑暗之心》中的无节制和疯癫只是向白人读者表明，他们也可以携带他者的黑暗之心。

像康拉德的中篇小说这样的主题只有通过19世纪的路径才有可能在文化上实现，这些路径将疯癫、精神病学、心理学、神经学、进化论与启蒙运动对种族、性别、政治和社会进步的关注联系起来。对一些人来说，心灵/大脑理论近乎于为对非白种人和女性的统治辩

---

① "梅特涅共识"是1815年维也纳会议之后形成的保守秩序、稳定与权力平衡体系，旨在防止革命动荡并维持欧洲的领土和政治现状，主要通过联盟和压制民族主义与自由主义运动来实现。其核心要素包括保守主义和君主主义、权力平衡、压制革命运动等。——译注

② Pick 1993.

③ Achebe 1977.

护。他们在法国19世纪末德雷福斯事件（Dreyfus affair）的视觉肖像中扮演了一个沉默但重要的角色，描绘了一种反对犹太人的外貌，意在煽动群众反对被指控者①。即使是现代的、科学的大脑定位理论和保罗·布罗卡的法国人类学的建立，也应该从这些欧洲人对他们在其试图统治的世界中所处位置的关注来看待②。

在19世纪，未开化的人就像维克多的那个野孩一样，存在于启蒙运动天性 / 教养和理性 / 非理性的边界地带，并与心灵 / 大脑的界限接壤。哲学家让－雅克·卢梭（Jean-Jacques Rousseau, 1712–1778）认为，"未开化的人"处于一种比文明人更有希望的自然状态。未开化的人也为启蒙运动的博物学提供了一种特殊力量。例如，布冯伯爵乔治－路易·勒克莱尔（Georges-Louis Leclerc, the Comte de Buffon, 1708–1788）的种族理论，涉及身体和认知特征，影响了19世纪的进化论。决定论的种族理论为自由党、辉格党和保守党关于废除奴隶制的政治争论奠定了基础。这些理论也影响了有关种族的单基因和多基因辩论。他们是1851年短暂的"漫游狂（drapetomania）"诊断性阐述的核心，"漫游狂"是一种出现在美国南部的被认为是精神错乱的疾病，导致奴隶渴望逃离他们的主人③。

在进化论者中，赫伯特·斯宾塞考察了欧洲人对心灵 / 大脑的理解是如何被"原始"他者塑造的。他观察到："我们错误地认为未开化的人会有和他所处位置一样的感情。对难以理解的新奇事物缺乏理性

---

① Hyman 1989.

② Porter 1996: 201; 也可参见 Schiller 1992。

③ Bynum 2000.

医学文化史：帝国时代卷 |

的好奇心，无论在什么地方，这都是低等种族的特点；而部分文明的种族则因表现出理性的好奇心而与之区别开来。"①

这些想法是严肃的，并在科学界引起了反响。安德鲁·哈利迪（Andrew Halliday）医生在1828年对英国精神保健的调查中观察到："我们很少在未开化的人类部落中遇到精神错乱 …… 在西印度群岛的奴隶中，这种情况很少发生；还有 …… 威尔士山脉、西赫布里底群岛和爱尔兰的荒野上心满意足的农民几乎没有这种主诉。"②1866年，院长约翰·兰登·唐（John Langdon Down）根据他在厄尔斯伍德白痴收容所（Earlswood Asylum）的观察，描述了一种儿童患者的"种族分类"，为退化的单基因遗传提供了证据："许多先天性白痴是典型的蒙古人。这些标本显眼到当被放在一起比较时，很难相信他们不是同一父母的孩子。"③精神病学家亨利·莫兹利（Henry Maudsley）在1873年宣称，发育障碍是"某些人天生智力缺陷的证据，世界上所有的训练和教育都无法将他们提高到野兽的水平"④。对帝国政治感兴趣的英国神经病学医生威廉·高尔斯（William Gowers）在1888年写道，歇斯底里"似乎是伴随文明进程的大脑发育的产物，在野蛮种族中几乎从未发生"⑤。卡尔·沃格特（Karl Vogt）提出，大脑分泌思想，就像肾

① Spencer 1876: 16 - 17.

② Halliday 1828: 79 - 80.

③ Langdon Down 1866: 259 - 60.

④ Maudsley 1871: 68.

⑤ 引自 Scott, Eadie & Lees 2012: 199.

脏分泌尿液一样，法国心理学家阿尔弗雷德·比内（Alfred Binet）在1907年声称，唯物主义哲学起源于"未开化部落的信仰"，以此来证明沃格特的说法并不像它看起来那么激进[1]。

这些观点在意大利犯罪学家切萨雷·龙勃罗梭的著作中以一种极端的形式表现出来，他认为犯罪和无政府主义源自可观察到的身体退化[2]。在龙勃罗梭看来，女性罪犯极为罕见，因为原始人"拒绝与有缺陷的女性结婚，（反而）把她们吃掉"，断绝了这类人的"血脉传承"[3]。他兴致勃勃地补充说，"澳大利亚土著……当被问到他的国家里为何没有老年女性时，他说，我们把她们都吃掉了"[4]。龙勃罗梭的著作呼吁人们关注，以种族理论为基础的进化精神病学和神经学如何将欧洲以外和欧洲内部的他者区分开来。尽管龙勃罗梭备受争议，但他的著作影响了文学界和科学界人物。美国心理学家 G. 斯坦利·霍尔（G. Stanley Hall）也注意到了其理论的不成熟，尽管如此，他还是在《青春期》（*Adolescence*, 1904）中讨论了龙勃罗梭学派。弱智的孩子、疯癫的穷人、歇斯底里的女人或患炮弹休克症的士兵，在优生时代是公众深切关注的问题。龙勃罗梭的决定论，虽说是极端的，但也助长了这场争论。

这些受关注的问题将心灵／大脑置于一个固定位置，并找到了它们与世事连接的路径，从而构建了道德和神经经济学。当然，这

---

[1] Binet 1907: 141, 143.

[2] Pick 1986.

[3] Lombroso & Ferrero 1895: 109.

[4] Lombroso & Ferrero 1895: 109 - 10.

两者的建构都是欧洲的、国际化的。凯瑟琳·科尔本（Catharine Coleborne）指出，他们的主要疾病——精神错乱，逐渐被"视为所有新社会的固有特征"[1]。例如，炮弹休克讲述了公民生活和战争是如何"被编织到现代性的结构中"的[2]。炮弹休克还揭示了一种道德地理学，描绘了机器时代男子气质的衰落；这一主题不仅启发了塞缪尔·巴特勒（Samuel Butler）的《埃瑞璜》（*Erehwon*, 1872）和 E. M. 福斯特（E. M. Forster）的《机器休止》（*The Machine Stops*, 1909）等乌托邦文学经典，在炮弹休克患者的真实症状和医学电影《战争神经症》（*War Neuroses*, 1917）的影像记录中得到了生动而痛苦的体现。

虽然看起来欧洲人关于心灵／大脑的观念是从大都市向外辐射到殖民地的，但也有直接从这些边缘地区转移回来的知识[3]。例如，对被迫经历"文明进程"的澳大利亚土著人所谓低等神经生物结构精神疾病的观察，进一步证明了文明有助于塑造白人的精神错乱的说法。土著人的疯癫被认为更简单，而白人的疯癫更复杂，因为白人的大脑被认为更先进。文明的影响在两者中都可以看到，从而为普世主义的精神病学提供了合法性[4]。

然而，正如历史学家莎莉·斯沃茨（Sally Swartz）评论19世纪90年代南非的庇护所护理时所言，这种普世主义精神病学的假设限制了对可能存在于殖民地背景下的新型精神疾病的探索。在新奇的地方性

---

[1] Coleborne 2015: 14.

[2] Barham 2004: 2.

[3] Coleborne 2015.

[4] Murray 2007.

疾病常被用作帝国控制合法化主题的时代，对地方性精神病兴趣的缺乏表明了殖民地医生对土著人民精神生活的看法。正如斯沃茨所表明的那样，在隔离的疯人院中，医生的态度"被当作权威知识来执行"，并为监禁和缺乏护理及治疗辩护[1]。在殖民地背景下，精神病学和神经病学思想以其他方式施加了文化影响力。东非的反叛社会运动是参照心理学术语来描述的[2]。在祖鲁兰，当局努力确定自称被附身的土著妇女中巫术和疯癫之间的区别。历史学家朱莉·帕尔（Julie Parle）对这一疾病的发作进行了回顾，并将其描述为在激烈的社会和政治"混乱和冲突"的背景下，病人恢复某种精神健康状态的一种手段[3]。

可悲的是，在所有这一切中，我们忽略了土著人民自己构建西方科学和医学所宣称的心灵/大脑的方式，以及他们自己对"正常"和"异常"的体验。虽然对于一个普通读者来说，通过阅读殖民时期的原始资料有可能复原这些缺失，但这样一个仍有待历史学家完成的项目，将需要清楚地认识到这些史料在验证欧洲的世界主义和文化二元性中是如何起作用的。

┃ 高尚的人和低俗的人

尽管非欧洲国家为在全球范围内构建心灵/大脑的文化经济学提

---

① Swartz 1995：415.

② Mahone 2006.

③ Parle 2003：131.

供了许多机会，但欧洲的资料揭示了欧洲心灵／大脑术语内部复杂的阶级分层。这种社会差异在讨论神经疾病时表现得最为明显，这可能源于切恩1733年的阶级意识专著《英国病》（*The English Malady*）。无论其起源如何，正如历史学家梅尔维尔·洛根（Melville Logan）所评论的，"神经质的身体是中产阶级用来自我解释并将自己与其他阶级区分开来的一种范式"[1]。与高雅的品味和礼仪类似，神经疾病表明，富人和中产阶级与穷人和工人阶级不同，阶级差异会转化为有文化的人的新病态，以及对被剥削者的道德评价。

阶级的文化表现形式多种多样。19世纪早期的实业家们，对与神经有关的政治经济学的隐喻做出了回应，他们赞美自己的自制力，以证明自己社会地位的合理性[2]。在文学作品中，人物遵循现实世界的时尚，在昂贵的温泉度假村和疗养院（通常位于阿尔卑斯山的静修院）里泡温泉或放松神经[3]。因此，列夫·托尔斯泰（Leo Tolstoy）《安娜·卡列尼娜》（*Anna Karenina*, 1873–1877）中的场景似乎与查尔斯·达尔文生活中的情节相似[4]。类似地，19世纪德国和其他地方的一些圈子猜测同性恋多为上流社会的高成就者，因为这是一种由"更好的类型"继承的进化利他主义[5]。情绪化的音乐引起了对中产阶级敏感性的类似理解，尤其在感性的年轻女性中。英国国王威廉四世的御医、文学家詹姆斯·约翰逊（James Johnson）观察到，"精英阶

---

① Logan 1997：4.

② Musselman 2012；亦可参见 Lawrence 1979。

③ Guenther 2014.

④ 可参见 Browne 1995：493.

⑤ Greenberg 1988：411.

层的年轻女性正处于被音乐'激发、刺激、震惊'的严重危险之中"，但"音乐的震动只会使'工厂女工'产生惰性"①。巴黎中产阶级对约瑟夫·巴宾斯基（Joseph Babinski）发现的著名的神经病学体征印象深刻，正如他们对他的兄弟是阿里-巴布（Ali-Bab）1907年《实用美食学》(Gastronomie pratique) 中烹饪天才的原型一样②。美国心理学家威廉·詹姆斯在1902年推断道，心灵治疗等深奥的宗教体验可以"给我们中的一些人以宁静、风度和幸福"，并"像科学一样预防某些形式的疾病，甚至在某些人群中效果更好"③。

这种继承于神经的隐喻解剖学的高尚的自负在漫长的19世纪盛行，支配着从教育学到政治的一切文化敏感性。从直接意义上说，躯体理论支撑了这些高尚的观点。身体政治的隐喻可以追溯到托马斯·霍布斯（Thomas Hobbes）（尽管这个概念出现得更早），它以一种反映政治组织的方式，将头部视为身体的统治者。这个可塑符号与19世纪其他文化隐喻非常吻合，尤其是对"伟大的存在之链（the great chain of being)"④ 的普遍信仰。它还确定了比较动物学的框架，

---

① Kennaway 2012: 39 - 40.

② Philippon & Poirier 2008: 68 - 73.

③ James, 1902/1982: 122.

④ 几个世纪以来，"伟大的存在之链"一直占据着西方思想的中心位置。这种观点认为宇宙是线性排列的，从无生命的岩石世界开始，接着是植物，然后是动物、人类、天使，最后是上帝。伊丽莎白时代的人相信上帝为宇宙万物制定了秩序，即著名的伟大的存在之链。在地球上，上帝为每个人创造了一个社会秩序，并选择了你的归属。换句话说，国王或女王掌管一切，因为上帝把他们放在了掌管的位置上，他们只对上帝负责（国王的神圣权利）。——译注

最具挑衅意味的是让－巴蒂斯特·拉马克的框架，他现在因其获得性状遗传理论而遭嘲笑，但经常被遗忘的是，他曾提出以脊椎的有无确定伟大的二元动物学划分法[①]。根据梅尔维尔·洛根的说法，拉马克对脊髓区和皮质突的区分最终构建了"有两个不同故事的身体"，这"有助于解释为什么维多利亚时代小说中出现的身体功能与19世纪早期的身体功能如此不同"[②]。

这些态度反映在一系列新兴的欧洲文化形式和矛盾中。例如，英国的临床医生贬低专科的出现，将其视为思想分裂、低级美国主义或社会解体的表现。相反，他们更喜欢颂扬古典教育和知识的统一性[③]。同样，欧洲各地的疯人院机构经常在其内部组织中设计出一种反映更广阔世界的社会学，这种社会学对神经学家和精神病学家对待病人和健康者的态度有着巨大影响。英国神经学家亨利·海德（Henry Head，1861–1940）在对这些势利行为的最新表述中，谴责了工人阶级和应征入伍的军人在人体测量方面的缺陷。事实上，海德曾经认定：

> 随着高雅情趣的提升，身体对灵魂区域的入侵是令人不安和不快的。在较低的发展阶段，身体和灵魂可以像爱尔兰人和他的猪一样舒适地住在一个屋檐下，而房间内的任何一个房客都不会觉得受到了冒犯。[④]

---

① Lamarck 1809/1963:62.

② Logan 1997:168.

③ Casper 2014:1 – 19.

④ Jacyna 2008:196.

海德的评论体现了在整个漫长的19世纪，大多数医生对他们的病人所持的家长式观点。塞缪尔·图克在他1813年和1815年的文章中，用一个更早的例子解释说，阶级是理解其病人心灵状态以及他们应被安置在哪里的主要考虑因素[1]。就这样，阶级作为疯人院和医院的组织哲学，作为健康和疾病中的精神认识论贯穿了整个19世纪。

鉴于这种观点占优势，人们很容易忘记它反映了精英哲学在维多利亚时代常识中的应用。挑战这些价值观的相反观点固然存在，但此类研究尚未开展，如果查阅史料，或许能找到一些。色情作品、黄色笑话、淫秽歌曲、叛逆思想和不健康的宗教狂热被轻蔑地视为低俗的文化追求，利用了最低级的神经和最低级的共鸣，因此也证明了为什么一些人可以通过社会地位来支配其他人[2]。

醉酒就是一个很好的例子。在维多利亚时代的道德观念中，醉酒通常被视为理性的丧失和放荡的追求，是对上层阶级潜质的浪费，备受中产阶级改革者和医疗从业者谴责。然而，正如历史学家马修·沃纳·奥斯本（Matthew Warner Osborn）所指出的，对震颤性谵妄的文化建构赋予"那些具有有教养的头脑、高尚的情操和光明前景的个体"一种医学诊断，否则这就会被描述为穷人、黑人的纵欲[3]。在法国社会主义者弗洛拉·特里斯坦（Flora Tristan）看来，1839年伦敦醉酒狂欢

---

① Tuke 1813, 1815: 11.

② Smith 1992.

③ Warner Osborn 2014: 79.

的物质文化充斥着"那些……似乎为夜晚而生的人"呈现出反常的奢靡欲望景象。事实证明，失去理智的过度娱乐（包括故意让醉酒失去意识的妇女抽搐）比酒会本身更触目惊心[1]。人们担心，这样的观察可能预示着革命愿望，但这并没有被细心或富有同情心的旁观者忽视。毕竟，正如历史学家 E. P. 汤普森（E. P. Thompson）所指出的，在那个时代，"工人们凭借自身经验和来之不易的、不系统的教育，形成了对社会组织的认识，而这首先是一幅政治性的图景"，催生了更为"明确的阶级意识"[2]。

毫无疑问，"革命化身"只是众多术语表达的一种。各种来源的二元论表现是另一个例子。历史学家安妮·哈林顿（Anne Harrington）描述道，大脑本身是一个双重器官[3]。罗伯特·路易斯·史蒂文森（Robert Louis Stevenson）的《化身博士》（*Dr Jekyll and Mr Hyde*，1886）中说，双重人格进入了维多利亚时代社会各阶层的分享和讨论[4]。詹姆斯·霍格（James Hogg）的《一个清白罪人的私人回忆录与自白书》（*The Private Memoirs and Confessions of a Justified Sinner*，1824）利用"真实的"精神疾病和作为现实的神秘学之间的紧张关系，将分裂的自我化为一种文学艺术效果。催眠师声称可以挖掘隐藏的自我和他者的世界。心理学的实践深深吸引了阿尔弗雷德·拉塞尔·华莱士和奥利弗·洛奇（Oliver Lodge, 1851–1940）等科学家，使许多受过、没

---

① 引自 Carey (ed.) 1987：310 – 13。

② Thompson 1966：712.

③ Harrington 1989.

④ Styles 2012：29.

受过教育的人相信了超越有形的现实 ①。催眠术士在乔治·杜·莫里耶 (George du Maurier) 的《特丽尔比》(*Trilby*, 1894) [连载于《哈泼斯杂志》(*Harper's Magazine*)] 里被刻板地描绘为险恶的犹太人斯文加利 (Svengali),他们自 18 世纪以来就一直在制造公共奇观,期待在 19 世纪的时尚圈中出现更科学的催眠术 ②。所有这些追求都表明了道德、灵性、心灵、大脑和二元论在世俗大众中公开的、意识形态的和商业上的表现方式。

随着电影的出现,把高尚追求和低俗兴趣联系起来的另一个结合点出现了。从 1870 年开始,人们似乎一直在关注动物和人类的运动,在神经病学、精神病学和生理学档案中留下了丰富的物质遗产。艾蒂安–朱尔斯·马雷 (Etienne-Jules Marey, 1830–1904) 和他同时代的埃德沃德·迈布里奇 (Eadweard Muybridge) 在表现动物运动方面做出了创新——用连续的图像来表现,象征着更多的真实性和客观 ③。

这些交错的摄影图像在马塞尔·杜尚 (Marcel Duchamp) 1912 年的作品《下楼梯的裸女》(*Nude Descending a Staircase*, *No. 2*) 中得到了呼应。然而,杜尚的立体主义手法隐藏了裸体,与迈布里奇拍摄清晰裸体主题的技术形成鲜明对比。在 1890 年后的病情记录中,对神经和精神疾病感兴趣的医生通过拍摄癫痫发作或瘫痪时赤身裸体的病人来模仿这些行为 ④。尽管他们的研究可能受益于约翰·哈利·沃纳和

---

① Oppenheim 1988.

② Otis 2000: 120.

③ Braun 1994; Daston & Galison 2010: 133.

④ Cartwright 1995: 48 – 75.

詹姆斯·埃德蒙森在同时代医学院解剖史中的发现，但所暗示的不仅仅是临床凝视[1]。色情电影是否源于此类研究，或者色情摄影是否预示了临床凝视，这仍是一个悬而未决的问题。然而，心理实验室构建了许多定义电影情节剧的特效，这些特效后来被高尚的人斥为低俗[2]。与此同时，对这个问题的回答很可能会提供一些线索，揭示维多利亚时代的性、父权制以及在一种假装高于淫荡图像的文化中允许的淫荡图像制造[3]。

| 史料和实践

到目前为止，我们已经勾勒出了在漫长的19世纪医学文化史上关于心灵／大脑宏大叙事的主要特征。同时，我们也试图揭示困扰这段历史的实质性漏洞。在这一节中，我们改变基调，直接讨论那些我们认为历史学家在熟悉的机构和专业聚集地仍未探索的领域。史料的不足掩盖了尚未融入当代视野的观察方式、声音和体验。此外，不同学术、学科的实践仍有待充分利用，以优化处理心灵和大脑的历史。我们认为，研究心灵／大脑的历史学家，尤其需要考虑一种更综合、更全面的方法，以避免错误和分歧。迄今为止，以西方经验为基础的现

---

① Warner & Edmonson 2009.

② Blatter 2015.

③ Foucault 1976／1990.

代史学一直在追溯今天专科医学的界限，对过去强加了一种有缺陷的、无关历史的叙述。我们认为，学者们需要重新思考现代神经学和精神病学的历史，以便不从当前的框架开始，而是从越来越多的精神病学家是伟大的未被看到的医学专家这一点开始。

然而，同样经常被遗忘的是，那些影响了心灵／大脑科学和医学的专家，超越了临床医生，也超越了福柯概括的1800年前"医学报告、法律判决（和）警察行动"的三位一体[①]。由于忽视了这些，历史学家们在不经意间促成了对当代问题的晦涩解读，有可能导致对当前精神、神经健康和福利的曲解。例如，英国19世纪70年代的大萧条改变了福利策略，改变了关于"值得"和"不值得"的人的讨论，这种节俭氛围产生的制度和政治反应，因达尔文的依赖、退化和优生学概念而变得复杂化了。1913年英格兰和威尔士立法旨在识别、管理或拘留"精神缺陷者"，其实施机制明确表明，有多少不同的地方和／或工作文化塑造了心灵／大脑的意义和结论。在英国伯明翰，市政当局发出了一份公报，以确定"在该地区会发现哪些精神缺陷者"。目标包括济贫法当局；医院、药房、疗养院、开业医生；招待所、收容所、避难所、慈善机构、慈善团体；宗教牧师、缓刑犯监督官、地区护士；劳工交易所、互助会、"工人阶级组织"和城市保险机构[②]。问题是，在当地、全国或国际上，都没有"精神缺陷"的定义，这意味着每个人或组织都有自己的定义。我们的历史中没有不同群体对心灵和大脑的理解，以及它

---

① Foucault 1969 / 1972：32.

② Mental Deficiency Sub-Committee Minutes 1914 - 17：7 - 9.

们作为独立实体、节点和多机构联系的一部分在整个社会中发挥作用的方式。

　　"精神缺陷"虽然没有被列入名单，但与教育部门的联系已经建立。伯明翰在1899年的立法允许下，率先为"有缺陷和癫痫"儿童设立了特殊班级。这本身就指向了独特的地方文化在理解精神和神经健康中的作用——这些文化具有各自特定而独特的关注点，与对能力和残疾、行为和行动的关注和理解，并由此衍生出相应的实践方法，即心灵/大脑的"风土"条件。随着女性在地方议会下的教育机构中获得任命（在私立疯人院、机构、巡查委员会、医学传教士之外扮演的角色），伯明翰重要人物埃伦·平森特（Ellen Pinsent）等女性对心灵/大脑以及"精神缺陷"的定义和理解产生了官方和广泛的影响[1]。第一次世界大战爆发后，通过管理战争抚恤金、自愿参与护理、自愿参与退伍军人（精神）福利协会（成立于1919年）等组织，以及为女性医生和精神科医生开设医疗职位，无论是非专业女性还是女医务人员都在这一领域扩大了其影响力。伴随作为国际和激进运动的女性选举权运动，女性在心灵和大脑塑造、理解和传达方面的文化影响，在整个西方世界及其殖民地以不同速度得到呼应。然而，我们仍然不知道跨国比较、交流和辩论是如何影响当地实践的，也不知道各地是如何适应或抵制这些影响的。

　　大多数受委托来鉴别伯明翰"精神缺陷者"的社区人物和组织，基本在关于心灵和大脑的更广泛的（文化）历史中缺失了。自20世纪

---

　　① 参见 Wynter 2015。

80—90年代西方去机构化进程以来，社区护理或缺乏社区护理的问题变得更加突出。即便如此，除威尔·米切尔的"静养疗法"之外，对于在国家机构之外生活和/或接受护理的有精神、神经问题的男/女性的研究还是有限的[①]。最近英国尚未发表的新研究[包括杰西卡·迈耶（Jessica Meyer）和丽贝卡·温特的研究]利用战争抚恤金记录开辟了新路径，不过这些研究经常避开1920年。除德国等一些例外，考虑到抚恤金引入的日期，这类史料的使用是很有限的，而保险记录和互助会档案，以及其他可以"听到"的普通人记录，尚未被用来探索机构医学之外关于心灵/大脑的理解。尽管医学框架可能已经渗透到社区，这将推动将心灵和大脑的意义安置到社区中，但关于心灵/大脑的理解是会受职业和组织，以及非专业、个人、本地化的文化透镜影响的。

抚恤金或保险记录可能有助于探索心灵/大脑的文化史[②]，而诈病（malingering）是另一个潜在主题。诈病也是连接精神病学和神经病学责任的广泛讨论范畴中的一种纽带，随着这些领域从19世纪后期开始通过国际会议逐渐细化，对诈病的认识日益深刻。1893年纽卡斯尔（英格兰东北海岸一座与煤矿有关的城市）举行的一次会议中，医生们齐聚一堂，讨论"脊柱脑震荡的合法性"，他们认为这是所谓的"铁路脊柱"的结果。尽管煤矿工人被认为容易背部受伤，但他们很少经历"脊柱脑震荡"。这些国际会议的中心主题是心灵在创伤性生理神经症中

---

① 参见 Bartlett & Wright (eds) 1999；Marland 2004：ch. 3, 65 – 94, 80 – 94；Suzuki 2006；Gatley 2012。

② 关于装病，参见. Bergen 1999/2004；Cooter 1988；Siritkina 2007；Wessley 2003。

的作用，以及证明其存在的客观性①。对会议报告、背景和讨论的详细考察，有助于对心灵／大脑在特定时间点上的意义进行研究。即使在医学领域，19世纪的重要史料也有基本上未被触及的。

除医学和科学之外，1800—1920年间还有许多被忽视的有关心灵和大脑的研究史料，包括物质文化、音乐、通俗小说和幻灯表演（magic lantern show）②。很多有助于理解精神、大脑医学和文化的项目仍然被低估，例如口头传统和歌曲，音乐厅材料、廉价惊险小说、杂志和报纸等印刷品。尽管随着"大数据"和文化学／语料库语言学，乃至虚拟现实在历史研究中的应用，这些项目本应得到极大重视。自从福柯的研究出现以来，疯癫与文明的辩证关系引发了对社会中精神错乱的深入研究。然而，奇怪的是，我们对文明中理智的构建几乎一无所知。也许这并不奇怪，这样一个例子，以及其他许多例子，提供了通过流行的世俗文化视角进行研究的希望。的确，借用历史学家马修·汤姆森（Mathew Thomson）的话：

> 有一种倾向是把注意力集中在精英阶层……或者是"受过良好教育的读者群"，对文化教养一般的人的态度相对缺乏洞察力，工人阶级的态度更不值一提。问题在于，对思想向下传播的关注，不仅来自精神、大脑医学和科学的上层，还来自伟大的心理学家，尤其是弗洛伊德，（往往）忽略了更广泛的智力影响，更不用说思

---

① Anon 1993.

② 幻灯表演是19世纪流行的一种娱乐和教育方式，使用幻灯机将绘制在玻璃片上的图像投影到墙面或幕布上，常配以解说和音乐，是电影的前身。——译注

想和实践从底层出现的可能性了。①

　　拓宽历史视野的不仅仅是新的史料。迄今为止，合作性实践和跨学科工作很大程度上是通过个人决心实现的。数字人文学科和医学人文学科帮助、支持了个人行动，尽管这些行动往往是由资助机构的愿景推动的。即便如此，可见的成功大多仍仅仅是前哨，部分原因是学术出版和学科特定的工作和表述方式未对不合适的想法和表达做出回应；必须指出的是，该框架也不能整合"服务用户"、患者或幸存者的第一手资料，他们的生活或状况可能不符合学术时间表或截止期限，往往会使这些资料主要出现在耸人听闻的媒体上，并帮助媒体将精神医疗改革与丑闻联系起来。虽然存在明显的重大系统性问题和障碍，学者们仍应意识到其他学科正在进行的研究，并试图获得真知灼见；随着动物转向、同一医学和循证医学的出现，这可能比以往任何时候都更重要。在精神、大脑医学和科学的历史（文化和其他方面）中，仍然存在一些重要问题，这些问题的研究工具可能存在于其他学科中。

　　最后，我们回到自己的专业领域。有没有一种文化史可以同时包含心灵和大脑？我们写这篇文章时得到的答案肯定是"有"。我们有很多个理由来进行这样的努力。随着对医学文化史的接受，人们愿意去思考医学过去的职业划分。在这样的工作中，我们发现，即使是探索医学知识和社会史的旧方法，也可以在专业、机构和疾病的历史之

---

① Thomson 2006: 20.

外找到更新。我们明白，这种交叉的方法，以及它们所需要的思想上的开放和交流，听起来可能有些天真或理想主义。但那又怎样？我们有很多不错的理由来促进协同工作，并将历史作为一种了解人类的重要方式。毕竟，是历史，而并非"光荣孤立（splendid isolation）"①，造就了心灵和大脑。

---

① "光荣孤立"是19世纪60年代至20世纪初，英国政府所奉行的外交政策。即英国拒绝加入永久性联盟，不和其他国家订立长期盟约，不积极干预欧洲事务，置身于欧洲大国集团之外，以保持自己的行动自由。随着其他列强力量的增长，没有大国朋友的英国感到已经不再适合继续执行孤立政策。1902年英日同盟缔结，1904年英法协约签订，1907年英俄协约签订，从而正式抛弃了光荣孤立。"光荣孤立"通常用于描述一个国家或个人在政治、社会或文化方面与其他国家或个人保持距离的情况。——译注

第八章
权　威

迈克尔·布朗
（Michael Brown）
凯瑟琳·凯莉
（Catherine Kelly）

迈克尔·布朗（Michael Brown），
英国罗汉普顿大学人文系历史学
准教授。致力于研究漫长的19世
纪的医学和外科文化史，以及性别
史和战争史。著有《行医：英格兰
省的医学文化和身份，约1760—
1850》（*Performing Medicine:
Medical Culture and Identity in
Provincial England, c. 1760–1850*,
2011）。

凯瑟琳·凯莉（Catherine Kelly），
英国布里斯托大学法学准教授，
获澳大利亚国立大学法律学位和
牛津大学历史学位，关注历史和
当代背景下法律与科学、医学的
互动。著有《战争和英国军队医学
的军事化，1793—1830》（*War
and the Militarization of British Army
Medicine, 1793–1830*）。

引言

　　英国省级内科和外科学会（Provincial Medical and Surgical Association）成立于1832年，拥有来自整个不列颠群岛及其他地区约两千名执业医生会员，最初是一个促进医学科学、鼓励医学交流的组织，在其后几年里，关于其文化、目的和身份产生了很多不同意见。1855年8月，该学会在英格兰城市约克最后一次以"省级内科和外科学会"之名召开了会议。此前一年在曼彻斯特召开的会议上，有人建议，该学会应该在政治中发挥更积极的作用，并更名为英国医学会（British Medical Association），这一建议引起了一场争论，到了非解决不可的地步。由此产生的影响是约克会议只有"异常少的"与会者①。尽管如此，学会的453名成员（其中大多数人故意缺席）还是借此机会向会议提交了一份请愿书，上书：

　　　　英国领土内的医学职业目前没有任何公认的主管或权威委员会，没有一个拥有权力和特权，并被赋予相应义务和责任的政治体。

请愿书指出，这种状况的后果是多方面的。一方面，缺乏充分自律的

---

① 'Association Intelligence' 1855: 774.

内科和外科，向"未受过良好教育，不能胜任随后需承担的公共和私人责任的个人"开放，从而给"整个行业抹黑"。此外，这意味着"在一般或地方疾病的病例中，在流行病发生和发展时，在战争和瘟疫暴发时，以及在一般公共卫生问题上，政府和公众可能没有可求助的公认的医疗权威机构"①。

请愿书多次提到了"权威"的概念，但具体指的是什么？一方面，"权威"可能与引文中所指一致，是一个法律认可和授权的机构，该机构可以规范内科和外科的实践，并可能在公共卫生事务中与政府合作。就当时的情况而言，这样的组织并不存在；在英国，诸如皇家内科医师学会（Royal College of Physicians）和皇家外科医师学会（Royal College of Surgeons）（分别成立于1518年和1800年），以及药剂师协会（Society of Apothecaries，成立于1617年）等专业机构，除了颁发执照之外几乎没有其他权力，且管辖权有限。另一方面，"权威"也暗示了一些更为复杂和无形的东西：政府官员和公众对医学价值和知识体系的认可。这种文化权威，或者按照皮埃尔·布尔迪厄（Pierre Bourdieu）的说法，我们可以称之为"文化资本"，与医学权力的法律和管理方面一样受到请愿书起草者的关注②。因此，他们声称医学无组织化的另一个后果是"医学职业的社会地位下降，低于其他学术职业"。即便如此，这些请愿书起草者认为他们的做法并不是为了某个群体的利益或自私自利的，而是与公共利益相称的。因此，另一个负

---

① 'Association Intelligence' 1855: 799.

② Bourdieu 1986.

306   医学文化史：帝国时代卷 |

面结果是：

> 在整个社会中，疾病和痛苦、精神和身体的畸形、残疾以及
> 贫困现象的显著增加，还有因过早死亡而导致的人类最亲密的纽
> 带的断裂，这些问题的严重程度已经超出了我们当前文明状态下
> 所必然伴随的范围。①

关于19世纪医学职业"崛起"的社会史研究一般集中在权威的第一种
含义上。在职业化的功能主义社会学模型的指导下，这些研究将医学
职业概念化为一种现代工业社会特有的自我调节、垄断和高度分化的
劳动形式，并通过关注学院和机构的建立以及立法的通过，如1832
年英国的《解剖法案》或1858年的《医疗法案》（Medical Act）等措施，
主要集中于追踪这种垄断的结构形式。[1]

不过，自20世纪90年代以来，学者们开始以更复杂微妙的术语
来构想医学权威。受艺术史、文学和后结构主义理论以及人类学和社
会学的文化解释和符号互动学派等多种影响，医学史家开始越来越重
视医学执业者通过文学和视觉自我表现、话语和修辞阐述，以及表演
和社会展示等手段来主张和宣称权威的方式。他们对医学权威的政治
和意识形态层面，以及对医学权威受到挑战、阻挠或协商的各种方式
也变得更加敏感。

在1855年的会议上，制度与理念之间、具体与想象之间、既定现

___

① 'Association Intelligence' 1855 : 799.

实与改革愿景之间的意识形态对比表现得尤为突出。例如，在关于英国医学会更名的讨论中，伦敦外科医生亨利·安塞尔（Henry Ancell）曾预言，在我们所理解的"职业"一词和政府（即学会委员会）意义上的"职业"之间将会有一场"大战"①。

因此，对安塞尔来说，这一名称的改变体现了一种改革派的愿景，即反对机构寡头政治，建立一种民主统一的医学（见图8.1）。此外，

图 8.1 相互矛盾的愿景。约翰·里奇（John Leech），《当医生意见不一致时》（'When Doctors Disagree'）。约 19 世纪 40 年代。来源：Wellcome Collection。

---

① 'Association Intelligence' 1855: 790.

名称的改变还表明了医学权威的另一个方面，即医学与民族／帝国国家之间的联系，这在医学文化史上已变得越来越敏感。1832 年，在伍斯特医院（Worcester Infirmary）的董事会会议室里，"省"这个词可能有一种诱人的光环，是一种下意识的地方观念和反大都市的身份声明，但到了 1855 年，塞瓦斯托波尔被围困的高峰期，民族自信心日益增强，帝国的影响力日益扩大，铁路网络和大众社会的兴起开始消除大都市和省之间的区别，一些人认为"省"完全多余。外科医生兼博物学家埃德温·兰卡斯特（Edwin Lankaster）声称："我敢肯定，他们并不觉得自己与其他省的同行有什么不同，我只是表达了伦敦同行的想法。他们比以往任何时候都更觉得这个国家只有一种职业。"[1] 与此同时，麻醉师先驱本杰明·沃德·理查森（Benjamin Ward Richardson）问道：

> 既然有姐妹王国，有殖民地，有印度斯坦大帝国，为什么学会不能在那里设立分支机构呢……为什么我们不能在特威德河畔贝里克、格拉斯哥、爱丁堡、阿伯丁、都柏林、蒙特利尔、加尔各答和孟买设立分会呢？为什么不把这个学会扩展到全世界，使它成为一个名副其实的英国学会呢？[2]

最终，请愿书起草者取得了胜利，更名为英国医学会的提议以 50

---

[1] 'Association Intelligence' 1855: 787.

[2] 'Association Intelligence' 1855: 788.

票赞成、31票反对通过，该名称沿用至今。这一名称的改变看似微不足道，但它所代表的意义却远不止于此：医学界的雄心在于行使其对全体民众健康的权威，而且这种权威越来越多地通过国家和帝国治理机制发挥作用。这些雄心通常是通过谈判达成的，因为护士等其他群体偶尔会提出与医学职业相反的知识体系和权威主张（如下所述），以追求他们自己的职业项目。在这场变革中，英国并非孤例。法国和后来的普鲁士／德国等国家率先将医学行业的社会和政治特权正式化，并确立了医学警察的生命政治必要性，甚至美国等管理更分散的、非干涉主义的国家，也试图确保和扩大内科和外科的社会、政治和知识权威。事实上，成立于1847年的美国医学会可以说是第一个真正的全国性内科和外科组织，而到20世纪初，美国将成为世界上一些最负盛名的医学院和研究中心所在地。

本章探讨帝国时代医学权威文化史的发展。虽然本章侧重新的分析领域，但也展示了新的分析框架如何使历史学家重新审视已建立的研究领域。诚然，医学史家在很大程度上避开了激进的文化主义议程，该议程摒弃了权力的社会政治概念，转而支持以后现代主义的方式分解诸如阶级、性别和种族等已确立的分析类别。相反，就像整个历史的大部分一样，医学史家已经将文化转向的一些方法和敏感性（如话语、行为、具体表现、物质性和对权力多重性本质的敏感性），吸收到社会史的既定传统中，创造了一种混合形式的社会－文化史，以保持其与过去的联系。[2] 因此，本章试图分析其中的一些连续性，并展示文化史是如何引导新的方向和方法的。毋庸置疑，像这样的一章不可能涵盖与医学权威广泛领域相关的每一个主题。相反，它集中于以下关键主题（这些主题涉及历史学家普遍讨论的医疗权威的最重要方面，吸引了文化史学家最具创新性和最有趣的工作，并且与作者自己的专业领域最接近）：身份、行为和自我呈现；知识、权力和抵抗；战争、帝国和国家。

｜ 身份、行为和自我呈现

　　如上所述，试图将医学权威最早的文化史记载与医学社会史更广泛的领域区分开来，这在实际操作上是不可能的，在智力上也存在局限。某种程度上，医学史家长期以来一直对医学身份和自我呈现感兴趣，人们可以在早期的准古籍出版物如《医学史年鉴》(*Annals of Medical History*) 中找到关于金头手杖等职业标志的文章。然而，随着20世纪80年代医学社会史的成熟，我们开始看到对医学身份更复杂和文化上更敏感的理解。这种趋势最早的例子之一是威廉·F. 拜纳姆（William F. Bynum）和罗伊·波特1985年主编的《威廉·亨特与18世纪医学世界》(*William Hunter and the Eighteenth-Century Medical World*, 1985)。本书论述的对象稍早于我们所研究的帝国时代。除了关于亨特对产科知识贡献的章节和有关他收入的记载外，该合集还以罗伊·波特和克里斯·劳伦斯（Chris Lawrence）的文章闻名，他们试图将亨特置于一个更广泛的社会和文化背景下，以理解他作为启蒙运动中礼貌而博学的绅士这一公众身份 [1]。

---

[1]　Porter 1985；Lawrence 1985.

在英国医学史传统中，至少在涉及19世纪时，具有文化敏感性的医学身份史的研究通常集中在医生身体及其视觉表现上。例如，在克里斯·劳伦斯1998年发表的《医学大脑、外科身体：身体和医生》（'Medical Minds, Surgical Bodies: corporeality and the doctors'）一文中，他提请人们注意整个19世纪内科医生和外科医生的各种视觉呈现，以及这些呈现在公众和专业人士脑海中，是如何与脑力劳动和体力劳动，或大脑和肌肉相对价值的观念变化联系起来的。劳伦斯的文章之所以引人注目，不仅因为它强调视觉呈现，还因为它与一项关于男子气质历史的新兴学术研究的联系，以及它对性别在塑造职业身份中的作用的承认。

这种对医学机构及其呈现的兴趣在千禧年后出版的两本书中表现得尤为明显。第一本是卢德米拉·乔丹诺娃2000年的《定义性特征：医学和科学肖像，1600—2000》（*Defining Features: Medical and Scientific Portraits, 1600–2000*）。乔丹诺娃在书中涉及面很广，但实际上，她分析的对象主要集中在18世纪。不过，乔丹诺娃的作品还是将艺术史敏锐的触角带入了医学自我呈现的问题上，对医学英雄主义的文化建构和公共纪念有很强的指导意义；和劳伦斯一样，她对职业身份的性别化也很敏感。另一本是罗伊·波特2001年的绝笔之作，《身体政治：英国的疾病、死亡和医生，1650—1900》（*Bodies Politic: Disease, Death and the Doctors in Britain, 1650–1900*）。罗伊·波特是一个坚定的社会史学家，但他的最后一本书表明了自己对文化史兴趣的开放态度，即使不一定是对文化史的方法论感兴趣。和乔丹诺娃一样，罗伊·波特也关注形象，不过他对病人的关注和对医生的关注一样多。也和乔丹诺娃一样，罗伊·波特的时间跨度也很广，不过他明显倾向于现代早期的19世纪。即便如此，这本书还是将人们的注意力吸引到身体和服装的刻板印象之于医学专业身份的呈现和阐述的作用上，从18世纪讽刺作品中戴着假发、肥胖的人物到维多利亚时代忧郁而正直的理想主义者。丽莎·罗斯纳（Lisa Rosner）1999年的《世界上最美丽的男人：亚历山大·莱瑟西尔的丑闻生活》（*The Most Beautiful Man in Existence: The Scandalous Life of Alexander Lessassier*）对这一分析进行了补充：通过外科医生莱瑟西尔的日记展示了当时医学从业者是如何意识到这种权威外在象征的重要性的，以及一些人为提高其社会地位，如何有策略地追求慈善事业、体面的地址和相称的马车，并改善外科手术和解剖学中一些不受社会欢迎的方面的。

罗伊·波特的书名暗示了医学身份和权威的政治维度，这是从医学社会史到文化史的另一条重要路径；罗伊·波特本人也承认，19世纪早期的医学中充满政治色彩，并认为职业上的竞争和对抗常常通过幽默和讽刺得到传播。对19世纪医学史采取政治敏感和复杂研究方法的起源，至少部分可以追溯到科学知识社会学的"爱丁堡学派"的影响，可以追溯到早期对米歇尔·福柯的接受，以及批判理论和文化人类学的发展。也许是由于那个时期政治、社会和思想的动荡，这批历史学家在19世纪早期取得了特别丰富的成果。罗杰·库特1984年的《大众科学的文化意义：19世纪英国颅相学及其认同组织》（*The Cultural Meaning of Popular Science: Phrenology and the Organization of Consent in Nineteenth-Century Britain*）尤具开创性，该书将医学知识复杂而细致地映射到当时的政治和对社会、文化权威的竞争性主张上。[3] 阿德里安·德斯蒙德（Adrian Desmond）1989年的《进化的政治：激进的伦敦的形态学、医学和改革》（*The Politics of Evolution: Morphology, Medicine, and Reform in Radical London*）也同样具有影响力。这本书对改革时代知识政治的综合研究可谓出类拔萃，展示了革命性的法国解剖学和拉马克进化理论是如何在剧烈的政治动荡时期，在大都市激进的、不墨守成规的、唯物主义的实践者中找到受众的。另一本重要著作是斯蒂芬·杰西纳1994年的《哲学辉格党：爱丁堡的医学、科学和公民身份，1789—1848》（*Philosophic Whigs: Medicine, Science, and Citizenship in Edinburgh, 1789–1848*），该书展示了政治－哲学辉格党的改革主义和进步主义价值观是如何影响汤姆逊家族以及整个爱丁堡医学界的，这不仅体现在他们的公共和私人身份方面，还体现在他们所教授和实践的医学的本质上。与库特和德斯蒙德的著作一起，杰西纳的书令人信服地论证了"政治在19世纪医学界中不可避免的存在"①。

这种对医学文化和政治身份的兴趣也反映在美国的医学发展中。这方面，约翰·哈利·沃纳的工作尤为重要。1986年的《治疗视角：美国的医学实践、知识和身份，1820—1885》（*The Therapeutic Perspective: Medical Practice, Knowledge and Identity in America, 1820–1885*）和2003年的《反对制度精神：19世纪美国医学中的法国冲动》（*Against the Spirit of System: The French Impulse in Nineteenth-Century American Medicine*）探讨了美国医疗从业者的职业身份是如何被理论

---

① Jacyna 1994.6.

和实践以及治疗干预的重要性塑造的。尽管波士顿医学精英中的许多成员受到法国临床实践的影响，以越来越普世主义的术语描述疾病，并实行相对的治疗措施，但其他不太专业的从业者认识到，他们对病人的权威与其说取决于理论创新，不如说取决于一种建立在疾病个体化模型上的治疗干预主义。这种对日常实践和公众认知中心地位的强调后来由史蒂文·斯托（Steven Stowe）发展起来。他2004年的著作《南方行医：19世纪中期的南方医生和日常医学》（*Doctoring the South: Southern Physicians and Everyday Medicine in the Mid-Nineteenth Century*）利用大量的信件和病历，展示了当地习俗、文化和期望对医学身份和权威的多种调节方式。

在过去15年里，大西洋两岸的文化史家发展了这些主题，呈现了一幅帝国时代丰富而复杂的医学身份图景。他们将对实践的敏感性与对意识形态、观念形成和自我呈现的强调结合起来。例如，迈克尔·布朗的工作试图通过关注医学话语和行为的政治、文化维度，对19世纪医学职业化的既定理解进行细微调整。他2011年的著作《行医：英格兰省的医学文化和身份，约1760—1850》（*Performing Medicine: Medical Culture and Identity in Provincial England, c. 1760–1850*）追溯了医生职业意义的转变，从启蒙运动时期彬彬有礼、博学多才、善于交际的理想身份，经过动荡的改革时代，转变为"基于专业知识、职业自我认同和对社会团体关怀的政治参与"的职业身份[①]。像他之前其他人一样，布朗煞费苦心地展示了这一转变的基本政治维度，但也对

---

① Brown 2001: 9.

医学身份的观念层面保持警惕，他认为医学界既是一个结构性的现实，也是一个"想象中的共同体"。

在美国，对医学身份和自我呈现问题的文化敏感性推动了对解剖者形象的特别关注。迈克尔·萨波尔（Michael Sappol）2004年的《尸体交易：19世纪美国的解剖与具身社会身份》（*A Traffic of Dead Bodies: Anatomy and Embodied Social Identity in Nineteenth-Century America*）认为尸体在美国医学职业身份和权威的构建中处于中心地位。尸体本来是一件禁忌物品，但解剖学上的身体成了容易被偷窃、恶作剧和幻想的对象，是医学文化适应（medical acculturation）的一个强有力象征。此外，对解剖学的操纵和掌握赋予医学科学权威和治愈能力，这些因素在激烈竞争和异端邪说盛行时期增强了正统医学执业者的可信度。但是，正如萨波尔所展示的，尸体也是一件文化物品，从解剖室被转移到了耸人听闻的小说、廉价博物馆和吟游诗人的表演中。约翰·哈利·沃纳和詹姆斯·埃德蒙森2009年的《解剖：美国医学入门仪式的照片，1880—1930》（*Dissection: Photographs of a Rite of Passage in American Medicine 1880–1930*）探讨了解剖室文化的视觉维度，展示了一系列医学生与解剖对象摆出不同姿势的令人震惊的照片。正如作者所言，这种"入门仪式"构成了学生文化的一个基本组成部分，标志着他们从门外汉到医学专业人士的转变。这两本书都对美国特殊的种族政治解剖很敏感。贫穷的、被剥夺公民权的黑人身体经常为医学院提供解剖原材料，这一事实加强了解剖与种族暴力之间的联系，这种联系有时会变得很明显[1]。海伦·麦克唐纳（Helen

---

[1] Warner & Edmondson 2009: 25.

MacDonald）关于澳大利亚范·迪曼地区的解剖学研究也表明，医学权威和身份建立在社会和种族边缘群体的身体之上 [1]。

如果说种族在最近有关医学身份的文献中扮演了重要角色，那么性别也是如此。布朗已经证明了男子气质是如何成为19世纪医学从业者公共身份的核心的，这些医学从业者试图利用医学和战争之间充满想象力的联系（尽管是矛盾的），把自己描绘成英勇和自我牺牲的国家公仆 [2]。他与克里斯·劳伦斯共同阐述了外科手术与帝国探索之间类似的英勇的、富有想象力的联系 [3]。这项关于性别和医学的新研究也重塑了我们对女性进入医疗行业早期历史的看法，提供了比传统圣徒传记更微妙和复杂的图景。例如，劳拉·凯利（Laura Kelly）关于爱尔兰女医学毕业生的研究，以及她最近关于爱尔兰医学生的研究，为医学教育中的性别文化提供了丰富而有趣的见解。凯利认为，虽然爱尔兰院校在接纳女性行医和授予女性行医资格方面走在了前列，但在大学里，男性空间和女性空间是分开的，女性在单独的解剖室和"女性房间（ladies room)"里接受医学训练。值得注意的是，凯利指出，女性通过自己培养的独特的自我认同群体参与了这种性别划分 [4]。类似地，克莱尔·布罗克（Claire Brock）对女性外科医生的研究也展示了女性在19世纪中期进入最具男性特征的医学职业分支时的复杂经历和身份认同 [5]。

---

[1] MacDonald 2006.

[2] Brown 2010.

[3] Brown & Lawrence 2016.

[4] Kelly 2013, 2017.

[5] Brock 2017.

外科手术史还表明了文化史是如何超越文字和图像来考虑医学身份的行为和情感维度的。例如，托马斯·施利希（Thomas Schlich）展示了手术技术的意义和表现在整个19世纪是如何转变的[1]，而布朗则探讨了情绪在塑造医学从业者身份和构建他们与患者关系时的作用，表明对19世纪的外科医生来说，冷漠并不是一种普遍存在的情绪状态，这一点与普遍的认知不同[2]。这些新的研究途径有望进一步加深我们对帝国时代内科和外科身份的多方面理解。

｜ 知识、权力和抵抗

在漫长的19世纪，大多数欧洲和北美立法机构的议会活动日益频繁。公共卫生和医学实践日益成为立法和监管措施的重点，而且往往是在医学从业人员的要求下进行。历史学家详细描述了英国规范的医疗行业是如何从混乱的早期[约翰·皮克斯通（John Pickstone）将之描述为医疗权威不断变化和分散的时期]发展起来的[3]。任何关于19世纪医学文化权威的讨论都必须以1815年《药剂师法案》（Apothecaries Act）和1858年《医疗法案》赋予某些形式的医疗实践正式或法律权威的关键标志为背景。[4] 医疗改革者将"不合格者"排除在医疗实践

---

① Schlich 2015.

② Brown 2017, 2019.

③ Pickstone 1992: 140.

之外的努力是一种背景噪音，我们必须屏蔽这种噪音，理解对医疗权威的许多其他主张和挑战。正如 M. J. D. 罗伯茨（M. J. D. Roberts）在他细致入微的研究《职业化的政治：议员、医务人员和医疗法案》（'The Politics of Professionalization: MPs, Medical Men, and the 1858 Medical Act'）中提醒我们的，"职业权威，无论如何定义，都不仅仅取决于职业主张 …… 还需要某种程度的文化接受"①。

在19世纪，医学与国家治理结构的关系越来越密切，特别是通过公共卫生这一媒介，社会史家长期以来对这些方式都很敏感。事实上，关于公共卫生"崛起"的论述已经被整合到医学职业化和垄断的既定概念中，且在20世纪50—90年代，变化相对较小。[5] 然而，自21世纪以来，社会文化史家呈现了一幅更加复杂的公共卫生图景，并探索了公共领域中的医学权威是如何被调解、挑战甚至挫败的。克里斯多夫·哈姆林1998年的《查德威克时代的公共卫生与社会正义：英国1800—1854》（*Public Health and Social Justice in the Age of Chadwick: Britain 1800–1854*）在这方面影响巨大，尽管严格来说这本书不是一部文化史著作，而是一部非常复杂的社会史著作。哈姆林的成功在于通过将公共卫生置于更广泛的政治、经济和知识矩阵中来改变我们对公共卫生的理解。因此，他证明了1848年的《公共卫生法案》（Public Health Act）中庄严载入的污秽和疾病之间的病原学相关性更多是出于政治经济学和功利主义学说，以及解决贫困"问题"的需要，而不是出于一种简单而毫无疑问的清理街道的愿望。此外，哈姆林的工作

---

① Roberts 2009: 38.

也描绘了公共卫生实践的不确定性和局限性，特别是当它涉及需要地方当局积极支持的大型基础设施投资时，其中许多地方当局显然不知道该法案对集权的推动。这一时期的另一部奠定了该领域后续研究基调的著作是迈克尔·沃博伊斯（Michael Worboys）2000年的《传播病菌：英国的疾病理论和医学实践，1865—1900》（*Spreading Germs: Disease Theories and Medical Practice in Britain, 1865–1900*）。沃博伊斯的研究强调了细菌理论在其最初几十年的阐述中的多样性和复杂性，并认为"街上"的细菌理论可能采取一种与科赫及其追随者在实验室实践中得出的结果截然不同的形式。

哈姆林和沃博伊斯的著作是20世纪90年代末和21世纪初出版的大量作品的一部分，这些作品复兴了公共卫生研究，并越来越多地承载了文化史的关切和方法。安德鲁·艾森伯格（Andrew Aisenberg）1999年的《传染：19世纪法国的疾病、政府和社会问题》（*Contagion: Disease, Government, and the Social Question in Nineteenth-Century France*）等作品，从米歇尔·福柯的理论中获得灵感，特别是他关于"治理"的思想，这些作品将公共卫生辩论置于个人自由主义和国家干预主义之间的复杂平衡中，这是19世纪许多政治背景的特征。其他作品，如大卫·巴恩斯（David Barnes）2006年的《巴黎的大恶臭和19世纪与污秽和细菌的斗争》（*The Great Stink of Paris and the Nineteenth-Century Struggle Against Filth and Germs*），借鉴了人类学关于厌恶的理论和感觉史传统，发展了更具文化敏感性的公共卫生模型。而帕梅拉·吉尔伯特（Pamela Gilbert）等人探索了制图学的文化实践以及霍乱流行病的政治轮廓，霍乱的流行定义了19世纪工业城市的健康形象和体验。在殖民背景下考察公共卫生和治理之间关系的著述日益增多且具有影响力，艾莉森·巴什福德（Alison Bashford）2004年的《帝国卫生：殖民主义、民族主义和公共卫生的批判史》（*Imperial Hygiene: A Critical History of Colonialism, Nationalism and Public Health*）即是其一。她特别以澳大拉西亚①殖民地为例，指出卫生和污染的言论对通过各种手段控制这些社会的重要性，包括重要的"空间治理形式"，如试图调节物品和人员流通的隔离和检疫。与此同时，南希·托姆斯（Nancy Tomes）1999年的《细菌福音：美国生活中的男人、女人和微生物》（*The Gospel of Germs: Men, Women, and the Microbe in American Life*）以及维多利亚·凯利（Victoria Kelley）2010年的《肥皂和水：维多利亚时代和爱德华时代英国的清洁、污垢和工人阶级》（*Soap and Water: Cleanliness, Dirt and the Working Classes in Victorian and Edwardian Britain*）表明，最有趣的发展之一是，人们开始将公共卫生理解为植根于新商业消费形式的一套个性化和内化的社会实践。

　　然而，就当前目的而言，也许近期公共卫生研究的显著成就是它强调了医学专业权威的相对偶然性（见图8.2）。医学从业者远非公共卫生的主要驱动者，他们往往只是参与复杂的卫生实践谈判的几个利益攸关方之一。最近的两部作品特别关注了这方面的历史经验。其一是格雷厄姆·穆尼2015年的《侵入性干预：英格兰的公共卫生、家庭空间和传染病监测，1840—1914》（*Intrusive Interventions: Public*

---

　　① 包含澳大利亚、新西兰以及太平洋地区的部分岛屿。——译注

图 8.2 挑战医学权威：亨利·希思（Henry Heath 所作《中央卫生委员会的素描：真正恶心的霍乱！！》）（'A Sketch from the Central Board of Health: The Real Ass-I-Antic Cholera!!'），1832 年。来源：Wellcome Collection.

Health, Domestic Space and Infectious Disease Surveillance in England, 1840–1914）。穆尼的书受到了沃博伊斯关于细菌理论的影响，也受到了帕特里克·乔伊斯（Patrick Joyce）等人关于 19 世纪国家研究的影响，展示了侵入式医疗监控系统的应用如何受到当地政治环境影响，并受城市工人阶级态度影响，而这些人就是该系统的主要目标。其结果是一种在自由意志价值观和更具强制性、强制力制度之间摇摆的制度，这种制度既强调公民的义务，也强调公民的权利。另一部作品是汤姆·克鲁克（Tom Crook）2016 年的《治理体系：英格兰公共卫生的

医学文化史：帝国时代卷

现代性与形成，1830—1910》（*Governing Systems: Modernity and the Making of Public Health in England, 1830–1910*），这本书更得益于关于治理理论的后乔伊斯研究。与穆尼一样，克鲁克关注的是平衡现有的医学专业知识论述，以及强调众多、重叠且往往高度地方化的政府系统在创建、维持和扩展公共卫生服务中所扮演角色的论述。

最近很多其他关于帝国时代医学的著述同样从强调医学权威局限性和公众情绪对医学的影响（包括直接对抗）中得到了启发。正如19世纪中后期通过了旨在防止流行病产生和传播的立法一样，各国也在其他方面寻求确保"社会群体"的健康 ①。也许这方面最显著的例子之一，也是最近引起历史学家大量关注的一个例子，就是疫苗接种的实践，尤其是强制接种。与克鲁克和穆尼在公共卫生方面的研究一样，黛博拉·布伦顿（Deborah Brunton）2008年的《疫苗接种的政治：英格兰、威尔士、爱尔兰和苏格兰的实践与政策，1800—1874》（*The Politics of Vaccination: Practice and Policy in England, Wales, Ireland, and Scotland, 1800–1874*）淡化了传统上赋予医学专业知识的重要性，转而关注地方权力的运作以及地区和国家经验的差异。布伦顿认为，对疫苗接种的抵制经常被夸大了，而纳迪娅·杜尔巴赫（Nadja Durbach）的工作几乎完全集中在这方面的争论上。她2004年的《身体问题：英格兰的反疫苗接种运动，1853—1907》（*Bodily Matters: The Anti-Vaccination Movement in England, 1853–1907*）探讨了19世纪后期英国反对强制接种天花疫苗的复杂利益范围，以及他们丰富而偶

---

① Baldwin 1999.

尔耷人听闻的修辞策略。她坚持认为,这场运动跨越了阶级和性别界限,但与其他反对干预主义公共卫生的运动一样,这场运动在确立个人自由主义及其相关行动自由、良知自由的价值观论述中找到了最清晰、最具凝聚力的表达方式,以此来反对国家主义和立法强制的暴政。

因此,反疫苗接种运动是对医学权威广泛挑战的一部分,它出现在19世纪中期,正好与该行业的社会和法律确立相吻合。这种反对力量来自19世纪后期在英国和北美流行的一系列复杂的改革主义信仰,包括斯威登堡主义①、唯灵论②和素食主义等宗教和社会异端的新形式,以及宪章主义、社会主义和妇女参政论等政治意识形态。正如凯瑟琳·格利德勒(Katherine Gleadle)所证明的,许多政治激进分子被诸如顺势疗法和药用植物学等替代疗法吸引,正是出于他们对迅速成为医学界权威的相关疗法的反对。特别是对女性激进分子来说,这种"生理改革"允许她们把家庭领域,甚至她们自己的身体,变成一个政治表达和抵抗的空间③。

女权主义及其政治推论——妇女参政论,在19世纪后期两场最著名的反医学运动中扮演了特别重要的角色,即反对活体解剖运动和废除《传染病法》(Contagious Diseases Acts)运动。在这两场运动中,在想象和政治上都可以将医生的残忍、压迫与其他男性暴力、剥

---

① "斯威登堡主义"是一种基于瑞典科学家、神学家和神秘主义者伊曼纽·斯威登堡(Emmanuel Swedenborg)的思想和著作的宗教与哲学信仰体系。斯威登堡认为通过直观的精神体验,人类可以获得神圣的启示。——译注

② 唯灵论主张世界的本原是灵魂或心灵的学说,认为万物皆有灵魂,物质只是心灵的产品或附属物。——译注

③ Gleadle 2003.

削的例子联系起来，例如殴打妻子的人或"白奴（对妓女尤其是被迫为娼者的委婉称呼）"所有者。早在1985年，卡罗尔·兰斯伯里（Carol Lansbury）的《老棕狗：爱德华七世时期英格兰的妇女、工人和活体解剖》（*The Old Brown Dog: Women, Workers and Vivisection in Edwardian England*）就提出了这样的联系，最近，伊恩·米勒（Ian Miller）又发展了这种联系[1]。然而，保罗·怀特（Paul White）和罗布·博迪斯最近的工作[2]试图理解另一方面，特别是生理学家和活体解剖学家如何驾驭复杂的情感政治，将他们自己的情感克制与他们对手的情感失控相对应。

废除《传染病法》运动见证了一个特别丰富的史学脉络的发展。朱迪思·沃科维茨（Judith Walkowitz）的作品在这方面产生了深远影响，促使学者将注意力主要集中在妓女形象和女权运动上，而女权运动在1886年成功地迫使《传染病法》废除[3]。相比之下，关于法案背后医学必要性的著述相对较少。弗兰克·莫特（Frank Mort）1987年的经典著作《危险的性：1830年以来英格兰的医学道德政治》（*Dangerous Sexualities: Medico-Moral Politics in England since 1830*）提供了更广泛的文化背景，而彼得·鲍德温（Peter Baldwin）则提供了一种概要性的政治解释[4]。与此同时，菲莉帕·莱文（Phillipa Levine）2003年的《卖淫、种族与政治：大英帝国的性病管制》（*Prostitution, Race*

---

① Miller 2009.

② White 2006;Boddice 2016.

③ Walkowitz 1980.

④ Baldwin 1999.

and Politics: Policing Venereal Disease in the British Empire）提供了一个很有启发的观点，即从很多方面来说，《传染病法》都是一个特殊现象：原本用于殖民地的统治手段反过来在帝国本土得到了应用。然而，凯瑟琳·李（Catherine Lee）2013年的本土研究《监管卖淫（1856—1886）：越轨，监视和道德》（*Policing Prostitution, 1856-1886: Deviance, Surveillance and Morality*），几乎没有谈到医疗行业的作用，而安妮·汉利（Anne Hanley）2017年的《英格兰的医学、知识与性病，1886—1916》（*Medicine, Knowledge and Venereal Diseases in England, 1886-1916*）以废除之日为时间起点。即使是玛利亚·伊莎贝尔·罗梅罗·鲁伊斯（Maria Isabel Romero Ruiz）关于19世纪洛克医院所做的研究，尽管用了一定篇幅讨论《传染病法》，但并没有把《传染病法》作为主要关注点[1]。因此，有些令人惊讶的是，我们没有对英国1866年《传染病法》平民人口促进推广协会（Association for Promoting the Extension of The Contagious Diseases Act of 1866 to the Civil Population of the United Kingdom）等团体进行全面研究，该组织成员中有许多医疗从业人员，并得到了女性医生先驱和妇女参政论者伊丽莎白·加勒特·安德森（Elizabeth Garrett Anderson）的支持。我们也没有特别强烈地意识到那些按照《传染病法》工作的医疗从业人员的信仰和动机。

如果说医学权威在公共卫生领域受到了质疑，那么其他研究已经表明它是如何受到当时更广泛社会、政治和经济力量影响的。特别

---

① Ruiz 2014.

是，医学对市场经济和自由贸易的自由主义采取了一种矛盾立场。在现代早期，"正统"医学从业者和"非正统"庸医之间的竞争发生在一个相对不受监管但也不太发达的商业经济中。然而，到了19世纪，在一个日益商业化的时代，当公众一再被告知只有不受限制的竞争才能保证质量和可负担性时，医生们从国家寻求更大的保护和保障。历史学家试图梳理出这种矛盾心理的错综复杂之处，展示了医学从业者如何诉诸"公共利益"的语言，以确保在商业市场上为"正统"医疗保健争取一个受保护的位置（尽管并非总是成功）[1]。此外，正如上山贵广（Takahiro Ueyama）和克莱尔·琼斯（Claire Jones）所证明的，医学从业者深陷于复杂的商业关系网络中，几乎不可能在所有情况下都能区分利润与原则[2]。

| 战争、帝国和国家

在帝国时代，内科和外科的进步意味着军事医学成为所有战争中越来越重要的方面。从1793年的法国大革命战争到1914年的第一次世界大战，整个帝国时代，英国和大多数民族国家都参与了战争。虽然一些研究考虑了战争期间医学和健康的文化方面，但大多数研究都

---

① Searle 1998; Brown 2007.

② Ueyama 2010; Jones 2013.

集中在病人经历上，对战争期间医学权威这一主题，文化史家基本尚未进行研究。[6] 然而，这一时期为社会和军事史家探索医学与战争的关系提供了肥沃土壤①。社会史家最近开始阐明医学专业和军事权威的相互作用，这些研究必然触及这一时期文化史的一些兴趣点。战争创造了一种环境，使医生在更广泛社会中培养法律和职业权威的努力成为人们关注的焦点。在士兵的医疗保健取得成功的地方，医学参与战争有力地加强了平民医学日益增长的权威。对于医生来说，服兵役也提供了在社会和职业方面提升的途径②。

　　这一时期，战争的紧急情况为有抱负的医生创造了在该行业立足的机会。许多在拿破仑战争期间服役的英国军医都曾当过学徒，并在大学接受过一些正规教育。然而，与那些在军队医疗服务中占主导地位的受过牛津剑桥大学教育的医生相比，他们仍然处于劣势。面对强大的对手，这些新兵为争取职业和军事权威而战。这场冲突的一个关键特征是，军队医务官员推动承认一种基于经验的医学方法，而不是传统的理论知识③。此外，作为对平民生活中地位和权威要求的反映，军队医务官通过展示与绅士或军官阶级相关的文化符号来支持他们职业发展的追求，包括理想化的男性属性和展示"埃德蒙·伯克（Edmund Burke）崇高的理论知识（和）对风景的正确理解"。[7]

　　拿破仑时代的医生所提倡的军事医学专业知识使得医学职业专业化成为可能，这一现象后来成为 19 世纪医学发展的一个关键。战争常

---

① Harrison 1996; Cooter 1990; Curtin 1989.

② Ackroyd et al. 2006; Rosner 1999.

③ Kelly 2011.

常是这些发展的熔炉，可以说在第一次世界大战期间形成了矫正外科和整形外科等专业。[8] 战争也为护理和物理疗法等其他医学职业创造机会。这一时期，护理服务职业化在许多军队中很普遍，克里米亚战争（Crimean War）的历史背景是众所周知的。贝特朗·泰特（Bertrand Taithe）证明了法国类似的发展，确定了在普法战争期间非专业（非宗教）护士的出现，因为法国女性通过志愿加入红十字会而获得实践公民身份的机会①。医学领域最重要的文化转变之一与这一时期末的战争同时发生，当时女性医生作为新的一批医疗从业者，进入了英国和盟军的医疗服务部门，在那里她们努力工作证明自己的专业知识和"勇气"②。珍妮特·沃森（Janet Watson）2004年的《参加不同的战争：英国的经历、记忆和第一次世界大战》（*Fighting Different Wars : Experience, Memory, and the First World War in Britain*）指出，医院不仅是治疗和死亡的场所，还是"争取职业认可的场所，女性医生寻求与男性医生同等的地位，受过训练的护士寻求作为医学从业者的地位"。女性在两条战线上努力争取军事当局和她们同事的支持。克莱尔·布罗克2017年的研究《英国女外科医生和她们的病人》（*British Women Surgeons and their Patients*），探讨了19世纪下半叶女性外科医生的社会和文化表现，在她关于第一次世界大战的最后两章中，展示了女性外科医生的手术报道如何在争取妇女参政权的《共同原因》（*Common Causes*）等出版物中强调"手术的困难和耐力的壮举"，以保持女性外

---

① Taithe 2001:111 – 12.

② Brock 2017; Murray 1920.

科医生从家里获得的经济和职业支持。

平民生活中日益增长的医学权威与军队中较低地位的差异可能会引发军事范畴之外的变化。在研究这一时期军事医学的最重要著作之一《医学战争：第一次世界大战中的英国军事医学》（*The Medical War: British Military Medicine in the First World War*, 2010）中，马克·哈里森考察了帝国时代的战争，认为医学权威的两个关键方面，即高级指挥官对医学建议的尊重和公众对医学安排的监督程度一直是军事医学成功的关键因素。医学从业者对缺乏军事权威以及随之而来无法提供有效医学服务的沮丧感是整个 19 世纪许多战争的一个特点。J. T. H. 康纳（J. T. H. Connor）在他 1999 年的文章《在世界面前隐藏的耻辱：医生、职业化和 1898 年美西战争中的古巴战役》（'Before the World in Concealed Disgrace: Physicians, Professionalization and the 1898 Cuban Campaign of the Spanish American War'）中指出，19 世纪 90 年代美西战争期间，美国医生的失败引起了人们对军医"相对无能"的关注，与之相比，平民医生的权威日益增强，这种令人困惑的差距被视为整个美国职业状况的反映。康纳认为，医生们在 1899 年开始通过美国医学会进行动员并不是巧合，他们把学会杂志转变为"一个特别具有攻击性和游说性的机构"。与此同时，该学会成立了以立法改革为目标的委员会，这是"为推进美国医学会政治目标而建立永久机制"的第一步。在英国，国民健康和士兵医疗保健的政治效力也在持续增长，于 1899 年南非战争期间达到顶峰，并在军事医学和公众士气之间建立了强有力的联系。19 世纪 90 年代，英国医学会和皇家学院在一场寻求正式军官和指挥地位的运动中支持军队医务官员，结

图8.3 军事医学权威：《非战斗英雄：前线工作的军医》（'A Non-combatant Hero—an Army Doctor at Work in the Firing Line'），约1900年。来源：Wellcome Collection。

果1898年4月的皇家授权令授予了他们实质性的军衔和有限的指挥权（见图8.3）。[9]

除了促进医学界内部权威的动态变化外，战争还可能对公众对医学的看法产生深远影响。肖娜·迪瓦恩（Shauna Devine）指出，在美国内战期间，军医利用学习、实验和知识创造的机会，来建立医学权威和推进医学职业化[①]。在克里米亚战争期间，军事医学的失败和医学从业者的主张受到了公众和议会的严格审查，医生的权威受到了护理服务和弗洛伦斯·南丁格尔主张的著名挑战，后者对医学权威提出了

①　Devine 2014.

职业和性别的双重批评①。甚至在克里米亚战争之前，以及在1857年印度叛乱之后，对士兵健康、国民健康和战时医疗保健的关注一直是公共话语的主要主题。从19世纪50年代开始，军队在英国公共生活中占据了中心位置，"此后，军国主义和人道主义情绪在帝国的防御中紧密地交织在一起"②。到第一次世界大战时，公众对军事医学和士兵福利的兴趣非常高，并通过媒体促进了对战争的广泛的新闻报道。战争期间，提供给公众的军事医学图像旨在维持公众对战争的支持。照片上是井然有序的医院帐篷营地，明信片上则是令人安心的医疗护理画面。记者们几乎每天都在报道医生和护士们的英雄主义和自我牺牲精神③。安娜·卡登-科因所说的"强制性快乐"在《伤并快乐着》（*Happy Though Wounded*）等医院刊物上占有重要地位，放大了官方摄影和媒体宣传④。随着军事医学的相对成功，反映医学能力和英雄主义的图像极大地促进了平民社会中更广泛的医学权威。

也许最亲密的医学权威形式存在于医学从业者和患者之间。与平民生活相比，军事医学的一个特点是对病人身体和治疗选择的更大控制。许多历史学家考虑过这一现象的影响，因为它与医学治疗的进步以及对生者和死者身体的控制有关⑤，但最近的两项研究探讨了这一时期最后的战争对医患关系的影响。特蕾西·洛克伦（Tracey Loughran）

---

① Shepherd 1991.

② Harrison 2010:3.

③ Harrison 2010.

④ Carden-Coyne 2014.

⑤ Lawrence 1991; Devine 2014.

在其 2017 年的《炮弹休克与一战时期英国的医学文化》（*Shell-Shock and Medical Culture in First World War Britain*）一书中认为，炮弹休克是第一次世界大战的象征，它赋予医生对特别脆弱的病人非同寻常的权力。她展示了在应用诊断标签、选择治疗方法和确定士兵是否适合重返战场时，医生的行为决定了病人遭受痛苦的程度，并限制了病人的能动或抵抗的可能性。医生和病人之间的这种互动，以及战争对这种互动的影响，在关于第一次世界大战历史的另一篇最新著作中得到了仔细考察。安娜·卡登－科因在她 2014 年的《创伤政治：第一次世界大战中的军人病人和医疗权力》（*The Politics of Wounds: Military Patients and Medical Power in the First World War*）中，阐述了军队医院的文化生活，以及病人接受各种形式医学权威支配的方法。她发现病人在分诊系统中的经历具有重要意义（谁会在前线附近接受治疗，谁会被送回家照顾，或谁会出院），这种系统通常把军事优先权置于病人的个人或医疗需求之上。她指出，随之而来的患者权力被剥夺的体验导致了一种抵抗的文化。病人利用医院杂志上的笑话、日记和漫画来培养这种抵抗心理，他们嘲笑医生无能，或者把他们当作以折磨"被围困伤兵"为乐的虐待者。不过，她也指出了平民医生和病人之间结成的联盟，反对在提供医疗保健方面行使军事权力和军事优先。

| 结论

到了 20 世纪初，医学权威受到了质疑，并因各种因素而复杂化。

然而，与此同时，医学从业者可能从未享受过如此高的声望或公众赞誉。定义了19世纪后半叶的外科和细菌学革命使得这一时期成为一些人所称的医学"黄金时代"①。萧伯纳（George Bernard Shaw）1906年的《医生的困境》（*Doctor's Dilemma*）或许最能概括这种悖论。萧伯纳1909年著名的《序言》是对"医学职业可疑特征"的严厉抨击，从反对疫苗接种、反对活体解剖，到将外科医生"为了金钱利益而割掉你的腿"的商业医疗体系斥为"荒谬可笑"②。然而。这部戏剧的主角科伦索·里奇恩爵士（Sir Colenso Ridgeon），在很多方面都是一位传统的医学英雄，也是这种革命性新疗法的支持者，这种疗法在这一时期增强了医学的权威。萧伯纳对里奇恩"用有限的资源来治疗谁"的个人困境的解决方案与他对职业体面问题的一般解决方案是一样的。在这两种情况下，萧伯纳的答案都在于发展一个国家医疗保健体系，该体系在这一时期正处于发展阶段，并将在20世纪中期实现。然而，正如20世纪末和21世纪初的经验所证明的，商业与医疗、利益与公共服务之间的紧张关系仍然没有得到解决。

注释

[1] 关于社会学文献的例子，参见 Freidson 1970；Berlant 1975。关于受社会学启发的历史叙事，参见 Starr 1982；Waddington 1984。

[2] 关于医学文化史，参见 Fissell 2004。关于社会文化史的"妥协"，参见 Mandler 2004。

---

① Brandt & Gardner 2004.

② Shaw 1909/1987:10.

[3]　亦可参见 Shapin 1975。

[4]　关于《药剂师法案》，参见 Holloway 1966, Parts I- II；Loudon 1992。其他司法管辖区的情况，可参见 Ellis 1995；Frieden 1982；Rozenkrantz 1972；Johnson 2015。

[5]　例如，Rosen 1958；Porter 1998。虽然波特叙述的更多是背景和社会历史，不太倾向于必胜主义，但方法显然是相似的。

[6]　可参见 Reznick 2011；Acton & Potter 2015；Linker 2011。

[7]　Colley 2005：172–4；在 Kelly 2011：125 中被应用于军事领域。亦可参见 Kennedy 2013。

[8]　关于整形外科，参见 Cooter 1993。关于近期受文化史影响的整形手术的治疗方法，参见《战争与文化研究》(*Journal of War and Culture Studies*) 杂志 2017年第10期收录的论文：《评估外科手术的遗产：从手术到 艺 术》('Assessing the Legacy of the Gueules Cassées: from Surgery to Art')。

[9]　不过，请注意，Harrison 2010：5 认为，这种变化并没有带来所希望的军事影响力，19世纪90年代的争端“破坏了未来许多年的职业关系”。

参考文献

Abel, Emily K. (2007), *Tuberculosis and the Politics of Exclusion: A History of Public Health and Migration to Los Angeles*, New Brunswick, NJ: Rutgers University Press.

Abell, Mora (2009), *Doctor Thomas Monro: Physician, Patron and Painter*, Victoria, Canada: Trafford Publishing.

Abraham, Gerald (1945), *Rimsky-Korsakov: A Short Biography*, London: Duckworth.

Acevedo-Garcia, Dolores (2000), 'Residential Segregation and the Epidemiology of Infectious Diseases', *Social Science & Medicine* 51, no. 8: 1143–61.

Achebe, Chinua (1977), 'An image of Africa', *Massachusetts Review* 18, no. 4: 782–94.

Ackerknecht, Erwin (1948), 'Anticontagionism between 1821 and 1867', *Bulletin of the History of Medicine* 22: 562–93.

Ackerknecht, Erwin (1967), *Medicine at the Paris Hospital, 1794–1848*, Baltimore, MD: Johns Hopkins University Press.

Ackroyd, Marcus et al. (2006) *Advancing with the Army: Medicine, the Professions and Social Mobility in the British Isles 1790–1850*, Oxford: Oxford University Press.

Acton, Carol and Jane Potter (2015), *Working in a World of Hurt: Trauma and Resilience in the Narratives of Medical Personnel in Warzones*, Manchester: Manchester University Press.

Adams, Mark B. (ed.) (1990), *The Wellborn Science: Eugenics in Germany, France, Brazil, and Russia*. Oxford: Oxford University Press.

Addison, W. (1854), 'Notes on Epidemical Diseases', *Association Medical Journal* S 3–2: 6–8.

Agland, Jamie (2009), 'Madness and Masculinity in the Caricatures of the Regency Crisis', in Richard Scully and Marian Quartly (eds), *Drawing the Line: Using Cartoons as Historical Evidence*, unpaginated, Clayton, Victoria, Australia: Monash Univ. ePress.

Aisenberg, Andrew R. (1999), *Contagion: Disease, Government, and the 'Social Question' in Nineteenth-Century France*, Stanford, CA: Stanford University Press.

Akehurst, Ann-Marie (2020), 'Quaker Architecture as an Agent of Cure at the York Friends' Retreat', *Quaker Studies* 25, no. 1: 45–76.

Albala, Ken (2014), 'Toward a Historical Dialectic of Culinary Styles', *Historical Research* 87, no. 238: 581–90.

Alberti, Samuel J. M. M. (2011), *Morbid Curiosities: Medical Museums in Nineteenth- Century Britain*, Oxford: Oxford University Press.

Alder, Ken (2007), 'Introduction', Focus section on 'Thick Things', *Isis* 98: 80–3.

Aldrete, J. A. (2004), 'Smallpox vaccination in the early 19th century using live carriers:the travels of Francisco Xavier de Balmis', *Southern Medical Journal* 97: 375–8.

Alexander, R. (1879), 'Practical Notes on the Treatment of Phthisis', *The Lancet* 114: 760–1.

Allen, Michelle (2008), *Cleansing the City: Sanitary Geographies in Victorian London*, Athens, OH: University of Ohio Press.

Anderson, Nancy (2012), 'Facing animals in the laboratory: lessons of nineteenth-century medical school microscopy manuals', in Nancy Anderson and Michael R. Dietrich (eds), *The Educated Eye: Visual Culture and Pedagogy in the Life Sciences*, 44–67, Hanover, NH: Dartmouth College Press.

Anderson, Stephanie (2008), '"Three Living Australians" and the Société d'Anthropologie de Paris, 1885', in Bronwen Douglas and Chris Ballard (eds), *Foreign Bodies: Oceania and the Science of Race 1750–1940*, 229–56, Canberra: ANU Press.

Anderson, Susan and Bruce H. Tabb (eds) (2002), *Water, Leisure and Culture: European Historical Perspectives*, New York: Berg.

Anderson, Warwick (1996a), 'Disease, Race and Empire', *Bulletin of the History of Medicine* 70, no. 1: 62–7.

Anderson, Warwick (1996b), 'Immunities of Empire: Race, Disease, and the New Tropical Medicine, 1900–1920', *Bulletin of the History of Medicine* 70, no. 1: 94–118.

Anderson, Warwick (1997), 'The Trespass Speaks: White Masculinity and Colonial Breakdown', *American Historical Review* 102, no. 5: 1343–70.

Anderson, Warwick (2003), *The Cultivation of Whiteness: Science, Health and Racial Destiny in Australia*, New York: Basic Books.

Anderson, Warwick (2006), *Colonial Pathologies: American Tropical Medicine,*

Race, and Hygiene in the Philippines, Durham, NC: Duke University Press.

Anon. (1855), 'Association Intelligence', *Provincial Medical and Surgical Journal* 13, no. 138: 774–803.

Anon. (1872), 'The progress of medicine and surgery', *Edinburgh Review* 136: 252–65.

Anon. (1877), Editorial, *Nature* 16: 157–8.

Anon. (1883), 'The present state of medical science', *Edinburgh Review* 157: 481–508.

Anon. (1886), 'Review of *Compendium der Psychiatrie zum Gebrauche für Studierende und Aerzte*', *British Journal of Mental Science* 32, no. 138: 254–5.

Anon. (1893), 'The Traumatic Neuroses', *British Medical Journal* 2 (1716: 1115–16.

Anon. (1901), Editorial, *Jewish Chronicle*, 1 February.

Anon. (1906), 'Obituary Mary Putnam Jacobi', *British Medical Journal*, 30 June, 1568.

Anon. (1909), 'Obituary, David James Hamilton', *The Lancet*, 173: 730–1.

Anon. (n.d.), 'patent der Soja-Wurst', *Stiftung Bundeskanzler-Adenauer-Haus* http:// adenauerhaus.de/downloads/ExpFeb 12.pdf.

Appadurai, Arjun (1986), 'Introduction', in Arjun Appadurai (ed.), *The Social Life of Things: Commodities in Cultural Perspective*, Cambridge: Cambridge University Press.

Apple, Rima D. (1995), 'Science Gendered: Nutrition in the United States 1840–1940', in Harmke Kamminga and Andrew Cunningham (eds), *Science and Culture of Nutrition, 1840–1940*, 129–54, Amsterdam: Editions Rodopi B.V.

Arnold, D. (1993), *Colonizing the Body: State Medicine and Epidemic Disease in Nineteenth-Century India*, Berkeley: University of California Press.

Arnold, David (1999), '"An ancient race outworn": Malaria and Race in Colonial India', in Waltraud Ernst and Bernard Harris (eds), *Race, Society and Medicine, 1700–1960*, 123–43, London: Routledge.

Arnold, David (ed.) (1996), *Warm Climates and Western Medicine: The Emergence of Tropical Medicine, 1500–1900*, Amsterdam: Rodopi.

Arnott, Neil and J. P. Kay (1837–38), 'Report on the Prevalence of Certain Physical Causes of Fever in the Metropolis, Which Might be Removed by Proper Sanatory Measures', in *Fourth Annual Report of the Poor Law Commissioners, Supplement*, London: HMSO.

Arnup, K. (1992), '"Victims of Vaccination?" Opposition to Compulsory Immunization in Ontario, 1900–90', *Canadian Bulletin of Medical History* 9: 159–76.

Aronowitz, Robert (2008), 'Framing disease: an underappreciated mechanism for the social patterning of health', *Social Science & Medicine* 67, no. 1: 1–9.

Atkins, Peter (2012), 'Animal Wastes and Nuisances in Nineteenth-Century London', in Peter Atkins (ed.), *Animal Cities: Beastly Urban Histories*, 19–51, London: Routledge.

Atkins, Peter (ed.) (2012), *Animal Cities: Beastly Urban Histories*, London: Routledge.

Atwater, Wilbur Olin and C. F. Langworthy (1897), 'A Digest of Metabolism Experiments in Which the Balance of Income and Outgo Was Determined', *US Department of Agriculture. Office of Experiment Stations, Bulletin*. Washington, DC: Government Printing Office.

Bailey, Peter (1996), 'Breaking the Sound Barrier: A Historian Listens to Noise', *Body and Society* 2, no. 2: 49–66.

Bailin, Miriam (2007), *The Sickroom in Victorian Fiction: The Art of Being Ill*, Cambridge: Cambridge University Press.

Baldwin, Peter (1999), *Contagion and the State in Europe, 1830–1930*, Cambridge: Cambridge University Press.

[Banim, John and Michael Banim] (1831), *Chaunt of the Cholera: Songs for Ireland*, London: James Cochrane and Co.

Baratay, E. and E. Hardouin-Fugier (2002), *Zoo: A History of Zoological Gardens in the West*, London: Reaktion Books Ltd.

Barham, Peter (2004), *Forgotten Lunatics of the Great War*, London: Yale University Press.

Barker, Hannah (2009), 'Medical advertising and trust in late Georgian England', *Urban History* 36, no. 3: 379–98.

Barnes, David (2006), *The Great Stink of Paris and the Nineteenth-Century Struggle Against Filth and Germs*, Baltimore, MD: Johns Hopkins University Press.

Barnes, David S. (1995), *The Making of a Social Disease: Tuberculosis in Nineteenth- Century France*, Berkeley: University of California Press.

Barnett, L. Margaret (1995), '"Every Man His Own Physician": Dietetic Fads, 1890–1914', in Harmke Kamminga and Andrew Cunningham (eds), *Science and Culture of Nutrition, 1840–1940*, 155–78, Amsterdam: Editions Rodopi B.V.

Barnett, L. Margaret (1997), 'Fletcherism: The Chew-Chew Fad of the Edwardian Era', in David Smith (ed.), *Nutrition in Britain: Science, Scientists and Politics in the Twentieth Century*, 6–28. London: Routledge.

Bartrip, Peter W. J. and Sandra Burman (1983), *The Wounded Soldiers of Industry: Industrial Compensation Policy, 1833–1897*, Oxford: Oxford University Press.

Baschin, Marion (2016), '"Globules at Home": The History of Homeopathic Self-medication', *Social History of Medicine* 29, no. 4: 717–33.

Bashford, Alison (2003), 'Cultures of Confinement: Tuberculosis, Isolation and the Sanatorium', in Carolyn Strange and Alison Bashford (eds), *Isolation: Places and Practices of Exclusion*, 133–50, New York: Routledge.

Bashford, Alison (2004), *Imperial Hygiene: A Critical History of Colonialism, Nationalism and Public Health*, New York: Palgrave.

Bates, Christina (2012), *A Cultural History of the Nurse's Uniform*, Gatineau: Canadian Museum of Civilization.

Bates, Victoria (2016), '"Under cross-examination she fainted": sexual crime and swooning in the Victorian courtroom', *Journal of Victorian Culture* 21, no. 4: 456–70.

Baumgartner, Barbara (2016), 'Anatomy Lessons: Emily Dickinson's Brain Poems', *Legacy: A Journal of American Women Writers* 33, no. 1: 55–81.

Baxby, Derrick (1981), *Jenner's Smallpox Vaccine: The Riddle of Vaccinia Virus and its Origin*, London: Heinemann.

Bederman, Gail (2008), *Manliness and Civilization: A Cultural History of Gender and Race in the United States, 1880–1917*, Chicago: University of Chicago Press.

Beinart, William (2007), 'Transhumance, Animal Diseases and Environment in the Cape, South Africa', *South African Historical Journal* 58: 17–41.

Bell, Charles (1806), *Essays on the Anatomy of Expression in Painting*, London: Longman, Hurst, Rees, and Orme.

Bell, Charles (1824), *Essays on the Anatomy and Philosophy of Expression*, London: John Murray.

Bennett, Tony and Patrick Joyce (2010), 'Introduction', in Tony Bennett and Patrick Joyce (eds), *Material Powers: Cultural Studies, History and the Material Turn*, 1–21, Abingdon: Routledge.

Benson, E. (2011), 'Animal Writes: Historiography, Disciplinarity, and the

Animal Trace', in L. Kalof and G. M. Montgomery (eds), *Making Animal Meaning*, 3–16, East Lansing: Michigan State University Press.

Bergen, Leo van (1999/2004), '"The Malingerers are to Blame": The Dutch Military Health Service before and during the First World War', in Roger Cooter, Mark Harrison and Steve Sturdy (eds), *Medicine and Modern Warfare*, 59–76, Amsterdam: Rodopi.

Berkowitz, Carin (2015), *Charles Bell and the Anatomy of Reform*, Chicago: University of. Chicago Press.

Berlant, Jeffrey (1975), *Profession and Monopoly*, Berkley: University of California Press.

Bernard, Claude (1865/2016), *Introduction à la médecine expérimentale*, Paris: BnF collection ebooks.

Berti, Ilaria (2016), '"Feeding the Sick upon Stewed Fish and Pork": Slave Health and Food in West Indies Sugar Plantation Hospitals', *Food & History* 14, no. 1: 81–106.

Bewell, Allan (1999), *Romanticism and Colonial Disease*, Baltimore, MD: Johns Hopkins University Press.

Bhattacharya, Sanjoy (1998), 'Re-devising Jennerian Vaccines? European Technologies, Indian Innovation and the Control of Smallpox in South Asia, 1850–1950', *Social Scientist* 26: 27–66.

Bhattacharya, Sanjoy, Mark Harrison and Michael Worboys (2005), *Fractured States: Smallpox, Public Health and Vaccination Policy in British India, 1800–1947*, Hyderabad: Orient Longman.

Bickham, T. (2008), 'Eating the Empire: Intersections of Food, Cookery and Imperialism in Eighteenth-Century Britain', *Past & Present* 198, no. 1: 71–109.

Binet, Alfred (1907), *The Mind and the Brain*, London: K. Paul, Trench, Trübner

& Company Limited.

Bittel, Carla (2009), *Mary Putnam Jacobi and the Politics of Medicine in Nineteenth- Century America*, Chapel Hill: University of North Carolina Press.

Bivins, Roberta (2000), *Acupuncture, Expertise, and Cross-Cultural Medicine*, Basingstoke: Palgrave.

Blaine, Delabere (1802), *The Outlines of the Veterinary Art, or, The Principles of Medicine: As Applied to the Structure, Functions and Economy of the Horse, the Ox, the Sheep and the Dog*, London: T. N. Longman.

Bland Sutton, John (1885), 'On Hypertrophy and its Value in Evolution', *Proceedings of the Zoological Society of London*: 432–45.

Bland Sutton, John (1886), *An Introduction to General Pathology*, Philadelphia: Blakiston & Son.

Bland Sutton, John (1890), *Evolution and Disease*, London: Walter Scott.

Blatter, Jeremy (2014), 'The Psychotechnics of Everyday Life: Hugo Münsterberg and the Politics of Applied Psychology, 1887–1917', PhD thesis, Harvard University.

Blatter, Jeremy (2015), 'Screening the Psychological Laboratory: Hugo Münsterberg, Psychotechnics, and the Cinema, 1892–1916', *Science in Context* 28, no. 1: 53–76.

Block, Daniel (2005), 'Saving Milk Through Masculinity: Public Health Officers and Pure Milk, 1880–1930', *Food and Foodways* 13, no. 1–2: 115–34.

Blum, Nava and Elizabeth Fee (2008), 'The First Mental Hospital in China', *American Journal of Public Health* 98, no. 9: 1593.

Boddice, Rob (2011), 'Vivisecting Major: A Victorian Gentleman Scientist Defends Animal Experimentation', *Isis* 102: 215–37.

Boddice, Rob (2012), 'Species of Compassion: Aesthetics, Anaesthetics and Pain in the Physiological Laboratory', *19: Interdisciplinary Studies in the Long*

Nineteenth Century 15 , unpaginated.

Boddice, Rob (2014), 'German Methods, English Morals: Physiological Networks and the Question of Callousness, c. 1870 – 1881 ', in Heather Ellis and Ulrike Kirchberger (eds), *Anglo-German Scholarly Relations in the Long Nineteenth Century*, 84 – 102 , Leiden and Boston: Brill.

Boddice, Rob (2016), *The Science of Sympathy: Morality, Evolution and Victorian Civilization*, Urbana-Champaign: University of Illinois Press.

Boddice, Rob (2017), *Pain: A Very Short Introduction*, Oxford: Oxford University Press.

Boddice, Rob (2017 a), 'Hysteria or Tetanus? Ambivalent Embodiments and the Authenticity of Pain', in Dolores Martin Moruno and Beatriz Pichel (eds), *Emotional Bodies: Studies on the Historical Performativity of Emotions*, 19 – 35 , Urbana-Champaign: University of Illinois Press.

Boddice, Rob (2021), *Humane Professions: The Defence of Experimental Medicine, 1876 – 1914*, Cambridge: Cambridge University Press.

Boddice, Rob (ed.) (2014), *Pain and Emotion in Modern History*. Basingstoke: Palgrave.

Boddice, Rob and Daniel Lord Smail (2018), 'Neurohistory', in Peter Burke and Marek Tamm (eds), 301 – 25 , *Debating New Approaches in History*, London: Bloomsbury.

Boddice, Rob and Mark Smith (2020), *Emotion, Sense, Experience*, Cambridge: Cambridge University Press.

Boissel, Jean (1993), *Gobineau, Biographie : Mythes et Réalité*, Paris: Berg International. Boos, Florence (2013), 'Under Physical Siege: Early Victorian Autobiographies of Working-Class Women, *Philological Quarterly* 92 , no. 2 : 251 – 69 .

Borden, Gail (1853), *The Meat Biscuit: Invented, Patented, and Manufactured*,

New York: JH Brower & Co.

Borden, Gail and Ashbel Smith (1850), *Letter of Gail Borden Jr to Dr Ashbel Smith Setting Forth an Important Invention in the Preparation of A New Article of Food Termed Meatbiscuits; and the Reply of Dr Smith Thereto: Being a Letter Addressed to the American Association for the Promotion of Science*, Galveston, TX: Gibson & Cherry.

Bound Alberti, Fay (2010), *Matters of the Heart: History, Medicine, and Emotion*, Oxford: Oxford University Press.

Bourdieu, Pierre (1986), 'The forms of capital', in J. Richardson (ed.), *Handbook of Theory and Research for the Sociology of Education*, 46–58, New York: Greenwood.

Bourke, Joanna (1994), 'Housewifery in working-class England 1860–1914', *Past & Present* 143, no. 1: 167–97.

Bourke, Joanna (1996), *Dismembering the Male: Men's Bodies, Britain and the Great War*, London: Reaktion.

Bourke, Joanna (2014), 'Phantom Suffering: Amputees, Stump Pain and Phantom Sensations in Modern Britain', in Rob Boddice (ed.), *Pain and Emotion in Modern History*, 66–89, Houndmills: Palgrave.

Bourke, Joanna (2014), *The Story of Pain: From Prayer to Painkillers*, Oxford: Oxford University Press.

Boutin, Aimee (2015), *City of Noise: Sound and Nineteenth-Century Paris*, Chicago: University of Illinois Press.

Brandt, Allan M. (1987), *No Magic Bullet: A Social History of Venereal Disease in the United States since 1880*, Oxford: Oxford University Press.

Brandt Allan M. and Martha Gardner (2000), 'The Golden Age of Medicine?', in Roger Cooter and John Pickstone (eds), *Companion to Medicine in the Twentieth Century*, 21–37, London: Routledge.

Braun, Marta (1994), *Picturing Time: The Work of Etienne-Jules Marey (1830– 1904)*, Chicago: University of Chicago Press.

Briggs, Asa (1961), 'Cholera and Society in the Nineteenth Century', *Past & Present* 19 , no. 1: 76–96 .

Brimnes, Niels (2004), 'Variolation, Vaccination and Popular Resistance in Early Colonial South India', *Medical History* 48 : 199–228 .

Brittan, Francesca (2006), 'Berlioz and the pathological fantastic: melancholy, monomania, and romantic autobiography', *19 th-century Music* 29 , no. 3 : 211–39 .

Broca, Paul (1863), 'Review of the Proceedings of the Anthropological Society of Paris, delivered June 4 th, 1863 ', *Anthropological Review* 1 , no. 2 : 274–310 .

Brock, Claire (2017), *British Women Surgeons and Their Patients, 1860–1918* , Cambridge: Cambridge University Press.

Brooks, Jane and Anne-Marie Rafferty (2007), 'Dress and distinction in nursing, 1860–1939 : A corporate (as well as corporeal) armour of probity and purity', *Women's History Review* 16 , no. 1 : 41–57 .

Brown, Michael (2007), 'Medicine, Quackery and the Free Market: The "War" Against Morison's Pills and the Construction of the Medical Profession, c. 1830–c. 1850 ', in Mark S. R. Jenner and Patrick Wallis (eds), *Medicine and the Market in England and its Colonies, c. 1450– c. 1850* , 238–61 , Basingstoke: Palgrave.

Brown, Michael (2008), 'From foetid air to filth: the cultural transformation of British epidemiological thought, c. 1780–1848 ', *Bulletin for the History of Medicine* 82 , no. 3 : 515–44 .

Brown, Michael (2010), '"Like a Devoted Army": Medicine, Heroic Masculinity and the Military Paradigm in Victorian Britain', *Journal of British Studies* 49 , no. 3 : 592–622 .

Brown, Michael (2011), *Performing Medicine: Medical Culture and Identity in Provincial England, c.1760–1850*, Manchester: Manchester University Press.

Brown, Michael (2017), 'Surgery and Emotion: The Era Before Anaesthesia', in Thomas Schlich (ed.), *The Palgrave Handbook of the History of Surgery*, 327–47, Houdmills: Palgrave, 2017.

Brown, Prof. (1888), *Report on Eruptive Diseases of the Teats and Udders of Cows in Relation to Scarlet Fever in Man*, London: Agricultural Department, Privy Council Office.

Browne, Janet (1995), *Charles Darwin: Voyaging*, Princeton, NJ: Princeton University Press.

Brunton, Deborah (2008), *The Politics of Vaccination: Practice and Policy in England, Wales, Ireland, and Scotland, 1800–1874*, Rochester, NY: University of Rochester Press.

Bryder, Linda (1988), *Below the Magic Mountain: A Social History of Tuberculosis in Twentieth-Century Britain*, Oxford: Oxford University Press.

Buchanan, George (1857), *Report of the Medical Officer of Health for St. Giles District*, London: Board of Works.

Budd, Michael Anton (1997), *The Sculpture Machine: Physical Culture and Body Politics in the Age of Empire*, Basingstoke: Macmillan.

Bull, Michael and Les Black (eds) (2003), *The Auditory Culture Reader*, New York: Berg.

Budd, William (1863), 'Variola Ovina, Sheep's Small-Pox: Or the Laws of Contagious Epidemics Illustrated by an Experimental Type', *British Medical Journal* 2: 141–50.

Budd, William (1865), 'The Siberian Cattle Plague; or, the Typhoid Fever of the Ox', *British Medical Journal* 2: 169–79.

Bulloch, W. (1925), 'Emmanuel Klein', *Journal of Pathology and Bacteriology*

28: 684–99.

Burdett, B. (2011), 'Is Empathy the End of Sentimentality?', *Journal of Victorian Culture* 16, no. 2: 259–74.

Burdett, C. (2011a), '"The subjective inside us can turn into the objective outside": Vernon Lee's psychological aesthetics', *19: Interdisciplinary Studies in the Long Nineteenth Century*: 12.

Burkhardt, Richard (1999), 'Ethology, Natural History, the Life Sciences, and the Problem of Place', *Journal of the History of Biology* 32: 489–508.

Burnett, J. (1966), *Plenty and Want: A Social History of Diet in England from 1815 to the Present Day*, Edinburgh: Thomas Nelson.

Burnett, John, David Vincent and David Mayall (1984), *The Autobiography of the Working Class: An Annotated Critical Bibliography*, Brighton: Harvester.

Burney Frances (1812), letter to Esther Burney, 22 March, in Frances Burney, *Journals and Letters*, London: Penguin, 2001.

Busch, Jane Celia (1983), 'The Throwaway Ethic in America', PhD diss., University of Pennsylvania.

Bynum, W. F. (1990), '"C'est une Malade!" Animal Models and Concepts of Human Diseases', *Journal of the History of Medicine and Allied Sciences* 45: 397–413.

Bynum, W. F. (1994), *Science and the Practice of Medicine in the Nineteenth Century*, Cambridge: Cambridge University Press.

Bynum, W. F. (2000), 'Discarded diagnoses', *The Lancet*, 356, no. 9241: 1615.

Bynum, W. F. (2002), 'The Evolution of Germs and the Evolution of Disease: Some British Debates, 1870–1900', *History and Philosophy of the Life Sciences* 24: 53–68.

Cajal, Santiago Ramón y (1899), 'Comparative study of the sensory areas of the human cortex', in William Edward Story (ed.), *Clark University, 1889–1899:*

Decennial Celebration, 311–82, Worcester, MA: Clark University Press.

Callen, Anthea (1995), *The Spectacular Body: Science, Method and Meaning in the Work of Degas*, London and New Haven, CT: Yale University Press.

Callen, Anthea (2018), *Looking at Men: Art, Anatomy, and the Modern Male Body*, London and New Haven, CT: Yale University Press.

Campbell, Margaret (1999), 'From Cure Chair to Chaise Longue: Medical Treatment and the Form of the Modern Recliner', *Journal of Design History* 12, no. 4: 327–43.

Campbell, Margaret (2005), 'What Tuberculosis did for Modernism: The Influence of a Curative Environment on Modernist Design and Architecture', *Medical History* 49, no. 4: 463–88.

Canghilhem, Georges (1965), *La Connaissance de la Vie*, Paris : J. Vrin.

Carden-Coyne, A. (2008), 'Painful bodies and brutal women: remedial massage, gender relations and cultural agency in military hospitals, 1914–1918', *Journal of War and Culture Studies* 1: 139–58.

Carden-Coyne, Ana (2009), *Reconstructing the Body: Classicism, Modernism, and the First World War*, Oxford: Oxford University Press.

Carden-Coyne, A. (2014), *The Politics of Wounds: Military Patients and Medical Power in the First World War*, Oxford: Oxford University Press.

Carlisle, Janice (2004), *Common Scents: Comparative Encounters in High-Victorian Fiction*, New York: Oxford University Press.

Carlyle, Thomas (1833–4/1918), *Sartor Resartus: The Life and Opinions of Herr Teufelsdröckh. In Three Books*, Oxford: Clarendon Press.

Carpenter, Kenneth J. (1994), *Protein and Energy: A Study of Changing Ideas in Nutrition*, Cambridge: Cambridge University Press.

Carpenter, Kenneth J. (2006) 'Nutritional Studies in Victorian Prisons', *Journal of Nutrition* 136, no. 1: 1–8.

Cartwright, Lisa (1995), *Screening the Body: Tracing Medicine's Visual Culture*, Minneapolis: University of Minnesota Press, 48–75.

Casper, Stephen T. (2014), *The Neurologists: A History of a Medical Speciality in Modern Britain, c. 1789–2000*, Manchester: Manchester University Press.

Cassidy, A., R. Dentinger, K. Schoefert and A. Woods (2017), 'Animal Roles and Traces in the History of Medicine, c. 1880–1980', *BJHS Themes*: 1–23.

Cassier, Maurice (2005), 'Appropriation and Commercialization of the Pasteur Anthrax Vaccine', *Studies in History and Philosophy of Science Part C: Studies in History and Philosophy of Biological and Biomedical Sciences* 36: 722–42.

Cavallo, Sandra (2007), *Artisans of the Body in Early Modern Italy: Identities, Families, Masculinities*, Manchester: Manchester University Press.

Çelik, Zeynep (1993), *The Remaking of Istanbul: Portrait of an Ottoman City in the Nineteenth Century*, Berkeley: University of California Press.

Chambers, Thomas A. (2002), *Drinking the Waters: Creating an American Leisure Class at Nineteenth-Century Mineral Springs*, Washington, DC: Smithsonian Institution Press.

Chaplin, Simon (2009), 'John Hunter and the "Museum Oeconomy", 1750–1800', PhD diss., King's College London.

Chapman, Carleton B. (1967), 'Edward Smith (? 1818–1874), Physiologist, Human Ecologist, Reformer', *Journal of the History of Medicine and Allied Sciences* 22, no. 1: 1–26.

Charcot, J.-M. (1877) *Leçons sur les maladies du système nerveux faites a la Salpêtrière*, Paris: Adrien Delahaye.

Chartier, Roger (1988), *Cultural History*, Cambridge: Polity Press.

Cheadle, Dr. (1882), 'Introductory Address: A Discussion on Rickets', *British Medical Journal* 2: 1145–8.

Chevalier, Louis (1958), *Classes Laborieuses et Classes Dangereuses à Paris pendant la Première Moitié du XIXe siècle*, Paris : Plon.

Cheyne, George (1733), *The English malady: or, A treatise of nervous diseases of all kinds, as spleen, vapours, lowness of spirits, hypochondriacal, and hysterical distempers, etc.*, London: G. Strahan.

Churchill, Frederick (1976), 'Rudolf Virchow and the Pathologist's Criteria for the Inheritance of Acquired Characteristics', *Journal of the History of Medicine and Allied Sciences* 31: 117–48.

Churchill, Frederick (1997), 'Life Before Model Systems: General Zoology at August Weismann's Institute', *American Zoologist* 37: 260–8.

Claeys, Gregory and Lyman Tower Sargent (eds) (1999), *The Utopian Reader*, New York: New York University Press.

Clark, Emily (2015), 'Mad Literature: Insane Asylums in Nineteenth-Century America', *Arizona Journal of Interdisciplinary Studies* 4, no. 1: 42–64.

Clark, James (1829), *The Influence of Climate in the Prevention and Cure of Chronic Diseases, More Particularly of the Chest and Digestive Organs: Comprising an Account of the Principal Places Resorted to by Invalids in England and the South of Europe; A Comparative Estimate of their Respective Merits in Particular Diseases; and General Directions for Invalids while Travelling and Residing Abroad. With an appendix, containing a series of tables on climate*, London: Thomas and George Underwood.

Classen, Constance (1993), *Worlds of Sense: Exploring the Senses in History and Across Cultures*, London: Routledge.

Classen, Constance (ed.) (2014), *A Cultural History of the Senses*, 6 vols, London: Bloomsbury.

Cohen, William A. and Ryan Johnson (eds) (2004), *Filth: Dirt, Disgust and Modern Life*, Minneapolis: University of Minnesota Press.

Coleborne, Catharine (2010), *Madness in the Family: Insanity and Institutions in the Australasian Colonial World, 1860–1914*, London: Palgrave Macmillan.

Coleborne, Catharine (2015), *Insanity, Identity and Empire: Immigrants and institutional Confinement in Australia and New Zealand, 1873–1910*, Manchester: Manchester University Press.

Coleborne, Catharine and Dolly McKinnon (2011), *Exhibiting Madness in Museums: Remembering Psychiatry Through Collection and Display*, London: Routledge.

Coleman, William (1987), *Yellow Fever in the North: The Methods of Early Epidemiology*, Madison: University of Wisconsin Press.

Coleman, William and F. L. Holmes (eds) (1988), *The Investigative Enterprise: Experimental Physiology in Nineteenth-Century Medicine*, Berkeley: University of California Press.

Colley, Linda (2005) *Britons: Forging the Nation 1707–1837*, New Haven, CT: Yale University Press.

Collins, Joseph (1911), *The Way with the Nerves: Letters to a Neurologist on Various Modern Nervous Ailments, real and fancied, with replies thereto telling of their nature and treatment*, New York and London: G.P. Putnam's Sons.

Colomina, Beatriz (2007), *Domesticity at War*, Cambridge, MA: MIT Press.

Condrau, Flurin (2007), 'The Patient's View Meets the Clinical Gaze', *Social History of Medicine* 20: 525–40.

Condrau, Flurin (2010), 'Beyond the Total Institution: Towards a Reinterpretation of the Tuberculosis Sanatorium', in Flurin Condrau and Michael Worboys (eds), *Tuberculosis Then and Now: Perspectives on the History of an Infectious Disease*, 72–99, Montreal: McGill-Queen's University Press.

Cone, T. E. (1979), *History of American Pediatrics*, Boston: Little, Brown and Co.

Connor, J. T. H. (1999), '"Before the World in Concealed Disgrace": Physicians, Professionalization and the 1898 Cuban Campaign of the Spanish American War', in Roger Cooter, Mark Harrison and Steve Sturdy (eds). *Medicine and Modern Warfare*, 1–28. Amsterdam: Rodopi.

Cook, Noble David and William George Lovell (2001), *Secret Judgments of God: Old World Disease in Colonial Spanish America*, Norman: University of Oklahoma Press.

Cooter, Roger (1984), *The Cultural Meaning of Popular Science: Phrenology and the Organization of Consent in Nineteenth-Century Britain*, Cambridge: Cambridge University Press.

Cooter, Roger (1990) 'Medicine and the Goodness of War', *Canadian Bulletin of Medical History* 12: 147–59.

Cooter, Roger (1993), *Surgery and Society in Peace and War: Orthopaedics and the Organization of Modern Medicine, 1880–1948*, Basingstoke: Macmillan.

Cooter, Roger (1998), 'Malingering in modernity: psychological scripts and adversarial encounters during the First World War', in Roger Cooter, Mark Harrison and Steve Sturdy (eds), *War, Medicine and Modernity*, 125–48, Stroud: Sutton Press.

Cooter, Roger (2010), 'The Turn of the Body: History and the Politics of the Corporeal', *Arbor Ciencia, Pensamiento y Cultura*, 186: 393–405.

Cooter, R. (ed.) (1992), *In the Name of the Child: Health and Welfare, 1880–1940*, London: Routledge.

Cooter, Roger with Claudia Stein (2016), *Writing History in the Age of Biomedicine*, New Haven, CT: Yale University Press.

Copping, Matthew C. (2003), '"Honour Among Professionals": Medicine, Chemistry and Arsenic at the *Fin de Siècle*', PhD diss., University of Kent at Canterbury.

Corbin, Alain (1986), 'Commercial Sexuality in Nineteenth-Century France: A System of Images and Regulations', *Representations* 14: 209-19.

Corbin, Alain (1986), *The Foul and the Fragrant: Odor and the French Social Imagination*, Cambridge, MA: Harvard University Press.

Corbin, Alain (1995), *Time, Desire and Horror: Towards a History of the Senses.* Cambridge: Polity.

Corbin, Alain (1996), *Women for Hire: Prostitution and Sexuality in France after 1850*, Cambridge, MA: Harvard University Press.

Corbin, Alain (1998), *Village Bells: Sound and Meaning in the Nineteenth-Century French Countryside*, tran. Martin Thom, New York: Columbia University Press.

Cranefield, P. (1991), *Science and Empire: East Coast Fever in Rhodesia and the Transvaal*, Cambridge: Cambridge University Press.

Crary, Jonathan (1990), *Techniques of the Observer: On Vision and Modernity in the Nineteenth Century*, Cambridge, MA: MIT Press.

Crook, Tom (2007), 'Sanitary Inspection and the Public Sphere in Late Victorian and Edwardian Britain: A Case Study in Liberal Governance', *Social History* 32, no. 4: 369-93.

Crook, Tom (2016), *Governing Systems: Modernity and the Making of Public Health in England, 1830-1910*, Berkeley: University of California Press.

Crook, Tom and Mike Esbester (eds) (2016), *Governing Risks in Modern Britain: Danger, Safety and Accidents, c. 1800-2000*, Basingstoke: Palgrave.

Crook, Tom, Rebecca Gill and Bertrand Taithe (eds) (2011), *Evil, Barbarism and Empire: Britain and Abroad, c. 1830-2000*, Basingstoke: Palgrave.

Crook, T. and G. O'Hara (eds) (2011), *Statistics and the Public Sphere: Numbers and the People in Modern Britain, c. 1800-2000*, Abingdon: Routledge.

Crookshank, Edgar (1889), *History and Pathology of Vaccination: A Critical*

Inquiry, London: HK Lewis.

Crozier, Anna (2007), 'Sensationalising Africa: British Medical Impressions of Sub-Saharan Africa, 1890 – 1939 ', *Journal of Imperial and Commonwealth History* 35 , no. 3 : 393 – 415 .

Cryle, Peter and Elizabeth Stephens (2017), *Normality: A Critical Genealogy*, Chicago: University of Chicago Press.

Cunningham, Andrew and Perry Williams (eds) (1992), *The Laboratory Revolution in Medicine* Cambridge: Cambridge University Press.

Curtin, Philip D. (1961), 'The White Man's Grave: Image and Reality 1780 – 1850 ', *Journal of British Studies* 1 , no. 1 : 94 – 110 .

Curtin, Philip D. (1989), *Death by Migration: Europe's Encounter with the Tropical World in the Nineteenth Century*, Cambridge: Cambridge University Press.

Curtin, Philip D. (1990), 'The End of the "White Man's Grave"? Nineteenth-century Mortality in West Africa', *Journal of Interdisciplinary History* 21 , no. 1 : 63 – 88 .

Curtin, Philip D. (1998), *Disease and Empire: The Health of European Troops in the Conquest of Africa*, Cambridge: Cambridge University Press.

Curtis, Scott (2012), 'Photography and medical observation', in Nancy Anderson and Michael R. Dietrich (eds), *The Educated Eye: Visual Culture and Pedagogy in the Life Sciences*, 68 – 93 , Hanover, NH: Dartmouth College Press.

Daston, Lorraine (ed.) (2008), *Things that Talk*, New York: Zone Books.

Daston, Lorraine and Peter Galison (1992), 'The Image of Objectivity', *Representations* 40 , Special Issue: Seeing Science: 81 – 128 .

Daston, Lorraine J. and Peter Galison (2010), *Objectivity*, Cambridge, MA: Zone Books, 133 .

Daudet, Alphonse (2003), *In the Land of Pain*, trans. Julian Barnes, London: Jonathan Cape.

Davidoff, Leonore (1974), 'Mastered for Life: Servant and Wife in Victorian and Edwardian England', *Journal of Social History* 7, no. 4: 460–28.

Davidson, Luke (1996), '"Identities Ascertained": British ophthalmology in the first half of the nineteenth century', *Social History of Medicine* 9, no. 3: 313–33.

Davin, A. (1996), 'Loaves and Fishes: Food in Poor Households in Late Nineteenth-Century London', *History Workshop Journal* 41, no. 1: 167–92.

Davis, Audrey B. (1978), 'Historical Studies of Medical Instruments', *History of Science* 16: 107–33.

Davis, Audrey B. (1981), *Medicine and its Technology: An Introduction to the History of Medical Instrumentation*, Westport, CT: Greenwood Press.

Deacon, Harriet (1996), 'Racial Segregation and Medical Discourse in Nineteenth-Century Cape Town', *Journal of Southern African Studies* 22, no. 2: 287–308.

de Chadarevian, Soraya (1993), 'Graphical method and discipline: self-recording instruments in nineteenth-century physiology', *Studies in History and Philosophy of Science* 24, no. 2: 267–91.

Delaporte, François (1986), *Disease and Civilization: The Cholera in Paris, 1832*, Cambridge, MA: MIT Press.

de Rijcke, Sarah (2008), 'Light Tries the Expert Eye: The Introduction of Photography in Nineteenth-Century Macroscopic Neuroanatomy', *Journal of the History of the Neurosciences* 17: 349–66.

Derry, Margaret (2015), *Masterminding Nature: The Breeding of Animals, 1750–2010*, Toronto: University of Toronto Press.

Desmond, Adrian (1989), *The Politics of Evolution*, London: University of

Chicago Press.

Devine, Shauna (2014), *Learning from the Wounded: The Civil War and the Rise of American Medical Science*, Chapel Hill: University of North Carolina Press.

Didi-Huberman, Georges (1982/2003), *Invention of Hysteria: Charcot and the Photographic Iconography of the Salpêtrière*, trans. Alisa Hartz, Cambridge, MA and London: MIT Press.

Dierig, Sven (2003), 'Engines for Experiment: Laboratory Revolution and Industrial Labor in the Nineteenth-Century City', *Osiris* 18, no. 1: 116–34.

Digby, Anne (1985), *Madness, Morality and Medicine: A Study of the York Retreat, 1796–1914*, Cambridge: Cambridge University Press.

Dixon, Thomas (2012), 'The Tears of Mr Justice Willes', *Journal of Victorian Culture* 17, no. 1: 1–23.

Dobson, Jessie (1962), 'John Hunter's Animals', *Journal of the History of Medicine and Allied Sciences* 27: 479–86.

Douglas, Mary (1966), *Purity and Danger: An Analysis of Concepts of Pollution and Taboo*, London: Routledge.

Dowbiggin, Ian (1991), *Inheriting Madness: Professionalization and Psychiatric Knowledge in Nineteenth-Century France*, Berkeley: University of California Press.

Dracobly, Alex (2003), 'Ethics and Experimentation on Human Subjects in Mid-Nineteenth-Century France: The Story of the 1859 Syphilis Experiments', *Bulletin of the History of Medicine* 77, no. 2: 332–66.

Drobnick, Jim (ed.) (2006), *The Smell Culture Reader*, New York: Berg.

Droin, Geneviève (2005), 'Endemic Goiter and Cretinism in the Alps', *International Journal of Anthropology* 20, no. 3–4: 307–24.

du Camp, Maxime (1878–80), *Les Convulsions de Paris*, Paris: Hachette.

Durbach, Nadja (2004), *Bodily Matters: The Anti-vaccination Movement in*

England, 1853 – 1907, Durham NC: Duke University Press.

Dwork, D. (1987), 'The Milk Option: An Aspect of the History of the Infant Welfare Movement in England 1898 – 1908', *Medical History* 31, no. 1: 51 – 69.

Dwyer, Ellen (1987), *Homes for the Mad: Life Inside Two Nineteenth-Century Asylums*, New Brunswick, NJ: Rutgers University Press.

Dyck, Erika and Christopher Fletcher (eds) (2011), *Locating Health: Historical and Anthropological Investigations of Health and Place*, London: Pickering and Chatto.

Edgerton, David (2006), *The Shock of The Old: Technology and Global History since 1900*, London: Profile Books.

Editorial (1834), 'On Phthisis in Monkeys and Other Animals', *The Lancet* 22: 145 – 7.

Eigen, Joel (1995), *Witnessing Insanity: Madness and Mad-doctors in the English Court*, London: Yale University Press.

Eigen, Joel (2003), *Unconscious Crime, Mental Absence and Criminal Responsibility in Victorian London*, London: Johns Hopkins University Press.

Eigen, Joel (2016), *Mad Doctors in the Dock: Defending the Diagnosis, 1760 – 1913*, London: Johns Hopkins University Press.

Eisenberger, N. (2003), 'Does Rejection Hurt? An fMRI Study of Social Exclusion', *Science* 302: 290 – 2.

Ekirch, A. Roger (2001), 'Sleep we have lost: pre-industrial slumber in the British Isles', *American Historical Review* 106, no. 2: 343 – 86.

Ekirch, A. Roger (2006), *At Day's Close: Night in Times Past*, New York: WW Norton & Company.

Eliot, George (1871 – 2/2007), *Middlemarch*, London: CRW Publishing.

Elliot, Paul (1990), 'Vivisection and the Emergence of Experimental Physiology in Nineteenth Century France', in Nicolaas Rupke (ed.), *Vivisection in Historical Perspective*, 48–77, London: Routledge.

Ellis, J. D. (1995), *The Physician-Legislators of France: Medicine and Politics in the Early Third Republic, 1870–1914*, Cambridge: Cambridge University Press.

Ellis, Robert (2006), 'The Asylum, the Poor Law, and a Reassessment of the Four- Shilling Grant: Admissions to the County Asylums of Yorkshire in the Nineteenth Century', *Social History of Medicine* 19, no. 1: 55–71.

Engstrom, Eric J. (2003), *Clinical Psychiatry in Imperial Germany: A History of Psychiatric Practice*, Ithaca, NY: Cornell University Press.

Erichsen, John Eric (1867), *On Railway and Other Injuries of the Nervous System*, Philadelphia: Henry C. Lea.

Ernst, Waltraud (1991), *Mad Tales from the Raj: Colonial Psychiatry in South Asia, 1800–58*, London: Routledge.

Evans, R. J. (1987), *Death in Hamburg: State and Politics in the Cholera Years, 1830–1910*, Oxford: Clarendon Press.

Evans, Richard J. (1988), 'Epidemics and revolutions: cholera in nineteenth-century Europe', *Past & Present* 120: 123–46.

Eyler, J. (1986), 'The Epidemiology of Milk Borne Scarlet Fever', *American Journal of Public Health* 76: 573–84.

Farber, Paul Lawrence (2000), *Finding Order in Nature: The Naturalist Tradition from Linnaeus to E.O. Wilson*, Baltimore, MD: Johns Hopkins University Press.

Farley, John (1992), 'Parasites and the Germ Theory of Disease', in C. Rosenberg (ed.), *Framing Disease: Studies in Cultural History*, 33–49, New Brunswick, NJ: Rutgers University Press.

Feldman Barrett, Lisa (2006), 'Are emotions natural kinds?', *Perspectives on*

Psychological Science 1: 28–58.

Feldman Barrett, Lisa (2006a), 'Solving the emotion paradox: categorization and the experience of emotion', *Personality and Social Psychology Review* 10: 20–46.

Fenton, T. (1865), Letter, *The American Phrenological Journal and Life Illustrated* 41, no. 6: 182.

Ferrières, Madeleine (2006), *Sacred Cow, Mad Cow: A History of Food Fears*, New York: Columbia University Press.

Fick, A. and J. Wislicenus (1866), 'On the Origin of Muscular Power', *London, Edinburgh and Dublin Philosophical Magazine and Journal of Science* 31, Supplement: 485–503.

Finlay, Mark R. (1992), 'Quackery and Cookery: Justus von Liebig's Extract of Meat and the Theory of Nutrition in the Victorian Age', *Bulletin of the History of Medicine* 66, no. 3: 404–18.

Finlay, Mark R. (1995), 'Early Marketing of the Theory of Nutrition: The Science and Culture of Liebig's Extract of Meat', in Harmke Kamminga and Andrew Cunningham (eds), *Science and Culture of Nutrition, 1840–1940*, 48–74, Amsterdam: Editions Rodopi B.V.

Finnegan, Diarmid (2008), '"An Aid to Mental Health": Natural History, Alienists and Therapeutics in Victorian Scotland', *Studies in History and Philosophy of Biological and Biomedical Sciences* 39: 326–37.

Fisher, John (1993), 'British Physicians, Medical Science, and the Cattle Plague, 1865–66', *Bulletin of the History of Medicine* 67: 61–9.

Fissell, Mary E. (2004), 'Making Meaning from the Margins: The New Cultural History of Medicine', in Frank Huisman and John Harley Warner (eds), *Locating Medical History: The Stories and their Meanings*, 364–89, Baltimore, MD: Johns Hopkins University Press.

Flaubert, Gustave (1881 / 2010), *Bouvard et Pecuchet*, Paris: Flammarion.

Flexner, S. (1925), 'Abraham Jacobi (1830 – 1919)', *Proceedings of the American Academy of Arts and Sciences* 60 , no. 14 : 626 – 9 .

Flis, Nathan (2009), 'Images of the Toronto Provincial Asylum, 1846 – 1890 ', *Scientia Canadensis: Medical Sciences and Medical Buildings* 32 , no. 1 : 21 – 50 .

Fogel, R. W. (2004), *The Escape from Hunger and Premature Death, 1700 – 2100* , Cambridge: Cambridge University Press.

Forrester, John (1994), 'Freud and collecting', in John Elsner (ed.), *The Cultures of Collecting*, 224 – 51 , London: Reaktion.

Forth, Christopher E. (2008), *Masculinity in the Modern West: Gender, Civilization and the Body*, New York: Palgrave Macmillan.

Foucault, Michel (1961 / 1995), *Madness and Civilization: A History of Insanity in the Age of Reason*, trans. Richard Howard, London: Routledge.

Foucault, Michel (1963 / 2012), *The Birth of the Clinic*, London: Routledge.

Foucault, Michel (1969 / 1972), *The Archaeology of Knowledge*, trans. A. M. Sheridan Smith, London: Routledge.

Foucault, Michel (1975 / 2012), *Discipline & Punish: The Birth of the Prison*, New York: Vintage.

Foucault, Michel (1976 / 1990), *The History of Sexuality: An Introduction*, vol. 1 , trans. Robert Hurley, New York: Vintage.

Foucault, Michel (1991), 'Governmentality', in G. Burchell, C. Gordon and P. Miller (eds), *The Foucault Effect: Studies in Governmentality*, 87 – 104 , Chicago: University of Chicago Press.

Foucault, Michel (2007), *Security, Territory, Population: Lectures at the Collège de France, 1977 – 1978* , New York: Picador.

Franco, Nuno Henrique (2013), 'Animal Experiments in Biomedical Research: A

Historical Perspective', *Animals* 3: 238–73.

Franco-Paredes, Carlos, Lorena Lammoglia and José Ignacio Santos-Preciado (2005), 'The Spanish Royal Philanthropic Expedition to Bring Smallpox Vaccination to the New World and Asia in the 19th Century', *Clinical Infectious Diseases* 41: 1285–9.

Frank, Johann Peter (1976), *A System of Complete Medical Police: Selections from Johann Peter Frank*, ed. Erna Lesky, Baltimore, MD: Johns Hopkins University Press.

Fraser, S. M. F. (1980), 'Leicester and Smallpox: The Leicester Method', *Medical History* 24: 315–32.

Freeman, W. T. (1900), 'Eczema and the Allied Diseases: An Outline of their Etiology, Pathology and Treatment', *The Lancet* 156, no. 4015: 398–401.

Freidson, Eliot (1970), *Profession of Medicine*, Chicago: University of Chicago Press. French, Richard D. (1975), *Antivivisection and Medical Science in Victorian Society*, London and Princeton, NJ: Princeton University Press.

Freud, Sigmund (1921), *Massenpsychologie und Ich-analyse*, Vienna: Internationaler Psychoanalytischer Verlag.

Freud, Sigmund (1930/2002), *Civilization and Its Discontents*, London: Penguin.

Frieden, Nancy M. (1982), *Russian Physicians in an Era of Reform and Revolution 1856–1905*, Princeton, NJ: Princeton University Press.

Furst, Lilian R. (1998), *Between Doctors and Patients: The Changing Balance of Power*, Charlottesville: University Press of Virginia.

Furst, Lilian R. (2008), *Before Freud: Hysteria and Hypnosis in Later Nineteenth-Century Psychiatric Cases*, Lewisburg, PA: Bucknell University Press.

Galton, Francis (1855), *Hints to Travellers*, London: John Murray.

Gardner, L. I. (1959), 'Abraham Jacobi: Pediatric Pioneer', *Pediatrics* 24, no. 2: 282.

Garrison, F. H. (1919), 'Dr Abraham Jacobi (1830 – 1919), *Science* 50 , no. 1283 : 102 .

Gatley, Katerina (2012), 'The Spouse, the Neurological Patient, and Doctors', in L. Stephen Jacyna and Stephen T. Casper (eds), *The Neurological Patient in History*, 81 – 108 , Rochester, NY: Rochester University Press.

Gavin, Hector (1848), *Sanitary Ramblings: Being Sketches and Illustrations of Bethnal Green, A Type of the Condition of the Metropolis and Other Large Towns*, London: John Churchill.

Geertz, Clifford (1973), *The Interpretation of Cultures: Selected Essays*, New York: Basic Books.

Gere, Cathy (2017), *Pain, Pleasure, and the Greater Good: From the Panopticon to the Skinner Box and Beyond*, Chicago: University of Chicago Press.

Gesler, W. M. (1992), 'Therapeutic Landscapes: Medical Issues in Light of the New Cultural Geography', *Social Science and Medicine* 34 : 735 – 46 .

Gesler, W. M. (1998), 'Bath's Reputation as a Healing Place', in Robin A. Kearns and W. M. Gesler (eds), *Putting Health into Place: Landscape, Identity & Well-Being*, 17 – 35 , Syracuse, NY: Syracuse University Press.

Gilbert, Pamela K. (2004), *Mapping the Victorian Social Body*, New York: SUNY Press.

Gilbert, Pamela (2009), Cholera *and Nation: Doctoring the Social Body in Victorian England*, Albany, NY: SUNY Press, 2009 .

Gilman, Sander (1982 / 1996), *Seeing the Insane: A Cultural History of Madness and Art in the Western World*, Lincoln: University of Nebraska Press.

Gilman, Sander (1991), *The Jew's Body*, London: Routledge.

Gilman, Sander L. (1993), 'The Image of the Hysteric', in Sander L. Gilman, Helen King, Roy Porter, G. S. Rousseau and Elaine Showalter (eds), *Hysteria Beyond Freud*, 345 – 452 , Berkeley and Los Angeles: University of California

Press.

Gilman, Sander L. (2008), *Fat: A Cultural History of Obesity*, Cambridge: Polity.

Gleadle, Kathryn (2003), 'The age of physiological reformers: rethinking gender and domesticity in the age of reform', in Arthur Burns and Joanna Innes (eds), *Rethinking the Age of Reform: Britain 1780–1850*, 200–19, Cambridge: Cambridge University Press.

Goldberg, Ann (1999), *Sex, Religion, and the Making of Modern Madness: The Eberbach Asylum and German Society, 1815–1849*, Oxford: Oxford University Press.

Goldberg, Daniel (2012), 'Pain Without Lesion: Debate Among American Neurologists, 1850–1900', *19: Interdisciplinary Studies in the Long Nineteenth Century* 15.

Goldberg, Daniel (2017), 'Pain, objectivity and history: understanding pain stigma', *Medical Humanities* 43, no. 4: 238–43.

Goldberg, Kevin D. (2011), 'Acidity and Power: The Politics of Natural Wine in Nineteenth-Century Germany', *Food and Foodways* 19, no. 4: 294–313.

Goldstein, Jan (1987), *Console and Classify: The French Psychiatric Profession in the Nineteenth Century*, Cambridge: Cambridge University Press.

Gooday, Graeme (2008), 'Placing or Replacing the Laboratory in the History of Science?', *Isis* 99, no. 4: 783–95.

Goodwin, Lorine Swainston (1999), *The Pure Food, Drink, and Drug Crusaders, 1879–1914*, Jefferson, NC: McFarland.

Gooldin, Sigal (2003), 'Fasting Women, Living Skeletons and Hunger Artists: Spectacles of Body and Miracles at the Turn of a Century', *Body & Society* 9, no. 2: 27–53.

Gordon, Bertram M. (2012), 'Reinventions of a Spa Town: the Unique Case of Vichy', *Journal of Tourism History* 4, no. 1: 35–55.

Gradmann, C. (2010), 'Robert Koch and the Invention of the Carrier State: Tropical Medicine, and Epidemiology Around 1900', *Studies in History and Philosophy of Biological and Biomedical Sciences* 41: 232–40.

Gray, Liz (2014), 'Body, Mind and Madness: Pain in Animals in Nineteenth-century Comparative Psychology', in Rob Boddice (ed.), *Pain and Emotion in Modern History*, 148–63, Basingstoke: Palgrave Macmillan.

Green, Harvey (2012), 'Cultural History and the Material(s) Turn', *Cultural History* 1, no. 1: 61–82.

Greenberg, David F. (1988), *The Construction of Homosexuality*, Chicago: University of Chicago Press.

Grigsby, Darcy Grimaldo (1995), 'Rumor, Contagion, and Colonization in Gros's Plague-Stricken of Jaffa (1804)', *Representations* 51: 1–46.

Grob, Gerald (1994), *The Mad Among Us: A History of the Care of America's Mentally Ill*, New York: Free Press.

Guenther, Katja (2014), 'Exercises in therapy: neurological gymnastics between Kurort and hospital medicine, 1880–1945', *Bulletin of the History of Medicine* 88, no. 1: 102–31.

Guenther, Katja and Volker Hess (eds) (2016), 'Special Issue: Soul Catchers – A Material History of the Mind Sciences', *Medical History* 60, no. 3.

Guerrini, Anita (2003), *Experimenting with Humans and Animals: From Galen to Animal Rights*, Baltimore, MD: Johns Hopkins University Press.

Guillem-Llobat, Ximo (2014), 'The Search for International Food Safety Regulation. From the Commission Internationale Pour La Répression Des Falsifications to the Société Universelle de La Croix Blanche (1879–1909)', *Social History of Medicine* 27, no. 3: 419–39.

Guly, H. R. (2013), 'Medical Comforts during the Heroic Age of Antarctic Exploration', *Polar Record* 49, no. 2: 110–17.

Gunga, Hanns-Christian (2008), *Nathan Zuntz: His Life and Work in the Fields of High Altitude Physiology and Aviation Medicine*, San Diego: Academic Press.

Haalboom, A. F. (2017), 'Negotiating Zoonoses: Dealings with Infectious Diseases Shared by Humans and Livestock in The Netherlands (1898–2001)', PhD diss., Utrecht University.

Haggerty, R. J. (1997), 'Abraham Jacobi, MD, Respectable Rebel', *Pediatrics* 99, no. 3: 462–6.

Haig, Alexander and Kenneth G. Haig (1913), *Health through Diet: A Practical Guide to the Uric-Acid-Free Diet, Founded on Eighteen Years' Personal Experience*, London: Methuen & Co.

Hale, Piers J. (2014), *Political Descent: Malthus, Mutualism, and the Politics of Evolution in Victorian England*, Chicago: University of Chicago Press.

Hall, K. T., J. Loscalzo and T. J. Kaptchuk (2015), 'Genetics and the placebo effect: the placebome', *Trends in Molecular Medicine* 21: 285–94.

Haller, John S. (1971/1995), *Outcasts from Evolution. Scientific Attitudes of Racial Inferiority, 1859–1900*, Carbondale and Edwardsville: Southern Illinois University Press.

Halliday, Andrew (1828), *A General View of the Present State of Lunatics and Lunatic Asylums in Great Britain and Ireland*, London: Thomas and Paul Underwood.

Halpern, S. (1988), *American Pediatrics: The Social Dynamics of Professionalism, 1880–1980*, Berkeley: University of California Press.

Hamilton, Alice (1908), 'Industrial Diseases, with Special Reference to the Trades in which Women Are Employed', *Charities and the Commons* 20: 655–8.

Hamlin, Christopher (1996), *A Science of Impurity: Water Analysis in Nineteenth Century Britain*, Berkeley: University of California Press.

Hamlin, Christopher (1998), *Public Health and Social Justice in the Age of*

Chadwick: Britain, 1800–1854, Cambridge: Cambridge University Press.

Hamlin, Christopher (2009), *Cholera: The Biography*, New York: Oxford University Press.

Hammonds, Evelyn (1999), *Childhood's Deadly Scourge: The Campaign to Control Diphtheria in New York City, 1880–1930*, Baltimore, MD: Johns Hopkins University Press.

Hanley, Anne (2017), *Medicine, Knowledge and Venereal Diseases in England, 1886–1916*, Basingstoke: Palgrave.

Hannaway, Caroline (1977), 'Veterinary Medicine and Rural Health Care in Pre-Revolutionary France', *Bulletin of the History of Medicine* 51: 431–47.

Hannaway, Caroline (1994), 'Vicq D'Azyr, Anatomy and a Vision of Medicine', in Ann La Berge and Mordechai Feingold (eds), *French Medical Culture in the Nineteenth Century*, 280–95, Amsterdam: Rodopi.

Hannaway, C. and A. La Berge (eds) (1998), *Constructing Paris Medicine*, Amsterdam: Rodopi.

Hardy, Anne (1992), 'Tracheotomy versus intubation: surgical intervention in diphtheria in Europe and the United States, 1825–1930', *Bulletin for the History of Medicine* 66: 536–59.

Hardy, Anne (1993), *Epidemic Streets: Infectious Disease and the Rise of Preventive Medicine, 1856–1900*, Oxford: Clarendon Press.

Hardy, Anne (1999), 'Food, Hygiene, and the Laboratory: A Short History of Food Poisoning in Britain, circa 1850–1950', *Social History of Medicine* 12, no. 1: 293–311.

Hardy, Anne (2003), 'Animals, Disease, and Man: Making Connections', *Perspectives in Biology and Medicine* 46: 200–15.

Hargrove, James L. (2006), 'History of the Calorie in Nutrition', *Journal of Nutrition* 136, no. 12: 2957–61.

Harpin, Anna and Jane Foster (eds) (2014), *Performance, Madness and Psychiatry: Isolated Acts*, London: Palgrave Macmillan.

Harrington, Anne (1989), *Medicine, Mind, and the Double Brain: A Study in Nineteenth-Century Thought*, Princeton, NJ: Princeton University Press.

Harrington, Ralph (2003), 'On the Tracks of Trauma: Railway Spine Reconsidered', *Social History of Medicine* 16, no. 2: 209–23.

Harris, Bernard (2004), 'Public Health, Nutrition, and the Decline of Mortality: The McKeown Thesis Revisited', *Social History of Medicine* 17, no. 3: 379–407.

Harrison, Barbara (1995), 'The Politics of Occupational Ill-health in Late Nineteenth Century Britain: The Case of the Match Making Industry', *Sociology of Health & Illness* 17, no. 1: 20–41.

Harrison, Brian (1973), 'Animals and the State in Nineteenth-Century England', *English Historical Review* 88: 786–820.

Harrison, Mark (1992), 'Quarantine, Pilgrimage, and Colonial Trade. India 1866 1900', *Indian Economic & Social History Review* 29, no. 2: 117–44.

Harrison, Mark (1996), 'The Medicalization of War: The Militarization of Medicine', *Social History of Medicine* 9, no. 2: 267–76.

Harrison, Mark (1996), '"The Tender Frame of Man": Disease, Climate and Racial Difference in India and the West Indies, 1760–1860', *Bulletin of the History of Medicine* 70, no. 1: 68–93.

Harrison, Mark (1999), *Climates and Constitutions: Health, Race, Environment and British Imperialism in India, 1600–1850*, New York: Oxford University Press.

Harrison, Mark (1999), 'Medicine and the Management of Modern Warfare: An Introduction', in Roger Cooter, Mark Harrison and Steve Sturdy (eds), *Medicine and Modern Warfare*, 1–28, Amsterdam: Rodopi.

Harrison, Mark (2006), 'Disease, Diplomacy and International Commerce: The Origins of International Sanitary Regulation in the Nineteenth Century', *Journal of Global History* 1, no. 2: 197–217.

Harrison, Mark (2010), *The Medical War: British Military Medicine in the First World War*, Oxford: Oxford University Press.

Harrison, Robert (1837), 'An Account of Tubercles in the Air-Cells of a Bird, and Some Observations on Tubercles in General', *Dublin Journal of Medical Science* 11: 227.

Harvey, David (1989), *The Condition of Postmodernity*, Oxford: Blackwell.

Harvey, David (2003), *Paris: Capital of Modernity*, New York: Routledge.

Harvey, J. (1990), 'Medicine and Politics: Dr Mary Putnam Jacobi and the Paris Commune', *Dialectical Anthropology* 15: 107–17.

Hashimoto, Akira (2010), 'Invention of a "Japanese Gheel": Psychiatric Family Care from a Historical and Transnational Perspective', in Waltraud Ernst and Thomas Mueller (eds), *Transnational Psychiatries: Social and Cultural Histories of Psychiatry in Comparative Perspective*, c. *1800–2000*, 142–71, Newcastle-upon-Tyne: Cambridge Scholars.

Hawkins, Sue and Andrea Tanner (2016) 'Food, glorious food: the functions of food in British children's hospitals, 1852–1914', *Food and History* 14, no. 1: 107–34.

Haynes, April (2003), 'The Trials of Frederick Hollick: Obscenity, Sex Education, and Medical Democracy in the Antebellum United States', *Journal of the History of Sexuality* 12, no. 4: 543–74.

Hayward, Rhodri (2004), 'Demonology, neurology, and medicine in Edwardian Britain', *Bulletin of the History of Medicine* 78, no. 1: 37–58.

Hegel, Georg (1931/2003), *The Phenomenology of Mind*, trans. J. B. Baillie, New York: Dover Publications.

Heggie, Vanessa (2005), 'Jewish Medical Charity in Manchester: Reforming Alien Bodies', *Bulletin of the John Rylands University Library of Manchester* 87, no. 1: 111–32.

Heggie, Vanessa (2008) 'Lies, Damn Lies, and Manchester's Recruiting Statistics: Degeneration as an "Urban Legend" in Victorian and Edwardian Britain', *Journal of the History of Medicine and Allied Sciences* 63, no. 2: 178–216.

Heggie, Vanessa (2011), 'Domestic and domesticating education in the Victorian and Edwardian City', *History of Education* 40, no. 3: 273–90.

Heggie, Vanessa (2011), 'Health Visiting and District Nursing in Victorian Manchester: divergent and convergent vocations', *Women's History Review* 20, no. 3: 403–22.

Heggie, Vanessa (2016), 'Bodies, sport and science in the nineteenth century', *Past & Present* 231, no. 1: 169–200.

Heise, Ursula K., Jon Christensen and Michelle Niemann (2017), *The Routledge Companion to the Environmental Humanities*, New York: Routledge.

Herbert, Amanda E. (2009), 'Gender and the Spa: Space, Sociability and Self at British Health Spas, 1640–1714', *Journal of Social History* 43, no. 2: 361–83.

Hernández Brotons, Fanny (2017), 'The Experience of Cancer Illness: Spain and Beyond During the Second Half of the Nineteenth Century', PhD diss., Universidad Carlos III de Madrid.

Hickman, Clare (2013), *Therapeutic Landscapes: A History of English Hospital Gardens Since 1800*, Manchester: Manchester University Press.

Hicks, Dan (2010), 'The Material-Cultural Turn: Event and Effect', in Dan Hicks and Mary C. Beaudry (eds), *The Oxford Handbook of Material Culture Studies*, 25–98, Oxford: Oxford University Press.

Hierholzer, Vera (2007), 'The "War Against Food Adulteration": Municipal Food

Monitoring and Citizen Self-Help Associations in Germany, 1870 s– 1880 s', in
Peter J. Atkins, Peter Lummel and Derek J. Oddy (eds), *Food and the City in Europe since 1800*, 117 – 30, Aldershot and Burlington, VT: Ashgate.

Higgs, E. (1991), 'Disease, Febrile Poisons and Statistics: The Census as a Medical Survey, 1841 – 1911', *Social History of Medicine* 4, no. 3: 465 – 78.

Hirshbein, Laura D. (2009), *American Melancholy: Constructions of Depression in the Twentieth Century*, New Brunswick, NJ: Rutgers University Press.

Hochadel, Oliver (n.d.), 'Science at the Nineteenth Century Zoological Garden: An Unfulfilled Promise?', unpublished manuscript.

Hoffman, Frederick L. (1909), 'Industrial Accidents and Industrial Diseases', *Publications of the American Statistical Association* 11, no. 88: 567 – 603.

Holloway, S. W. F. (1966), 'The Apothecaries' Act, 1815: a reinterpretation. Part I: the origins of the Act', *Medical History* 10: 107 – 29.

Holloway, S. W. F. (1966) 'Part II: the consequences of the Act', *Medical History* 10: 221 – 36.

Hollows, Joanne (2008), *Domestic Cultures*, Oxford: Oxford University Press.

Holt, Mack (2006), *Alcohol: A Social and Cultural History*, London: Berg.

Honigsbaum, Mark (2016), *Living with Enza: The Forgotten Story of Britain and the Great Flu Pandemic of 1918*, New York: Springer.

Hopwood, Nick (2004), 'Plastic Publishing in Embryology', in Nick Hopwood and Soraya de Chadarevian (eds), *Models: The Third Dimension of Science*, 170 – 206, Stanford, CA: Stanford University Press.

Horowitz, Roger, Jeffrey M. Pilcher and Sydney Watts (2004), 'Meat for the Multitudes: Market Culture in Paris, New York City, and Mexico City over the Long Nineteenth Century', *American Historical Review* 109, no. 4: 1055 – 83.

Horrocks, Sally M. (1994), 'Quality Control and Research: The Role of Scientists in the British Food Industry, 1870 – 1939', in J. Burnett and D. J. Oddy (eds),

The Origins and Development of Food Policies in Europe, 130–45, Leicester: Leicester University Press.

House of Commons (1828), *Report from the Select Committee on Anatomy, 22 July 1828*, London: House of Commons.

Howse, Carrie (2006), 'From Lady Bountiful to Lady Administrator: Women and the Administration of Rural District Nursing in England, 1880–1925', *Women's History Review* 15, no. 3: 423–41.

Huber, M., M. van Vliet, M. Giezenberg et al. (2016), 'Towards a "Patient-Centred" Operationalisation of the New Dynamic Concept of Health: A Mixed Methods Study', *BMJ Open 2016*, 5:e010091. doi:10.1136/bmjopen-2015–010091.

Hubscher, Ronald (1999), *Les Maitres des Betes: Les Veterinaires dans la Societe Francaise (XVIIIe–XXe siecle)*, Paris: Edition Odile Jacob.

Hudson, John (1875), 'Epidemic of Hysterical Epilepsy and Tetanus', *The Lancet*, 9 October: 525–6.

Huisman, Frank and John Harley Warner (eds) (2004), *Locating Medical History: The Stories and Their Meanings*, Baltimore, MD: Johns Hopkins University Press.

Humphries, Margaret (2001), *Malaria: Poverty, Race, and Public Health in the United States*, Baltimore, MD: Johns Hopkins University Press.

Hunter, William (1784), *Introductory Lectures*, London: J. Johnson.

Hurst, Arthur F. (1918), 'War Contractures: Localized Tetanus, Reflex Disorder, or Hysteria', *British Journal of Surgery* 6: 579–605.

Hutchinson, Woods (1892), 'Darwinism and Disease', *Journal of the American Medical Association* 19: 147–51.

Huysmans, J-K. (1884), *A Rebours*, trans. Against the Grain or Against Nature, http:// www.gutenberg.org/files/12341/12341–h/12341–h.htm.

Huzel, J. P. (2006), *The Popularization of Malthus in Early Nineteenth-Century England: Martineau, Cobbett and the Pauper Press*, Aldershot: Ashgate.

Hyman, Paula (1989), 'The Dreyfus Affair: The Visual and the Historical', *Journal of Modern History* 61, no. 6: 88–109.

Illich, Ivan (1974), 'Medical Nemesis', *The Lancet* 303, no. 7863: 918–21.

Jackson, Mark (ed.) (2011), *The Oxford Handbook of the History of Medicine*, Oxford: Oxford University Press.

Jackson, T. J. (1983), 'From Salvation to Self-Realization: Advertising and the Therapeutic Roots of the Consumer Culture, 1880–1930', in Richard Wightman Fox and T. J. Jackson Lears (eds), *The Culture of Consumption: Critical Essays in American History, 1880–1980*, 1–38, New York: Pantheon Books.

Jackson-Retondo, Elaine (2000), 'Manufacturing Moral Reform: Images and Realities of a Nineteenth-Century Prison', in Sally McMurry and Annmarie Adams (eds), *People, Power, Places: Perspectives in Vernacular Architecture*, vol. 8, 117–37, Knoxville: University of Tennessee Press.

Jacobi, A (1905), *The History of Paediatrics and its Relation to Others Sciences and Arts*, London: Royal College of Surgeons.

Jacyna, L. Stephen (1983), 'Images of John Hunter in the Nineteenth Century', *History of Science* 21: 85–108.

Jacyna, L. Stephen (1984), 'Principles of General Physiology: The Comparative Dimension to British Neuro-Science in the 1830s and 1840s', *Studies in the History of Biology* 7: 47–92.

Jacyna, L. Stephen (1984), 'The Romantic Programme and the Reception of Cell Theory in Britain', *Journal of the History of Biology* 17: 13–48.

Jacyna, L. Stephen (1994), *Philosophic Whigs: Medicine, Science, and Citizenship in Edinburgh, 1789–1848*, London: Routledge.

Jacyna, L. Stephen (2008), *Medicine and Modernism: A Biography of Henry Head*, Pittsburg: University of Pittsburg Press.

Jacyna, L. Stephen (2017), '"We Are Veritable Animals": The Nineteenth-Century Paris Menagerie as a Site for the Science of Intelligence', in Stephen T. Casper and Delia Gavrus (eds), *The History of the Mind and Brain Sciences: Technique, Technology, and Therapy*, 25–47, Rochester, NY: University of Rochester Press.

Jacyna, L. Stephen, and Stephen T. Casper (eds) (2012), *The Neurological Patient in History*, Rochester, NY: Rochester University Press.

James, F. A. J. L. (1989), 'Introduction', in F. James (ed.), *The Development of the Laboratory: Essays on the Place of Experiment in Industrial Civilization*, 184–217, New York: American Institute of Physics.

James, William (1902/1982), *The Varieties of Religious Experience*, Harmondsworth: Penguin Books.

Jardine, Nicholas (1992), 'The laboratory revolution in medicine as rhetorical and aesthetic accomplishment', in Andrew Cunningham and Perry Williams (eds), *The Laboratory Revolution in Medicine*, 304–23, Cambridge: Cambridge University Press.

Javelle, E. and D. Raoult (2020), 'COVID-19 pandemic more than a century after the Spanish flu', *The Lancet Infectious Diseases*, DOI:https://doi.org/10.1016/S1473-3099(20)30650-2.

Jenner, Edward (1807), letter to Phillips, 16 January, Royal College of Physicians, MS 735, f. 22.

Jennings, Eric T. (2006), *Curing the Colonizers: Hydrotherapy, Climatology, and French Colonial Spas*, Durham, NC: Duke University Press.

Jennings, Eric T. (2011), *Imperial Heights: Dalat and the Making and Undoing of French Indochina*, Berkeley: University of California Press.

Jewson, N. D. (1976), 'The Disappearance of the Sick-Man from Medical Cosmology, 1770–1870', *Sociology* 10, no. 2: 225–44.

Johnson, D. A. (2015), 'John Buchanan's Philadelphia Diploma Mill and the Rise of State Medical Boards', *Bulletin of the History of Medicine* 89, no. 1: 25–58.

Johnson, Steven (2007), *The Ghost Map: The Story of London's Most Terrifying Epidemic – and How it Changed Science, Cities, and the Modern World*, New York: Riverhead Books.

Jones, Claire L. (2013), *The Medical Trade Catalogue in Britain, 1870–1914*, London: Pickering & Chatto.

Jones, Claire L. (ed.) (2017), *Rethinking Modern Prostheses in Anglo-American Commodity Cultures, 1820–1939*, Manchester: Manchester University Press.

Jones, Colin and Roy Porter (eds) (2001), *Reassessing Foucault: Power, Medicine and the Body*, London: Routledge.

Jones, James H. (1993), *Bad Blood: The Tuskegee Syphilis Experiment*, New York: Free Press.

Jones, Kathleen (1972), *A History of the Mental Health Services*, London: Routledge and Kegan Paul.

Jones, Susan D. (2003), *Valuing Animals: Veterinarians and Their Patients in Modern America*, Baltimore, MD: Johns Hopkins University Press.

Jones, Susan D. (2010), *Death in a Small Package: A Short History of Anthrax*, Baltimore, MD: Johns Hopkins University Press.

Jordanova, Ludmilla (2000), *Defining Features: Medical and Scientific Portraits, 1600–2000*, London: Reaktion.

Jorland, G., A. Opinel and G. Weisz (eds) (2005), *Body Counts: Medical Quantification in Historical and Sociological Perspectives*, Montreal: McGill-Queens University Press.

Journal of Comparative Pathology and Therapeutics (1888–1900).

Joyce, Patrick (1994), *Democratic Subjects: The Self and the Social in Nineteenth- Century England*, Cambridge: Cambridge University Press.

Kaes, Anton (2010), *Shell Shock Cinema: Weimar Culture and the Wounds of War*, Princeton, NJ: Princeton University Press.

Keene, Melanie (2014), 'Familiar science in nineteenth-century Britain', *History of Science* 52: 53–71.

Keller, Richard C. (2001), 'Madness and Colonization: Psychiatry in the British and French Empires, 1800–1962', *Journal of Social History* 35, no. 2: 295–326.

Keller, Richard C. (2007), *Colonial Madness: Psychiatry in French North Africa*, Chicago: University of Chicago Press.

Kelley, Victoria (2010), *Soap and Water: Cleanliness, Dirt and the Working Classes in Victorian and Edwardian Britain*, London: I.B. Taurus.

Kelly, Catherine (2010), 'Medicine and the Egyptian Campaign: The Development of the Military Medical Officer during the Napoleonic Wars c. 1798–1801', *Canadian Bulletin of Medical History* 27, no. 2: 321–42.

Kelly, Catherine (2011), *War and the Militarization of British Army Medicine, 1793–1830*, London: Pickering & Chatto.

Kelly, Dorothy (2011), 'Balzac's Disorienting Orientalism: "Une Passion dans le desert"', *Nineteenth-Century French Studies* 40, no. 1: 1–17.

Kelly, Laura (2013), *Irish Women in Medicine, c.1880s–1920s: Origins, Education and Careers*, Manchester: Manchester University Press.

Kelly, Laura (2017), *Irish Medical Education and Student Culture, c.1850–1950*, Liverpool: Liverpool University Press.

Kennaway, James (2012), *Bad Vibrations: The History of the Idea of Music as a Cause of Disease*, London: Ashgate.

Kennedy, Catriona (2013), *Narratives of the Revolutionary and Napoleonic Wars: Military and Civilian Experience in Britain and Ireland*, Basingstoke: Palgrave Macmillan.

Kenny, Nicholas (2014), *The Feel of the City: Experiences of Urban Transformation*, Toronto: University of Toronto Press.

Kenny, Nicolas (2015), 'City Glow: Streetlights, Emotions, and Nocturnal Life, 1880 s– 1910 s', *Journal of Urban History* 43 , no. 1 : 91 – 114 .

Kern, Stephen (2003), *The Culture of Time and Space, 1880– 1918*, Cambridge, MA: Harvard University Press.

Kete, Katherine (ed.) (2007), *A Cultural History of Animals*, vol. 5 : *The Age of Empire (1800– 1920)*, London: Bloomsbury.

Kiechle, Melanie A. (2017), *Smell Detectives: An Olfactory History of Nineteenth- Century Urban America*, Seattle: University of Washington Press.

Killen, Andreas (2006), *Berlin Electropolis: Shock, Nerves, and German Modernity*, Berkeley: University of California Press.

Kim, Hoi-Eun (2014), *Doctors of Empire: Medical and Cultural Encounters between Imperial Germany and Meiji Japan*, Toronto: University of Toronto Press.

Kirk, Robert G. W. (2016), 'The Birth of the Laboratory Animal: Biopolitics, Animal Experimentation, and Animal Wellbeing', in Matthew Chrulew and Dinesh Joseph Wadiwel (eds), *Foucault and Animals*, 193– 221 , Leiden and Boston: Brill.

Kirk, R. G. W. and N. Pemberton (2013), *Leech*, London: Reaktion Books Ltd.

Kirk, R. G. W. and M. Worboys, M. (2011), 'Medicine and Species: One Medicine, One History?' in Mark Jackson (ed.), *The Oxford Handbook of the History of Medicine*, 561– 77 , Oxford: Oxford University Press.

Kitta, A. (2011), *Vaccinations and Public Concern in History: Legend, Rumour, and Risk Perception*, New York: Routledge.

Klein, Ursula and E. C. Spary (eds) (2010), *Materials and Expertise in Early Modern Europe: Between Market and Laboratory*, Chicago: University of Chicago Press.

Klestinec, Cynthia (2010), 'Practical Experience in Anatomy', in Charles T. Wolfe and Ofer Gal (eds), *The Body as Object and Instrument of Knowledge: Embodied Empiricism in Early Modern Science*, 33–57, Dordrecht: Springer.

Kline, Ronald and Trevor Pinch (1996), 'Users as Agents of Technological Change: The Social Construction of the Automobile in the Rural United States', *Technology and Culture* 37, no. 4: 763–95.

Knox, Frederick John (1836), *The Anatomist's Instructor, and Museum Companion; being practical directions for the formation and subsequent management of anatomical museums*, Edinburgh: Adam and Charles Black.

Koch, Tom (2005), *Cartographies of Disease: Maps, Mapping, and Medicine*, Redlands, CA: ESRI Press.

Koven, Seth (2006), *Slumming: Sexual and Social Politics in Victorian England*, Princeton, NJ: Princeton University Press.

Kraut, Alan M. (1995), *Silent Travelers: Germs, Genes, and the Immigrant Menace*, Baltimore, MD: Johns Hopkins University Press.

Krementsov, Nikolai (2008), 'Hormones and the Bolsheviks: From Organotherapy to Experimental Endocrinology, 1918–1929', *Isis* 99, no. 3: 486–518.

Kudlick, Catherine J. (1996), *Cholera in Post-Revolutionary Paris: A Cultural History*, Berkeley: University of California Press.

Kurlansky, Mark (1997), *Cod: A Biography of the Fish That Changed the World*, London: Vintage.

La Berge, A. (2005), 'Medical Statistics at the Paris School: What was at stake', in Gérard Jorland, Annick Opinel and George Weisz (eds), *Body Counts:*

Medical Quantification in Historical and Sociological Perspectives, 89–108, Montreal: McGill-Queens University Press.

La Berge, Ann and Elizabeth Fowler (2002), *Mission and Method: The Early Nineteenth-Century French Public Health Movement*, Cambridge: Cambridge University Press.

Laberge, M.-P. (1987), 'Les Instituts Pasteur du Maghreb: La recherche scientifique dans le cadre de la politique coloniale', *Revue Française d'Histoire d'Outre-Mer* 74: 27–42.

Laderman, Gary (2003), *Rest in Peace: A Cultural History of Death and the Funeral Home in Twentieth-Century America*, Oxford: Oxford University Press.

Laennec, R. T. H. (1829), *A Treatise on the Diseases of the Chest and on Mediate Auscultation*, trans. John Forbes, London: Underwood.

Lambert, R. J. (1962), 'A Victorian National Health Service: State Vaccination 1855–71', *Historical Journal* 5: 1–18.

Langdon Down, J. (1866), 'Observations on an Ethnic Classification of Idiots', *London Hospital Report* 3: 259–60.

Lansbury, Carol (1985), *The Old Brown Dog: Women, Workers and Vivisection in Edwardian England*, Madison, WI: Madison University Press.

Latour, Bruno (1983), 'Give Me a Laboratory and I will Raise the World', in K. Knorr-Cetina and M. Mulkay (eds), *Science Observed: Perspectives on the Social Study of Science*, 141–70, London: Sage.

Latour, Bruno (1988), *The Pasteurization of France*, trans. A. Sheridan and J. Law, Cambridge, MA: Harvard University Press.

Latour, Bruno (1992), 'The Costly Ghastly Kitchen', in Andrew Cunningham and Perry Williams (eds), *The Laboratory Revolution in Medicine*, 295–303, Cambridge: Cambridge University Press.

Lawlor, Clark (2006), *Consumption and Literature: The Making of the Romantic Disease*, New York: Palgrave MacMillan.

Lawrence, Christopher (1979), 'The nervous system and society in the Scottish Enlightenment', in Barry Barnes and Steven Shapin (eds), *Natural Order: Historical Studies of Scientific Culture*, 19–40, London: Sage.

Lawrence, Christopher (1985), 'Incommunicable knowledge: science, technology and the clinical art in Britain 1850–1914', *Journal of Contemporary History* 20, no. 4: 503–20.

Lawrence, Christopher (1985), 'Ornate Physicians and Learned Artisans: Edinburgh medical men 1726–1776', in William F. Bynum and Roy Porter (eds), *William Hunter and the Eighteenth-Century Medical World*, 153–76, Cambridge: Cambridge University Press.

Lawrence, Christopher (1996), 'Disciplining Disease: Scurvy, the Navy and Imperial Expansion, 1750–1825', in D. Miller and P. Reill (eds), *Visions of Empire*, 80–106, Cambridge: Cambridge University Press.

Lawrence, Christopher (1998), 'Medical minds, surgical bodies: corporeality and the doctors', in Christopher Lawrence and Steven Shapin (eds), *Science Incarnate: Historical Embodiments of Natural Knowledge*, 156–201, Chicago: University of Chicago Press.

Lawrence, Christopher and Michael Brown (2016), 'Quintessentially Modern Heroes: Surgeons, Explorers, and Empire, c.1840–1914', *Journal of Social History* 50, no. 1: 148–78.

Lawrence, Ghislaine (1992), 'The ambiguous artifact: surgical instruments and the surgical past', in Christopher Lawrence (ed.), *Medical Theory, Surgical Practice*, 295–314, London and New York: Routledge.

Leavitt, Judith Walzer and Whitney Walton (1984), '"Down to Death's Door": Women's Perceptions of Childbirth in America', in Judith Walzer Leavitt (ed.), *Women and Health in America: Historical Readings*, 155 – 65 , Madison: University of Wisconsin Press.

Leavitt, Sarah (2002), *From Catherine Beecher to Martha Stewart: A Cultural History of Domestic Advice*, Chapel Hill: University of North Carolina Press.

Lederer, Susan E. (1995), *Subjected to Science: Human Experimentation in America Before the Second World War*, Baltimore, MD: Johns Hopkins University Press.

Lee, Catherine (2013), *Policing Prostitution, 1856 – 1886 : Deviance, Surveillance and Morality*, London: Pickering and Chatto.

Lee, Paula Young (2008), *Meat, Modernity, and the Rise of the Slaughterhouse*, London: University of New Hampshire Press.

Lefebvre, Henri (1992), *The Production of Space*, trans. Donald Nicholson-Smith, Hoboken, NJ: Wiley-Blackwell.

Le Goff, Jacques and Jean-Charles Sournia (1985), *Les Maladies ont une Histoire*, Paris: Le Seuil.

Legrand du Saule (1896), 'L'État Mental des Parisiens pendant le siège de Paris', *Chronique Médicale*: 77 – 80 , 119 – 21 , 147 – 51 .

Léonard, Jacques (1978), *Les Médcins de l'Ouest au 19ème siècle*, Paris: Librairie Champion.

Levine, Philippa (2003), *Prostitution, Race, and Politics: Policing Venereal Disease in the British Empire*, London: Routledge.

Lewenson, Sandra B. and Eleanor Krohn Herrmann (eds) (2007), *Capturing Nursing History*, New York: Springer.

Li, Shang-Jen (2002), 'Natural History of Parasitic Disease: Patrick Manson's Philosophical Method', *Isis* 93 : 206 – 28 .

Li Chiu, Martha (1991), 'Mind, Body, and Illness in a Chinese Medical Tradition', PhD diss., Harvard University.

Lidsky, Paul (1982), *Les Écrivains contre la Commune*, Paris: François Maspéro.

Lieffers, C. (2012), "'The Present Time Is Eminently Scientific': The Science of Cookery in Nineteenth-Century Britain', *Journal of Social History* 45, no. 4: 936–59.

Lindsay, W. L. (1854), 'Clinical Notes on Cholera', *Association Medical Journal* S3–2: 834–41.

Linker, Beth (2011), 'Shooting Disabled Soldiers: Medicine and Photography in World War I America', *Journal of the History of Medicine and Allied Sciences* 66, no. 3: 313–46.

Linton, D. S. (2005), *Emil von Behring: Infectious Disease, Immunology, Serum Therapy*, Philadelphia: American Philosophical Society.

Livingstone, David (1999), 'Tropical Climate and Moral Hygiene: The Anatomy of a Victorian Debate', *British Journal for the History of Science* 32, no. 1: 93–110.

Livingstone, David (2003), *Putting Science in its Place: Geographies of Scientific Knowledge*, Chicago: University of Chicago Press.

Local Government Board (1887), 'Supplement to Sixteenth Annual Report, containing Report of Medical Officer, 1886', *Parliamentary Papers*, C.5171.

Local Government Board (1889), 'Supplement to Eighteenth Annual Report, containing Report of Medical Officer, 1888', *Parliamentary Papers*, C.5813.

Logan, Cheryl (2002), 'Before There Were Standards: The Role of Test Animals in the Production of Empirical Generality in Physiology', *Journal of the History of Biology* 35: 329–63.

Logan, Melville (1997), *Nerves and Narratives: A Cultural History of Hysteria in 19th-Century British Prose*, Berkeley: University of California Press.

Lomax, E. M. R. (1996), *Small and Special: The Development of Hospitals for Children in Victorian Britain*, London: Wellcome Institute for the History of

Medicine.

Lombroso, Cesare and William Ferrero (1895), *The Female Offender*, New York: Appleton and Company.

Long, James (1841), 'Introductory Lecture Delivered at the Liverpool Medical Institution', *Provincial Medical and Surgical Journal* 3: 23–9.

Loudon, Irvine (1992), 'Medical Practitioners 1750–1850 and the Period of Medical Reform in Britain', in Andrew Wear (ed.), *Medicine in Society: Historical Essays*, 219–47, Cambridge: Cambridge University Press.

Loughran, Tracey (2017), *Shell-Shock and Medical Culture in First World War Britain*, Cambridge: Cambridge University Press.

Low, Michael Christopher (2008), 'Empire and the Hajj: Pilgrims, plagues, and pan-Islam under British surveillance, 1865–1908', *International Journal of Middle East Studies* 40, no. 2: 269–90.

Löwy, Ilana (1992), 'From Guinea Pigs to Man: The Development of Haffkine's Anticholera Vaccine', *Journal of the History of Medicine and Allied Sciences* 47: 270–309.

Löwy, Ilana (2007), 'The Social History of Medicine: Beyond the Local', *Social History of Medicine* 20, no. 3: 465–82.

Lummel, Peter, Peter Atkins and Derek Oddy (eds), *Food and the City in Europe since 1800*, Aldershot and Burlington, VT: Ashgate.

Lupton, Deborah (2012), *Medicine as Culture: Illness, Disease and the Body*, New York: Sage.

Lutz, Tom (1991), *American Nervousness, 1903: An Anecdotal History*, Ithaca, NY: Cornell University Press.

Lynch, Michael E. (1988), 'Sacrifice and the transformation of the animal body into a scientific object: laboratory culture and ritual practice in the neurosciences', *Social Studies of Science* 18, no. 2: 265–89.

Lyons, Maryinez (2002), *The Colonial Disease: A Social History of Sleeping Sickness in Northern Zaire, 1900–1940*, Cambridge: Cambridge University Press.

Macalpine, Ida and Richard Hunter (1969), *George III and the Mad Business*, London: Allen Lane/Penguin Press.

MacDonald, Helen (2006), *Human Remains: Dissection and its Histories*, New Haven, CT: Yale University Press.

Macilwaine, S. W. (1900), 'What is a Disease?', *British Medical Journal* 2, no. 2085: 1703–4.

Macilwaine, S. W. (1911), *Medical Revolution: A Plea for National Preservation of Health Based upon the Natural Interpretation of Disease*, London: P.S. King.

Mack, Adam (2015), *Sensing Chicago: Noisemakers, Strikebreakers and Muckrakers*, Chicago: University of Chicago Press.

Mackaman, Douglas Peter (1998), *Leisure Settings: Bourgeois Culture, Medicine and the Spa in Modern France*, Chicago: University of Chicago Press.

MacKay, Michael (2009), 'The Rise of a Medical Speciality: The Medicalization of Elite Equine Medical Care, 1680–1800', PhD diss., University of York.

MacKenzie, John (1988), *The Empire of Nature: Hunting, Conservation and British Imperialism*, Manchester: Manchester University Press.

MacMichael, William (1827/1915), *The Gold-Headed Cane*, New York: Hoeber.

Macpherson, John (1866), *Cholera in its Home: With a Sketch of the Pathology and Treatment of the Disease*, London: John Churchill & Sons.

Maehle, Andreas-Holger (2009), *Doctors, Honour and the Law: Medical Ethics in Imperial Germany*, Basingstoke: Palgrave.

Maerker, Anna (2013), 'Anatomizing the Trade: Designing and Marketing Anatomical Models as Medical Technologies, c. 1700–1900', *Technology and*

Culture 54, no. 3: 531–62.

Maglen, Krista (2005), 'Importing trachoma: The introduction into Britain of American ideas of an "immigrant disease", 1892–1906', *Immigrants & Minorities* 23, no. 1: 80–99.

Mahone, Sloan (2006), 'The psychology of rebellion: colonial medical responses to dissent in British East Africa', *Journal of African History* 47: 241–58.

Malpas, C. (2004), 'Jules Guerin Makes his Market: The Social Economy of Orthopaedic Medicine in Paris, c. 1825–1845', in W. de Blecourt and C. Usborne (eds), *Cultural Approaches to the History of Medicine*, London: Palgrave.

Mandler, Peter (2004), 'The Problem with Cultural History', *Social and Cultural History* 1, no. 1: 94–117.

Manthorpe, Catherine (1986), 'Science or Domestic Science? The Struggle to Define an Appropriate Science Education for Girls in Early Twentieth-century England', *History of Education* 15, no. 3: 195–213.

Marcellus, Jane (2008), 'Nervous Women and Noble Savages: The Romanticized "Other" in Nineteenth-Century US Patent Medicine Advertising', *Journal of Popular Culture* 41, no. 5: 784–808.

Mariani-Costantini, Renato and Aldo Mariani-Costantini (2007), 'An Outline of the History of Pellagra in Italy', *Journal of Anthropological Science* 85: 163–71.

Markus, Thomas A. (1993), *Buildings & Power: Freedom and Control in the Origin of Modern Building Types*, London and New York: Routledge.

Marland, Hilary (2004), *Dangerous Motherhood: Insanity and Childbirth in Victorian Britain*, London: Palgrave Macmillan.

Marland, Hilary (2006), 'Languages and Landscapes of Emotion: Motherhood and Puerperal Insanity in the Nineteenth Century', in Fay Bound Alberti (ed.),

Medicine, Emotion, and Disease, 1700–1950, 53–78, Basingstoke: Palgrave.

Marriott, John (2003), *The Other Empire: Metropolis, India and Progress in the Colonial Imagination*, Manchester: Manchester University Press.

Martin, James Ranald (1856), *The Influence of Tropical Climates on European Constitutions, including Practical Observations on the Nature and Treatment of the Diseases of Europeans on their Return from Tropical Climates, new edition*, London: John Churchill.

Martineau, Harriet (1845), *Life in the Sickroom*, Boston: William Crosby.

[Martineau, Harriet] (1852), 'What there is in a button', *Household Words*, 17 April, vol. 5: 106–12.

Marx, Leo and Merritt Roe Smith (eds) (1995), *Does Technology Drive History? The Dilemma of Technological Determinism*, Cambridge, MA, and London: MIT Press.

Maudsley, Henry (1871), *Body and Mind: An Inquiry into their Connection and Mutual Influence, specially in Reference to Mental Disorders*, New York: D. Appleton and Company.

Mayhew, Henry (1849), 'A Visit to the Cholera Districts of Bermondsey', *Morning Chronicle*, 24 September.

Mayo, Elizabeth (1863), *Lessons on Objects, Graduated Series; Designed for Children Between the Ages of Six and Fourteen Years*, New York: Scribner.

McCarthy, Angela (2016), *Migration, Ethnicity, and Madness: New Zealand, 1860–1910*, Liverpool: Liverpool University Press.

McClelland, Charles E. (2002), *The German Experience of Professionalization: Modern Learned Professions and their Organizations from the Early Nineteenth Century to the Hitler Era*, Cambridge: Cambridge University Press.

McDonough, Patrick (2008), *Idiocy: A Cultural History*, Liverpool: Liverpool

University Press.

McGregor, Neil (2010), *A History of the World in 100 Objects*, London: Penguin.

McHugh, P. (1980), *Prostitution and Victorian Social Reform*, London: Croom Helm.

McIntosh, James et al. (1913), 'Parasyphilis of the Nervous System', *Brain* 36, no. 1: 1–30.

McShane, C. and J. Tarr (2007), *The Horse and the City: Living Machines in the Nineteenth Century*, Baltimore, MD: Johns Hopkins University Press.

Mental Deficiency Sub-Committee Minutes (1914–17), 'Mental Deficiency Act, 1913: Memorandum of the Town Clerk for the Information of the Asylums Committee for the Care of the Mentally Defective' (BCC 1/AF/7/1/1), 7–9, Birmingham Archives, Library of Birmingham.

Mepham, T. B. (1993), '"Humanizing" Milk: The Formulation of Artificial Feeds for Infants (1850–1910)', *Medical History* 37, no. 3: 225–49.

Mercer, Philip (1972), *Sympathy and Ethics: A Study of the Relationship between Sympathy and Morality with Special Reference to Hume's Treatise*, Oxford: Clarendon Press.

Messner, Algelika C. (2009), 'Translations and TransFormations: Toward Creating New Men in Early Twentieth-Century China', in Poonam Bala (ed.), *Biomedicine as a Contested Site: Some Revelations in Imperial Contexts*, 99–114, Lanham, MD: Lexington Books.

Méthot, Pierre-Olivier (2012), 'Why Do Parasites Harm Their Host? On the Origin and Legacy of Theobald Smith's "Law of Declining Virulence", 1900–1980', *History and Philosophy of the Life Sciences* 34: 561–601.

Micale, Mark (1995), *Approaching Hysteria: Disease and Its Interpretations*, Princeton, NJ: Princeton University Press.

Micale, Mark S. (2008) *Hysterical Men: The Hidden History of Male Nervous*

Illness, Cambridge, MA: Harvard University Press.

Micale, S. and Roy Porter (1995), *Approaching Hysteria: Disease and its Interpretations*, Princeton, NJ: Princeton University Press.

Miller, Daniel (2005), 'Introduction', in Daniel Miller (ed.), *Materiality*, 1–50, Durham, NC: Duke University Press.

Miller, Ian (2009), 'Necessary torture? Vivisection, suffragette force-feeding, and responses to scientific medicine in Britain c. 1870–1920', *Journal of the History of Medicine and Allied Sciences* 64, no. 3: 333–72.

Milles, Dietrich (1995), 'Working Capacity and Calorie Consumption: The History of Rational Physical Economy', in Harmke Kamminga and Andrew Cunningham (eds), *Science and Culture of Nutrition, 1840–1940*, 75–96, Amsterdam: Editions Rodopi B.V.

Mishra, Saurabh (2011), 'Beasts, Murrains, and the British Raj: Reassessing Colonial Medicine in India from the Veterinary Perspective, 1860–1900', *Bulletin of the History of Medicine* 85, no. 4 (Winter): 587–619.

Mitsuda, Tatsuya (2017), 'Entangled Histories: German Veterinary Medicine, 1770–1900', *Medical History* 61: 25–47.

Mogil, Jeffrey, Alexander Tuttle, Sarasa Tohyama, Tim Ramsay, Jonathan Kimmelman, Petra Schweinhardt and Gary Bennett (2015), 'Increasing placebo responses over time in U.S. clinical trials of neuropathic pain', *Pain* 156, no. 12: 2616–26.

Mood, Jonathan (2009), '"If We're Petticoat Clothed, We're Major Minded": Working- class Women and the Meat Boycott of 1872', *Women's History Review* 18, no. 3: 409–26.

Mooney, Graham (1999), 'Public Health Versus Private Practice: the Contested Development of Compulsory Infectious Disease Notification in Late-Nineteenth Century Britain', *Bulletin of the History of Medicine* 73, no. 2:

238–67.

Mooney, Graham (2013), 'The Material Consumptive: Domesticating the Tuberculosis Patient in Edwardian England', *Journal of Historical Geography* 42: 152–66.

Mooney, Graham (2015), *Intrusive Interventions: Public Health, Domestic Space, and Infectious Disease Surveillance in England, 1840–1914*, Rochester, NY: University of Rochester Press.

Moore, Wendy (2005), *The Knife Man: Blood, Body-snatching and the Birth of Modern Surgery*, London: Bantam.

Moran, James E. (2000), *Committed to a State Asylum: Insanity and Society in Nineteenth-Century Quebec and Ontario*, Montreal: McGill-Queen's University Press.

Moran, James (2019), *Madness on Trial: A Transatlantic History of English Civil Law and Lunacy*, Manchester: University of Manchester Press.

Moran, James, Leslie Topp and Jonathan Andrews (eds) (2011), *Madness, Architecture and the Built Environment: Psychiatric Spaces in Historical Context*, New York: Routledge.

[Morley, Henry] (1858), 'Use and abuse of the dead', *Household Words* 17, no. 3 (April): 361–5.

Morris, R. J. (1976), *Cholera 1832: The Social Response to an Epidemic*, London: Croom Helm.

Mort, Frank (1987), *Dangerous Sexualities: Medico-Moral Politics in England since 1830*, London: Routledge.

Moscoso, Javier (2012), *Pain: A Cultural History*, Basingstoke: Palgrave.

Moscoso, Javier (2016), 'From the History of Emotions to the History of Experience: The Multiple Layers of Material Expressions', in Elena Delgado, Pura Fernández and Jo Labanyi (eds), *Engaging the Emotions in Spanish*

Culture and History, 176–91, Nashville, TN: Vanderbilt Press.

Moscoso, Javier and Juan Manuel Zaragoza (2014), 'Historias del Bienestar. Desde la historia de las emociones a las políticas de la experiencia', *Cuadernos de Historia Contemporánea* 36: 73–89.

Moscucci, Ornella (2005), 'Gender and Cancer in Britain, 1860–1910: The Emergence of Cancer as a Public Health Concern', *American Journal of Public Health* 95, no. 8: 1312–21.

Moseley, Benjamin (1800), *A Treatise on Sugar, with Miscellaneous Medical Observations*, 2nd edn, London: John Nichols.

Müller-Wille, Staffan and Hans-Jörg Rheinberger (2012), *A Cultural History of Heredity*, Chicago: University of Chicago Press.

Murchison, Charles (1865), 'On the Points of Resemblance between Cattle-Plague and Small-Pox', *The Lancet* 86: 724–6.

Murchison, Charles (1866), 'On the Points of Resemblance between Cattle-Plague and Small-Pox', *The Lancet* 87: 58–61, 119–20.

Murdoch, Lydia (2015), 'Anti-Vaccination and the Politics of Grief in Late-Victorian England', in S. Olsen (ed.), *Childhood, Youth and Emotions in Modern History: National, Colonial and Global Perspectives*, 242–60, Basingstoke: Palgrave.

Murdoch, Lydia (2015), 'Carrying the Pox: The Use of Children and Ideals of Childhood in Early British and Imperial Campaigns Against Smallpox', *Journal of Social History* 48: 511–35.

Murray, Caitlin (2007), 'The "Colouring of the Psychosis": Interpreting Insanity in the Primitive Mind', *Health and History* 9, no. 2: 7–21.

Murray, Flora (1920), *Women as Army Surgeons: Being the History of the Women's Hospital Corps in Paris, Wimereux and Endell Street; September 1914–October 1919*, London: Hodder & Stoughton.

Murray, Jamieson (1909), *A History of the Reading Pathological Society*, London: John Bale, Sons & Co.

Murray, Narisara (2000), 'From Birds of Paradise to Drosophila: The Changing Roles of Scientific Specimens in Europe and America to 1920', in L. Kalof and B. Resl (eds), *A Cultural History of Animals*, vol. 6: *The Modern Age (1920–2000)*, 119–37, London: Bloomsbury.

Musselman, Elizabeth Green (2012), *Nervous Conditions: Science and the Body Politic in Early Industrial Britain*, Albany, NY: State University of New York Press.

Narter, Meltem (2006), 'The Change in the Daily Knowledge of Madness in Turkey', *Journal for the Theory of Social Behaviour* 36, no. 4: 409–24.

Nead, Lynda (2005), *Victorian Babylon: People, Streets, and Images in Victorian London*, New Haven, CT: Yale University Press.

Neill, Deborah (2009), 'Finding the "Ideal Diet": Nutrition, Culture, and Dietary Practices in France and French Equatorial Africa, c. 1890s to 1920s', *Food and Foodways* 17, no. 1: 1–28.

Newman, Laura (2017), 'Making germs real: germ theories of disease and occupational knowledge in Britain, c.1880–1930', PhD diss., King's College London.

Newsom Kerr, Matthew L. (2018), *Contagion, Isolation and Biopolitics in Victorian London*, New York: Palgrave.

Niall, P. A. S. and Juergen Mueller (2002), 'Updating the Accounts: Global Mortality of the 1918–1920 "Spanish" Influenza Pandemic', *Bulletin of the History of Medicine* 76, no. 1: 105–15.

Nieto-Galan, A. (2015), 'Mr Giovanni Succi Meets Dr Luigi Luciani in Florence: Hunger Artists and Experimental Physiology in the Late Nineteenth Century', *Social History of Medicine* 28, no. 1: 64–81.

Nightingale, Florence (1990), *Ever yours, Florence Nightingale: Selected Letters*, ed. Martha Vicinus and Bea Nergaard, Cambridge, MA: Harvard University Press.

Nitrini, Ricardo (2000), 'The History of Tabes Dorsalis and the Impact of Observational Studies in Neurology', *Archives of Neurology* 57, no. 4: 605–6.

Njoh, Ambe J. (2008), 'Colonial philosophies, urban space, and racial segregation in British and French colonial Africa', *Journal of Black Studies* 38, no. 4: 579–99.

Novak, Daniel A. (2008), *Realism, Photography and Nineteenth-Century Fiction*, vol. 60, Cambridge: Cambridge University Press.

Noyes Brothers and Cutler (1888), *Illustrated Catalogue of Surgical, Dental and Veterinary Instruments*, St Paul, MN: Pioneer Press Company.

Nyhart, Lynn (1995), *Biology takes Form: Animal Morphology and the German Universities, 1800–1900*, Chicago: University of Chicago Press.

Nyhart, Lynn (2009), *Modern Nature: The Rise of the Biological Perspective in Germany*, London: University of Chicago Press.

O'Brien, Patricia (1983), 'The Kleptomania Diagnosis: Bourgeois Women and Theft in Late Nineteenth-Century France', *Journal of Social History* 17, no. 1: 65–77.

O'Connor, Erin (2000), *Raw Material: Producing Pathology in Victorian Culture*, Chapel Hill, NC: Duke University Press.

Oddy, Derek (1983), 'Urban Famine in Nineteenth-Century Britain: The Effect of the Lancashire Cotton Famine on Working-Class Diet and Health', *Economic History Review* 36, no. 1: 68–86.

Oddy, Derek, (2007), 'Food Quality in London and the Rise of the Public Analyst, 1870–1939', in Peter J. Atkins, Peter Lummel and Derek J. Oddy (eds), *Food and the City in Europe since 1800*, 91 – 104, Aldershot and Burlington, VT: Ashgate.

Oddy, Derek (2008), 'Hunger: A History', *Reviews in History* 695 (October), http:// www.history.ac.uk/reviews/review/ 695.

Oppenheim, Janet (1988), *The Other World: Spiritualism and Psychical Research in England, 1850 – 1914*, Cambridge: Cambridge University Press.

Oppenheim, Janet (1991), *Shattered Nerves: Doctors, Patients and Depression in Victorian England*, Oxford: Oxford University Press.

Orwell, George (2001), *The Road to Wigan Pier*, New York: Penguin Classics.

Osborn, Emily Lynn (2004), '"Rubber Fever", Commerce and French Colonial Rule in Upper Guinée, 1890 – 1913 ', *Journal of African History* 45, no. 3: 445 – 65.

Osborne, Michael A. (2014), *The Emergence of Tropical Medicine in France*, Chicago: University of Chicago Press.

Osborne, Thomas (1996), 'Security and Vitality: Drains, Liberalism and Power in the Nineteenth Century', in Andrew Barry, Thomas Osborne and Nikolas Rose (eds), *Foucault and Political Reason: Liberalism, Neo-Liberalism and the Rationalities of Government*, 99 – 121, Chicago: University of Chicago Press.

Osler, William (1925), *Aequanimitas, with other Addresses to Medical Students and Practitioners of Medicine*, 2nd edn, Philadelphia: P. Blakiston's Son.

Otis, Laura (2000), *Membranes: Metaphors of Invasion in Nineteenth-Century Literature, Science, and Politics*, Baltimore, MD: Johns Hopkins University Press.

Otis, Laura (2002), 'The metaphoric circuit: organic and technological communication in the nineteenth century', *Journal of the History of Ideas* 63, no. 1: 105 – 28.

Otis, Laura (2007), *Müller's Lab: The Story of Jakob Henle, Theodor Schwann,*

Emil duBois-Reymond, Hermann von Helmholtz, Rudolf Virchow, Robert Remak, Ernst Haeckel, and Their Brilliant, Tormented Advisor, Oxford: Oxford University Press.

Ott, Katherine (1996), *Fevered Lives: Tuberculosis in American Culture since 1870*, Cambridge, MA: Harvard University Press.

Otter, Chris (2008), *The Victorian Eye: A Political History of Light and Vision in Britain, 1800–1910*, Chicago: University of Chicago Press.

Otter, Chris (2011), 'Hippophagy in the UK: A Failed Dietary Revolution', *Endeavour* 35, no. 2–3: 80–90.

Oudshoorn, Nelly and Trevor Pinch (eds) (2003), *How Users Matter: The Co-Construction of Users and Technology*, Cambridge, MA: MIT Press.

Outram, Dorinda (1988), *The Body and the French Revolution*, New Haven, CT: Yale University Press.

Packard, Randall M. and Peter J. Brown (1997), 'Rethinking Health, Development, and Malaria: Historicizing a Cultural Model in International Health', *Medical Anthropology* 17, no. 3: 181–94.

Parascandola, John (2008), *Sex, Sin, and Science: A History of Syphilis in America*, Westport, CT: Praeger.

Parker, Joan E. (2001), 'Lydia Becker's "School for Science": A Challenge to Domesticity', *Women's History Review* 10, no. 4: 629–50.

Parle, Julie (2003), 'Witchcraft or Madness? The Amandiki of Zululand, 1894–1914', *Journal of Southern African Studies* 29, no. 1: 105–32.

Parry-Jones, William Ll. (1972), *The Trade in Lunacy: A Study of Private Madhouses in England in the Eighteenth and Nineteenth Centuries*, London: Routledge and Kegan Paul.

Parry-Jones, William Ll. (1981), 'The Model of Geel Lunatic Colony and Its Influence on the Nineteenth-Century Asylum System in Britain', in Andrew

Scull (ed.), *Madhouses, Mad-Doctors and Madmen: The Social History of Psychiatry in the Victorian Era*, 201–17, London: Athlone Press.

Paul, Harry W. (2011), *Henri de Rothschild, 1872–1947: Medicine and Theater*, London: Routledge.

Pauly, Phillip (1984), 'The Appearance of Academic Biology in Late Nineteenth Century America,' *Journal of the History of Biology* 17: 369–97.

Payer, Peter (2007), 'The Age of Noise: Early Reactions in Vienna, 1870–1914', *Journal of Urban History* 33: 773–93.

Pelling, Margaret (1978), *Cholera, Fever and English Medicine 1825–1865*, Oxford: Oxford University Press.

Percivall, W. (1823), *Elementary Lectures in the Veterinary Art*, London: Longman.

Perkins, Linda M. (1983), 'The Impact of the "Cult of True Womanhood" on the Education of Black Women', *Journal of Social Issues* 39, no. 3: 17–28.

Petitjean, P., C. Jami and A. M. Moulin (eds) (1992), *Science and Empires: Historical Studies about Scientific Development and European Expansion*, Amsterdam: Rodopi.

Philippon, Jacques and Jacques Poirier (2008), *Joseph Babinski: A Biography*, Oxford: Oxford University Press.

Phillips, Howard (2014), 'The Recent Wave of "Spanish" Flu Historiography', *Social History of Medicine* 27, no. 4: 789–808.

Pick, Daniel (1986), 'The faces of anarchy: Lombroso and the politics of criminal science in post-unification Italy', *History Workshop Journal* 21, no. 1: 60–86.

Pick, D. (1989), *Faces of Degeneration: A European Disorder, c.1848–1918*, Cambridge: Cambridge University Press.

Picker, John M. (2003), *Victorian Soundscapes*, New York: Oxford University Press.

Pickstone, John V. (1981), 'Bureaucracy, Liberalism and the Body in post-Revolutionary France: Bichat's Physiology and the Paris School of Medicine', *History of Science* 19, no. 2: 115–42.

Pickstone, John V. (1992), 'Dearth, dirt and fever epidemics: rewriting the history of British "public health", 1780–1850', in T. Ranger and P. Slack (eds), *Epidemics and Ideas: Essays on the Historical Perception of Pestilence*, 125–48, Cambridge: Cambridge University Press.

Pickstone, John V. (1999), 'How Might We Map the Cultural Fields of Science? Politics and Organisms in Restoration France', *History of Science* 37, no. 3: 347–64.

Pickstone, John (2000), *Ways of Knowing: A New History of Science, Technology and Medicine*, Manchester: Manchester University Press.

Pinel, Patrice (1992), *Naissance d'un Fléau. Histoire de la Lutte contre le Cancer en France 1890–1940*, Paris: Métaillé.

Pinel, Philippe (1801), *Traité medico-philosophique sur l'aliénation mentale, ou la manie*, Paris: Richard.

Pitzner, Donald E. (ed.) (1997), *America's Communal Utopias*, Chapel Hill: University of North Carolina Press.

Pols, Hans (2012), 'Notes from Batavia, the Europeans' Graveyard: The Nineteenth- Century Debate on Acclimatization in the Dutch East Indies', *Journal of the History of Medicine and Allied Sciences* 67, no. 1: 120–48.

Poovey, Mary (1995), *Making a Social Body: British Cultural Formation, 1830–1864*, Chicago: University of Chicago Press.

Porter, Dorothy (1998), *Health, Civilization and the State*, London: Routledge.

Porter, Dorothy and Roy Porter (1988), 'The Politics of Prevention: Anti-Vaccinationism and Public Health in Nineteenth-Century England', *Medical History* 32: 231–52.

Porter, Roy (1985), 'The Patient's View: Doing Medical History from Below', *Theory and Society* 14, no. 2: 175-98.

Porter, Roy (1985), 'William Hunter: a surgeon and a gentleman', in William F. Bynum and Roy Porter (eds), *William Hunter and the Eighteenth-Century Medical World*, 7-34, Cambridge: Cambridge University Press.

Porter, Roy (1987/1990), *Mind Forg'd Manacles: A History of Madness in England from the Restoration to the Regency*, London: Penguin.

Porter, Roy (1987/1996), *A Social History of Madness: Stories of the Insane*, London: Phoenix.

Porter, Roy (1989), *Health for Sale: Quackery in England 1660-1850*, Manchester: Manchester University Press.

Porter, Roy (1993), 'Man, Animals and Medicine at the Time of the Founding of the Royal Veterinary College', in A. R. Michell (ed.), *History of the Healing Professions*, vol. 3, 19-30, Wallingford: CABI.

Porter, Roy (1997), *Rewriting the Self: Histories from the Renaissance to the Present*, London: Psychology Press.

Porter, Roy (2001), *Bodies Politic: Disease, Death and the Doctors in Britain, 1650-1900*, London: Reaktion.

Porter, Roy (ed.) (1990), *The Medical History of Waters and Spas, Medical History Supplement no. 10*, London: Wellcome Institute.

Porter, Roy and G. S. Rousseau (2000), *Gout: The Patrician Malady*, New Haven, CT: Yale University Press.

Porter, Theodore M. (1986), *The Rise of Statistical Thinking, 1820-1900*, Princeton, NJ: Princeton University Press.

Porter, TheodoreM. (1996), *Trust in Numbers: The Pursuit of Objectivity in Science and Public life*, Princeton, NJ: Princeton University Press.

Poskett, James (2017), 'Phrenology, Correspondence, and the Global Politics of

Reform, 1815 – 1848 ', *History Journal*, 60 , no. 2 : 409 – 42 .

Powell, Anne (2009), *Women in the War Zone: Hospital Service in the First World War*, Stroud: History Press.

Putnam, R. (1925), *The Life and Letters of Mary Putnam Jacobi*, New York: G. P. Putnam's Sons.

Qureshi, Sadiah (2011), *Peoples on Parade: Exhibitions, Empire, and Anthropology in Nineteenth Century Britain*, Chicago and London: University of Chicago Press.

Rabinbach, Anson (1990 / 1992), *The Human Motor: Energy, Fatigue and the Origins of Modernity*, Berkeley: University of California Press.

Ramsden, E. and D. Wilson (2013), 'The Suicidal Animal: Science and the Nature of Self-Destruction', *Past & Present* 224 : 201 – 42 .

Ray, Arthur J. (1984), 'The Northern Great Plains: Pantry of the Northwestern Fur Trade, 1774 – 1885 ', *Prairie Forum* 9 , no. 2 : 263 – 80 .

Reader, John (2008), *The Untold History of the Potato*, London: Vintage.

Reddy, William (2001), *The Navigation of Feeling: A Framework for the History of Emotions*, Cambridge: Cambridge University Press.

Rees, Danny (2014), 'Down in the Mouth: Faces of Pain', in Rob Boddice (ed.), *Pain and Emotion in Modern History*, 164 – 86 , Basingstoke: Palgrave Macmillan.

Reid, Donald (1991), *Paris Sewers and Sewermen: Realities and Representations*, Cambridge, MA: Harvard University Press.

Reinarz, Jonathan (2014), *Past Scents: Historical Perspectives on Smell*, Chicago: University of Illinois Press.

Reinarz, Jonathan and Rebecca Wynter (2015), 'Introduction: Towards a history of complaining about medicine', in Jonathan Reinarz and Rebecca Wynter (eds), *Complaints, Controversies and Grievances in Medicine: Historical and*

Social Science Perspectives, 1–33, London: Routledge.

Reiser, Stanley Joel (2009), *Technological Medicine*, Cambridge: Cambridge University Press.

Reiss, Benjamin (2008), *Theaters of Madness: Insane Asylums and Nineteenth-Century American Culture*, Chicago: University of Chicago Press.

Reuter, Shelley Z. (2006) 'The Genuine Jewish Type: Racial Ideology and Anti- Immigrationism in Early Medical Writing about Tay-Sachs Disease', *Canadian Journal of Sociology /Cahiers Canadiens de sociologie* 31, no. 3: 291–323.

Reznick, Jeffrey (2011), *Healing the Nation: Soldiers and the Culture of Caregiving in Britain during the Great* War, Manchester: Manchester University Press.

Richardson, Ruth (1988/2001), *Death, Dissection, and the Destitute*, 2nd edn, London, Phoenix Press.

Risse, Guenter (1999), *Mending Bodies, Saving Souls: A History of Hospitals*, Oxford: Oxford University Press.

Ritvo, Harriet (1987), *The Animal Estate: The English and Other Creatures in the Victorian Age*, Cambridge, MA: Harvard University Press.

Ritvo, Harriet (1995), 'Border Trouble: Shifting the Line between People and Other Animals', *Social Research* 62: 481–500.

Roberts, M. J. D. (2009), 'The Politics of Professionalization: MPs, Medical Men, and the 1858 Medical Act', *Medical History* 53, no. 1: 37–56.

Romano, T. M. (1997), 'The Cattle Plague of 1865 and the Reception of "The Germ Theory" in Mid-Victorian Britain', *Journal of the History of Medicine and Allied Sciences* 52: 51–80.

Romano, Terrie (2002), *Making Medicine Scientific: John Burdon Sanderson and the Culture of Victorian Science*, London: Johns Hopkins University Press.

Roper, M. (2009), *The Secret Battle: Emotional Survival in the Great War*, Manchester: Manchester University Press.

Rose, F. Clifford (ed.) (2004), *Neurology of the Arts: Painting, Music, Literature*, London: Imperial College Press.

Rose, Nikolas (1999), *Powers of Freedom: Reframing Political Thought*, Cambridge: Cambridge University Press.

Rosen, G. (1942), 'Changing Attitudes of the Medical Profession to Specialisation', *Bulletin of the History of Medicine* 12: 343–54.

Rosen, George (1944), *The Specialization of Medicine with Particular Reference to Ophthalmology*, New York: Froben Press.

Rosen, George (1958), *A History of Public Health*, New York: M.D. Publications.

Rosenberg, Charles (1962), *The Cholera Years: The United States, 1832, 1849 and 1866*, Chicago: University of Chicago Press.

Rosenberg, Charles (1966), 'Cholera in Nineteenth-Century Europe: A Tool for Social and Economic Analysis', *Comparative Studies in Society and History* 8, no. 4: 452–63.

Rosenberg, Charles (1995), *The Trial of the Assassin Guiteau: Psychiatry and the Law in the Gilded Age*, Chicago: University of Chicago Press.

Rosenberg, Charles E., Janet Golden and Steven J. Peitzman (1992), 'Framing Disease', *Hospital Practice* 27, no. 7: 179–221.

Rosner, Lisa (1999), *The Most Beautiful Man in Existence: The Scandalous Life of Alexander Lessassier*, Philadelphia: University of Pennsylvania Press.

Rothfels, Nigel (2002), *Savages and Beasts: The Birth of the Modern Zoo*, Baltimore, MD: Johns Hopkins University Press.

Rothman, Sheila (1994), *Living in the Shadow of Death: Tuberculosis and the Social Experience of Illness in American History*, New York: Basic Books.

Rousseau, G., M. Gill, D. Haycock and M. Herwig (eds) (2003), *Framing and*

Imagining Disease in Cultural History, New York: Springer.

Rowley, W. (1805), *Cow-Pox Inoculation, No Security Against Small-Pox Infection*. London: J. Harris.

Rozenkrantz, Barbara G. (1972), *Public Health and the State: Changing Views in Massachusetts 1842–1936*, Cambridge, MA: Harvard University Press.

Ruiz, Maria Isabel Romero (2014), *The London Lock Hospital in the Nineteenth Century: Gender, Sexuality and Social Reform*, Oxford: Peter Lang.

Ruiz-Gómez, Natasha (2013), 'The "scientific artworks" of Doctor Paul Richer', *Medical Humanities* 39: 4–10.

Rupke, Nicolaas (ed.) (1990), *Vivisection in Historical Perspective*, London: Routledge.

Rupke, Nicolaas A. (ed.) (2000), *Medical Geography in Historical Perspective*, *Medical History Supplement No. 20*, London: Wellcome Trust Centre for the History of Medicine at UCL.

Rylance, Rick (2000), *Victorian Psychology and British Culture, 1850–1880*, Oxford: Oxford University Press.

Sakula, Alex (1982), 'Baroness Burdett-Coutts' Garden Party: The International Medical Congress. London, 1881', *Medical History* 26, no. 2: 183–90.

Salisbury, Laura and Andrew Shail (eds) (2010), *Neurology and Modernity: A Cultural History of Nervous Systems, 1800–1950*, London: Palgrave Macmillan.

Sappol, Michael (2004), *A Traffic of Dead Bodies: Anatomy and Embodied Social Identity in Nineteenth-Century America*, Princeton, NJ: Princeton University Press.

Schiebinger, Londa (2004), *Plants and Empire: Colonial Bioprospecting in the Atlantic World*, Cambridge, MA: Harvard University Press.

Schiller, Francis (1992), *Paul Broca: Founder of French Anthropology, Explorer of the Brain*, Oxford: Oxford University Press.

Schivelbusch, Wolfgang (1995), *Disenchanted Night: The Industrialization of Light in the Nineteenth Century*, trans. Angela Davies, Berkeley: University of California Press.

Schivelbusch, Wolfgang (2014), *The Railway Journey: The Industrialization of Time and Space in the Nineteenth Century*, Berkeley: University of California Press.

Schlich, Thomas (2007), 'Surgery, Science and Modernity: Operating Rooms and Laboratories as Spaces of Control', *History of Science* 45: 231–56.

Schlich, Thomas (2015), '"The Days of Brilliancy are Past": Skill, Styles and the Changing Rules of Surgical Performance, ca. 1820–1920', *Medical History* 59, no. 3: 379–403.

Scholliers, Peter (2007), 'Food Fraud and the Big City: Brussels' Responses to Food Anxieties in the Nineteenth Century', in Peter Atkins, Peter Lummel and Derek Oddy (eds), *Food and the City in Europe Since 1800*, 77–90, Aldershot: Ashgate.

Scholliers, Peter (2012), 'The Many Rooms in the House: Research on Past Foodways in Modern Europe', in Kyri W. Clafin and Peter Scholiers (eds), *Writing Food History: A Global Perspective*, 59–71, London: Bloomsbury.

Schweber, L. (2006), *Disciplining Statistics: Demography and Vital Statistics in France and England, 1830–1885*, Durham, NC: Duke University Press.

Scott, Ann, Mervyn Eadie and Andrew Lees (eds) (2012), *William Richard Gowers 1845–1915: Exploring the Victorian Brain*, Oxford: Oxford University Press.

Scull, Andrew (1979), *Museums of Madness: The Social Organization of Insanity in 19th Century England*, London: Allen Lane.

Scull, Andrew (2005), *The Most Solitary of Afflictions: Madness and Society in*

Britain, 1700–1900, New Haven, CT: Yale University Press.

Scull, Andrew (2009), *Hysteria: The Biography*, Oxford: Oxford University Press.

Scull, Andrew (2015), 'A culture of complaint', in Jonathan Reinarz and Rebecca Wynter (eds), *Complaints, Controversies and Grievances in Medicine: Historical and Social Science Perspectives*, 37–55, London: Routledge.

Scull, Andrew (2015), *Madness in Civilization: A Cultural History of Insanity, from the Bible to Freud, from the Madhouse to Modern Medicine*, Princeton, NJ: Princeton University Press.

Scully, Richard and Marian Quartly (eds) (2009), *Drawing the Line: Using Cartoons as Historical Evidence*, Victoria: Monash University ePress.

Searle, Geoffrey (1998), *Morality and the Market in Victorian Britain*, Oxford: Clarendon.

Sevcenko, Nicolau (2010), *A Revolta da Vacina*, São Paulo: Cosac Naify.

Shah, Nayan (2001), *Contagious Divides: Epidemics and Race in San Francisco's Chinatown*, Berkeley: University of California Press.

Shapin, Steven (1975), 'Phrenological Knowledge and the Social Structure of Early Nineteenth-Century Edinburgh', *Annals of Science* 32, no. 3: 219–24.

Shaw, George Bernard (1909/1987), *The Doctor's Dilemma: A Tragedy*, Harmondsworth: Penguin.

Shepherd, John (1991), *The Crimean Doctors: A History of the British Medical Services in the Crimean War*, 2 vols, Liverpool: Liverpool University Press.

Showalter, Elaine (1985/1987), *The Female Malady: Women, Madness and English Culture, 1830–1980*, Harmondsworth: Penguin.

Sielke, Sabine (2008), 'The Brain – is wider than the Sky – or: Re-Cognizing Emily Dickinson', *Emily Dickinson Journal* 17, no. 1: 68–85.

Sigerist, Henry (1951), *A History of Medicine: Primitive and Archaic Medicine*,

New York: Oxford University Press.

Silberman, Steve (2015), *NeuroTribes: The Legacy of Autism and the Future of Neurodiversity*, New York: Avery.

Sillitoe, Helen (1933), *A History of the Teaching of Domestic Subjects*, London: Metheun & Co Ltd.

Simon, John (1850), 'A Course of Lectures in General Pathology', *The Lancet* 56: 138. Simon, Rita J. and Heather Ahn-Redding (2006), *The Insanity Defence the World Over*, New York: Rowman and Littlefield.

Simonds, J. B. (1848), *A Practical Treatise on Variola Ovina, or Smallpox in Sheep*, London: n.p.

Simpson, J. Y. (1868), *Proposal to Stamp out Small-Pox and Other Contagious Diseases*, Edinburgh: Edmonston and Douglas.

Sinha, Mrinalini (1995), *Colonial Masculinity: The 'Manly Englishman' and the 'Effeminate Bengali' in the Late Nineteenth Century*, Manchester: Manchester University Press.

Sirotkina, Irina (2002), *Diagnosing Literary Genius: A Cultural History of Psychiatry in Russia, 1880–1930*, London: Johns Hopkins University Press.

Sirotkina, Irina (2007), 'The Politics of Etiology: Shell Shock in the Russian Army, 1914–1918', in Angela Brintlinger and Ilya Vinitsky (eds), *Madness and the Mad in Russian Culture*, 117–29, Toronto: University of Toronto Press.

Skinner, C. (2016), 'Medical Discovery as Suffrage Justification in Mary Putnam Jacobi's 1894 New York campaign rhetoric', *Advances in the History of Rhetoric* 19, no. 3: 251–75.

Smail, Daniel Lord (2008), *On Deep History and the Brain*, Berkeley and Los Angeles: University of California Press.

Smith, Adam (1759/2009), *The Theory of Moral Sentiments*, London: Penguin.

Smith, F. B. (2006), 'The Contagious Diseases Acts Reconsidered', *Social History of Medicine* 19, no. 3: 197–215.

Smith, Leonard (1999), *'Cure, Comfort and Safe Custody': Public Lunatic Asylums in Early Nineteenth-Century England*, London: Leicester University Press.

Smith, Leonard (2007), *Lunatic Hospitals in Georgian England, 1750–1830*, London: Routledge.

Smith, Leonard (2014), *Insanity, Race and Colonialism: Managing Mental Disorder in the Post-Emancipation British Caribbean, 1838–1914*, London: Palgrave Macmillan.

Smith, Mark M. (2001), *Listening to Nineteenth-Century America*, Chapel Hill: University of North Carolina Press.

Smith, Roger (1992), *Inhibition: History and Meaning in the Sciences of Mind and Brain*, Berkeley: University of California Press.

Smith, S. D. (2001), 'Coffee, Microscopy, and the Lancet's Analytical Sanitary Commission', *Social History of Medicine* 14, no. 2: 171–97.

Smithcors, J. (1959), 'Medical Men and the Beginnings of Veterinary Medicine in America', *Bulletin of the History of Medicine* 33: 330–41.

Sontag, Susan (1978), *Illness as Metaphor*, New York: Farrar, Strauss and Giroux.

Sournia, Charles (1990), *A History of Alcoholism*, Oxford: Blackwell.

Spencer, Herbert (1876), 'The Comparative Psychology of Man', *Mind* 1, no. 1: 16–17.

Spencer, Herbert (1878), 'Consciousness under chloroform', *Missouri Dental Journal* 10: 575–80.

Spiering, Menno (2006), 'Food, Phagophobia and English National Identity', in Thomas M. Wilson (ed.), *Food, Drink and Identity in Europe*, 31–48, Amsterdam: Rodolphi.

Stadler, Peter (1988 / 1993), *Pestalozzi. Geschichtliche Biographie*, 2 vols, Zurich: Verlag NZZ.

Stallybrass, Peter and Allon White (1986), *The Politics and Poetics of Transgression*, Ithaca, NY: Cornell University Press.

Stanziani, Alessandro (2007), 'Municipal Laboratories and the Analysis of Foodstuffs in France under the Third Republic: A Case Study of the Paris Municipal Laboratory, 1878 – 1907 ', in Peter J. Atkins, Peter Lummel and Derek J. Oddy (eds), *Food and the City in Europe since 1800*, 105 – 16, Aldershot and Burlington, VT: Ashgate.

Starr, Paul (1982), *The Social Transformation of American Medicine*, New York: Basic Books.

Steere-Williams, J. (2010), 'The Perfect Food and the Filth Disease: Milk-Borne Typhoid and Epidemiological Practice in Late Victorian Britain', *Journal of the History of Medicine and Allied Sciences* 65: 514--45.

Steinitz, Lesley (2017), 'The Language of Advertising: Fashioning Health Consumers at the *Fin de Siècle*', in Mary Addyman, Laura Wood and Christopher Yiannitsaros (eds), *Food, Drink, and the Written Word in Britain, 1820 – 1945*, 135 – 63, London: Routledge.

Stepan, Nancy Leys (2001), *Picturing Tropical Nature*, Ithaca, NY: Cornell University Press.

Stern, Alexandra Minna (2006), 'Yellow Fever Crusade: US Colonialism, Tropical Medicine, and the International Politics of Mosquito Control, 1900 – 1920 ', in Alison Bashford (ed.), *Medicine at the Border: Disease, Globalization and Security, 1850 to the Present*, 41 – 59, New York: Palgrave.

Stiles, Anne (2012), *Popular Fiction and Brain Science*, Cambridge: Cambridge University Press.

Stiles, Anne, Stanley Finger and Francois Boller (eds) (2013), *Literature,*

Neurology and Neuroscience: Historical and Literary Connections, Oxford: Elsevier.

Stirling, Jeannette (2010), 'Hystericity and hauntings: the female and the feminised', in *Representing Epilepsy: Myth and Matter*, Liverpool: Liverpool University Press.

Stocking, George (1991), *Victorian Anthropology*, New York: Simon and Schuster.

Stoddard, Charles William (1912), 'A Bit of Old China', in *In the Footsteps of the Padres*, new edn, 123–43, San Francisco: A.M. Robertson.

Storie, Elizabeth (1859), *Autobiography of Elizabeth Storie, a narrative of Glasgow, who was subjected to much injustice at the hands of some members of the medical, legal and clerical professions*, Reel 12, Working Class Autobiographies, British Library microfilm.

Stowe, Steven (2004), *Doctoring the South: Southern Physicians and Everyday Medicine in the Mid-Nineteenth Century*, Chapel Hill: University of North Carolina Press.

Strange, Julie-Marie (2005), *Death, Grief and Poverty in Britain, 1870–1914*, Cambridge: Cambridge University Press.

Sturdy, Harriet and William Parry-Jones (1999), 'Boarding-out insane patients: the significance of the Scottish system 1857–1913', in Peter Bartlett and David Wright (eds), *Outside the Walls of the Asylum: The History of Care in the Community, 1750–2000*, 86–114, London: Athlone.

Sturdy, S. (2007), 'Scientific Method for Medical Practitioners: The Case Method of Teaching Pathology in Early Twentieth-Century Edinburgh', *Bulletin for the History of Medicine* 81, no. 4: 760–92.

Sturdy, S. (2011), 'Looking for Trouble: Medical Science and Clinical Practice in the Historiography of Modern Medicine', *Social History of Medicine* 24, no. 3:

739–57.

Sugaya, Norioki (2010), *Flaubert Épistémologue: Autour du Dossier Médical de Bouvard et Pécuchet*, Amsterdam: Rodopi.

Suzuki, Akihito (2003), 'The state, the family, and the insane in Japan, 1900–1945', in Roy Porter and David Wright (eds), *The Confinement of the Insane: International Perspectives, 1800–1965*, 193–225, Cambridge: Cambridge University Press.

Suzuki, Akihito (2006), *Madness at Home: The Psychiatrist, the Patient and the Family in England, 1820–1860*, Oakland: University of California Press.

Swartz, Sally (1995), 'The Black Insane in the Cape, 1891–1920', *Journal of Southern African Studies* 21, no. 3: 399–415.

Sweet, Ryan (2017), '"Get the best article in the market": prostheses for women in nineteenth-century literature and commerce", in Claire L. Jones (ed.), *Rethinking Modern Prostheses in Anglo-American Commodity Cultures, 1820–1939*, 114–36, Manchester: Manchester University Press.

Szreter, Simon (2014), 'The prevalence of syphilis in England and Wales on the eve of the Great War: re-visiting the estimates of the Royal Commission on Venereal Diseases 1913–1916', *Social History of Medicine* 27, no. 3: 508–29.

Taithe, Bertrand (1999), 'The Rise and Fall of European Syphilisation: The Debates on Human Experimentation and Vaccination of Syphilis', in F. X. Eder, L. Hall and G. Hekma, *Sexual Cultures in Europe: Themes in Sexuality*, 2, 34–77, Manchester: Manchester University Press, 1999.

Taithe, Bertrand (2001), *Citizenship and Wars: France in Turmoil 1870–1871*, London: Routledge.

Taylor, Jesse Oak (2016), *The Sky of Our Manufacture: The London Fog in British Fiction from Dickens to Woolf*, Charlottesville: University of Virginia

Press.

Teigen, P. (1984), 'William Osler and Comparative Medicine', *Canadian Veterinary Journal* 25: 400–5.

Teuteberg, H. J. (2007), 'The Birth of the Modern Consumer Age: Food Innovations from 1800', in Paul Freedman (ed.), *Food: The History of Taste*, 232–61, Berkeley and Los Angeles: University of California Press.

Thibert, Félix (1844), *Musée d'anatomie pathologique: bibliothèque de médecine et de chirurgie pratiques représentant en relief les altérations morbides du corps humain*, Paris: C.H. Lambert.

Thompson, E. P. (1966), *The Making of the English Working Class*, New York: Vintage Books.

Thompson, Emily (2004), *The Soundscape of Modernity: Architectural Acoustics and the Culture of Listening in America*, Cambridge, MA: MIT Press.

Thomson, Mathew (2006), *Psychological Subjects: Identity, Culture and Health in Twentieth Century Britain*, Oxford: Oxford University Press.

Thorsheim, Peter (2006), *Inventing Pollution: Coal, Smoke, and Culture in Britain since 1800*, Athens, OH: Ohio University Press.

The Times (1849), 22 October: 4.

Timmermann, Carsten and Julie Anderson (eds) (2006), *Devices and Designs: Medical Technologies in Historical Perspective*, London: Palgrave Macmillan.

Tomes, Nancy (1984), *The Art of Asylum-Keeping: Thomas Story Kilbride and the Origins of American Psychiatry*, Cambridge: Cambridge University Press.

Tomes, N. (1998), *The Gospel of Germs: Men, Women and the Microbe in American Life*, Cambridge, MA: Harvard University Press.

Tooley, Henry (1823), *History of the Yellow Fever: As it Appeared in the City of Natchez, in the Months of August, September & October, 1823*, second edition, Washington, MS: Andrew Marschalk; National Library of Medicine, http://

resource.nlm.nih. gov/2575026R.

Trachtenberg, Alan (1982), *The Incorporation of American Culture and Society in the Gilded Age*, New York: Hill and Wang.

Transactions of the Odontological Society (1856–89).

Transactions of the Pathological Society of London (1846–81).

Treitel, Corinna (2007) 'Food Science/Food Politics: Max Rubner and "Rational Nutrition" in Fin-de-Siecle', in Peter Lummel, Peter J. Atkins and Derek J. Oddy (eds), *Food and the City in Europe since 1800*, 51–62, Aldershot and Burlington, VT: Ashgate.

Trentman, Frank (2004), 'Beyond Consumerism: New Historical Perspectives on Consumption', *Journal of Contemporary History* 39, no. 3: 373–401.

Tristan, Flora, 'London Prostitutes, 1839', in John Carey (ed.), *Eyewitness to History*, 310- 13, New York: Avon Books.

Truax, R. (1952), *The Doctors Jacobi*, Boston: Little, Brown and Company.

Tuells, J. (2002), 'Francisco Xavier Balmis (1753–1819), a pioneer of international vaccination', *Journal of Epidemiology and Community Health* 56: 802.

Tuells, J. and S. M. R. Martin (2011), 'Francisco Xavier Balmis y las Juntas de Vacuna, un ejemplo pionero para implementar la vacunación', *Salud pública de México* 53: 172–7.

Tuke, Samuel (1813), *Description of the Retreat, an institution near York, for insane persons of the Society of Friends*, Philadelphia: Isaac Peirce.

Tuke, Samuel (1815), *Practical Hints on the Construction and Economy of Pauper Lunatic Asylums*, York: William Alexander.

Turner, James (1980), *Reckoning with the Beast*, Baltimore, MD: Johns Hopkins University Press.

Twohig, Peter (2005), *Labour in the Laboratory: Medical Laboratory Workers in the Maritimes*, Montreal: McGill-Queens University Press.

Ueyama, Takahiro (2010), *Health in the Marketplace: Professionalism, Therapeutic Desires, and Medical Commodification in Late-Victorian London*, California: Society for the Promotion of Science and Scholarship.

United Kingdom, Parliament (1866 a), *First Report of the Commissioners Appointed to Inquire into the Origin and Nature, &c. of the Cattle Plague, Cd. 3591*, London: Stationary Office.

United Kingdom, Parliament (1866 b), *Second Report of the Commissioners Appointed to Inquire into the Origin and Nature, &c. of the Cattle Plague, Cd. 6000*, London: Stationary Office.

United Kingdom, Parliament (1866 c), *Third Report of the Commissioners Appointed to Inquire into the Origin and Nature, &c. of the Cattle Plague, Cd. 3656*, London: Stationary Office.

United Kingdom Parliament (1876), *Report of the Royal Commission on the Practice of Subjecting Live Animals to Experiments for Scientific Purposes, C. 1397*, London: Stationary Office.

United States Patent and Trademark Office (1912), *U.S. Patent no. 1021146*, http:// pdfpiw.uspto.gov.

Valentine, Gill and Ruth Butler (1999), 'The Alternative Fairy Story: Diana and the Sexual Dissidents', *Journal of Gender Studies* 8 , no. 3: 295 – 302 .

Valenze, Deborah M. (2011), *Milk: A Local and Global History*, New Haven, CT: Yale University Press.

van Bergen, Leo (1999 / 2004), '"The Malingerers are to Blame": The Dutch Military Health Service before and during the First World War', in Roger Cooter, Mark Harrison and Steve Sturdy (eds), *Medicine and Modern Warfare*, 59 – 76 , Amsterdam: Rodopi.

van Bergen, L. (2009), *Before My Helpless Sight: Suffering, Dying and Military*

Medicine on the Western Front, 1914–1918, Amsterdam: Rodopi.

Vaughan, Megan (1991), *Curing their Ills: Colonial Power and African Illness*, Stanford: CA: Stanford University Press.

Veale, Lucy (2010), 'An Historical Geography of the Nilgiri Cinchona Plantations, 1860–1900', PhD diss., University of Nottingham.

Vernon, James (2007), *Hunger: A Modern History*, Cambridge, MA: Belknap.

Virdi, Jaipreet (2020), *Hearing Happiness: Deafness Cures in History*, Chicago and London: University of Chicago Press.

Waddington, Ivan (1984), *The Medical Profession in the Industrial Revolution*, Dublin: Gill and Macmillan.

Waddington, Keir (2003), '"Unfit for Human Consumption": Tuberculosis and the Problem of Infected Meat in Late Victorian Britain', *Bulletin of the History of Medicine* 77, no. 3: 636–61.

Waddington, Keir (2012), '"We Don't Want Any German Sausages Here!" Food, Fear, and the German Nation in Victorian and Edwardian Britain', *Journal of British Studies* 52, no. 4: 1017–42.

Walkowitz, J. R. (1980), *Prostitution and Victorian Society: Women, Class and the State*, Cambridge: Cambridge University Press.

Wall, L. L. (2006), 'The medical ethics of Dr J Marion Sims: a fresh look at the historical record', *Journal of Medical Ethics* 32: 346–50.

Wallace, Alfred Russel (1898), *Vaccination A Delusion, Its Penal Enforcement A Crime*, London: Swan Sonnenschein.

Wallis, Jennifer (2017), *Investigating the Body in the Victorian Asylum: Madness in the Flesh*, London: Palgrave Macmillan.

Walsh, Stephen (2003), *Stravinsky: A Creative Spring: Russia and France, 1882–1934*, Berkeley: University of California Press.

Walshe, Walter Hayle (1846), *The Nature and Treatment of Cancer*, London:

Taylor and Walton.

Warner, John Harley (1986), *The Therapeutic Perspective: Medical Practice, Knowledge and Identity in America, 1820–1885*, Princeton, NJ: Princeton University Press.

Warner, John Harley (1998), 'Orthodoxy and Otherness: Homeopathy and Regular Medicine in Nineteenth-Century America', in Robert Jütte, Guether B. Risse and John Woodward (eds), *Culture, Knowledge, and Healing: Historical Perspectives of Homeopathic Medicine in Europe and North America*, 5–29, Amsterdam: Rodopi.

Warner, John Harley (2003), *Against the Spirit of System: The French Impulse in Nineteenth-Century American Medicine*, Baltimore, MD: Johns Hopkins University Press.

Warner, John Harley (2014), 'The Fielding H. Garrison Lecture: The Aesthetic Grounding of Modern Medicine', *Bulletin of the History of Medicine* 88, no. 1: 1–47.

Warner, John Harley and James M. Edmondson (2009), *Dissection: Photographs of a Rite of Passage in American Medicine 1880–1930*, New York: Blast Books.

Warner Osborn, Matthew (2014), *Rum Maniacs: Alcoholic Insanity in the Early American Republic*, Chicago: University of Chicago Press.

Waters, Catherine (2008), *Commodity Culture in Dickens's Household Words: The Social Life of Goods*, Aldershot: Ashgate.

Watson, A. (2008), *Enduring the Great War: Combat, Morale, and Collapse in the German and British Armies, 1914–1918*, Cambridge: Cambridge University Press.

Watson, Janet (2004), *Fighting Different Wars: Experience, Memory, and the First World War in Britain*, Cambridge: Cambridge University Press.

Weaver, Lawrence T. (2010), '"Growing Babies": Defining the Milk Requirements of Infants 1890–1910', *Social History of Medicine* 2, no. 2: 320–37.

Weindling, Paul (1991), 'Bourgeois Values, Doctors and the State: The Professionalization of Medicine in Germany, 1848–1933', in David Blackbourn and Richard J. Evans (eds), *The German Bourgeoisie: Essays on the Social History of the German Middle Classes from the Late Eighteenth to the Early Twentieth Century*, 198–223, New York and London: Routledge.

Weiner, Dora B. (1994), 'Le geste de Pinel: The History of a Psychiatric Myth', in Mark S. Micale and Roy Porter (eds), *Discovering the History of Psychiatry*, 232–47, Oxford: Oxford University Press.

Weisz, George (1995), *The Medical Mandarins: The French Academy of Medicine in the Nineteenth and Early Twentieth Centuries*, Oxford: Oxford University Press.

Weisz, George (2003), 'The Emergence of Medical Specialization in the Nineteenth Century', *Bulletin of the History of Medicine* 77, no. 3: 536–74.

Weisz, George (2006), *Divide and Conquer: A Comparative History of Medical Specialization*, Oxford: Oxford University Press.

Weitzman, Ronald (1971), 'An introduction to Adorno's music and social criticism', *Music & Letters* 52, no. 3: 287–98.

Wells, Susan (2001), *Out of the Dead House: Nineteenth-Century Women Physicians and the Writing of Medicine*, Madison: University of Wisconsin Press.

Werrett, Simon (2013), 'Recycling in Early Modern Science', *British Journal for the History of Science* 46, part 4, no. 161: 627–46.

Werrett, Simon (2014), 'Matter and Facts: Material Culture in the History of Science', in Robert Chapman and Alison Wylie (eds), *Material Evidence:*

Learning from Archaeological Practice, 339–52, New York: Routledge.

Werrett, Simon (2019), *Thrifty Science: Making the Most of Materials in the History of Experiment*, Chicago: University of Chicago Press.

Wessely, Simon (2003), 'Malingering: historical perspectives', in Peter W. Halligan, Christopher Bass and David A. Oakley (eds), *Malingering and Illness Deception*, 31–41, Oxford: Oxford University Press.

White, Anthony and Edzard Ernst (2004), 'A Brief History of Acupuncture', *Rheumatology* 43, no. 5: 662–3.

White, Paul (2006), 'Sympathy under the Knife: Experimentation and Emotion in Late Victorian Medicine', in Fay Bound Alberti (ed.), *Medicine, Emotion and Disease, 1700–1950*, 100–24, Basingstoke: Palgrave.

White, Paul (2009), 'Darwin's Emotions: The Scientific Self and the Sentiment of Objectivity', *Isis* 100: 811–26.

Whorton, James (2011), T*he Arsenic Century: How Victorian Britain was Poisoned at Home, Work & Play*, Oxford: Oxford University Press.

Wilkinson, Lise (1992), *Animals and Disease: An Introduction to the History of Comparative Medicine*, Cambridge: Cambridge University Press.

Willenfelt, Johanna (2014), 'Documenting Bodies: Pain Surfaces', in Rob Boddice (ed.), *Pain and Emotion in Modern History*, 260–76, Basingstoke and New York: Palgrave Macmillan.

Williams, D. E (1976), 'Were "hunger" rioters really hungry', *Past & Present* 71, no. 1: 70–5.

Williams, W. Roger (1888), *The Principles of Cancer and Tumour Formation*, London: John Bale & Sons.

Willis, Martin (2006), 'Unmasking Immorality: Popular Opposition to Laboratory Science in Late Victorian Britain', in David Clifford et al. (eds), *Repositioning Victorian Sciences: Shifting Centres in Nineteenth-Century Scientific Thinking*,

207–18, London: Anthem Press.

Wilson, Elizabeth (1985), *Adorned in Dreams: Fashion and Modernity*, Los Angeles: University of California Press.

Wilson, Fiona (2004), 'Indian Citizenship and the Discourse of Hygiene/Disease in Nineteenth-Century Peru', *Bulletin of Latin American Research* 23, no. 2: 165–80.

Winter, Jay (2014), *Sites of Memory, Sites of Mourning: The Great War in European Cultural History*, Cambridge: Cambridge University Press.

Wise, M. Norton and Crosbie Smith (1990) 'Work and Waste: Political Economy and Natural Philosophy in Nineteenth-Century Britain (III)', *History of Science* 27, no. 3: 221–61.

Wolf, Jacqueline (2009), *Deliver Me from Pain: Anesthesia and Birth in America*, Baltimore, MD: Johns Hopkins University Press.

Woloshyn, Tania (2013), 'Le Pays du Soleil: The Art of Heliotherapy on the Côte d'Azur', *Social History of Medicine* 26, no. 1: 74–93.

Wood, Whitney (2014), '"When I Think of What is Before Me, I Feel Afraid": Narratives of Fear, Pain and Childbirth in Late Victorian Canada', in Rob Boddice (ed.), *Pain and Emotion in Modern History*, 187–203, Basingstoke and New York: Palgrave Macmillan.

Woods, Abigail (2013), 'From Practical Men to Scientific Experts: British Veterinary Surgeons and the Development of Government Scientific Expertise, c.1878–1919', *History of Science* 51: 457–80.

Woods, Abigail (2016), 'Animals and Disease', in Mark Jackson (ed.), *Routledge History of Disease*, 147–64, London: Routledge.

Woods, Abigail (2017), 'Animals in the History of Human and Veterinary Medicine', in H. Kean and P. Howell (eds), *Routledge Companion to Animal–Human History*, 147–70, London: Routledge.

Woods, Abigail (2017), 'Animals in Surgery', in Thomas Schlich (ed.), *Handbook of the History of Surgery*, 115–31 , Basingstoke: Palgrave Macmillan.

Woods, Abigail (2017), 'Doctors in the Zoo: Connecting Human and Animal Health in British Zoological Gardens, c 1828–1890 ', in Abigail Woods, Michael Bresalier, Angela Cassidy and Rachel Mason Dentinger (eds), *One Health and its Histories: Animals and the Shaping of Modern Medicine*, 27–69 , Basingstoke: Palgrave Macmillan.

Woods, Abigail (2017), 'From Co-ordinated Campaigns to Water-Tight Compartments: Diseased Sheep and their Investigation in Britain, c. 1880–1920 ', in Abigail Woods, Michael Bresalier, Angela Cassidy and Rachel Mason Dentinger (eds), *One Health and its Histories: Animals and the Shaping of Modern Medicine*, 71–117 , Basingstoke: Palgrave Macmillan.

Woods, Abigail (2017), 'From One medicine to Two: The Evolving Relationship between Human and Veterinary Medicine in England, 1791–1835 ', *Bulletin of the History of Medicine* 91 , no. 3 : 494–523 .

Woods, Abigail, Michael Bresalier, Angela Cassidy and Rachel Mason Dentinger (eds) (2017), *One Health and its Histories: Animals and the Shaping of Modern Medicine*, Basingstoke: Palgrave Macmillan.

Woodworth, John M. (1875), *The Cholera Epidemic of 1873 in the United States*, Washington, DC: Government Printing Office; National Library of Medicine, http://resource.nlm.nih.gov/64760840R.

Worboys, Michael (1991), 'Germ Theories of Disease and British Veterinary Medicine, 1860–1890 ', *Medical History* 35 : 308–27 .

Worboys, Michael (2000), *Spreading Germs: Disease Theories and Medical Practice in Britain 1865–1900* , Cambridge: Cambridge University Press.

Worth Estes, J. (1996), 'The Medical Properties of Food in the Eighteenth Century', *Journal of the History of Medicine and Allied Sciences* 51 , no. 1 :

127–54.

Wynter, Rebecca (2011), '"Good in all respects": appearance and dress at Staffordshire County Lunatic Asylum, 1818–1854', *History of Psychiatry* 22, no. 1: 40–57.

Wynter, Rebecca (2015), 'Horrible dens of deception: Thomas Bakewell, Thomas Mulock, and anti-asylum sentiments, c. 1815–58', in Thomas Knowles and Serena Trowbridge (eds), *Insanity and the Lunatic Asylum in the Nineteenth Century*, 11–27, London: Pickering & Chatto.

Wynter, Rebecca (2015), 'Pictures of Peter Pan: Institutions, Local definitions of "Mental Deficiency", and the Filtering of Children in Early Twentieth-Century England', *Family and Community History* 18, no. 2: 122–38.

Youatt, William (1836), 'Comparative Pathology', *Veterinarian* 9: passim.

Young, Linda (2003), *Middle-Class Culture in the Nineteenth Century: America, Australia and Britain*, London: Palgrave.

Zimmerman, Andrew (2001), *Anthropology and Antihumanism in Imperial Germany*, Chicago and London: University of Chicago Press.

Zola, Émile (1880/1964), *The Naturalist Novel*, New York: Harvest House.

索 引

口蹄疫 foot and mouth disease 189, 193

狂犬病 rabies 173, 189, 193, 242

L

L. 斯蒂芬·杰西纳 Jacyna, L. Stephen 265, 314

莱昂·迪富尔 Dufour, Leon 119

劳拉·索尔兹伯里 Salisbury, Laura 265

勒内·雷奈克 Laennec, René 203, 204, 206, 207

勒内·笛卡尔 Descartes, René 263

瘰疬 scrofula 136

里克·赖伦斯 Rylance, Rick 264–265

利奥·冯·柏尔根 van Bergen, Leo 45

莉迪亚·欧内斯特·贝克尔 Becker, Lydia Ernestine 115

廉价惊险小说 penny dreadfuls 301

疗养院 sanatoriums 78, 81–83, 149

列夫·托尔斯泰 Tolstoy, Leo 291

流感 influenza 139, 164, 165

卢德米拉·乔丹诺娃 Jordanova, Ludmilla 33, 312, 313

颅测量法 craniometry 220, 285

颅骨 skulls 220, 221

颅相学 phrenology 263, 269, 313

鲁道夫·魏尔啸 Virchow, Rudolf 20, 22, 183

路德维希·加尔 Gall, Ludwig 123

路易·巴斯德 Pasteur, Louis 3, 22, 25, 154, 158, 173, 174, 185, 193

路易·费代尔布 Faidherbe, Louis 154

路易–勒内·维莱姆 Villermé, Louis-René 11, 76

路易·舍瓦利耶 Chevalier, Louis 155

露天治疗 open-air therapies 82

罗伯特·艾利斯 Ellis, Robert 146

罗伯特·福尔克纳 Falconer, Robert 144

罗伯特·哈里森 Harrison, Robert 188

罗伯特·科赫 Koch, Robert 2, 3, 22, 28, 81, 193, 194, 320

罗伯特·路易斯·史蒂文森 Stevenson, Robert Louis 295

罗伯特·诺克斯 Knox, Robert 227, 228

罗伯特·欧文 Owen, Robert 270

罗杰·史密斯 Smith, Roger 280

罗马，意大利 Rome, Italy 85, 86,

Jacques 286

热带地区 tropics 88, 91, 92, 100, 132, 133

热带医学 tropical medicine 28, 51, 84, 90 – 92, 132, 187

人畜共患病 zoonoses 173, 175, 192, 193

人道主义 humanitarianism 156, 161

肉的重要性 importance of meat 102, 106 – 111, 126 – 133

肉类滋补品 tonics 103, 104, 106, 111, 123, 124, 128, 129

若利斯 – 卡尔·于斯曼 Huysmans, Joris-Karl 162, 163

弱智 feeble-mindedness 288

S

萨尔佩特里埃医院，巴黎 Salpêtrière hospital, Paris 222, 254, 272

塞拉斯·威尔·米切尔 Weir Mitchell, Silas 280, 300

塞缪尔·巴特勒 Butler, Samuel 289

塞缪尔·柯勒律治 Coleridge, Samuel 277

塞缪尔·图克 Tuke, Samuel 284, 294

塞思·科文 Koven, Seth 152

桑德尔·吉尔曼 Gilman, Sander 38, 264

桑德拉·布尔曼 Burman, Sandra 159

沙茨阿尔卑 Schatzalp 79, 82, 83

莎莉·斯沃茨 Swartz, Sally 289, 290

山间避暑地，印度 hill stations, India 87, 88

伤寒 typhoid 14, 20, 28, 70, 104, 162, 191, 192, 211

社区护理 care in the community 300

砷 arsenic 124, 125, 148

砷凡纳明 Salvarsan 606 148, 283

神经病学 neurology 262, 265, 282, 283, 287, 292, 296, 300

《神经病学与现代性》 Neurology and Modernity 265

神经疾病 nerves/nervous diseases 276 – 282, 291 – 297

神经衰弱症 neurasthenia 257, 280

神秘学 occult 282, 295

神游状态 fugue states 269

生命权利 biopower 53

生物勘探 bioprospecting 89

生物学 biology 126, 146, 170, 181,

译后记

　　提起帝国时代，人们可能首先想到帝国的殖民扩张与工业的飞速发展；而谈及19世纪的医学史，大家其实并不陌生，甚至会为这一时期取得的辉煌成就而心潮澎湃。帝国时代横跨1800年至1920年，期间涌现了众多医学巨匠，他们共同奠定了现代医学的坚实基础：巴斯德（Louis Pasteur）提出了微生物理论，发明了巴氏消毒法；科赫（Robert Koch）确立了用于确定病原体与疾病关系的"科赫法则"；李斯特（Joseph Lister）发明的石炭酸消毒法有效解决了长期阻碍外科发展的感染问题；斯诺（John Snow）明确了水源与疾病传播的关联，奠定了现代流行病学的基石；弗洛伊德（Sigmund Freud）则在19世纪末开始了精神分析研究，为心理学和精神病学开辟了崭新领域……这些卓越的医学成就不仅改变了疾病的预防和治疗方式，还推动了医学专业化的历史进程：医学教育逐渐由传统的学徒制转向正规的医学院教育；专业医学期刊与学术团体的兴起则促进了医学知识的标准化传播；医学专科的不断细分，反映出医学实践日益精细化和专业化的趋势。尤其值得关注的是，这一时期女性开始突破根深蒂固的性别樊篱进入医学领域，南丁格尔（Florence Nightingale）在护理学领域的开创性贡献便是典型代表。

然而，若仅关注这些辉煌成就，我们将无法全面把握帝国时代医学的复杂图景。帝国时代的医学并非单纯的进步叙事。正如狄更斯（Charles Dickens）在《双城记》（*A Tale of Two Cities*）中所写："这是最好的时代，也是最糟糕的时代。"19世纪见证了统计方法在医学中的兴起，其广泛应用不仅革新了疾病研究的范式，更成为国家治理的重要工具。19世纪中期以来，欧美国家大规模改善城市卫生条件的举措，既体现了国家权力在医疗卫生领域的扩张，也推动了医学实践从个体治疗向群体健康管理的转向，形成了新的医疗卫生治理模式。在帝国扩张的背景下，医学逐渐被塑造为殖民统治的工具。热带医学的发展深深嵌入了帝国扩张的议程，疟疾等热带疾病不再仅是单纯的医学问题，更被建构为区分"文明"与"野蛮"的文化界限。奎宁的使用既是医疗进步的体现，也是帝国扩张的工具。这一时期的科学话语频繁被用来重新定义种族和阶级观念，医学理论为种族主义提供所谓"科学"依据，统计数据被操纵用以证明种族歧视的"合理性"。本卷通过对帝国时代社会文化的深度反思与审视，揭示了医学在迈向科学化、专业化的同时，如何沦为国家治理、殖民统治和军事扩张的工具，并为性别、阶级和种族压迫披上"科学"伪装的历史现实。

1931年，医学史学家西格里斯特（Henry Ernest Sigerist）出版的

《人与医学》（*Man and Medicine*）首次尝试以总体文化为背景描绘医学全景，打开了医学文化史研究的大门。从医学编史学的角度来看，这标志着医学史研究从传统的"伟人传记"和"重大发现"叙事转向更为广阔的社会文化视野，强调了医学实践与其所处时代的互动关系。19世纪医学与文化之间复杂且多层面的互动吸引了众多著名学者的关注，其中福柯（Michel Foucault）的贡献尤为显著，他关于医学知识、权力和身体的分析框架不仅重塑了19世纪社会史和文化史的研究范式，也深刻影响了本卷的研究视角。

正是基于这种社会文化史的研究视角，本卷有意识地摒弃了传统医学史的叙事视角。读者自开篇便能感受到这种方法论上的根本转变：本卷以1883年纽约白喉疫情和雅各比家族的悲剧作为叙事起点，通过这一微观个案，揭示了当时医学发展的多维文化面向——统计学的兴起与应用、医学专业化进程、实验室医学的崛起、女性进入医学领域的挑战，以及医学与国家和社会的深度互动。这种"深描"方法使抽象的医学文化变革有了具体的人物和情境，让读者能够更加直观地感受历史的复杂性。

工业资本主义的转型、政府对国民健康的监控深化，以及海外殖民扩张的帝国野心这三大社会进程，共同构成了本卷所考察时期医学发展的宏观历史背景。在这些复杂社会力量的交织作用下，本卷系统考察了人们对健康和疾病理解的根本性转变。而就结构而言，本卷八个章节依然遵循环境、食物、疾病、动物、物品、经验、心灵／大脑、权威八大主题展开，延续了前几卷的框架结构。然而，这些主题的内涵已呈现出鲜明的现代特征。这在一定程度上降低了本卷的翻译难度，但要保持与前几卷在术语和风格上的一致性却颇具挑战。这种翻译过程中的张力，恰恰映射出帝国时代作为医学传统与现代之间过渡期的特殊历史地位。

　　总的来说，《医学文化史：帝国时代卷》汇集了当今医学史界优秀学者的研究成果，在已有研究的基础上，深入勾勒了帝国时代医学的巨大变革与复杂内涵。然而，囿于译者才疏学浅，对原著的深刻内涵把握不足，翻译中难免存在疏漏与不当之处，恳请学界同仁及读者诸君批评指正。

靳亚男

2025 年 5 月 6 日

译丛跋

　　英国医学史家罗杰·库特（Roger Cooter）担任总主编的六卷本"医学文化史"系列是医学文化史领域的权威著作，跨越古代、中世纪、文艺复兴、启蒙时代、帝国时代、现代六个时代，每卷都由多位该领域的专家撰写，涵盖了身体、疾病、治疗、医学实践、医学思想等方面，不但引人入胜、发人深省，而且将改变我们对医学在人类社会中作用的理解。

　　20世纪60年代末至70年代初，反文化运动（counter-culture movement）席卷西方世界，带来对传统价值观和社会制度的挑战，以及对权威、权力和文化规范的质疑和反抗。在这一背景下，科学知识社会学兴起，将科学纳入文化研究视野，整合了历史学、人类学、社会学、科学哲学和性别研究等学科领域，科学实践的历史性、互动性和意义被深入挖掘和审视。法国哲学家布鲁诺·拉图尔（Bruno

Latour）通过案例研究展示其价值，成功地将其取向与社会建构主义联系起来，强调了知识的生产过程。

医学作为一门具有社会人文属性的科学，它与疾病、病痛和身体的内在联系，使其成为透视社会、文化乃至政治的重要媒介。医学知识主张及其实践与机构密不可分，医学社会学、医学人类学、医学与文学等领域的研究表明，医学知识和实践嵌入了科学、社会和文化的语境中，并受其塑造。医学理论和实践深受文化规范和价值观的影响。与此同时，医学的女性主义批判促进了对女性和女性身体观念与实践的历史分析。出于同样原因，对技术的政治批判与当代政治议题（如核能、污染、帝国主义、科学管理）有着密切联系。医学应用范围不断扩大，重塑了社会秩序与身份；疾病的"发明"日益受到"药物"主导；生物医学知识和技术与日常生活相互渗透，由此引发了身体建构、审视和讨论方式的转变。

从20世纪80年代开始，在这种背景下，医学史的文化转向引发激烈争论，也推动了医学新文化史研究热潮。"医学作为文化"的视角得到积极倡导，医学史的研究范畴显著扩大，即使是医学家撰写的技术性医学史也受到这一趋势影响。在这一趋势之下，社会史对健康文化和医疗的理解受到批评，研究者指出医学社会史研究有时倾向于用简化的模型解释医学与社会结构之间的复杂关系，可能忽略医学自身的专业性和内在逻辑。

新的史料来源和面向普通人的历史叙述被提倡，自下而上的历史（相对于精英医学家中心论）为医学史引入了新维度。非医师的治疗者、患者及其家属、社会制度和机构，以及生老病死的不同阶段成为研究者关注的议题，揭示了普通人（包括外行和普通从业者）的生活经历、习俗和信仰。

医学文化史更加强调文化对医学实践、理论和制度的影响，包括医学知识的形成、医学符号的意义以及医学实践的文化背景。这使得医学文化史能够更全面地理解医学的发展和演变，而不仅仅局限于社会结构和经济因素。

医学文化史研究更加关注医学象征和符号的意义，包括医学实践中的仪式、符号和象征，以及医学文本和视觉材料的解读。这使得医学文化史能够更深入地理解医学和疾病在不同文化中的表达方式和文化意义，以及医学知识生产和再生产与社会权力之间的相互影响，也更加关注医学知识、观念在社会文化中的建构和传播，关注医学与文化的全球互动。

医学文化史更加注重探讨医疗实践中的日常细节、个人经验等微观层面，以及医患关系的文化动态，尤其是医疗中的病人经验、主体性。医学文化史研究通常会借鉴考古学、人类学、艺术史等学科的方法和理论，更加深入地挖掘文献和史料，相比关注官方文献、政策、制度、医学文本等正式史料，愈加重视绘画、照片、视频、建筑、器物（手术、诊疗工具、药品等）和生物考古遗迹等视觉材料和物质文化载体，以及艺术作品、文学作品、日记、信件、笔记等非正式文献资料，和反映日常生活层面的医学经验，从多个角度和多个信息源解读医学的文化意义和历史背景。

那么，医学文化史为我们理解过去的疾病、身体和医学提供了什么呢？早期现代欧洲医疗市场及其从业者的研究，虽然精英患者视角仍然占主导地位，但对医疗保健更为广泛的社会谈判、患者参与和期望（关于健康／医疗）等已经出现了更多、更深入的探索。将医生和患者放在同等地位上，对患者经历予以更细致的分析，可以发现人们对疾病的反应远非一致，患者和他们周围的人通常要从多种来源甚至相互矛盾的书面和口头交流中，构建出对疾病最合理的解释，并推导出最有希望的治疗方法。与此同时，关于早期现代欧洲医疗市场及其从业者的研究也被赋予更为广泛的视野，首先不再局限于受过医学专业训练的传统医生，而是包含了信仰疗法、助产士、护士、巫师、药剂师等，在此过程中也就加深了民间医疗文化／信仰体系、医疗体系制度化的理解，融入了客户／患者的利益、动机和选择等视角，尤其是经济、社会和宗教—道德机构／因素对于特定医疗商品／服务、技术和观念占据主流地位的作用和影响。

在新文化史视角下，随着对研究概念和范畴的重新思考，文艺复兴时期医学史叙事已经发生了颠覆性转变。对于现如今习惯称之为的"早期现代"时期来说，这一变革的核心在于对自然知识生产和医学核心主题做了认识论上的重新考量。现代性的根源本身也成为一个争议话题。通过探索欧洲知识实践与其他土著文化之间的接触区域，研究范围已大大拓展。早期现代物质文化和视觉文化的丰富性、"经验"和"权威"等关键认识论概念的塑造和定义都得到了关注。

新千年伊始，文化研究和残疾研究为身体史注入了新的活力，强调身体不仅是生物学和物质的存在，也是文化、社会和政治意义的载体，身体被视为反映了文化规范、社会结构和权力关系的可以阅读和阐释的文本，这对于理解个体与社会之间的相互作用，以及身份、权力和经验的构建具有深远的意义，也有学者将其称为身体转向（body turn）。身体不仅被视为私人领域的一部分，也是政治斗争和社会控制的场所。从生殖权到性工作，从饮食文化到运动实践，身体是权力作用的前线。性别、种族、阶级、性取向和残疾等身份类别如何通过身体得以构建和展现，成为研究重点，尤其强调身体差异如何被社会文化所塑造和理解。"身体转向"也关注个体的感官经验和情感生活，特别是如何通过身体来体验和感知世界，以及这些经验如何构成个人和集体的记忆与认同。英国医学史家罗伊·波特（Roy Porter）的开创性研究，深入洞察了医疗从业者、疾病和死亡的身体表征所附着的主导意义，以及通过以身体为中心的观念和实践来表达和嵌入文化的自我。一些研究涉及相对较为熟悉的领域，如被解剖和被折磨的身体，以及畸形、缺陷和怪物、异常。也有学者开拓了新的领域，从文学 — 文化和符号学角度以及社会 — 道德和心理、生理意义对男性、穷人和文学身体的医学构建，到对特定身体部位（手、肿块、红疹、皮肤）、体液（血液）和分泌物的研究。

自20世纪末开始，社会建构论为许多医学史研究提供了方法论框架，拉近了医学史与社会史、文化史的距离，医学史的目标不是追求单一的统一叙事，而是展示其多重含义和用途，并热衷于讨论"历史、政治和医疗保健的修辞战场"。比如，英国历史学家卢德米拉·乔丹诺娃（Ludmilla Jordanova）提倡从思维模式和医学文化的角度，而非"知识"的角度来思考医学，提出社会建构论与对医学思维的关注共同构成了医学文化史的学科范畴。然而，由于方法和史料的不同，该领域的学者形成了不同的"派别"，并深陷于关于医学史的目的、医学史与历史的关系、医学史与医学的关系等争论中。

对于这场文化转向，医学史学者有着不同的评判。有的质疑文化转向是否言过其实。文化转向兴起的动力之一是改变过去的所谓传统医学史。正如美国医学史家约翰·伯纳姆（John Burnham）在《什么是医学史》一书中写到的，"拥有哲学博士学位的历史学家，而不是获得医学博士学位的人们蜂拥进入了20世纪70年代兴起的新医学社会史中"，他们更倾向于将过去的医学史传统过于简单地概括为"由医生、为医生撰写的正统医学史，唯崇英雄医生及其成就，进步主义和胜利主义的色彩，内史和天真实证主义"。不过在书籍序言、期刊论文和基金申请中，炫耀并谴责一种老旧的医学史，成为一种现成且不需要分析和反思来宣示自己工作重要性的捷径。到20世纪80年代，这种对传统医学史的批评已退化为一种公认但未经深究的失真表述。而早在1904年，德国医学史家尤利乌斯·利奥波德·帕格尔（Julius Leopold Pagel, 1851—1912）在其纲领性论文《医学文化史》中就开始倡导"医学文化史 (medizinische Kulturgeschichte)"的研究路径，他主张"真正的医学史家就是文化史家"。他以文氏图的方式阐释了医学与科学、哲学、宗教、艺术、神学、法律、技术、工业、商业、语言等人类生活各个方面的关系，其重叠的方面都应当被深入研究。

2007年，罗杰·库特在《构架医学社会史的终结》（'Framing the End of the Social History of Medicine'）一文中对文化转向发起了一轮激烈挑战，认为"新兴的医学社会史计划的分析程序和活动力量已经偏离轨道，这在很大程度上是由于文化转向"，"文化研究的冲动、后现代主义的方法论相对主义以及全球新自由主义的政治使历史学家远离了史学研究的社会意义、影响力和对社会的批评"。在他看来，随着

"社会""历史"和"医学"这些关键词失去稳定的含义，以及社会学范畴被符号学取代，"社会"的地位降低，历史使命的清晰性也因此消失了。仅仅是顺应当下的政治、文化和经济状况从编史学上扭转这一亚学科，或者仅仅通过细枝末节的改变改旗易帜为"医学文化史"，这在政治和思想上是"毫无建树的"，已经"丧失了认真参与的能力"。

当然，文化史研究的一些固有褊狭，我们也要批判性对待。由于并非所有物质文化都能幸存或被保存在博物馆和档案中，这可能导致研究焦点偏向那些更容易保存或被视为"重要"的物品。此外，物品的意义可能随时间、空间和使用者而变化，其解读也容易受到研究者主观性的影响。物质文化的分析可能涉及对物品的使用、制造过程、流通和消费等多重因素的考虑，从而增加了解释的复杂性。也有一些批评者认为，医学文化史研究有时过于强调文化因素对医学实践的影响，而忽略了其他因素，如技术创新、经济因素等；医学文化史研究可能受到文化相对主义的影响，导致对不同文化中的医学实践过于包容，而忽视了对这些实践可能带来的负面影响的评估。

随着我们踏上医学文化史探索之旅，医学文化史的迷人之姿也将展现在我们中国读者眼前。从古希腊罗马到中世纪的欧洲，从医学革命到现代医学的困境，"医学文化史"系列跨越了几千年的广阔范围，提供了丰富多彩的医学画卷。这部译丛将为医学史研究者、医学从业者和一般读者提供一个宝贵的资源，还将为跨文化交流和思想对话创造空间，让我们对人类健康和幸福的丰富历史有一个全新的认识。

张大庆　苏静静

2024年9月